Celso Lafer

O Convênio do Café de 1976

Da Reciprocidade no Direito Internacional Econômico

EDITORA PERSPECTIVA

Direitos em língua portuguesa reservados à
EDITORA PERSPECTIVA S.A
Av. Brigadeiro Luís Antônio, 3025
01401 — São Paulo — Brasil
Telefone: 288-8388
1979

Para A. Jacob Lafer,
meu Pai.

Sumário

CAPÍTULO V

As negociações do Terceiro Convênio Internacional do Café e a reciprocidade dos interesses

TÍTULO III

CAPÍTULO VI

A estrutura do Convênio de 1976 e a reciprocidade dos interesses — Análise do Preâmbulo e dos Capítulos I a VI

CAPÍTULO VII

A estrutura do Convênio de 1976 e a reciprocidade dos interesses — Análise dos Capítulos VII e VIII

CAPÍTULO VIII

A estrutura do Convênio de 1976 e a reciprocidade dos interesses — Análise dos Capítulos IX e X

Prefácio

O Convênio do Café de 1976: Da Reciprocidade no Direito Internacional Econômico é, com título ligeiramente modificado, a tese com que obtive, em 1977, a livre-docência na Faculdade de Direito da Universidade de São Paulo. Nela procurei mostrar: (i) especificamente, como e por que o café tem sido objeto de normas jurídicas internacionais, e (ii) genericamente, como o café se insere na problemática dos produtos primários e em que medida o estudo deste produto esclarece a discussão sobre os grandes temas da redefinição na ordem econômica mundial, que estão na pauta do debate político internacional e da reformulação do Direito das Gentes.

Do ponto de vista teórico, a hipótese da reciprocidade dos interesses foi o enfoque que unificou a discussão. Revendo a tese para publicação, verifico que, na parte geral, o único ponto que no momento entendo merecer complementação é o do *interesse*.

– I –

A dissolução, no século XVI, da idéia de comunidade, representada na Idade Média pelos valores de uma República Cristã, trouxe com o Renascimento a prática dos conceitos de ***soberania*** e ***razão-de-estado*** e a busca de uma reflexão sobre o Estado e o Direito, apropriada para as mutações da época. Maquiavel e Hobbes são marcos significativos destes esforços, que têm como objetivo compreender a Política e o Direito com base numa nova teoria sobre a natureza humana. As categorias clássicas, que desde Platão dominaram a análise das motivações humanas, tinham sido a ***paixão*** e a ***razão***. Estas categorias, no entanto, a Idade Moderna considerou-as insatisfatórias para a construção de uma comunidade política. De fato, as paixões são fortes porém inconstantes, e por isso mesmo não só destrutivas como também instáveis demais, não tendo a razão, por outro lado, força suficiente para controlá-las numa época assinalada pela relativização dos valores.

Paixão e razão, portanto, foram tidas como ingredientes insuficientes para a elaboração de qualquer ordem mais estável. É neste contexto que surge, como um novo paradigma explicativo, o conceito de ***interesse***, que teria da paixão a força e da razão a previsibilidade, permitindo por isso mesmo a base para uma análise realista, tanto da conduta humana quanto da ordem social, fornecendo, conseqüentemente, os elementos aptos para ensejar, se devidamente combinados, os fundamentos da estabilidade da ordem política, jurídica e econômica.

Num primeiro momento, o conceito de interesse foi sendo elaborado para explicar, no plano internacional, a conduta dos governos. Em síntese, a tradição que remonta a Maquiavel salienta que os governantes, ao obedecerem à razão-de-estado, obedecem ao interesse dos seus países. Estes interesses são variados, mas podem ser identificados pela prudência — um tipo de conhecimento que resulta do senso comum apoiado na experiência e nas lições da história. Uma vez percebidos e compreendidos constituem a base que permite a previsibilidade, e com ela as hipóteses de estabilidade ou instabilidade da ordem mundial através da paz, pela acomodação diplomático-jurídica dos interesses.(1)

Num segundo momento, a elaboracão dos conceitos de interesse desloca-se para a análise dos governados na suas relações ***inter esse*** e com os governantes. Será Hobbes aquele que, retomando a temática proposta por Maquiavel, erigirá o interesse como o elemento que une os membros de qualquer associação. Como ele diz no Leviatã: "By systems, I understand any numbers of men, joined in one interest, or one business." (2) Este interesse é claramente perceptível, de acordo com Hobbes, porque para ele a razão não é apenas prudência, mas sim um rigoroso e não-arbitrário cálculo de utilidade, que leva em conta as conseqüências: "Reason, in this sense, is nothing but reckoning, that is adding and subtracting, of the consequences . . . " (3)

O utilitarismo de Hobbes, que, como apontou Macpherson, registra o aparecimento de uma sociedade assinalada pelo individualismo possessivo de mercado, (4) teve trajetória importante na civilização ocidental. Albert O. Hirschman, em livro recente, mostrou, ao descortinar esta trajetória, como na história das idéias a análise da motivação de acordo com o iteresse passou a explicar a constituição, através do mercado, de uma rede de relações interdependentes. Esta rede cria uma ordem, cuja legitimidade e eficácia apóia-se no argumento de que o bem-estar geral da sociedade é assegurado pela busca individual do auto-interesse no mercado. A grande originalidade de Adam Smith resulta do fato de ter ele abandonado a ênfase na distinção entre as paixões e os interesses vinculados a uma preocupação com as atividades públicas dos governantes, para realçar os efeitos coletivos dos benefícios privados da atividade econômica. Nas palavras de Adam Smith: "By directing that industry in such a manner as its produce may be of the greatest value, he intends only his own gain and he is this, as in many other cases, led by an invisible hand to promote an end nich was no part of his intention. Nor is it always the worse for the society that it was no part of it. By pursuing his own interest he frequently promotes that of society more effectually than when he really intends to promote it." (5)

Se o interesse é, portanto, a grande matriz explicativa e justificadora do capitalismo no mundo moderno, não é menos verdade que a sua antítese — o marxismo — também é tributária deste conceito. Marx diz, no ***Manifesto***, que a história é a história das lutas de classe, e que se todos os movimentos sociais até a data do manifesto tinham sido movimentos de minorias, ou no interesse de minorias, o movimento proletário era a proposta de um movimento autoconsciente e independente da imensa maioria, no ***interesse*** das grandes maiorias. (6) Para o marxismo a dinâmica da história é desvendada pela hegemonia e pela luta de classes, e a chave da compreensão, na síntese de Lukács, é dada pela percepção da vocação de uma classe para a dominação, o que significa que ela pode, a partir de seus ***interesses*** de classe, bem como a partir de sua consciência de classe, organizar o conjunto da sociedade conforme os seus ***interesses***. (7) Toda a reflexão crítica do marxismo sobre o Estado e o Direito baseia-se no pressuposto de que quem governa, governa em função dos ***interesses*** da classe dominante. Atrás do "interesse geral" está o ***interesse*** da classe e, por essa razão, para Marx, como aponta Bobbio, o Estado não é a superação do estado de natureza hobbesiano, mas sim o seu prolongamento. (8)

Evidentemente, a colocação marxista levanta um problema epistemológico fundamental, que é o da ideologia, a saber: qual é o nexo entre os interesses e o conhecimento, e em que medida o poder se exerce através das formas simbólicas? É por essa razão que Habermas vem apontando que o conceito de interesse deve ser epistemologicamente examinado. De acordo com Habermas existem três tipos consecutivos de interesses epistemológicos: interesses técnicos, interesses práticos e interesses emancipatórios. Os ***interesses técnicos*** levam às ciências empírico-analíticas, que trazem uma ***informação*** no domínio pragmático do ***trabalho***, através do sucesso na verificação das previsões teoricamente deduzidas. Os ***interesses práticos*** conduzem à ***interpretação***, que por meio da ***linguagem*** orienta a ação no contexto intersubjetivo de tradições compartilhadas. Finalmente, os ***interesses emancipatórios***, através da ***análise***, liberam a consciência do ***poder*** ideologicamente encoberto. (9)

— II —

Creio que mais não precisaria ser dito para comprovar a importância do interesse como paradigma explicativo do Estado, da sociedade e do conhecimento do mundo moderno. É evidente, por outro lado, que um paradigma a permear tantos domínios haveria de ter o seu impacto no campo da Filosofia e da Teoria Geral do Direito. Angelo Falzea, em trabalho recente, aponta que o século XIX vai dar origem a concepções do Direito até hoje muito importantes e atuais, cuja originalidade consiste precisamente em ter feito do conceito de interesse o foco central de todo o mundo jurídico e de suas interpretações científicas. (10) De fato, afora o ***jusnaturalismo***, nas suas diversas vertentes, e do ***jusformalismo***, ou seja, das concepções de Direito fundadas na forma — que remontam a Kant e alcançam Kelsen, transitando pela jurisprudência dos conceitos (11) — o que importa salientar é a importância atribuída por estas correntes, apontadas por Falzea, aos interesses na gênese e na aplicação do Direito. Estas correntes todas, em síntese, remontam ao utilitarismo, que adquiriu, com a influência de Bentham, no século XIX, uma expressão muito precisa no sentido de significar, no campo da reflexão jurídica, uma passagem do abstrato para o concreto, do idealismo para o materialismo, do ***a priori*** para o empírico. (12) Algumas referências significativas permitem ilustrar esta asserção.

Jhering, por exemplo, na sua segunda fase, ao se opôr à jurisprudência dos conceitos e ao insistir na importância da substância dos interesses humanos na construção dos institutos jurídicos, habituou os juristas a pensarem o Direito não em termos conceituais, mas sim em termos de interesses. A luta pelo Direito é por ele vista como uma luta pela afirmação dos interesses — e dos direitos subjetivos que os tutelam através de um ordenamento que é o resultado da luta que indivíduos e grupos desenvolvem, numa dada sociedade, para fazerem prevalecer os seus interesses. (13) Estas teorias teleológicas ou genéticas dos interesses, com Heck, convertem-se na jurisprudência dos interesses. Esta aprofundou a investigação sobre o papel do interesse na produção do Direito e na interpretação das normas jurídicas em virtude da prevalência atribuída à atividade decisória do juiz e do legislador na vida do Direito. (14)

Seria ocioso fazer referência a todos os autores que fizeram do interesse o centro de sua reflexão sobre o Direito. Apenas, a título de elenco, mencionaria a importância da noção do interesse em Beccaria e na sua proposta de reformulação do Direito Penal; a influência do próprio Jhering nos doutrinadores marxistas sobre o Direito; a relevância do interesse para a Escola do Direito Livre (Ehrlich e Kantorowicz); o papel do interesse na jurisprudência sociológica norte-americana e no realismo norte-americano (Roscoe Pound, Benjamin Cardozo, Holmes, Jerome Frank, Karl Llewellyn). (15)

A comprovada relevância, em muitas doutrinas, do papel do interesse para a compreensão do Direito não resolve, no entanto, com precisão, no plano teórico, duas questões fundamentais: (a) o que é interesse e como pode ser identificado? e (b) qual é o tipo de relação que associa o interesse ao Direito? (16)

Não tenho, evidentemente, resposta conclusiva para estas duas perguntas. Diria, no entanto, para encaminhar a discussão sobre a primeira questão, que vale a pena apontar, com Viehweg, que desde Jhering o ***interesse*** converteu-se num ***topos*** básico de todo o discurso jurídico, ou seja, num ponto de vista de que as partes se valem em argumentações que visam criar ou aplicar o Direito. (17) O interesse, como ***topos***, adquire conotações variadas de acordo com as características e necessidades de argumentação das diversas disciplinas jurídicas.

Em Direito Processual, por exemplo, o problema é o da qualificação do interesse jurídico que permite propor ou contestar ação. Na jurisprudência da Corte Internacional de Justiça, um caso clássico é o da ***Barcelona Traction***. Neste caso, a Corte decidiu que a Bélgica não tinha ***locus standi*** para exercer a proteção diplomática de acionistas belgas, pois esta cabia apenas ao Canadá — país de nacionalidade da sociedade atingida por ato do juiz espanhol. Na sentença, a Corte argumentou que um ato visando a sociedade só pode violar os direitos desta sociedade e de quem tutelá-los, reconhecendo, porém, que este ato pode atingir os interesses dos acionistas ainda que, no caso, por diversas razões, a Corte tenha entendido que estes interesses não ensejavam ***locus standi*** para a propositura da ação. (18)

Em Direito Comercial, o interesse da companhia — o interesse social — exprime uma solidariedade de interesses que resulta de negócios que assumem uma forma associativa, da mesma maneira que em Direito Público surge a categoria do interesse coletivo, que são aquelas atividades que o Estado titulariza, incluindo-as nos fins que deve precipuamente perseguir. Nestes casos, quando a lei não define o que é interesse social ou coletivo, o ***topos*** do interesse leva de diversas maneiras, inclusive a jurisprudencial, à elaboração de um "standard" jurídico. (19)

Na vida das relações internacionais, uma das conseqüências da Primeira Guerra Mundial foi o reconhecimento, pelo Direito Positivo, da paz como um interesse coletivo da comunidade internacional. De fato, esta é uma conseqüência do artigo 11 do Pacto da Sociedade das Nações que, ao asseverar a indivisibilidade da paz, afirmou que toda guerra ou ameaça de guerra, mesmo não atingindo diretamente um membro da Liga, interessava à Sociedade das Nações como um todo. Este é, portanto, o interesse que sustenta o argumento da segurança coletiva. (20)

No Direito Securitário, o interesse segurável varia de acordo com a relação existente entre o segurado e o objeto do risco (pessoa ou coisa). Um mesmo imóvel pode ensejar titulares diferentes de contratos de seguro. É o caso do seguro de incêndio que pode ser contratado pelo proprietário, pelo usufrutuário ou pelo locatário, cada qual protegendo um interesse econômico diverso. (21)

O elenco de exemplos acima referidos, que indicam alguns modos através dos quais o ***topos*** do interesse é empregado, tem em comum o fato de serem argumentos que se dão no contexto de relações intersubjetivas, que são próprias do Direito. Este caráter relacional do Direito, que a palavra interesse indica a partir de duas origens etimológicas ("inter esse": estar entre) tem alguns pressupostos. São eles: a ***alteridade*** (ou seja, uma pluralidade de sujeitos); a ***exterioridade*** (ou seja, a não-inclusão do fato psíquico, que se esgota no interior do eu); a ***bilateralidade*** (ou seja, ao direito de um corresponde o dever de outro); e a ***reciprocidade*** (ou seja, um sujeito não pode agir em relação a outro de determinada maneira sem legitimar, para este outro, nas mesmas condições, um comportamento análogo nos seus mútuos confrontos). (22)

Este óbvio registro do caráter intersubjetivo do Direito e de seus pressupostos permite adiantar também alguma coisa sobre a outra questão levantada, e que diz respeito ao tipo de relação que associa o interesse ao Direito. Como já foi apontado, Habermas diz que um dos interesses epistemológicos básicos é o interesse prático, assim por ele entendido porque permite uma prática que mantém a intersubjetividade da compreensão por meio da linguagem que orienta a ação no contexto de um repertório de tradições compartilhadas. O saber profissional, inclusive o jurídico, sistematiza a interpretação num "savoir faire". (23) Ora, o Direito é um meio de comunicação e a aceitação da tradição do ***topos*** do interesse como um dos argumentos do discurso jurídico esclarece como, no plano internacional, os Estados justificam as suas posições no processo de criação e aplicação de normas. (24) Penso, neste sentido, ter identificado, no correr deste livro, muitos dos interesses de natureza prática — e até mesmo alguns emancipatórios na acepção de Habermas, porque reveladores do poder ideologicamente encoberto — que atuam no âmbito do Direito Internacional do Café. Qual é, no entanto, a razão última deste esforço de identificação?

Miguel Reale observa que, quando se pressupõe uma correspondência entre a infra-estrutura social e o sistema de normas vigentes, o jurista tende a se concentrar nos elementos conceituais ou lógico-formais, excluindo de suas investigações as cogitações filosófico-jurídicas. A descentralização do poder no sistema internacional nunca permitiu que este pressuposto fosse pacificamente aceito no Direito das Gentes. É por essa razão que uma significativa tradição em Direito Internacional Público — mais significativa que em outras disciplinas jurídicas — de Vittoria, Suarez e Grotius a Friedmann, Virally, MacDougal, Verdross, Alf Ross e Kelsen, sempre levou em conta as dimensões filosóficas da experiência jurídica. Esta tradição se torna ainda mais pertinente e necessária, a meu ver, quando a discussão sobre a nova ordem mundial tende a substituir a preocupação *de jure condito* com as propostas *de jure condendo*. Nestas circunstâncias, para continuar com Miguel Reale, a busca do concreto surge como uma exigência indeclinável. (25)

Nada mais concreto, neste contexto, que os ***interesses***, cuja relevância para a Teoria Geral do Direito, da Sociedade, da Política e do Conhecimento, tentei realçar neste prefácio e cujo papel na criação, aplicação e transformação das normas do Direito Internacional Público Econômico, que regem a vida do café na ordem mundial, procurei esclarecer no correr deste livro através da análise do jogo da reciprocidade.

Celso Lafer
São Paulo — agosto de 1979

Notas ao Prefácio

(1) ALBERT O. HIRSCHMAN, *The Passions and the Interests*, Princenton: Princenton University Press, 1977, pp. 33 e seguintes; FRIEDRICH MEINECKE, *Macchiavellism - The Doctrine of Raison d'État and its Place in Modern History* (trad. de Douglas Scott), London: Routledge and Kegan Paul, 1962; PHILIPPE BRAILLARD, *Philosophie et Relations Internationales*, Genève: Institut de Hautes Études Universitaires, 1974.

(2) THOMAS HOBBES, *Leviathan* (edição de Michael Oakeshott), Oxford: Blackwell, 1948 — Part II, cap. XXII, p. 146; cf. SHELDON WOLIN, *Politics and Vision*, Boston: Little and Brown, 1960, p. 277.

(3) THOMAS HOBBES, *Leviathan*, ed. cit., Part I, cap. V, p. 25; ver também a introdução de Oakeshott, p. XXVII; NORBERTO BOBBIO, *Da Hobbes a Marx* (2a. ed.), Napoli: Morano Editore, 1965, p. 55; ANGELO FALZEA, *Introduzione alla Scienza Giuridica, Parte I — Il Concetto del Diritto*, Milano: Giuffrè, 1975, pp. 136-142.

(4) C.B.MACPHERSON, *The Political Theory of Possessive Individualism — Hobbes to Locke*, Oxford: Oxford University Press, 1964.

(5) ALBERT O. HIRSCHMAN, *The Passions and the Interests*, cit.; ADAM SMITH, *An Inquiry into the Nature and Causes of the Wealth of Nations*, Chicago: Enc. Britannica, Inc., 1952, livro IV, cap. II, p. 194.

(6) KARL MARX, *Communist Manifest* (edição de Harold J. Laski), London: Allen and Unwin, 1961, pp. 119, 133-134.

(7) GEORG LUKÁCS, *Histoire et Conscience de Classe* (tradução de K. Axelos e J. Bois), Paris: Ed. de Minuit, 1960, p. 75.

(8) NORBERTO BOBBIO, *Quale Socialismo?* (5a. ed.), Torino: Einaudi, 1977, p. 40.

(9) JURGEN HABERMAS, *Connaissance et Intérêt* (trad. de Gerard Clemençon — prefácio de Jean-René Ladmiral), Paris: Gallimard, 1976. Para uma excelente e recente "mise-au-point" sobre o problema de ideologia, cf. J.

G. MERQUIOR, *The Veil and the Mask*, London: Routledge and Kegan Paul, 1979, pp. 1-38, e também, quanto a Habermas, pp. 107-121.

(10) ANGELO FALZEA, op. cit., p. 130.

(11) Cf. MICHEL VILLEY, *Critique de la Pensée Juridique Moderne*, Paris: Dalloz, 1976, pp. 143-146.

(12) Cf. W. FRIEDMANN, *Legal Theory* (5a. ed.), London: Stevens and Sons, 1967, p. 312; MOHAMED EL SHAKANKARI, *La Philosophie Juridique de Jeremy Bentham*, Paris: Lib. Générale de Droit et Jurisprudence, 1970, pp. 396-413.

(13) RUDOLF VON JHERING, *Lo Scopo nel Diritto* (ed. a cura di Mario G. Losano), Torino: Einaudi, 1972, passim; JEAN CARBONNIER, *Sociologie Juridique*, Paris: P.U.F., 1978, pp. 96-97; ANGELO FALZEA, op. cit., p. 177.

(14) PHILIPPE HECK, *El Problema de la Creación del Derecho* (trad. de Manuel Entenza – prólogo de José Luiz Brutau), Barcelona: Ariel, 1961; ANGELO FALZEA, op. cit., pp. 131-132, 183-187.

(15) ANGELO FALZEA, op. cit., p. 157; MOHAMED EL SHAKANKARI, op. cit., pp. 396-413; W. FRIEDMANN, op. cit., pp. 312-344; MARIO G. LOSANO, introdução a Rudolf von Jhering, *Lo Scopo nel Diritto*, cit., p.p. LXIX-LXXVII.

(16) ANGELO FALZEA, op. cit., pp. 198-203.

(17) THEODOR VIEHWEG, *Topica e Giurisprudenza* (a cura di Giuliano Grifò), Milano: Giuffrè, 1962, pp. 111-112; TÉRCIO SAMPAIO FERRAZ JR., *Direito, Retórica e Comunicação*, S. Paulo: Saraiva, 1973, p. 87.

(18) PIERRE MICHEL EISENMANN, VINCENT COUSSIRAT-COUSTERE, PAUL HUR, *Pétit Manual de la Jurisprudence de la Cour Internacional de Justice* (2a. ed.), Paris: Pédone, 1971, p. 116; HERBERT W. BRIGGS, "Barcelona Traction: The Jus Standi of Belgium" in *American Journal of International Law*, vol. 65 n. 2 (April 1971), pp. 327-345.

(19) PIER GIUSTO JAEGER, *L'Interesse Sociale*, Milano: Giuffrè, 1964, pp. 1-12; CH. PERELMAN, *Logique Juridique – Nouvelle Réthorique*, Paris: Dalloz, 1976, pp. 35, 164-165.

(20) MICHEL VIRALLY, *L'Organisation Mondiale*, Paris: Colin, 1972, p. 41.

(21) FABIO KONDER COMPARATO, *O Seguro de Crédito*, S. Paulo: Revista dos Tribunais, 1968, pp. 25-26.

(22) GIUSEPPE LUMIA, *Lineamenti di Teoria e Ideologia del Diritto*, Milano: Giuffrè, 1973, pp. 73-74.

(23) JÜRGEN HABERMAS, *Connaissance et Interêt*, cit., p. 210.

(24) WERNER LEVI, *Law and Politics in the International Society*, Beverly Hills: Sage Publications, 1976, pp. 30-31, 170; WOLFGANG FRIEDMANN, *The Changing Structure of International Law*, N. York: Columbia University Press, 1964, pp. 45-48.

(25) MIGUEL REALE, *Teoria Tridimensional do Direito* (2a. ed.), S. Paulo: Saraiva, 1979, pp. 5 e 7.

Introdução

Justiça, validade e eficácia são dimensões da experiência jurídica. Todo ordenamento, enquanto organização de relações sociais, tem valores de justiça que buscam realizar-se através de normas válidas, mais ou menos eficazes em relação a uma comunidade, tendo em vista suas ações e reações.

No plano mundial, não existe poder unificado e, conseqüentemente, coerção centralmente organizada. Por esse motivo, a descentralização é uma das notas estruturais básicas da comunidade internacional, explicando a importância fundamental de que se reveste o tema da eficácia no Direito das Gentes. Tal importância aconselha que se dê realce todo especial a uma perspectiva pragmática do discurso jurídico, sem prejuízo, seja de uma perspectiva sintática, – essencialmente preocupada com a validade, isto é, com a coerência e conexão das normas entre si – seja de uma perspectiva semântica – basicamente interessada na historicidade do valor através do estudo da conexão entre as normas e seus objetos. A pragmática preocupa-se com a conexão situacional em que as normas, como signos, são criadas e aplicadas.

No Direito das Gentes, a conexão situacional básica, em que as normas são criadas e aplicadas, resulta da descentralização acima mencionada, provocada pela distribuição individual do poder entre os membros da comunidade internacional. Essa distribuição é assimétrica, pois à igualdade formal dos Estados – os principais sujeitos de Direito no plano mundial – se contrapõe a desigualdade real de recursos que condiciona e limita, de acordo com as circunstâncias, a ação dos membros da comunidade internacional, nos momentos de gênese e aplicação das normas. De fato, na medida em que varia, de Estado para Estado, a capacidade individual de controlar, seja os efeitos internos de fatores externos, seja a possibilidade de exercer influência sobre o contexto externo dentro do qual se inserem, torna-se evidente que o estudo do impacto dessa assimetria é fundamental para uma adequada compreensão da relação entre ordem e poder, que o Direito das Gentes disciplina.

No mundo contemporâneo, uma das configurações importantes da assimetria é a atual distribuição dos custos e benefícios do processo de transferência internacional de recursos, que tem sido, cada vez mais, objeto de regulamentação internacional. Em conseqüência, uma análise desse ***corpus juris*** é pertinente em qualquer indagação sobre a ordem mundial, pois uma característica importante das normas reside no serem proposições que têm como intencionalidade dirigir as ações dos grupos e dos indivíduos para certos objetivos. Portanto, o Direito Internacional Público Econômico, cujo fim é disciplinar a transferência de recursos, acima mencionada, é objeto válido para o estudo e a investigação, tanto da relação entre Direito e Política, na medida em que está no cerne de configurações da ordem mundial, quanto de um tema básico da Teoria Geral do Direito das Gentes, o da eficácia, na medida em que esta ordem se constitui de forma descentralizada.

Na comunidade internacional, a relação entre Direito e Política, que instaura a ordem mundial, assume duas formas extremas, com gradações variadas: a forma de colaboração, que pode levar à harmonização, e a da tensão, que pode levar ao conflito. Tanto num caso, como no outro, a não-unificação do poder, no plano mundial, realça a dimensão dialógica do discurso jurídico internacional. De fato, na medida em que os Estados são, simultaneamente, os principais criadores e destinatários das normas do Direito das Gentes, o momento da dogmaticidade jurídica, que se funda na imposição normativa apoiada num poder centralizado, tem realce menor, pois a descentralização da comunidade internacional aviva a importância da negociação, seja na criação, seja na aplicação das normas do Direito Internacional Público, máxime na hipótese da colaboração. Na negociação desempenha papel importante o jogo da reciprocidade como fórmula de procura, que leva à elaboração de estratégias graças às quais, dada a relação existente, em cada conjuntura, entre ordem e poder no plano mundial, a persuasão funciona como elemento relevante na estrutura do Direito das Gentes. Evidentemente, a persuasão não atua de maneira abstrata, obedecendo à lógica de uma jurisprudência de conceitos, mas realisticamente, em função de uma jurisprudência de interesses. No campo econômico, em virtude da incidência do conjuntural e do aleatório, a reciprocidade dos interesses assume formas variadas que se alteram no tempo. Tais alterações permitem captar e esclarecer, por meio do estudo das transformações do Direito Internacional Público Econômico, a dinâmica da ordem mundial contemporânea e, por meio da análise de sua aplicação, o tema da eficácia no Direito das Gentes.

A proposta e as inquietações teóricas, sucintamente esboçadas nos parágrafos precedentes, estão desenvolvidas e explicitadas no Título I deste livro. No Capítulo I estudam-se as transformações dos Estados e do Direito Internacional Público, com o objetivo de discernir a dinâmica do processo de regulamentação jurídica da transferência internacional de recursos e o papel que desempenha a trajetória desse processo na configuração da ordem mundial. No Capítulo II examina-se — quando a relação entre Direito e Política assume a forma de colaboração — a função do consenso e da reciprocidade na gênese e na aplicação de modelos jurídicos de cooperação internacional, tendo em vista os elementos de incerteza e do aleatório que assinalam a ordem econômica mundial. No Capítulo III a exposição teórica se concretiza, mediante estudo do jogo da reciprocidade de interesses na fixação dos objetivos e na escolha do elenco de meios de diversos modelos jurídicos de cooperação econômica, que regulamentam as transações internacionais no campo dos produtos primários.

Um trabalho de Direito Internacional Público que se propõe partir de uma perspectiva pragmática e deseja ocupar-se, realisticamente, com uma jurisprudência de interesses, requer uma investigação empírica. Tal investigação, no caso deste livro, é o café. Por quê o café? Este é produzido por países subsedenvolvidos e exportado para países desenvolvidos, e o seu comércio constitui capítulo dos mais significativos do intercâmbio dos produtos primários. Nesse sentido, trata-se de assunto importante da agenda Norte/Sul, em cuja raiz se encontra o problema da assimetria na distribuição individual do poder entre os membros da comunidade internacional. Além disso, o café tem sido objeto de diversas regulamentações jurídicas no plano internacional, cujas transformações e dinâmica permitem ilustrar como opera a dimensão da cooperação no Direito das Gentes, num contexto assimétrico, sujeito ao impacto das diversas conjunturas que têm assinalado a ordem econômica mundial no campo dos produtos primários. A isso se acrescenta a relevância do café para o Brasil e a importância do Brasil para a ordem cafeeira mundial, que faz do nosso país um sujeito de Direito indispensável, seja para a criação, seja para a aplicação de normas internacionais que tratem do assunto.

O Título II cuida dessas matérias ao examinar, no Capítulo IV, o papel da reciprocidade dos interesses nas diversas modalidades históricas de regulamentação do mercado internacional do café. O jogo da reciprocidade permitiu, em 1962, a criação da Organização Internacional do Café e ensejou o Convênio de 1962 e, posteriormente, o de 1968. Ambos espelham, na trajetória de sua criação e vigência, a dimensão da cooperação e do conflito e o tema da eficácia no Direito das Gentes. O conflito redundou no término do Convênio de 1968, e a busca de uma nova forma de colaboração é examinada no Capítulo V, em que se investiga, através da análise das negociações, a reciprocidade de interesses que permitiu a gênese do Convênio de 1976.

O Título III — último deste livro — se desdobra em três capítulos e constitui uma exegese, artigo por artigo, das normas do Convênio Internacional do Café de 1976. Nessa exegese, inspirada no Título I e apoiada nas considerações do Título II, tenta-se estudar o atual ordenamento cafeeiro mundial, não só na sua especificidade mas também como capítulo integrante do Direito Internacional Público Econômico. Nesse sentido, o objetivo é tentar mostrar, e coroar a partir da análise de um "caso", minuciosamente examinado, temas relevantes da ordem mundial disciplinada pelo Direito das Gentes.

TÍTULO I

Capítulo I

AS TRANSFORMAÇÕES DOS ESTADOS E DO DIREITO INTERNACIONAL PÚBLICO E A REGULAMENTAÇÃO JURÍDICA DA ORDEM ECONÔMICA MUNDIAL

(A) *As transformações dos Estados e o aparecimento do Direito Internacional Público de Cooperação*

A concepção e o exercício do poder dentro do Estado influenciam profundamente a coordenação de poderes entre os Estados, e é por essa razão, como aponta Charles de Visscher, que o Direito Internacional Moderno não pode dispensar a Teoria Geral do Estado. Neste sentido, a partir do Século XVI toda concepção e prática do Direito Internacional Público estão ligados a uma concepção e a uma prática interna dos Estados, cujo surgimento e mudanças precisam ser sumariados para uma adequada compreensão das transformações, ora em curso, do Direito das Gentes. (1)

A consolidação do Estado Moderno, na Europa, no Século XVI, assinalada ***inter alia*** pela centralização administrativa, pelo protecionismo econômico dentro do espaço de um mercado nacional e pela criação de exércitos permanentes e regulares, levou à elaboração dos conceitos de soberania e de "razão de Estado". A aplicação de tais conceitos trouxe a dessuetude do conceito medieval de monarquia universal como princípio organizador das relações internacionais, que se viu substituído pela idéia de um sistema de ordem mundial caracterizado pela coexistência de uma multiplicidade de Estados soberanos, cujos governos exerceriam, sem restrições, o poder dentro do espaço nacional de um território. Estes governos, soberanos e iguais, por ***fiat*** jurídico e não em virtude de uma autoridade superior no plano internacional, podiam chegar a acordos voluntários — tratados — para regulamentar as suas relações externas e outras interconexões de variados tipos, que também eram disciplinadas pelo costume. A Paz de Westfália (1648) reflete, numa perspectiva de Direito Positivo, essa concepção laicizada do Direito das Gentes, na qual a lei e a ordem se apoiariam e se fundamentariam na vontade dos governos e na percepção que teriam dos seus interesses comuns, que asseguraria, através da moderação, o equilíbrio necessário à manutenção do sistema internacional. (2)

O Estado Moderno desse período se apoiava, internamente, numa sociedade hierarquizada, em que a divisão do trabalho era definida por um conjunto de direitos e obrigações, de natureza hereditária, expressos nos regimes especiais e nos costumes, que controlavam o acesso das pessoas ao conhecimento, ao poder e à riqueza. A Revolução Francesa e o impacto internacional das Guerras Napoleônicas trouxeram profunda alteração nas formas pelas quais se exercia o poder dentro do Estado Moderno, porque não só dissolveram a exclusividade do princípio da legitimidade dinástica, como iniciaram a corrosão da estrutura formalmente hierarquizada da sociedade. Tal processo, que assinala as transformações do Direito e da Economia, levou, na Europa, ao aparecimento do Estado Liberal.

O Estado Liberal do Século XIX pressupunha um determinado padrão de relacionamento entre sistema político e sociedade civil. Esse padrão, que envolvia a idéia de igualdade, calcada na autonomia da sociedade civil, levou, no campo jurídico interno, ao desenvolvimento do Direito Privado, entendido como um Direito comum a todos os cidadãos, bem como à limitação das atribuições a serem exercidas pelo Estado que, basicamente, se resumiam no Direito Constitucional Clássico, à defesa externa, à ordem interna e à distribuição da Justiça. (3) No plano internacional, a insegurança anterior do período napoleônico permitiu o sucesso do Concerto Europeu. Esse sucesso se consubstanciou na organização, através do consenso das grandes potências da época, de uma ordem mais diplomática do que jurídica, baseada na acomodação dos interesses, graças à qual o Estado Liberal deu margem à consolidação de um Direito das Gentes que remonta à Paz de Westfália e que hoje poderia ser chamado, de acordo com Friedmann, de Direito Internacional Público de Coexistência. Este passou a regular as regras de mútuo respeito pelas respectivas soberanias, no contexto hierárquico da acomodação dos interesses fruto do Concerto Europeu, em que a mudança se processaria não em função do que fosse militarmente possível, em termos de poder — que tinha sido a traumática experiência da expansão napoleônica — mas em virtude do consenso das grandes potências. A proteção dos pequenos Estados, nessa forma de organização da ordem internacional, resultava basicamente do equilíbrio do sistema do Concerto Europeu que impedia, com seu funcionamento, a voracidade das grandes potências.

Nesse período, as regras do Direito das Gentes foram elaboradas a partir da abstração da igualdade jurídica dos Estados, numa sociedade internacional de membros pouco numerosos e de relacionamento pouco diferenciado, que se colocavam uns em relação aos outros de forma mais ou menos justaposta. (4) Estas normas do Direito Internacional Público lidavam essencialmente, como registra Schwarzenberger, com os seguintes temas e problemas: ***soberania***, que assegurava liberdade de ação na ausência de limitações expressas; ***reconhecimento*** e ***consenso***, que permitiam operacionalizar a prática da soberania; ***boa-fé***, que ajudava a mitigar o ***jus strictum***, transformando-o ocasionalmente em ***jus aequum***; ***liberdade dos mares***, que projetava a soberania territorial, sobretudo a das grandes potências marítimas, através da extensão da jurisdição nacional aos navios pelo uso da bandeira; ***autodefesa***, que dava a cada Estado soberano o direito de decidir, de acordo com a boa-fé, a retaliação apropriada no caso de ocorrer uma interferência com os seus direitos, de acordo com as normas do Direito Internacional Público; e, finalmente, ***responsabilidade internacional***, que envolvia reparação do dano caso se verificasse descumprimento, por parte de um sujeito do Direito Internacional Público, das normas contidas nos institutos acima mencionados. (5)

Este rápido apanhado das relações e das características do Direito Internacional Público criado pelo Estado Liberal do Século XIX explica por que eram pouco numerosas as normas de Direito Público — Interno e Internacional — que tratavam de assuntos econômicos. A transferência de recursos, interna e internacionalmente, era assunto que estava essencialmente sob a égide do Direito Privado, em que imperava o princípio da autonomia da vontade. Entretanto, na medida em que uma das aspirações do Estado Liberal era o livre comércio, foi-se expandindo, nesse período, o intercâmbio universal. Tal processo de expansão, do comércio e da navegação, provocou, com maior freqüência, um relevante problema de relacionamento entre ordenamentos jurídicos, que consiste em determinar a legislação interna aplicável a uma relação privada, cujos elementos pessoais, reais e formais, estão vinculados a diferentes Estados. Daí, como aponta Miaja de la Muela, o desenvolvimento do Direito Mercantil Internacional como um dos ramos do Direito Internacional Privado, "cuja finalidade é designar a lei aplicável a cada uma das instituições do comércio e da navegação, quando da presença, numa mesma relação, seja de sujeitos com diferentes nacionalidades ou domicílios, seja de atos realizados em diferentes países, seja de coisas, como é freqüente nas mercadorias destinadas a movimentar-se através de fronteiras, posto que isto torna concebível a possibilidade de aplicação de duas ou mais legislações, entre as quais só uma pode receber aplicação efetiva, a cada relação comercial, ou pelo menos a cada um dos seus elementos." ***Pari passu*** com o desenvolvimento do Direito Mercantil Internacional, o intercâmbio universal irá ensejando, neste período, com a movimentação transnacional das pessoas, a necessidade de regulamentar a nacionalidade e a condição jurídica do estrangeiro, campo que veio a ser, por isso mesmo, objeto de uma confluência do Direito Internacional Privado com o Direito Internacional Público. Daí a razão por que, no Século XIX, os tratados de comércio e navegação freqüentemente disciplinaram, no território de cada uma das partes contratantes, o enquadramento jurídico da atividade econômica dos estrangeiros, bem como, em alguns casos, a aplicação, num país, através de juízo privativo, do Direito Estrangeiro. (6) Assim, por exemplo, o Tratado entre o Príncipe Regente de Portugal, D. João, e Jorge III, Rei da Grã-Bretanha, assinado no Rio de Janeiro em 19 de fevereiro de 1810, permitiu aos ingleses estabelecer-se em qualquer ponto dos domínios portugueses, possuir bens de raiz, abrir lojas de retalho ou atacado, viajar livremente e celebrar, com liberdade de consciência, o Serviço Divino. Esse tratado também concedeu aos ingleses o privilégio de nomear e ter nos domínios portugueses, magistrados especiais, que decidiriam as causas levadas aos mesmos pelos vassalos britânicos que gozariam, dessa maneira, extraterritorialmente, do benefício, como dizia a linguagem do tratado, da "Reconhecida Eqüidade da Jurisprudência Britânica" e da "Singular Excelência da Sua Constituição". (7)

O Tratado de 1810 estabelecia, igualmente, no seu artigo III, ***a cláusula de nação mais favorecida***, que veio a ser, no Século XIX, um dos poucos, porém importantes, institutos do Direito das Gentes utilizados para disciplinar a transferência internacional de recursos. A presença freqüente da cláusula de nação mais favorecida, nos tratados de comércio e navegação, explica-se pelas transformações internas da Inglaterra, que a guindaram à posição de potência hegemônica mundial, tanto no campo político-militar, quanto no econômico. A cláusula de nação mais favorecida, no contexto bilateral desses tratados de comércio e navegação, ao gerar, com a sua vigência, um tratamento não inferior ao melhor tratamento dado a um terceiro Estado, ensejou, como aponta Pierre Pescatore, a uniformização e a liberalização do comércio. De fato, estas permitiram a unificação da economia mundial pela Inglaterra através de uma rede de acordos bilaterais, pois a cláusula que neles se continha funcionava, nas palavras de Schwarzenberger, como um mecanismo automático de autoadaptação dos tratados para tais fins. A unificação da economia mundial através do livre comércio — conceito paralelo, no plano internacional, ao da autonomia da sociedade civil no plano interno — obviamente favoreceu a Inglaterra, pois as vantagens por ela acumuladas na fase do mercantilismo, somadas à sua hegemonia naval a partir do último terço do Século XVIII, conferiram-lhe uma posição relativamente mais eficiente do que a dos demais países no livre jogo da concorrência econômica. (8)

O esgotamento das virtualidades do Concerto Europeu levou à Primeira Guerra Mundial e, de seus escombros, surgiu uma tentativa de propor uma ordem mundial de natureza mais jurídica do que diplomática. O Pacto da Sociedade das Nações criou uma organização internacional, de aspiração universal, que procurou formalmente regular as relações entre os Estados de acordo com certos princípios, entre os quais os de segurança coletiva, solução pacífica de controvérsia, jurisdição internacional e desarmamento. Tais princípios, evidentemente, representavam, nas suas aspirações, um esforço de, através da cooperação internacional, limitar consensualmente o arbítrio dos Estados no exercício de suas competências soberanas, nos termos do Direito Internacional Público de Coexistência consolidado pelo Estado Liberal do Século XIX. Como se sabe, a eficácia desses princípios foi limitada. Politicamente, a Sociedade das Nações, ao contrário do Concerto Europeu, não foi o resultado do esforço conjunto das grandes potências da época e acabou se convertendo numa instituição anglo-francesa que não reuniu condições e recursos de poder suficientes para instaurar uma ordem com a estabilidade daquela que foi imposta pelo Concerto Europeu. Economicamente, no plano internacional os efeitos da guerra geraram a reversão da abrangência inglesa, criando entraves ao comércio internacional não mais superáveis pelo jogo da cláusula de nação mais favorecida, num nível bilateral, dadas as novas complexidades e a emergente multipolaridade da economia internacional, que também teve o seu efeito no campo monetário, com as vicissitudes do padrão-ouro. Num plano interno, o período entre as duas guerras viu também uma significativa mudança no padrão de funcionamento dos Estados em relação à sociedade civil. Na URSS o sucesso da Revolução levou à planificação central, e uma das conseqüências da socialização interna da economia, no campo internacional, foi o monopólio, por parte do Estado Soviético, do Comércio Exterior. Este passou a ser uma nova forma de gestão da totalidade das trocas comerciais realizadas, no e com o Exterior. Na maioria dos demais países, a crise de 1929 levou o Estado Liberal a transformar-se em Estado Intervencionista, que passou a: (i) regulamentar a economia; (ii) assumir diretamente, através das empresas públicas e das sociedades de economia mista, funções e tarefas econômicas; e (iii) delimitar, através de normas imperativas, o campo da liberdade contratual privada.

No plano internacional, a conseqüência do Estado Intervencionista foi a elaboração, por parte de cada país, de um complexo regime geral de importações e de exportações, subordinado aos objetivos internos do Direito Público Econômico, de assegurar o crescimento econômico, manter o pleno emprego e regulamentar a conjuntura. Tal conjunto de fatores, somados à ausência de condições políticas da Sociedade das Nações, impediram que seus estudos e esforços em matéria econômica se convertessem em realidade, e levaram, pela falta de mecanismos de cooperação no plano internacional, ao protecionismo e à autarquia. Estes impossibilitaram, nesse período, a criação de um significativo Direito Internacional Público Econômico. (9)

A modéstia da produção jurídica, acima mencionada, não obstou, no entanto, algumas manifestações normativas entre as duas guerras mundiais, visando encaminhar alguns dos problemas da transferência internacional de recursos. Merece, nesse sentido, registro a criação, pelo Tratado de Versalhes, da Organização Internacional do Trablho. Os Estados-membros da O.I.T., sem abdicarem de sua competência soberana no disciplinamento, seja das relações entre o Capital e o Trabalho, seja da segurança e da previdência social, reconheceram a estreita vinculação desses temas com a manutenção da paz, tendo em vista a necessidade de impedir uma espécie de concorrência ilícita no comércio internacional, provocada por um Estado que, precisamente por regulamentar mal ou não regulamentar tais matérias no seu território, poderia produzir mais barato mercadorias destinadas à exportação. Daí a idéia de harmonização do Direito Interno dos diversos países mediante o processo de elaboração, através da OIT, de convenções e recomendações a serem obrigatoriamente submetidas à apreciação dos governos dos seus Estados-membros, que dessa maneira iriam incorporando aos seus respectivos Direitos Internos padrões internacionalmente aceitáveis e uniformes da disciplina dos direitos e obrigações do Capital e do Trabalho. Outras dimensões do encaminhamento jurídico dos problemas da transferência internacional de recursos, que merecem ser assinaladas, são de um lado os esforços de codificação internacional das normas sobre conflitos de leis, entre as quais está o Código de Bustamante, e de outro a elaboração de Convênios de Direito Uniforme em matéria de Direito Marítimo, transporte aeronáutico, letras de câmbio e cheques, com o objetivo de suprimir, por intermédio de leis idênticas, o conflito de ordenamentos jurídicos provocado pelo comércio internacional. (10)

O término da Segunda Guerra Mundial contribuiu para que aparecesse uma dimensão verdadeiramente universal no relacionamento entre os povos e os Estados, e essa unificação da História levou, com a criação da ONU, a um novo esforço de constitucionalização da ordem internacional, da qual a Carta da ONU é uma expressão. Não cabe neste trabalho um exame dos princípios formais de funcionamento da ONU, sob o ponto de vista da regulamentação da paz e da guerra, e em que medida ela contribuiu para alterar as normas do Direito Internacional Público de Coexistência. Vale a pena notar, no entanto, que se este busca estabelecer os pressupostos básicos dos limites aceitáveis da conduta dos Estados, num determinado estágio das relações internacionais, o sistema da Carta da ONU regulamenta mal a incidência generalizada da violência em escala relativa que, na era nuclear, constitui uma das formas de ação diante dos riscos do cataclismo atômico. Daí, aliás, as dificuldades que a Assembléia Geral da ONU teve para definir agressão. Entretanto, para os efeitos deste trabalho, o importante é que a colaboração econômica, nos termos da Carta da ONU, obedece aos princípios da especialização e da descentralização, princípios que foram compatíveis com a criação de vários modelos jurídicos de cooperação econômica, que passaram a registrar as novas necessidades e possibilidades de interdependência entre os povos e os Estados. Estes modelos ensejaram a consolidação de um Direito Internacional da Cooperação, conforme apontou Friedmann, que inaugurou, no Direito das Gentes, a passagem de normas predominantemente negativas de abstenção para normas positivas de mútua colaboração. (11)

Esta passagem sugere algumas observações, do ponto de vista da Teoria Geral do Direito, na medida em que assinala, nos ordenamentos do Direito das Gentes, o aparecimento dos imperativos positivos. Os imperativos negativos, típicos das normas de mútua abstenção, marcam um primeiro estágio das relações internacionais em que, à semelhança da doutrina do contratualismo político no Direito Interno, a primeira etapa de conversão do estado da natureza em sociedade política consiste nas restrições que os homens estabelecem, em função dessa conversão, à sua primitiva liberdade. Tais restrições, nas relações sociais, representam, como diz Leibniz, uma corporificação do princípio de ***neminem laedere***, em que o não-fazer o mal, sem deixar de ser um princípio de justiça, é, antes, um princípio de prudência. O ***jus strictum*** do ***neminem laedere***, com suas obrigações negativas, seja no plano interno com o Direito Constitucional Clássico, seja no plano internacional com o Direito Internacional Público consolidado pelo Estado Liberal, apenas torna possível a coexistência das liberdades externas. Elas não geram, necessariamente, a recíproca cooperação entre os homens e os Estados. Daí, no plano interno, a transformação do Estado Liberal em Estado Intervencionista, cujos ordenamentos jurídicos apresentam imperativos positivos, que têm como finalidade superar as imperfeições e insuficiências do mercado, permitindo, para voltar a Leibniz, o ***suum cuique tribuere***, sem o qual o ***jus proprietatis*** do ***neminem laedere*** não assume a feição do ***jus societatis***. (12) A presença dos imperativos positivos nos ordenamentos do Direito das Gentes, marca um novo estágio de aprofundamento das relações da comunidade internacional, em que o Direito assume um papel positivo na cooperação entre os seus sujeitos, deixando de ser apenas o ***jus strictum*** das soberanias territoriais.

Tal evolução, acima sucintamente esboçada, permite também algumas considerações sobre um dos grandes temas da Teoria Geral do Direito Internacional Público. A cisão rigorosa entre a ordem jurídica interna e a ordem jurídica internacional, que é uma das principais afirmações do Dualismo, correspondia, em boa parte, às realidades do Direito Internacional Público de Coexistência, na medida em que se tratava de um ***corpus juris*** assinalado por imperativos negativos de abstenção, que não colocavam tantos problemas de relacionamento entre ordenamentos jurídicos. Entretanto, a presença crescente de imperativos positivos, seja no Direito das Gentes, em virtude da consolidação de um Direito Internacional de Cooperação, seja no Direito Interno, veio modificar os dados do problema. Neste sentido, o Monismo não só se mantém, como entende Kelsen, em virtude de um postulado lógico da unidade da ordem normativa, isto é, como sintaxe, como também atende às exigências da pragmática. De fato, esta envolve a conexão situacional na qual as normas são criadas e aplicadas e esta conexão, no momento atual, não pode se limitar a uma situação de indiferença entre as normas de Direito Interno e as de Direito Internacional, na qual se apóia o Dualismo. Em verdade, a progressiva presença dos imperativos positivos, de Direito Interno e Internacional, requer, tanto do ponto de vista da validade quanto da eficácia, uma estratégia pragmática de integração dos ordenamentos na pluralidade de suas manifestações. Essa estratégia, sem dúvida nenhuma, se vê mais atendida pelo Monismo do que pelo Dualismo, na medida em que o Monismo visa reforçar não apenas a coerência sintática de ordem legal mas também a eficácia das normas ao postular, pragmaticamente, a ampliação, ao invés da cisão, dos destinatários dos novos imperativos positivos. (13)

A passagem das normas predominantemente negativas de abstenção, que caracterizavam o Direito Internacional Público criado pelo Estado Liberal do Século XIX, para normas positivas de mútua colaboração, no campo econômico, constitui, como foi visto, um aprofundamento das relações da comunidade internacional. Esse aprofundamento é uma das dimensões do fenômeno da integração política internacional. A integração política internacional pode ser entendida, consoante Lindberg, como a evolução no tempo de um sistema coletivo de tomada de decisões entre os países, em substituição a meios e processos exclusivamente nacionais. Esse entendimento, que, diga-se de passagem, encontra apoio na origem etimológica de colaborar — que vem de ***collaborare***, isto é, trabalhar em conjunto — se explica historicamente pela impossibilidade do Estado, no Século XX, com as revoluções científica e tecnológica, de atender às suas necessidades numa base exclusivamente individual e territorial. Evidentemente, esse processo decisório coletivo varia, dependendo do seu modelo jurídico, tanto em termos de objeto, quanto em matéria de alcance e poderes, e no que diz respeito à extensão. Via de regra, ele procura, ao transcender uma fase ***ad hoc***, a sua institucionalização através de organizações internacionais — o método mais aperfeiçoado de colaboração no plano intergovernamental. Estas buscam minimizar e diminuir os conflitos e ressaltar os aspectos de cooperação nas relações internacionais. O conjunto de organizações internacionais criadas no segundo após-guerra, visando a institucionalizar a colaboração econômica e que, nestes termos, estenderam, ***ratione materiae***, o objeto das normas do Direito das Gentes, constitui o núcleo do Direito Internacional Público Econômico. (14)

Entre essas organizações, criadas sobretudo por inspiração dos Estados Unidos, cabe mencionar, pelo impacto e importância, o GATT e o FMI. Essas organizações tinham e têm como objetivo, respectivamente, favorecer e estimular o comércio e criar um sistema monetário que tornasse viável a transferência internacional de recursos e que impedisse, pela falta de cooperação, as tendências à autarquia e ao protecionismo, que tinham caracterizado o período entre as duas grandes guerras. O GATT e o FMI inseriram, no campo do Direito das Gentes, o comércio e a moeda — que antes estavam predominantemente na esfera do Direito Público Interno dos Estados, ou obedeciam a esquemas bilaterais ou multilaterais mais restritos — e contribuíram significativamente, até o término da década dos sessenta, através da multilateralização da cláusula de nação mais favorecida e pelo sistema das paridades fixas, para a expansão do comércio e da liquidez dos países desenvolvidos. Evidentemente, o GATT e o FMI, apesar da sua abrangência, eram e são modelos jurídicos de cooperação internacional que não correspondem à especificidade de todos os Estados da comunidade internacional. É por essa razão que foram surgindo outros modelos jurídicos de cooperação internacional que procuraram evidenciar e atender à especificidade dos Estados e que representam, no Direito das Gentes, um fenômeno semelhante ao que Ripert analisou, ao mostrar, no plano interno, o aparecimento de regimes especiais, que foram dissolvendo o princípio da igualdade formal e a abrangência de um Direito Civil, comum a todos os cidadãos.(15) Daí, outros mecanismos no espectro do relacionamento entre países desenvolvidos e subdesenvolvidos, que podem ser vistos como relações Norte / Sul, tais como: acordos intergovernamentais de produtos primários; acordos de produtores; a UNCTAD, como foro alternativo ao GATT, para a discussão da transferência internacional de recursos; o regime geral de preferências como solução para a especificidade dos países subdesenvolvidos no funcionamento da cláusula de nação mais favorecida. Daí também: (i) no relacionamento entre os próprios países desenvolvidos de mercado — que pode ser visto como relações Norte/Norte — modelos de cooperação e consulta como a OCDE, e modelos de integração econômica como a Comunidade Econômica Européia; (ii) no relacionamento entre países de planificação central — relações Leste/Leste — modelos de cooperação econômica mais compatíveis com a estrutura interna dos Estados do Leste, como o COMECON; (iii) no relacionamento ***inter se*** dos países subdesenvolvidos — que pode ser denominado relações Sul/Sul — mecanismos de consulta e cooperação como o SELA, e de integração como a ALALC e o Pacto Andino. (16)

Este rápido registro de alguns modelos jurídicos de cooperação econômica mostra como se consolidaram, no segundo após-guerra, mecanismos de integração política no campo econômico. Estes, ao marcarem a passagem de normas negativas de abstenção para normas positivas de mútua colaboração assinalam, no plano internacional, uma correspondência com o Direito Público Interno dos Estados que, ao assumirem o intervencionismo, mudaram as pautas de conduta do Estado Liberal diante das necessidades de maior coordenação, no mundo contemporâneo, das atividades dos agentes econômicos.

(B) *O Direito Internacional da Cooperação, os países subdesenvolvidos e a redefinição da ordem mundial*

Seria pertinente observar que a maior parte desses modelos surgiram no segundo após-guerra, quando prevalecia determinada relação entre a efetividade do poder positivo das grandes potências — isto é, sua capacidade de obter de outros países um comportamento compatível com os seus valores e interesses — e a ordem internacional. Tal relação tornava possível transferir para países mais fracos a ameaça dos custos da não-coordenação, que eram e são grandes numa época de interdependência crescente, em que nenhum Estado pode desconsiderar o sistema internacional dentro do qual está inserido. É por essa razão que, no funcionamento desses modelos, o exercício do poder positivo das grandes potências tendia a consolidar, sob o ponto de vista das relações Norte/Sul, a divisão do mundo em dois segmentos: um desenvolvido e outro subdesenvolvido. De fato, na vigência plena dessa ordem, e independentemente do sucesso da cooperação econômica nas relações Norte/Norte e, posteriormente, com a "détente", nas relações Leste/Oeste, no que diz respeito às relações Norte/Sul os países subdesenvolvidos não reuniram condições e recursos suficientes de poder para melhorar sua posição na distribuição dos custos e benefícios do processo de transferência internacional de recursos, estimulado pelos mecanismos de cooperação econômica, acima sucintamente mencionados. A precariedade do ***locus standi*** dos países subdesenvolvidos, nesses mecanismos de cooperação econômica, fez com que não lograssem sucesso as medidas ou propostas destinadas a atender à sua especificidade. As organizações internacionais econômicas que se ocuparam com a relação entre, de um lado, o comércio, a interdependência e a internacionalização da economia mundial, e de outro o subdesenvolvimento, mesmo afastando-se, implícita ou explicitamente, das concepções econômicas clássicas, não modificaram a tendência ao congelamento do poder mundial e à persistência da bissegmentação. Seja no caso de produtos primários, faixa de especialização dos países subdesenvolvidos no comércio internacional, em que se tentou organizar os preços, substituindo as forças do mercado tidas como inconvenientes; seja nos esforços e nas medidas visando estimular a industrialização e, através dela, romper as limitações de uma especialização em produtos primários; seja, finalmente, no estímulo à exportação de manufaturados dos países subdesenvolvidos, através de melhores condições de acesso e concorrência nos mercados dos países desenvolvidos, a verdade é que os países do Norte, pelas funções que desempenham no processo de criação e transferência de tecnologia, como fatores dominantes do sistema de transferência internacional de recursos, mantiveram suas posições hegemônicas na divisão internacional do trabalho, numa era de confrontação industrial e tecnológica que foi, e em grande medida ainda é, uma das notas predominantes das relações internacionais de nossos dias. (17)

Essa confrontação industrial e tecnológica, que se deu e ainda se dá no quadro de uma internacionalização e uma interdependência da economia mundial, tanto de mercados para produtos, na medida em que o comércio internacional se expandiu mais rapidamente do que as economias nacionais, quanto de mercados monetários na medida em que as transferências financeiras, além das fronteiras de um Estado, se tornaram um assunto de rotina, gerou para a maior parte dos países dificuldades de se isolarem das movimentações, fluxos e refluxos da economia internacional. Essa dificuldade de insulação, válida sobretudo para as economias de mercado — pois as economias centralmente planificadas têm um maior grau de autarquia — faz com que as medidas adotadas por um país, seja no campo da exportação, seja no de investimentos, seja em câmbio, afetem os demais. Tal sensibilidade à movimentação de bens, fundos, serviços e empresas reforça as necessidades de integração e coordenação no campo econômico, em que, através de mecanismos e modelos jurídicos de cooperação, é possível chegar-se a sistemas coletivos de tomada de decisões. (18)

Essa sensibilidade é parte e conseqüência do conceito de interdependência, tal como desenhado no segundo após-guerra pelos Estados Unidos, que aspiravam a uma ordem mundial de dimensão internacional, baseada num liberalismo de mercado em contraposição ao mercantilismo e ao isolamento autárquico. É por essa razão que tal ordem comportou, no seu desdobramento durante a década de 60, precisamente por causa da necessidade de operação conjunta num quadro de valores que reforçava a internacionalização e a interdependência da economia mundial, uma primeira redistribuição de poder no sistema internacional. Nesse sentido pode-se dizer que os benefícios da ordem, para os Estados Unidos, enquanto potência hegemônica mundial, eram superiores aos custos do policentrismo, que levou àquela redistribuição com a importância crescente do Japão e da Comunidade Econômica Européia no processo de criação e transferência internacional de recursos. Essa redistribuição de poder entre os países do Norte foi acompanhada, na década de 70, por uma segunda redistribuição, quando os países produtores de petróleo conseguiram, pelo controle da oferta, modificar não só algumas das pautas tradicionais da conduta do comércio internacional nas relações Norte/Sul, como também evidenciar, com essa modificação, aspectos de vulnerabilidade que podem resultar da interdependência. O impacto conjunto desses dois processos de redistribuição de poder no sistema internacional, somado às novas vulnerabilidades deles emergentes, colocou em xeque a ordem econômica fruto da primazia americana. De fato, a relativa separação entre problemas político-militares ligados à paz e à guerra e problemas econômicos ligados à interdependência, que tinha caracterizado semelhante ordem, desapareceu com a politização crescente dos assuntos econômicos na agenda do sistema internacional. Essa situação tornou mais complexo o processo político internacional — que de resto aumentara numericamente com a descolonização — gerando novas conexões possíveis de assuntos e novas opções para os países, na medida em que trouxe, de um lado, o crescimento e a melhor distribuição entre os países do "poder de negação", isto é, a capacidade de um Estado vetar a conduta de outros Estados, incompatível com os seus valores e interesses e, de outro lado, a correspondente diminuição, no sistema internacional, do "poder positivo" das grandes potências, ou seja, conforme foi mencionado, da capacidade que têm de impor e obter um comportamento compatível com seus valores e interesses. A conseqüência final dessa situação é o distanciamento entre ***ordem*** e ***poder*** e a necessidade de consenso para qualquer processo coletivo de tomada de decisões. De fato, com o declínio do diferencial de poder entre os Estados e dependendo das vulnerabilidades, diminui, numa época de interdependência, a oportunidade para transferir, pelo exercício do poder positivo, os custos da não-coordenação para potências menores. Nesse sentido, a disjunção entre ordem e poder entreabre, em princípio, novas possibilidades para os países subdesenvolvidos, e é também nesse contexto que deve ser examinado o novo Convênio Internacional do Café, objeto desse trabalho. (19)

(C) *A regulamentação jurídica da transferência internacional de recursos.*

Antes de tentar um exame dessas possibilidades e dos mecanismos de consenso, convém apontar que existe mais de uma concepção de Direito Internacional Econômico. Para Schwarzenberger, por exemplo, Direito Internacional Econômico é um ramo do Direito Internacional Público que trata: (i) da propriedade e da exploração de recursos naturais; (ii) da produção e distribuição de bens; (iii) das transações internacionais, visíveis ou encobertas, de caráter econômico e financeiro; (iv) de moeda e finanças; (v) dos assuntos ligados e conexos a estes itens; e, finalmente, (vi) do ***status*** e da organização daqueles que se dedicam a este conjunto de atividades. Schwarzenberger mantém, coerentemente, a natureza do Direito Internacional Público do Direito Internacional Econômico ao considerar, como fontes da disciplina, as fontes clássicas do Direito das Gentes, tais como os tratados, os costumes internacionais e os princípios gerais de Direito, reconhecidos pelas nações civilizadas. É por essa razão que exclui do âmbito da disciplina normas procedentes do Direito Interno, entre as quais estão, de acordo com Schwarzenberger, o Direito Internacional Privado e o Direito Mercantil Internacional, que, no entanto, se tornaram importantes, conforme foi visto, na regulamentação de importantes aspectos da transferência internacional de recursos. Schwarzenberger aceita apenas, nessa ordem de problemas, os esforços de elaboração de um Direito uniforme, na medida em que este tem sua fonte, como é o caso de certas convenções, em tratados internacionais. (20)

Essa concepção, formalmente rigorosa, do Direito Internacional Econômico, não esgota, entretanto, a complexidade do processo de transferência internacional de recursos. É por essa razão que outros autores, reconhecendo a heterogeneidade resultante da diversidade de procedências do material normativo que disciplina a transferência internacional de recursos, concebem o Direito Internacional Econômico como o estudo da regulamentação da economia internacional por meio de normas, tanto internas quanto externas, que regem as relações entre os sujeitos participantes daquela economia. (21) Nesse sentido, buscam identificar não apenas as fontes diretas mas também as reconhecidas e delegadas, entendidas, de acordo com Miguel Reale, não apenas no seu aspecto técnico-formal mas também, e sobretudo, no plano da eficácia dos comportamentos, em que a dimensão prospectiva e operacional expressa a experiência jurídica em toda a sua concreção e dinamicidade. (22)

No plano da eficácia dos comportamentos, um Direito Internacional Econômico, ***lato sensu***, deve também considerar como fonte, dadas as características do Estado Intervencionista, o Direito Econômico Público Interno dos Estados. De fato este, ao procurar assegurar o crescimento e regulamentar a conjuntura, busca um equilíbrio entre os interesses particulares dos agentes econômicos públicos e privados e o interesse econômico geral de uma dada sociedade. A busca desse equilíbrio, numa era de interdependência e confrontação industrial e tecnológica, evidentemente gera a manipulação do regime geral de importações e exportações e solicita uma definição no que diz respeito às condições em que os recursos externos podem ingressar num país e nas quais as empresas que os utilizam devem operar. Nesse sentido, são atos de política externa — todos os atos — inclusive os de Direito Público Interno, que definem uma modalidade e uma concepção de inserção no sistema de transferência internacional de recursos, tais como a legislação e o regime pelo qual ingressam num país a poupança e a tecnologia externas. Num sentido inverso, porém complementar, cabe referir, nesta linha de raciocínio, o impacto extra-territorial de determinadas normas de regulamentação econômica, como por exemplo a legislação antitruste americana, cujo alcance transnacional pode afetar o processo de transferência internacional de recursos. Se isso é verdade e importante para o Estado Intervencionista, desenvolvido ou subdesenvolvido, é evidentemente básico para os países de economia centralmente planificada, onde o Estado detém o monopólio do comércio exterior. A conclusão é, portanto, no sentido de ressaltar que as necessidades e características de atuação do Estado, no Século XX, são de molde a levar em conta, no exame dos mecanismos e modelos jurídicos de cooperação econômica internacional, o funcionamento do Direito Público Econômico Interno de cada país. (23)

Outra dimensão importante, no plano da eficácia dos comportamentos, deriva do fato que, no momento atual, participam diretamente da transferência internacional de recursos, entidades econômicas que não são sujeitos de Direito Internacional Econômico. Entre elas, avulta a empresa transnacional. Conforme se sabe, após os anos 50 passaram a ter preponderância na transferência internacional de recursos essas novas unidades econômicas, originárias dos Estados Unidos e de outros países industrializados, que investem em diversos sistemas econômicos nacionais, em que organizam e exploram a produção de bens e serviços para vendê-los nos respectivos mercados nacionais e internacionais. Estes novos protagonistas não-governamentais criaram um esquema de planejamento privado, em escala transnacional, que passou a ser regulado por um Direito de alcance internacional, em boa medida independente dos Estados e das organizações internacionais, a que alguns autores têm chamado de uma nova *lex mercatoria*.

A nova *lex mercatoria*, à semelhança do *jus mercatorum* medieval, caracteriza-se pela não-estatalidade de suas normas, por ter um âmbito de vigência que não coincide com as fronteiras políticas do Estado e por ser um Direito de classe — o das empresas transnacionais — com uma aspiração à universalidade. Neste sentido, trata-se de um *corpus juris* que, da mesma forma que o Direito Internacional Público de Cooperação, registra as dificuldades do Estado, no Século XX, em atender a todas as suas necessidades numa base exclusivamente territorial. A moderna *lex mercatoria,* que engloba contratos de compra e venda internacionais de equipamentos e de investimentos, resulta, portanto, da complexidade crescente das relações econômicas, num mundo interdependente, marcado pela presença das empresas transnacionais. Estas orientam a sua atuação, inclusive através da *lex mercatoria*, para mais de um Estado no sistema internacional, participando direta ou indiretamente nas diversas economias nacionais e configurando a vinculação por penetração entre dois ou mais sistemas políticos nacionais. Esta vinculação por penetração escapa muitas vezes ao poder de regulamentação dos Direitos Públicos Internos e do Direito Internacional Público Econômico, e pode ensejar uma autonomia da vontade da *lex mercatoria* das empresas transnacionais que escapa do controle das relações intergovernamentais, nas quais se apoiam os modelos jurídicos de cooperação econômica internacional. (24) Daí a importância de se atentar para esta nova *lex mercatoria* como uma variável independente, em qualquer exame dos modelos jurídicos do Direito Internacional Público Econômico que busque captar, na sua inteireza, a experiência jurídica da cooperação dos Estados no segundo após-guerra.

A confluência das empresas transnacionais e do Estado Intervencionista, no processo da transferência internacional de recursos, também vem ensejando novos tipos de indagação, que vários autores têm incluído no âmbito de suas definições do Direito Internacional Econômico. Trata-se, em síntese, do problema da definição do Direito aplicável aos *"State-contracts"*, em que uma das partes é um Estado e a outra é uma instituição econômica não-governamental — via de regra uma ou mais empresas transnacionais. A freqüência desses contratos — por exemplo, os de investimento na exploração de petróleo — fez com que alguns autores, como por exemplo Prosper Weil, sugerissem a internacionalização das normas a eles aplicáveis. Tal internacionalização teria como objetivo excluir estas normas do âmbito dos Direitos Internos, garantindo a sua inclusão no Direito das Gentes, sem a mediação e a interferência dos Estados exportadores de capital — de onde se originam as empresas transnacionais — seja por via de proteção diplomática, seja por meio de acordos bilaterais ou multilaterais de proteção do investimento estrangeiro. (25) Sem entrar no mérito dessa problemática, parece evidente que a análise das modalidades de contratação utilizadas pelos Estados e pelas empresas transnacionais constitui um *corpus juris* relevante da transferência internacional de recursos, e enquanto tal, também uma variável a ser levada em consideração no estudo dos modelos jurídicos do Direito Internacional Público Econômico, ***stricto sensu*** considerados, entre os quais se inclui o Convênio Internacional do Café de 1976.

Em síntese, portanto, e para sumariar o alcance destas observações para os propósitos deste trabalho: a transferência internacional de recursos e o Direito que a regulamenta – um Direito Internacional Econômico entendido ***lato sensu***, e que abrangeria, em função de seu conteúdo, todas as normas que incidem nas operações da economia mundial contemporânea – apresenta uma grande heterogeneidade de procedências. Entre as suas fontes estariam incluídos não apenas o Direito criado pelos sujeitos do Direito Internacional Público, mas também o Direito Público e Privado Interno dos países, a ***lex mercatoria*** das empresas transnacionais e o Direito elaborado pelos sujeitos do Direito Internacional Público nas suas interações com instituições econômicas não-governamentais. Todas essas fontes interagem, transnacional e transgovernamentalmente, numa era de confrontação industrial e tecnológica, de uma maneira que não corresponde, no momento atual, a uma concepção sintática do Direito, preocupada com a coerência dos ordenamentos e com a coerência da integração dos ordenamentos. Estas dificuldades de rigor jurídico se explicam, pois como dizia Ascarelli: "Le norme vengono poste in relazione alle esigenze della vita consociata e non in via di sviluppo logico da assiomi preestabiliti; la loro spiegazione si ritrova sul terreno della storia e non su quello dell'armonia logica.". (26)É por esta razão que se tornou necessário, ao se desenhar no correr deste capítulo os contornos do grande mapa do Direito Internacional Público Econômico, ***stricto sensu*** definido, sugerir, nesta parte final, as suas relações – no plano da eficácia dos comportamentos – com outros campos do Direito Econômico, ***lato sensu*** entendidos, posto que estas relações são importantes, como adiante se verá em mais detalhe, seja para uma adequada compreensão dos grandes temas deste trabalho, seja para a análise do Convênio Internacional do Café. (27) Cabe agora, depois desta tentativa de delineamento, examinar, num sentido geral, os mecanismos de consenso através dos quais nascem e operam os modelos jurídicos de cooperação econômica internacional, entre os quais se inclui o Convênio Internacional do Café de 1976, que constitui, por assim dizer, o "caso" que deverá ilustrar, na estrutura deste trabalho, as idéias expendidas neste e nos próximos capítulos.

Notas ao Capítulo I

(1) Cf. CHARLES DE VISSCHER, *Théories et Realités en Droit International Public* (4ème ed.), Paris: Pedône, 1970, p. 43. Ver também KARL SCHMITT, *La Notion du Politique – Théorie du Partisan*, Paris: Calmann-Levy, 1972; DALMO DE ABREU DALLARI, *O Futuro do Estado*, S. Paulo: 1972; e J.P. NETTL, "The State as a Conceptual Variable" in *World Politics*, XX (1968), pp. 559-592.

(2) Cf. FRIEDRICH MEINECKE, *Macchiavellism – The Doctrine of Raison d'État and its Place in Modern History* (trad. de Douglas Scott), London: Routledge and Kegan Paul, 1962; JULIEN H. FRANKLIN, *Jean Bodin and the Sixteenth-Century Revolution in the Methodology of Law and History*, N. York: Columbia University Press, 1963; ALESSANDRO PASSERIN D'ENTRÈVES, *Dante as a Political Thinker*, Oxford: At the Clarendon Press, 1952; RICHARD A. FALK, *A Study of Future Worlds*, N. York: Free Press, 1975; LEO GROSS, "The Peace of Westphalia, 1648-1948" in AMERICAN SOCIETY OF INTERNATIONAL LAW, *International Law in the Twentieth Century*, N. York: Appleton-Century Crofts, 1969, pp. 25-46; JOHN H. HERZ, "The Rise and Demise of the Territorial State" in James N. Rosenau (ed.), *International Politics and Foreign Policy*, N. York: Free Press, 1961, pp. 80-86; MIGUEL REALE, *Horizontes do Direito e da História*, S. Paulo: Saraiva, 1956, pp. 82-117.

(3) Cf. WOLFGANG FRIEDMANN, *The State and the Rule of Law in a Mixed Economy*, London: Stevens, 1971; AFONSO ARINOS DE MELO FRANCO, *Direito Constitucional*, Rio: Forense, 1976; MAX WEBER, *On Law in Economy and Society* (edição anotada por Max Rheinstein e traduzida por Edward Schils e Max Rheinstein), Cambridge, Mass.: Harvard University Press, 1954; REINHARD BENDIX, *Nation-building and Citzenship*, N. York: Wiley, 1964; REINHARD BENDIX, "Tradition and Modernity Reconsidered" in *Comparative Studies in Society and History*, IX (April 1967), pp. 292 - 346; GUIDO DE RUGGIERO, *The History of European Liberalism* (trad. de R.G. Collingwood), Boston: Beacon Press, 1959; ROBERTO MANGABEIRA UNGER, *Law in Modern Society*, N. York: Free Press, 1976, pp. 46-242; VICTOR NUNES LEAL, "A Divisão dos Poderes no Quadro Político da Burguesia" in Themistocles Cavalcanti et alii, *Cinco Estudos*, Rio: Fund. Getúlio Vargas, 1955, pp. 93-113; RENÉ DAVID, "Droit Commun et Com-

mon Law" in *Studi in Memoria di Tullio Ascarelli*, vol. I, Milano: Giuffrè, 1969, pp. 347-363.

(4) HENRY A. KISSINGER, *A World Restored*, N. York: Grosset and Dunlap, 1964; STANLEY HOFFMANN, *Organisations Internationales et Pouvoirs Politique des États*, Paris: Colin, 1954; WOLFGANG FRIEDMAN, *The Changing Structure of International Law*, N. York: Columbia University Press, 1964; CARSTEN HOLBRAAD, "El Papel de las Potencias Médias en la Política Internacional" in *Estudios Internacionales*, ano V n. 17 (Enero/Marzo 1972), pp. 53-75.

(5) GEORG SCHWARZENBERGER, *International Law and Order*, London: Stevens and Sons, 1971, Cap. III, pp. 16-18.

(6) ADOLFO MIAJA DE LA MUELA, *Ensayo de Delimitación del Derecho Internacional Económico*, Valencia: Anales de la Universidad de Valencia, 1971, pp. 8-11; ADOLFO MIAJA DE LA MUELA, *Derecho Internacional Privado - I* (7a, ed.), Madrid: Atlas, 1976, pp. 9-83; IRINEU STRENGER, *Autonomia da Vontade em Direito Internacional Privado*, S. Paulo: Revista dos Tribunais, 1968; IRINEU STRENGER, *Teoria Geral do Direito Internacional Privado*, S. Paulo: Bushatsky, 1973, pp 1-184; NORBERTO BOBBIO, *Teoria dell'Ordinamento Giuridico*, Torino: Giappichelli, 1960, pp. 3-24, 185-215.

(7) ANTONIO PEREIRA PINTO, *Apontamentos para o Direito Internacional ou Collecção Completa dos Tratados Celebrados pelo Brasil com Differentes Nações Estrangeiras*, Rio: F.C.L. Pinto & Cia., 1864, vol. I, pp. 7-84. Sobre o Tratado de 1810, cf. OLIVEIRA LIMA, *Dom João VI no Brasil - 1808-1821*, Rio: Jornal do Comércio, 1908, vol. 1, pp. 363-414; J.P. CALÓGERAS, *A Política Exterior do Império*, vol. 1 - *As Origens*, Rio: Imprensa Nacional, 1927, pp. 333-348; ALAN K. MANCHESTER, *British Preeminence in Brazil - Its Rise and Decline*, N. York: Octagon Books, 1964, pp. 69-108; JOSÉ HONÓRIO RODRIGUES, *Interesse Nacional e Política Externa*, Rio: Civilização Brasileira, 1966; AFONSO ARINOS DE MELO FRANCO, *Algumas Instituições Políticas no Brasil e nos Estados Unidos*, Rio: Forense, 1975, pp. 149-150.

(8) PIERRE PESCATORE, *La Clause de la Nation la plus Favorisée dans les Conventions Multilaterales* (Rapport Provisoire), Genève: Institut de Droit International, 1968, pp. 7 e 9; GEORG SCHWARZENBERGER, *International Law and Order*, cit., Cap. 8; CELSO LAFER, "O GATT, a Cláusula de Nação Mais Favorecida e a América Latina" in *Revista de Direito Mercantil* n. 3, ano X, 1971, pp. 41-56.

(9) STANLEY HOFFMANN, op. cit.; HAJÓ HOLBORN, *The Political Collapse of Europe*, N. York: Knopf, 1951. Para uma perspectiva brasileira da Sociedade das Nações, ver AFONSO ARINOS DE MELO FRANCO, *Um Estadista da República (Afrânio de Melo Franco e seu Tempo)*, vol. III, Rio: José Olympio,

1955; e *Evolução da Crise Brasileira*, S. Paulo: Ed. Nacional, 1965, pp. 218-224; GEORG SCHWARZENBERGER, *Economic Worl Order?*, Manchester: Manchester University Press, 1970, Cap. III; P. KALENSKY, "Les États Socialistes et le Droit du Commerce International" in Académie de Droit International de la Haye-Colloque 1968, *Les Accords de Commerce International*, Leiden: Sijthoff, 1969, pp. 155-209; FRITZ NEUMARK, *Problemas Económicos y Financieros del Estado Intervencionista*, Madrid: Editorial de Derecho Financiero, 1964; BERNARD CHENOT, *Organisation Économique de l'État* (2a. ed.), Paris: Dalloz, 1965; KARL W. DEUTSCH, *Politics and Government*, Boston: Houghton-Mifflin, 1970; ALBERTO DA ROCHA BARROS, *O Poder Econômico do Estado Contemporâneo e seus Reflexos no Direito*, S. Paulo: Revista dos Tribunais, 1953; ALBERTO VENANCIO FILHO, *A Intervenção do Estado no Domínio Econômico*, Rio: Fund. Getúlio Vargas, 1968; ALBERTO VENANCIO FILHO, "Intervenção do Estado e Liberdade Econômica no Direito Constitucional Brasileiro" in *As Tendências Atuais do Direito Público - Estudos em Homenagem ao Prof. Afonso Arinos*, Rio: Forense, 1976, pp. 421 - 449; FÁBIO KONDER COMPARATO, "O Indispensável Direito Econômico" in *Revista dos Tribunais*, vol. 353 (março/1965), pp. 14-26; GERALDO DE CAMARGO VIDIGAL, *Objeto do Direito Econômico*, S. Paulo, 1976; GEORGES RIPERT, *Le Regime Démocratique et le Droit Civil Moderne*, Paris: Librarie Générale de Droit et de Jurisprudence, 1936, pp. 269-325; F.C. DE SAN TIAGO DANTAS, *Problemas de Direito Positivo*, Rio: Forense, 1953, pp. 13-33; ORLANDO GOMES, *Transformações Gerais do Direito das Obrigações*, S. Paulo: Revista dos Tribunais, 1967, pp. 10-28.

(10) ADOLFO MIAJA DE LA MUELA, *Ensayo de Delimitación del Derecho Internacional Económico*, cit., pp. 16-19; NICOLAS VALTICOS, "Note sur les Méthodes Établies par l'O.I.T. pour Favoriser la Mise en Oeuvre des Recommandations" in Institut Universitaire de Hautes Études Internationales, *Les Résolutions dans la Formation du Droit International du Développement*, Colloque des 20 et 21 Novembre, 1970, Genève: 1971, pp. 153-160; A.F.CESARINO JR., *Direito Social Brasileiro* (4a. ed.), 1º vol., Rio: Freitas Bastos, 1957, pp. 110-119; IRINEU STRENGER, *Teoria Geral do Direito Internacional Privado*, cit., pp. 159-184; HAROLDO VALLADÃO, *Direito Internacional Privado* (4a. ed.), Rio: Freitas Bastos, 1974, vol. I, pp. 22-30.

(11) Cf. ALF ROSS, *The United Nations - Peace and Progress*, N. York: Bedminster Press, 1966; INIS L. CLAUDE JR., *Swords into Plowshares* (3rd. ed.), N.York: Random House, 1964; VICENTE MAROTTA RANGEL, *Do Conflito entre a Carta das Nações Unidas e os Demais Acordos Internacionais*, S. Paulo: Saraiva, 1954; MARIA DEL ROSARIO GREEN, BERNARDO SEPÚLVEDA AMOR (ed.). *La ONU: Dilema a los 25 Años*, México: El Colégio de México, 1970; RAYMOND ARON, *Dimensions de la Conscience Historique* (2ème ed.), Paris: Plon, 1962, pp. 260-295; WOLFGANG FRIEDMANN, *The Changing Structure of International Law*, cit.; GEORG SCHWARZENBERGER, *Economic World Order?*, cit., Cap. IV, pp. 37-66; MIGUEL REALE, *O Direi-*

to como Experiência, S. Paulo: Saraiva, 1968; STANLEY HOFFMANN, "International Law and the Control of Force" e RICHARD A. FALK, "The Relevance of Political Context to the Nature and Functioning of International Law: An Intermediate View", ambos in KARL DEUTSCH e STANLEY HOFFMANN (ed.), *The Relevance of International Law*, N. York: Anchor Books, 1971, pp. 34-66 e 176-252; THOMAS M. FRANCK, "Who Killed Article 2 (4)? or: Changing Norms Governing the Use of Force by States" in *American Journal of International Law*, vol. 64, n. 5 (October 1970), pp. 809-837; sobre a Resolução da Assembléia Geral da ONU N. 3.314 (XXIX) de 14 de dezembro de 1974, que definiu agressão, cf. *International Legal Materials* vol. XIII n. 3 (May 1964), pp. 710-714, e vol XIV, n. 2 (March 1975), p. 588.

(12) Cf. PATRICK RILEY (editor e tradutor), *The Political Writings of Leibniz*, Cambridge: At the University Press, 1972, introdução pp. 19 e seguintes, especialmente "Meditation on the Common Concept of Justice", pp. 45-75; NORBERTO BOBBIO, *Teoria della Norma Giuridica*, Torino: Giappichelli, 1958, pp. 127-132.

(13) VICENTE MAROTTA RANGEL, "Os Conflitos entre Direito Interno e os Tratados Internacionais" in *Revista da Faculdade de Direito da USP*, ano LXII, fasc. II, 1967, pp. 81-134; ADOLFO MIAJA DE LA MUELA, *Ensayo de Delimitación del Derecho Internacional Económico*, cit., pp. 12-15; DIONISIO ANZILOTTI, *Corso di Diritto Internazionale*, vol. I (ristampa), Padova: Cedam, 1964, pp. 50-63; HANS KELSEN, *General Theory of Law and State*, N. York: Russell and Russell, 1961, pp. 363-388; HANS KELSEN, *Principles of International Law* (2nd. ed., revised and edited by ROBERT W. TUCKER), N. York: Holt, Rinehart and Wiston, 1967, pp. 551-558; NORBERTO BOBBIO, *Teoria dell'Ordinamento Giuridico*, cit., pp. 3-24, 185-215; TÉRCIO SAMPAIO FERRAZ JR., *Direito, Retórica e Comunicação*, S. Paulo: Saraiva, 1973, p. IX e passim.

(14) Cf. LEON N. LINDBERG, "Political Integration as a Multidimensional Phenomenon Requiring Multivariate Measurement", in *International Organization*, vol. XXIV, 1970, pp. 650-731; MICHEL VIRALLY, "La Notion de Fonction dans la Théorie de l'Organisation International" in *Mélanges Offerts à Charles Rousseau*, Paris: Pedône, 1974, pp. 277-300; ANGELO PIERO SERENI, *Le Organizzazioni Internazionali*, Milano: Giuffrè, 1959; SOCIETÉ FRANÇAISE POUR LE DROIT INTERNATIONAL, *Aspects du Droit International Économique (Colloque d'Orleans)*, Paris: Pedône, 1972, particularmente o trabalho de PROSPER WEIL, "Le Droit International Économique - Mythe ou Realité?", pp. 1-34, e os debates suscitados por este trabalho - pp. 105-156.

(15) GEORGES RIPERT, *Le Régime Démocratique et le Droit Civil Moderne*, cit.; TULLIO ASCARELLI, "Ordinamento Giuridico e Processo Economico" in TULLIO ASCARELLI, *Problemi Giuridici*, T. I, Milano: Giuffrè, 1959, pp. 39-63.

(16) CF. FRANCISCO ORREGO Y VICUÑA (org.), *Derecho Internacionl Económico I - América Latina y la Cláusula de la Naciŏn más Favorecida*, México: Fondo de Cultura Económica, 1974, e *Derecho Internacional Económico II - Las Nuevas Estructuras del Comércio Internacional*, México: Fondo de Cultura Econômica, 1974; JACQUES L'HUILLIER, *Les Organisations Internationales de Coopération Économique et le Commerce Exterieur des Pays en Voie de Devéloppement*, Genève: Institut Universitaire de Hautes Études Internationales, 1969; JACQUES ET COLETTE NEME, *Organisations Économiques Internationales*, Paris: PUF, 1972; RICHARD N. GARDNER, *Sterling-Dollar Diplomacy* (2nd. ed.), N. York: Mc-Graw Hill, 1969; KENNETH W. DAM, *The GATT - Law and International Economic Organizations*, Chicago: The University of Chicago Press, 1970; JOHN H. JACKSON, *World Trade and the Law of GATT*, Indianapolis: Bobbs-Merrill, 1969; THIEBAUT FLORY, *Le GATT - Droit International et Commerce Mondiale*, Paris: Lib. Générale de Droit et de Jurisprudence, 1968; CELSO LAFER, "Comércio Internacional - Fórmulas Jurídicas e Realidades Político-Econômicas" in *Revista de Direito Mercantil*, ano XIII n. 13, 1974, pp. 71-85; G.P. VERBIT, "Preferences and the Public Law of International Trade: The End of Most-Favoured-Nation Treatment?" in Académie de Droit International de la Haye - Colloque 1968, *Les Accords de Commerce International*, cit., pp. 19-56; BRANISLAV GOSOVIC, *UNCTAD: Conflict and Compromise*, Leiden: Sijthoff, 1972; BRENO BELLO DE ALMEIDA NEVES, "Direito Comercial Internacional" in *Revista de Ciência Política*, vol. 7 n. 4 (dezembro de 1973), pp. 95-115; JOSEPH GOLD, "The Legal Structure of the Par Value System" in *Law and Policy in International Business*, vol. 5 n. 1 (1973), pp. 155-214.

(17) Cf. CELSO LAFER e FELIX PEÑA, *Argentina e Brasil no Sistema de Relações Internacionais*, S. Paulo: Duas Cidades, 1973; CELSO LAFER, "Comércio Internacional: Fórmulas Jurídicas e Realidades Político-Econômicas" in loc. cit.; JACQUES L'HUILLIER, *Les Organisations Internationales de Coopération Économique et le Commerce Exterieur des Pays en Voie de Devéloppement*, citado; A.F.K. ORGANSKI, *World Politics* (2nd. ed.), N. York: Knopf, 1968; ROBERT W. TUCKER, "A New International Order?" in *Commentary*, vol. 59 n. 2 (Feb/1975), pp. 38-50; RAPHAEL VALENTINO SOBRINHO. "Política e Comércio Internacional" in *Revista de Ciência Política*, vol. 7 n. 4 (Dezembro/1973), pp. 53-74; HÉLIO JAGUARIBE, *Desenvolvimento Político*, S. Paulo: Perspectiva, 1975, pp. 213-254; J.A. ARAÚJO CASTRO, "O Congelamento do Poder Mundial" in *Revista Brasileira de Estudos Políticos*, n. 33 (jan/1972), pp. 7-30.

(18) RICHARD N. COOPER, "Economic Interdependence and Foreign Policy in the Seventies" in *World Politics*, vol. XXIV n. 2 (jan/1972), pp. 159-181.

(19) Cf. HUGH CORBET e ROBERT JACKSON, *In Search of a New Economic Order*, London: Croom Helm, 1974; C. FRED BERGSTEN, "The Response

to the Third World" in *Foreign Policy* 17 (Winter 1974/75), pp. 3-34; GERARD CURZON, "Conflict in World Trade-Order - The Distribution of the Gains from Trade Cooperation", in *Annales d'Études Internationales*, vol. 3 (1972), pp. 181-183; ROBERT W. TUCKER, "A New International Order?" in loc. cit.; C.FRED BERGSTEN, ROBERT O. KEOHANE, JOSEPH S. NYE, "International Economics and International Politics: A Framework for Analysis" in *International Organization*, vol. 29 n. 1 (Winter 1975), pp. 3-36; CELSO LAFER, "Una Redefinición del Orden Mundial y la Alianza Latinoamericana - Perspectivas y Posibilidades" in *Estudios Internacionales* ano VIII n. 31 (Jul. Sept./1975), pp. 42-58; CELSO LAFER, "Ordem, Poder e Consenso - Caminhos da Constitucionalização do Direito Internacional" in *As Tendências Atuais do Direito Público - Estudos em Homenagem ao Prof. Afonso Arinos*, cit., pp. 91-110; KARL W. DEUTSCH, "The Probability of International Law" in KARL DEUTSCH AND STANLEY HOFFMANN (ed.), *The Relevance of International Law*, cit., pp. 88-114; RICHARD N. COOPER, "Trade Policy is Foreign Policy" in *Foreign Policy* n. 9 (Winter 1972/73), pp. 18-36; MARINA v.N. WHITMAN, "Leadership without Hegemony" in *Foreign Policy* n. 20 (Fall 1975), pp. 138-160; JOSEPH S. NYE JR., "Independence and Interdependence" in *Foreign Policy* n. 22 (Spring 1976), pp. 130-161; BRANISLAV GOSOVIC e JOHN GERARD RUGGIE, "On the Creation of a New International Economic Order: Issue Linkage and the Seventh Special Session of the U.N. General Assembly" in *International Organization*, vol. 30 n. 2 (Spring 1976), pp. 309-345.

(20) Cf. GEORG SCHWARZENBERGER, "The Principles and Standards of International Economic Law" in *Académie de Droit International, Recueil des Cours-1966*, tomo 117, vol. 1, pp. 5-17; sobre o problema das fontes de Direito Internacional Público cf. MAX SORENSEN, *Les Sources du Droit International*, Copenhague: Einar Manksgaard, 1946; CLIVE PARRY, *The Sources and Evidence of International Law*, Manchester: Manchester University Press, 1965; CHARLES ROUSSEAU, *Droit International Public*, tomo I - *Introduction et Sources* (2ème ed.), Paris: Sirey, 1970; GEORGES SCELLE, "Essai sur les Sources Formelles du Droit International" in *Recueil d'Études sur Les Sources du Droit em l'Honneur de François Geny*, Paris: Sirey, 1934, tomo III, pp. 400-430.

(21) ADOLFO MIAJA DE LA MUELA, *Ensayo de Delimitación del Derecho Internacional Económico*, cit., pp. 36-65; M. AGUILAR NAVARRO, *Ensayo de Delimitación del Derecho Internacional Económico*, Madrid: Universidad Complutense, 1972, pp. 54-67.

(22) MIGUEL REALE, *O Direito Como Experiência*, cit., pp. 147-186; NORBERTO BOBBIO, *Teoria dell'Ordinamento Giuridico*, cit., pp. 25-67.

(23) CELSO LAFER e FELIX PEÑA, *Argentina e Brasil no Sistema de Relações Internacionais*, cit., Cap. I; ROBERT SAVY, *Droit Public Économique*, Paris

Dalloz, 1972; FÁBIO KONDER COMPARATO, "O Indispensável Direito Econômico", in loc. cit., pp. 14-16; CELSO LAFER, "Coordenação para Ativar Exportações", in *Indústria e Desenvolvimento*, vol. VIII n. 1, (janeiro de 1975) pp. 21-23; HENRY J. STEINER e DETLEV F. VAGTS, *Transnational Legal Problems - Materials and Texts* (2nd. ed.), Mineola, N. York: The Foundation Press. 1976, Cap. IX; ROBERT KOVAR, "La Distinction "Gestion Publique-Gestion Privée" et le Régime des Conventions en Droit international" in *Recueil d' Études en Hommage a Charles Eisenmann*, Paris: Cujas, 1975, pp. 423 - 439.

(24) Cf. KARL KAISER, "Transnational Politics - Towards a Theory of Multinational Politics" in *International Organization*, vol. XXV n. 4 (Autumn 1971), pp. 790 e seguintes; JAMES N. ROSENAU (ed.), *Linkage Politics*, N. York: The Free Press, 1964; JOSÉ LUIZ BULHÕES PEDREIRA, "Empresas Multinacionais" in *Derecho de la Integración*, vol. VI n. 12 (Marzo/1973), pp. 183-186; JOHN KENNETH GALBRAITH, *Economics and the Public Purpose*, Boston: Houghton-Mifflin, 1973; SAMUEL P. HUNTINGTON, "Transnational Organizations in World Politics" in *World Politics*, vol. XXV n. 3 (Abril 1973), pp. 333-368; ROBERT O. KEOHANE e VAN DOORN OOMS, "The Multinational Firm and International Regulation" in *International Organization*, vol. 29 n. 1 (Winter 1975), pp. 169-209; BERTHOLD GOLDMAN, "Frontières du Droit et "Lex Mercatoria", in *Archives de Philosophie du Droit*, tomo IX, Paris: Sirey, 1964, pp. 177-192; PHILIPPE KAHN, "Lex Mercatoria et Pratiques de Contrats Internationaux: l'Experience Française", e todos os demais trabalhos do excelente simpósio *Le Contrat Économique International*, Bruxelles: Bruylant, 1975; CELSO LAFER E FELIX PEÑA, op. cit.; CELSO LAFER, "Comércio Internacional: Fórmulas Jurídicas e Realidades Político-Econômicas", in loc. cit.; ADOLFO MIAJA DE LA MUELA, *Ensayo de Delimitación del Derecho Internacional Económico*, cit., pp. 6 - 7.

(25) ADOLFO MIAJA DE LA MUELA, *Ensayo de Delimitación del Derecho Internacional Económico*, cit., pp. 50-51; JOE VERHOEVEN, "Contrats entre États et Ressortissants d'Autres États" in *Le Contrat Économique International*, cit., pp. 115-150; ANGELO PIERO SERENI, "International Economic Institutions and the Municipal Law of States" in *Académie de Droit International de la Haye - Recueil des Cours - 1959*, tomo 96 - 1, pp. 133 - 237; GEORG SCHWARZENBERGER, *Foreign Investments and International Law*, N. York: Praeger, 1969; LUIZ OLAVO BAPTISTA, *Contrato de Risco*, S. Paulo: Bushatsky, 1976; PROSPER WEIL, "Problèmes Relatifs aux Contrats Passés entre un État et un Particulier" in *Académie de Droit International de la Haye - Recueil des Cours - 1969*, tomo 128 - III, pp. 101 - 240; EDUARDO JIMENEZ DE ARÉCHEGA, "L'Arbitrage entre les États et les Sociétés Privées Étrangères" in *Mélanges en l'Honneur de Gilbert Gidel*, Paris: Sirey, 1961, pp. 367 - 382.

(26) ADOLFO MIAJA DE LA MUELA, *Ensayo de Delimitación del Derecho Internacional Econômico*, cit., passim; M.AGUILAR NAVARRO, *Ensayo de Delimitación del Derecho Internacional Económico*, citado, passim; TULLIO ASCARELLI, "Interpretazione del Diritto e Studio del Diritto Comparato" in TULLIO ASCARELLI, *Saggi di Diritto Comerciale*, Milano: Giuffrè, 1965, p. 482; NORBERTO BOBBIO, "L'Itinerario di Tullio Ascarelli" in *Studi in Memoria di Tullio Ascarelli*, vol. I, cit., pp. CXVII-CXXIII.

(27) J.E.S. FAWCETT, "The Function of Law in International Commodity Agreements", in *British Yearbook of International Law* 44 (1970), pp. 157-176.

Capítulo II

O CONSENSO, A RECIPROCIDADE, A INCERTEZA E O ALEATÓRIO NOS MODELOS JURÍDICOS DE COOPERAÇÃO ECONÔMICA INTERNACIONAL.

(A) *A redefinição da ordem mundial e a necessidade do consenso.*

O sistema internacional é um campo de ação em que os sujeitos do Direito Internacional Público e outros atores transnacionais, como, por exemplo, empresas e partidos, cooperam, competem e combatem. A dimensão do conflito, da paz e da guerra, é a dimensão privilegiada pelos estudiosos que enxergam a vida internacional num contexto hobbesiano, como um combate permanente, de todos contra todos, não-institucionalizável enquanto o poder estiver distribuído individualmente entre os países no plano internacional. Os mecanismos de integração política no campo econômico e as transformações do Direito Internacional Público, referidos no primeiro capítulo, e que são frutos dos desdobramentos do segundo após-guerra, mostram que o conflito não exclui a cooperação na era de confrontação industrial e tecnológica. Tal cooperação, que envolve processos coletivos de tomada de decisões e normas positivas de mútua colaboração, implicam, para falar com Prosper Weil, na analogia que traça entre o Direito Internacional Público e o Direito Administrativo, uma autodelimitação do poder de império. Esta autodelimitação, pela qual tanto o Direito Administrativo quanto o Direito Internacional Público buscam submeter a soberania a regras jurídicas, exige de ambas disciplinas, posto que se encontram próximas das fontes de poder, uma análise de aspectos políticos. Daí a pergunta: que leva, no momento atual, os Estados que aumentaram internamente seu poder em relação à sociedade civil, dada a natureza do intervencionismo, e que se utilizam dos instrumentos do Direito Público Econômico para regulamentarem a conjuntura e assegurarem o crescimento nas suas respectivas sociedades, a se autodelimitarem no plano internacional? (1)

Vale a pena começar apontando que, no campo da cooperação econômica, a diminuição do poder positivo das grandes potências, o declínio do poder hegemônico dos Estados Unidos na economia mundial — que erodiu o alcance das instituições criadas por sua inspiração no segundo após-guerra, tais como o FMI e o GATT — a politização dos temas referentes à ordem econômica mundial e a sua redefinição, são de molde a realçar, nesta área, a estrutura consensual das normas de Direito Internacional.

A ênfase nos aspectos convencionais do Direito das Gentes, no momento atual, indica a possibilidade de uma certa democratização do sistema internacional, na medida em que o consentimento está se tornando uma das necessidades da nova ordem mundial. Neste sentido, o distanciamento da relação clássica entre ordem e poder, fruto da melhor distribuição individual, entre os Estados, do poder de negação, discutido no capítulo I, ao evidenciar como a tutela do Direito Internacional Público abrange mais Estados, aponta na direção de uma ordem mundial que, para ser efetiva precisa se apoiar mais na convergência dos interesses e menos no arbítrio e na coerção. É por essa razão que a eficácia dos novos imperativos positivos – entendida, consoante Ross, como a capacidade de motivar o cumprimento – pede o diálogo e o consenso, sobretudo no campo dos assuntos econômicos. De fato, na medida em que a colaboração econômica exige mais do que normas negativas de abstenção – e a origem etimológica mostra que ela significa um trabalho conjunto com outros – ela requer a união das forças e vontades, para o adequado funcionamento deste trabalho conjunto, através dos novos sistemas coletivos de tomada de decisões. (2)

A união de forças e vontades – que aliás é a nota pela qual alguns autores clássicos, tais como Montesquieu e Pufendorf, definem o Estado – significa, dada a não-unificação do poder no sistema internacional e as exigências do consenso, uma das dimensões da liberdade dos sujeitos de Direito Internacional Público. De fato, a liberdade pode ser entendida como o espaço não-regulamentado por normas, consoante a visão liberal do assunto, tal como formulada, por exemplo, por Locke. Era essa a liberdade pretendida pelas normas de mútua abstenção do Direito Internacional Público de Coexistência, consolidado pelo Estado liberal do Século XIX e que estava em harmonia com as pautas de relacionamento interno que norteavam, na época, as conexões entre Estado e sociedade civil. Entretanto, a liberdade também pode ser entendida, à maneira antiga, como participação no mundo público, onde ela surge, no campo jurídico, como autonomia e auto-obrigação. Neste sentido, como dizia Rousseau, liberdade é "l'obéissance à la loi qu'on s'est prescritte". O Direito Internacional Público de Cooperação que, com as suas normas de mútua colaboração, assinala um aprofundamento e uma extensão dos laços da comunidade internacional, na medida em que exige o consenso, entreabre para os Estados esta dimensão de liberdade que, de resto, é a liberdade a que aspiram as correntes democráticas no interior do Estado Intervencionista do Século XX. É essa dimensão democrática que aconselha um rápido registro daquelas posições, tais como a de Rousseau, que entendem que o vínculo nos pactos sociais não pode ser imposto de fora, por um ***pactum subjectionis,*** à maneira de Hobbes, mas de dentro, criado e constituído pelas partes através de um ***pactum societatis***, que assegura ao pacto, e portanto à união, uma dimensão afetiva e efetiva de aceitação.

Rousseau, conforme é sabido, entende que o Estado da natureza entre os corpos políticos é mais funesto que entre os indivíduos. É por essa razão que vê a necessidade de um Direito das Gentes que suplemente a comiseração natural e torne possível o comércio. Como Grotius, dá prioridade ao caráter consensual do Direito Internacional Público e, apesar de mais cético quanto às suas possibilidades, inclusive tendo em vista as desigualdades entre os Estados, admite suas virtualidades na medida em que suas normas confirmem, para os Estados, sua utilidade. Nas palavras de Rousseau: "Le Droit des gens n'ayant d'autre garant que l'utilité de celui qui s'y soumet, ses décisions ne son respectées qu'autant l'intérêt les confirme." (3) Nessa perspectiva, portanto, o primeiro passo teórico a ser dado é a busca dos critérios que confirmem o interesse e a utilidade da união de forças e vontades que permite o funcionamento dos mecanismos de cooperação econômica.

(B) *A especificidade dos Estados, o consensualismo e a reciprocidade*

Nessa ordem de idéias, a primeira consideração a ser feita é no sentido de apontar que a composição da sociedade internacional é marcada pela diferenciação de suas partes e que, conseqüentemente, a abstração da igualdade suportável numa sociedade de membros pouco numerosos e relacionamento pouco diferenciado, como era a comunidade internacional do Século XIX, se torna uma ficção indesejável na perspectiva atual dos mecanismos de interdependência da cooperação econômica. Como aponta Colliard, o novo princípio do Direito Internacional Público é o da ***especificidade***. Especificidades econômicas como, por exemplo, as que separam países desenvolvidos de países subdesenvolvidos, países produtores de países consumidores; especificidades geográficas como, por exemplo, as que diferenciam Estados com ou sem acesso ao mar; especificidades ideológicas, que resultam da heterogeneidade dos valores no sistema internacional, vêm sendo reconhecidas no plano das estruturas e dos mecanismos do Direito Internacional Público para tornar viável a união de forças de vontades.

Numa era de confrontação industrial e tecnológica, em que os temas da ordem econômica mundial se ligam imperfeita e diferenciadamente uns com os outros, e nos quais as coligações que tornam possíveis os mecanismos de cooperação se formam transnacional e transgovernamentalmente, a especificidade se traduz numa variedade de modelos jurídicos, com distintos índices de obrigatoriedade e áreas diversificadas de incidência. Na dialética das relações entre ordem e liberdade nas relações econômicas internacionais, isto tem significado a possibilidade da autonomia da vontade e a presença do ***jus dispositivum***. Como aponta Schwarzenberger, não existe atualmente uma ordem econômica mundial ***de jure***, com normas consensuais imperativas que impeçam acordos ***inter se***. Existem ordens parciais, fruto da união de forças e vontades, e dependentes do sistema global de poder, que de resto são juridicamente compatíveis com os princípios da Carta da ONU que, no campo da cooperação econômica, aceita a especialização e a descentralização. Entre estas ordens, estão os acordos intergovernamentais de produtos primários, dos quais o novo Convênio Internacional do Café, objeto deste trabalho, é parte. (4)

O consensualismo no Direito Privado postulou, conforme se sabe, além de uma ampla elaboração sobre o problema dos vícios de consentimento, tanto a teoria da causa nos sistemas românicos, quanto a "consideration" no sistema anglo-americano. Esses dois institutos, conforme aponta René David, são garantias para a elaboração e a execução dos contratos, posto que, no primeiro caso o sistema jurídico não se satisfaz com a declaração de vontade mas requer uma análise da causa na sua formação, e no segundo busca a contrapartida da promessa, que fornece um critério objetivo para a sua obrigatoriedade nos contratos a título oneroso. (5) Os mecanismos de cooperação econômica no plano internacional, na medida que são modelos jurídicos consensuais criados pelos Estados na inexistência de um ***jus cogens***, exigem institutos deste tipo para garantir a base do consentimento na elaboração e na aplicação das normas de operação conjunta. Este instituto, no caso do Direito Internacional, é o da reciprocidade. De fato, se a autodelimitação do poder de império não esgota, de nenhuma maneira, o fundamento do Direito das Gentes, é inegável que a autodelimitação também se impõe aos Estados, em nome dos seus interesses, em função do jogo da reciprocidade, em matéria econômica, onde este jogo fornece a base mais sólida para uma cooperação permanente. Numa ordem político-jurídica descentralizada, onde os Estados são, ao mesmo tempo, os principais criadores e os principais destinatários das normas, cuja execução e aplicação devem assegurar, a reciprocidade promove o reconhecimento do interesse comum na autodelimitação, explicando, através da convergência de vantagens, o mecanismo dos modelos jurídicos, que se apóiam em normas de mútua colaboração. (6)

Esse mecanismo pode ser melhor apreciado na medida em que se examine o discurso jurídico numa perspectiva pragmática, tendo como objeto ***dubia*** conflitivos, onde as partes procuram se persuadir umas às outras da relevância dos valores e motivos que informam as suas demandas e propostas. Estes ***dubia*** conflitivos se apresentam, como observa Tércio Sampaio Ferraz Jr., como um conjunto de possibilidades, estruturadas em alternativas de natureza incompatível, que solicitam uma decisão do legislador no momento da criação da norma e do juiz no momento de sua aplicação. No sistema internacional, máxime numa conjuntura como a atual marcada pelo distanciamento entre ordem e poder, esta decisão deve resultar do consenso, que se origina de uma reciprocidade de interesses dos múltiplos centros de poder. Este consenso supera, num determinado momento, a tendência ao conflito por um esforço de cooperação. No entanto, ele não é estático, pois as tendências ao conflito e os esforços em prol da colaboração não se anulam, porém permanecem e, ao permanecerem, numa tensão dialética de implicação e polaridade, como diria Miguel Reale, explicam porque a reciprocidade deve ser vista como um instituto indispensável tanto para a gênese quanto para a aplicação das normas do Direito das Gentes. Nesse sentido, a reciprocidade pode ser vista como uma "fórmula de procura", como diria Tércio Sampaio Ferraz Jr., como um ***topos*** que explica, na gênese da norma, a autodelimitação do poder de império e, na sua aplicação, a efetividade, produto da motivação que resulta do encontro entre o interesse individual de cada Estado e o interesse geral nos modelos jurídicos de cooperação econômica, consensualmente criados para atender às necessidades de interdependência econômica numa era de confrontação industrial e tecnológica. (7)

A organização e a colaboração das partes através de sistemas coletivos de tomada de decisões, assume, nesse sentido, para lembrar a distinção de Grotius, a feição de contratos, a título oneroso, de comunhão de escopo, que não podem ser confundidos com os contratos de intercâmbio. Estes, diz Grotius, "dirumunt partes" e se esgotam no "do ut des, facio ut facias, facio ut des" dos tratados-contratos; aqueles "communionem adferunt". Os contratos de comunhão de escopo permitiram, no campo do Direito Societário, a elaboração do instituto do contrato plurilateral, onde o elemento fundamental é o objetivo comum, que tem, como apontou Ascarelli, uma função instrumental no sentido de que a satisfação do interesse pessoal das partes passa pela realização do escopo, que compartilham. No campo do Direito Internacional contemporâneo, a utilidade do instituto do contrato plurilateral se reflete em certas definições de organização internacional, como por exemplo a de Sereni, que realça a comunhão de escopo ao apontar que: "Uma organização internacional é uma associação voluntária de sujeitos de Direito Internacional Público, constituída mediante atos internacionais e disciplinada na relação entre as partes contratantes pelas normas do Direito Internacional que se concretiza num ente de caráter estável, munido de um ordenamento jurídico interno próprio e dotado de órgãos e institutos próprios, através dos quais atuam as finalidades comuns dos associados." As finalidades comuns constituem, portanto, o objeto das organizações internacionais em geral e das organizações internacionais econômicas em particular, que compõem o grande núcleo do Direito Internacional Público Econômico. Elas é que institucionalizaram, através de finalidades comuns, que resultam da reciprocidade dos interesses, as normas positivas de mútua colaboração, que vêm ensejando, através de diversos modelos jurídicos, as transformações do Direito das Gentes, apontadas no capítulo I. Tais modelos jurídicos podem ser vistos como tratados-leis, para lembrar uma distinção de ordem material clássica no Direito Internacional Público, ou então como contratos plurilaterais normativos, na terminologia de Ascarelli. (8)

(C) *A reciprocidade*

Antes de iniciar o estudo do papel da reciprocidade no Direito Internacional Público, convém fazer um registro, ainda que rápido, da trajetória desse conceito.

Na tradição bíblica, a reciprocidade aparece como regra de conduta do homem justo, e como sanção. Assim, por exemplo, "Amarás o teu próximo como a ti mesmo" (Levítico, XIX, 18); "Não faças nunca a outro o que não quereria que outro te fizesse" (Tobias IV, 15); "Tudo o que vós quereis que os homens vos façam, fazei-o também vós a eles" (São Mateus VII, 12); são regras de conduta. "Vida por vida, olho por olho, dente por dente, mão por mão, pé por pé" (Deuteronômio XIX, 21) é sanção, vale dizer, um expediente que visa reforçar, por meio da reciprocidade da pena de Talião, a conduta justa dos homens. Nesses casos, a reciprocidade surge como uma regra de justiça, na medida em que exige um tratamento igual, para situações que são vistas como simétricas. O argumento da reciprocidade, portanto, opera, neste contexto, através de uma transposição que permite reconhecer, pela sua simetria, a identidade de certas situações. (9)

Nem sempre, no entanto, são idênticas as situações, e é por essa razão que Aristóteles, na ***Ética a Nicômaco,*** aponta a necessidade da justiça retificadora, cujo fim consiste em corrigir, nas relações interpessoais, aquilo que deve ser retificado por ser contrário à igualdade. Aristóteles também examina, no contexto da ***Ética a Nicômaco***, o que alguns autores, como por exemplo Ross, denominam justiça de troca ou justiça comercial, em que a reciprocidade opera não na base da identidade das prestações, mas de acordo com uma certa proporção, que instaura a igualdade. O intercâmbio de bens e serviços, de acordo com Aristóteles, resulta da necessidade, já que ninguém está em condições de produzir todas as coisas de que precisa para a conservação de sua vida, satisfação de seus interesses e desempenho de suas atividades. O intercâmbio, fruto da divisão do trabalho, mantém a coesão da comunidade, desde que a reciprocidade atue não no sentido de que as partes recebam o mesmo, porque aí não haveria troca, mas de forma que haja a equivalência econômica das prestações e contra-prestações. Neste sentido, o argumento da reciprocidade visa garantir a equivalência, através da proporcionalidade do intercâmbio, que se vê assegurado quando as mercadorias têm um preço, expresso através da moeda, que reflete a igualação do trabalho daqueles que as produziram. Conforme se verifica, se justiça é igualdade, a justiça do comércio resultaria, de acordo com Aristóteles, da igualdade segundo o trabalho, contido nas mercadorias transacionadas, apurado de acordo com uma proporção estabelecida pela reciprocidade. (10)

Marx, comentando a *Ética a Nicômaco*, diz que Aristóteles descobriu, na expressão do valor das mercadorias, uma relação de igualdade. É por essa razão que Marx discute a relação entre o valor e a formação dos preços também como um problema que se insere no campo da justiça, o que permite algumas observações sobre o jogo da reciprocidade no campo da teoria econômica. De acordo com os economistas clássicos, e também de acordo com Marx, a equivalência de uma troca resulta, no processo histórico, de um elemento externo à mercadoria, que a reduz à sua medida comum. Esta medida, que dá o valor da mercadoria, é o trabalho. O valor de uma mercadoria está para o valor de uma outra mercadoria na proporção do trabalho fixado numa e noutra. Nesse sentido, a equivalência das prestações derivaria de iguais quantidades de trabalho médio, num dado sistema econômico. O preço, na medida em que é a expressão monetária do valor, corresponderia ao que Adam Smith chamava de preços naturais. Nem sempre, dizia Adam Smith, os preços de mercado correspondem aos preços naturais, em função das flutuações da oferta e da demanda. Entretanto, a tendência dos preços de mercado é no sentido de gravitar em torno dos preços naturais. Conforme se verifica, a idéia do valor na formação dos preços busca, como aponta Joan Robinson, alcançar o conceito de preço justo.

As dificuldades de operacionalização,no campo econômico, do conceito de valor, eram, e são, no entanto, muito grandes. É por essa razão que os economistas neoclássicos substituíram o conceito de valor pelo de utilidade, isto é, pelo desejo ou necessidade, cuja utilidade marginal, para os indivíduos, determina, através do mercado, o preço das mercadorias. Evidentemente, existem problemas na comparação das preferências, mas os neoclássicos procuram superá-las, ao entenderem que o que deve ser maximizado numa sociedade é a produção, pois esta aumentaria o "bolo", cuja repartição sempre seria mais satisfatória para uma comunidade do que a inexistência da oferta de bens e serviços. Como a produção requer o investimento, os neoclássicos justificaram a desigualdade como uma das condições da acumulação, sem a qual ela não se realiza. Neste sentido, eliminaram do campo operacional da teoria econômica o problema da justiça comercial, tal como formulada por Aristóteles, limitando a reciprocidade, no plano internacional, que é o pertinente para este trabalho, à utilidade das demandas recíprocas. (11)

Esta digressão sobre a teoria econômica, apesar de imperfeita e insatisfatória, mostra, no entanto, pelo menos, as dificuldades de mensuração da equivalência das prestações, dificuldades estas que vão aparecer, com nitidez, no jogo da reciprocidade enquanto "fórmula de procura" dos modelos jurídicos de cooperação econômica no plano internacional.

No campo da teoria política, a reciprocidade se faz presente através de conceitos como os de equilíbrio, pesos e contra-pesos, que ao assegurarem numa sociedade a distribuição do poder, coíbem a tirania e a violência, instaurando a harmonia que permite a sabedoria e a virtude. Esta harmonia se mantém na medida em que os poderes, numa sociedade, permaneçam, reciprocamente, em xeque. A singularidade da Constituição Romana, simultaneamente monárquica, aristocrática e democrática, tal como a viu Políbio e que Maquiavel admirou; o governo misto na Inglaterra, no qual, segundo Bolingbroke, a excelência do sistema resultava da distribuição do poder entre o monarca, os "commons" e os "lords"; a doutrina da divisão de poderes, em Montesquieu, que se inspirou em Bolingbroke, e que visa evitar o abuso de poder para assegurar a felicidade pública, são alguns exemplos da trajetória da reciprocidade no campo da teoria política e do Direito Constitucional. Nesse contexto, os poderes não são independentes, mas dependentes reciprocamente uns dos outros, de maneira a garantir, na forma de organização da sociedade, a liberdade através de um equilíbrio, fruto da equivalência das posições dos governantes entre si e no seu relacionamento com os governados.

No plano das relações internacionais, a noção de balança do poder deriva de tais idéias. Nesse sentido, tanto Bolingbroke quanto Hume transpuseram suas percepções e preferências, referentes à teoria e à prática do constitucionalismo inglês, para a ordem mundial, vendo, na reciprocidade, um princípio operativo de justiça, na medida em que o poder, ao se encontrar individualmente distribuído entre os Estados, impede o arbítrio e assegura a liberdade na comunidade internacional. (12) O Direito Internacional Público de Coexistência, que se apóia na idéia de equilíbrio das mútuas abstenções, e também o de Cooperação, que deriva da percepção de interdependência e que, portanto, se sustenta por força da dependência recíproca dos Estados, ambos analisados no capítulo I, se inspiram, portanto, claramente, em derivações que têm a sua raiz na trajetória da reciprocidade no campo político. Daí, conseqüentemente, a importância do assunto na análise dos modelos jurídicos do Direito das Gentes.

A linguagem, diz Hannah Arendt, é o repertório da experiência humana e a hermenêutica da historicidade de uma palavra pode ser um elemento regulador da verificação do seu significado, na medida em que estabelece e explica uma correspondência entre a palavra e as coisas, entre significante, significado e conjuntura. (13) É por essa razão que convém, depois deste registro sobre a trajetória da reciprocidade, testar a interpretação proposta, a partir de sua origem etimológica.

Reciprocidade vem do latim, ***reciprocitas, tatis***, pelo acusativo ***reciprocitate (m)***, e é da mesma família do verbo ***reciprocare*** = fazer ir e vir, "in motu reciprocando", isto é, por exemplo, no fluxo e refluxo das ondas. ***Reciprocus, a-um***, deriva de ***reco-pro-cos,*** palavra composta dos adjetivos ***reco-s*** e ***proco-s***, por sua vez oriundos das partículas ***re*** = prefixo denotando movimento para trás (por exemplo: ***re***caída), e de ***pro***, que indica movimento para frente (por exemplo: ***pro***gredir, ***pro***pelir). Em conjunto, ***re*** e ***pro*** compõem o entendimento de uma situação com um fluxo alternado, que registra na sua movimentação a idéia de troca, correlação entre duas coisas, interdependência e colaboração. (14)

Este leque de significados claramente corresponde à trajetória da reciprocidade tal como foi analisada e explica, também, a sua elaboração pela teoria social, que a conceitua, desde Marcel Mauss, no seu clássico estudo sobre a dádiva nas sociedades primitivas, como um capítulo do processo de interação social. Levi-Strauss, ao retomar esta linha, no estudo da família, vê no princípio da reciprocidade um processo pelo qual se passa da hostilidade à aliança, da ansiedade à confiança, do medo à amizade. (15) Neste sentido, portanto, a reciprocidade também pode ser vista como uma "fórmula de procura" no processo de consolidação da interação social, econômica e política, e é com esta intencionalidade que a seguir ela será utilizada na análise da gênese e da aplicação das normas do Direito das Gentes.

(D) *A reciprocidade no Direito Internacional Público*

A reciprocidade, em Direito Internacional Público, tem sido definida como "Situation qui se présente quand un État assure ou promet à un autre État, à ses agents, à ses nationaux, à son commerce, etc., un traitement égal ou équivalent à celui que ce dernier État lui assure ou lui promet." (16) Conforme se verifica, o fulcro da definição é uma situação existente entre dois ou mais Estados, que resulta de tratamento idêntico ou equivalente que todos mutuamente se dispensam. A carência de centralização e de hierarquização, na sociedade internacional, tem feito da reciprocidade, como aponta Celso Albuquerque Melo, princípio de larga atuação, no campo do Direito Internacional Público. (17)

No que diz respeito à gênese das normas do Direito das Gentes, a reciprocidade aparece, como observa Virally, como um princípio explicativo do porquê os Estados negociam, fazem concessões, limitam suas pretensões e controlam sua conduta, isto é, em síntese, de que maneira as decisões dos sujeitos do Direito Internacional Público repousam num cálculo de interesses. Nesse sentido, o princípio da reciprocidade pressupõe, por parte dos Estados, um mínimo de racionalidade na avaliação das suas conveniências, (18) situação que se nota tanto na elaboração do costume quanto na dos tratados. No que tange ao costume, Simma mostrou como o mecanismo de "mutual claims and tolerance" leva à sua formação, pois a antecipação da reciprocidade modera, de um lado, as demandas de um Estado que inicia processo de nomogênese jurídica, e de outro facilita a aceitação destas demandas pelos Estados que a elas reagem, que se encontrando numa situação similar se interessam, mais cedo ou mais tarde, em se beneficiar de uma demanda similar ou idêntica. A emergência do Direito referente à plataforma continental ilustra, como diz Simma, os efeitos construtivos que podem resultar de cálculos baseados na reciprocidade. No momento atual, a redefinição da extensão do mar territorial oferece um símile adequado, onde vem operando o mecanismo dos "mutual claims and tolerance."

Na elaboração dos tratados internacionais, a reciprocidade também aparece como um princípio explicativo importante do conteúdo das normas primárias do Direito das Gentes, vale dizer, como fonte material da conduta dos sujeitos do Direito Internacional Público, conforme adiante se tentará examinar, em detalhe, no estudo do Convênio Internacional do Café de 1976. Aparece, igualmente, como condição de exigibilidade de obrigações internacionais na estrutura formal de validade desta fonte básica do Direito das Gentes. Neste sentido, como aponta o mesmo Simma, a Convenção de Viena disciplinadora do Direito dos Tratados de 1969 é exemplar, como paradigma da codificação do elemento da reciprocidade nas normas secundárias do Direito das Gentes que disciplinam a produção jurídica. As normas referentes à entrada em vigor, aplicação e término de tratados; restrições a emendas ou modificações — particularmente no que diz respeito a reservas em tratados multilaterais — bem como aquilo que se refere ao direito de terminar ou suspender sua aplicação em virtude de uma violação, evidenciam, pela condenação da unilateralidade, o jogo da reciprocidade no processo pelo qual se procurou disciplinar o processo legislativo internacional na parte referente a tratados. (19)

No que diz respeito à aplicação das normas do Direito das Gentes, o jogo da reciprocidade aparece claramente no encaminhamento das controvérsias internacionais, e um exemplo particularmente pertinente, para esta discussão, surge no exame do processo decisório do governo americano, por ocasião da crise provocada pelos mísseis soviéticos em Cuba. Como relata Abram Chayes, na época o "Legal Advisor" do Departamento de Estado, em seu livro sobre as crises internacionais e o papel do Direito, a Comissão Executiva ***ad hoc*** que, com o Presidente Kennedy, tomou as decisões básicas para o encaminhamento da controvérsia, recusou o ponto de vista dos militares e dos adeptos da "Real Politik". Estes advogaram tanto a invasão de Cuba, quanto um ataque aéreo maciço, alegando que se tratava de um contexto em que, apesar de não se justificar, juridicamente, o uso da força, o que estava em jogo era a posição dos Estados Unidos, e que, portanto, nas palavras de Dean Acheson, um dos membros da Comissão Executiva ***ad hoc***: "Law simply does not deal with such question of ultimate power — power that comes close to the sources of sovereignty." A opção americana pela quarentena, submetida à apreciação da Organização dos Estados Americanos, foi moldada por considerações de ordem jurídica, baseadas em noções de contenção, limite e proporcionalidade explicitamente apoiadas na idéia de reciprocidade, registrada nos seguintes termos por Norbert Schlei, na época "Assistant Attorney General", no memorando que redigiu a pedido de Robert Kennedy, membro influente da Comissão Executiva ***ad hoc***, para uso desta Comissão no seu processo decisório: "International Law is, after all, essentially a generalized statement in terms of rules and policies of the reasonable expectations of states as derived from their practices in making claims and reacting to the claims of others." Conforme se verifica, a reciprocidade atuou como "fórmula de procura" que ensejou, até mesmo na solução política de uma controvérsia, de extrema gravidade para a própria sobrevivência da ordem mundial, um papel importante para as normas do Direito Internacional. (20)

O jogo da reciprocidade também aparece, claramente, e aí com maior rigor jurídico do que no caso acima mencionado, na aplicação das normas do Direito das Gentes às controvérsias suficientemente despolitizadas para comportarem uma solução judiciária. Um exame do funcionamento da cláusula facultativa de jurisdição obrigatória da Corte Internacional de Justiça evidencia exaustivamente a atuação do princípio da reciprocidade como condição de exigibilidade de obrigações internacionais. Nestes casos, a reciprocidade permite que um Estado que aceitou mais amplamente a jurisdição da Corte na sua declaração, invoque as reservas mais restritivas de um outro Estado que, pelo jogo da cláusula, suscitou a jurisdição da Corte. Neste sentido, e porque a jurisdição internacional é consensual, a competência ***ratione materiae*** e ***ratione temporis*** da Corte é fruto de um ***consensus ad idem*** estabelecido pela Corte no correr do processo, em função das reservas nas declarações, que permitem e provocam a invocação da condição de reciprocidade pelas partes, posto que estas devem ser tratadas de maneira idêntica como garantia da recíproca igualdade do seu consentimento. (21)

Esta introdução ao estudo do jogo da reciprocidade no Direito das Gentes não ficaria completa se, no exame do problema da aplicação das normas, menção não fosse feita ao problema da sanção. A ordem jurídica internacional caracteriza-se pela distribuição individual do poder entre os Estados, e é por essa razão que seu sistema de sanções não está centralizado. A sanção, como diz Bobbio, é um expediente utilizado por um sistema normativo para salvaguardar suas leis da erosão de condutas com elas incompatíveis. Numa ordem jurídica descentralizada, em que os criadores das normas são, como regra geral, também os seus destinatários, com responsabilidade na sua aplicação e execução, a reciprocidade constitui, como aponta Virally, o princípio que explica e a base na qual se apóia a tutela das normas do Direito das Gentes. No campo do Direito Internacional Público Econômico merecem, neste sentido, registro os institutos da ***retorsão*** e da ***represália.*** (22)

A retorsão é o ato por meio do qual um sujeito de Direito Internacional Público se opõe a que outros sujeitos do Direito Internacional Público exerçam seus direitos de maneira a prejudicá-lo. A retorsão é uma retaliação a um ato que, sem constituir uma violação manifesta do Direito Internacional, pode colocar, por exemplo, um Estado em situação desvantajosa. A retorsão, enquanto resposta a um ato, se inspira no princípio da reciprocidade, estabelecendo uma relação entre o ato do ofensor e a situação de prejuízo do ofendido. Entre as causas legítimas da retorsão, Accioly aponta: "o aumento exagerado, por um Estado, dos direitos de importação ou trânsito, estabelecidos sobre os produtos de outro Estado; a interdição do acesso de portos de um Estado aos navios de outro Estado: a concessão de certos privilégios ou vantagens aos nacionais de um Estado, concomitantemente com a recusa dos mesmos privilégios ou vantagens aos nacionais de outro Estado."

Na retorsão, tanto o ato de quem prejudica, quanto a retaliação do prejudicado, representam apenas o exercício rigoroso dos direitos de que são titulares os sujeitos de Direito Internacional Público. É esta a nota que diferencia a retorsão da represália, que são atos em princípio contrários às regras ordinárias do Direito das Gentes, que se justificam na medida em que constituem uma retaliação de um sujeito de Direito Internacional Público contra a violação de seus direitos por outros sujeitos de Direito Internacional Público.

O princípio da reciprocidade exige, tanto na retorsão, quanto na represália, uma relação de proporcionalidade entre a retaliação e o ato que a provocou. Na hipótese da retorsão, a proporcionalidade tem como objetivo impedir que o exercício rigoroso de um direito se converta em abuso de direito. Na represália, ela estabelece a medida da sanção, demarcando a fronteira entre a represália propriamente dita, a execução forçada e a intervenção pura e simples, quando em função do jogo da reciprocidade ocorre a intensificação da resposta por meio, por exemplo, do embargo, do bloqueio pacífico ou do boicote. (23)

No Direito Internacional Público Econômico a retaliação, tanto na forma de retorsão, quanto na de represália, assume com freqüência a forma de sanção da não-participação, isto é, a exclusão do Estado ofensor dos benefícios da cooperação conjunta. O GATT, por exemplo, contempla a retorsão e a represália no seu mecanismo de sanções. O artigo 19 trata da retorsão, ao facultar a uma parte contratante ações de emergência relativas à importação de certos produtos, de outra parte contratante, que estão prejudicando fabricantes locais. O artigo 23 cuida das represálias, ao disciplinar no seu parágrafo 2º a hipótese da suspensão da aplicação de concessões tarifárias, em função de uma situação apurada pela Organização, que está prejudicando a realização dos objetivos previstos neste modelo jurídico de cooperação econômica internacional. (24)

(E) *A reciprocidade e o fator tempo na identidade e na equivalência das prestações: considerações gerais*

A reciprocidade, consoante a exposição até agora feita, pode resultar de uma situação de identidade ou de equivalência. No primeiro caso, ela se estabelece pela identidade das prestações. A identidade das prestações permite, por sua coincidência material, que as técnicas jurídicas avaliem satisfatoriamente esta situação, quer na gênese, quer na aplicação da norma. Acordos sobre privilégios e imunidades diplomáticas, relações consulares, extradição, condição de estrangeiros, certos tipos de acordos sobre desarmamento, convenções de Direito Internacional Humanitário (*jus in bello*) ou a Convenção de Viena sobre a Lei dos Tratados, acima discutida, são alguns exemplos que podem ser invocados para ilustrar a possibilidade de se obter, mesmo levando em conta as especificidades dos países e as diferenças de poder, a reciprocidade quando o conteúdo da norma exige dos seus criadores e destinatários um comportamento igual, ou seja, para falar com Kelsen, prestações paralelas. (25) O problema se torna mais complexo quando se deseja estabelecer uma situação de reciprocidade através da equivalência das prestações. Nestes casos, os sujeitos do Direito Internacional Público são os principais criadores e os principais destinatários de normas cujo conteúdo compreende um comportamento diferente e que envolve, para continuar com Kelsen, prestações que se cruzam.

O campo econômico é, por excelência, o das prestações diferentes e diferenciadas, e a dificuldade reside na avaliação subjetiva e objetiva da equivalência das prestações, sobretudo nos modelos jurídicos de cooperação econômica internacional que envolvem normas positivas de mútua colaboração que se estendem no tempo. O fator tempo, no caso, é fundamental, pois as prestações que se cruzam são, ou parcialmente dependentes e parcialmente independentes umas das outras, ou inteiramente independentes umas das outras, marcadas que são, sobretudo num momento de crises e de redefinições, como o atual, pela estratégia prospectiva do provável. Em suma, o domínio econômico se caracteriza por fortes elementos de conjuntura e do aleatório, que o configuram como flexível e até certo ponto instável, o que dificulta sobremaneira uma avaliação segura e permanente, tanto subjetiva quanto objetiva, da real equivalência das prestações quando a norma de mútua colaboração se estende no tempo, buscando a coordenação e não se esgotando, ***ad hoc***, numa única transação. Nestes casos, em que o modelo jurídico de cooperação econômica tem como objetivo estabelecer, através de uma organização internacional, um marco institucional definindo um sistema jurídico no interior do qual ocorrem transações, tal como ocorre no GATT, na ALALC ou no novo Convênio Internacional do Café, objeto deste estudo, é que o problema da reciprocidade pela equivalência das prestações aparece em toda a sua complexidade. Evidentemente, este problema não se limita ao Direito Internacional Público, e o comparativismo, do qual falava Ascarelli, sugere que se examine, ainda que rapidamente, os caminhos trilhados por outros campos do Direito. Em primeiro lugar, pelo Direito Público Interno, com o qual o Direito das Gentes se assemelha na medida em que significa uma autodelimitação externa do poder de império, e, em segundo lugar, com o Direito Privado Contratual, com o qual comporta analogias pela natureza consensual das suas normas. (26)

As técnicas clássicas do Direito, como aponta André Hauriou, são no sentido de eliminar a incerteza e consolidar a segurança das expectativas, subordinando o aleatório e o condicionado ao determinado. No campo do Direito Público, na medida em que o Estado passou a querer assegurar, através de regras jurídicas, num dado momento e para uma determinada sociedade, um equilíbrio entre os interesses particulares dos agentes públicos e privados e o interesse econômico geral, a subordinação do aleatório e do condicionado ao determinado se tornou extremamente complexa e difícil. Isto se nota tanto no plano da elaboração das normas quanto no seu controle. No primeiro caso, a norma se tornou menos formal, com a multiplicação das portarias e das circulares em detrimento da lei, no afã do Estado de se adaptar, através do Direito Econômico, a uma realidade em permanente mudança. No segundo caso, porque a submissão da administração pública à legalidade — base do Estado de Direito e da autodelimitação interna do poder de império — requer um contencioso eficaz, e isto se torna complicado quando a conseqüência, no plano material, de normas menos precisas, é a concentração dos poderes nas mãos do Executivo, pelo embaralhamento da diferença entre criação e aplicação da norma entre poderes discricionários e não-discricionários, ou entre "rule-making" e "rule-adjudication", como dizem os especialistas americanos, no exame que fazem, por exemplo, das "regulatory commissions". Daí, por assim dizer, um Direito no horizonte do provável, que realça e evidencia, para lembrar os recentes estudos de Goffredo Telles Jr., como as leis em geral, inclusive as jurídicas, são leis de probabilidade. (27)

A outra dimensão do problema é o "contrato econômico" definido como aquele que, no caso francês, liga o poder público com as empresas privadas, num esquema de planejamento indicativo. De fato, estes vínculos, que têm como objetivo inserir o aleatório ou o condicionado nas relações jurídicas, não se baseiam na lei como uma manifestação unilateral do Poder Público, mas requerem para a sua eficácia o consentimento dos agentes econômicos privados. É por essa razão que Hauriou, discutindo o assunto à luz do Direito Francês, os vê não como contratos administrativos, mas sim como "actes collectifs" ou "atto complesso", que resultam de manifestações de um concurso de vontades no Plano, configurando basicamente obrigações de comportamento. A referência de Hauriou ao consentimento, no campo do Direito Administrativo, permite, logicamente, a passagem, no fio desta exposição, para o Direito Privado e para a autonomia da vontade, nesta digressão sobre a incidência do aleatório no campo jurídico. (28)

No campo do Direito Privado a tendência clássica era no sentido de trazer, através do Direito das Obrigações, o futuro para o presente. Este esforço de estipular integralmente as relações futuras entre as partes, por ocasião da manifestação do consentimento — que a doutrina americana chama de "total presentiation" — é evidentemente viável para contratos de pequena duração, interações pessoais limitadas, e nos quais o objeto da troca é precisa e claramente mensurável. Certos contratos de compra e venda, por exemplo, que requerem um mínimo de colaboração e praticamente nenhuma cooperação futura na distribuição de custos e benefícios da transação, se enquadram nesta categoria, onde o Direito das Obrigações pode assegurar, no presente, a certeza das expectativas futuras. Entretanto, contratos que não envolvem apenas uma transação, mas uma relação prolongada, que são de longa duração e execução continuada, onde o objeto da transação não pode ser inteiramente mensurável, que requerem uma colaboração futura permanente, onde as partes organizam a cooperação na utilização de bens para o desenvolvimento de uma atividade ulterior, e que ocasionalmente implicam antes no compartilhar dos custos e benefícios da relação, do que na sua divisão e alocação, nem sempre comportatam a "total presentiation". Contratos de fornecimento a longo prazo, de assistência técnica, de trabalho, de "franchising", contratos coletivos de trabalho e contratos plurilaterais, como os contratos sociais de empresas ou sociedades de advogados, para dar alguns exemplos, têm algumas destas características. Nestas hipóteses, o contrato normalmente contém estipulações que planejam o contexto dentro do qual os aspectos não-antecipáveis por ocasião da manifestação do consentimento serão resolvidos. Este planejamento normalmente é de dois tipos, como observa Mac Neil: o de desempenho e o de risco.

O planejamento do desempenho está ligado à execução do contrato, e na medida que este se estende no tempo, o seu planejamento requer técnicas flexíveis que permitam adaptar a relação à evolução da conjuntura. O uso de "standards" como, por exemplo, o índice de inflação para o reajuste de salários ou preços de mercadorias, constitui um exemplo de técnicas pelas quais se inclui o condicionado e o aleatório na relação contratual. O planejamento do risco constitui um esforço no sentido de enfrentar ou minimizar as "aléas" do desempenho contratual. Multa pelo atraso do desempenho das obrigações, ou pelo seu inadimplemento, seguros, "performance bonds", se enquadram neste contexto. Cláusulas compromissórias também são um meio de se planejar, por antecipação, o contexto para a solução de futuras e eventuais controvérsias. Estes caminhos, onde a autonomia da vontade das partes, compatível com a ordem pública, planeja o impacto da conjuntura e do indeterminado na relação contratual, não exclui, evidentemente, o recurso à lei ou à doutrina, que também buscam cuidar deste assunto. (29)

A invocação de força-maior, da cláusula ***rebus sic stantibus,*** a dicussão da base do negócio jurídico no exame do cumprimento dos contratos, a distinção entre dívidas de valor e dívidas de dinheiro, mostra que, independentemente da capacidade de planejamento das partes, a lei e a doutrina também se vêem na contingência de enfrentar as incertezas no domínio econômico que impedem a "total presentiation". Foi isso, aliás, que levou a doutrina a reclassificar os tipos de obrigações. De fato, como aponta Fábio Konder Comparato, toda obrigação comporta um resultado, mas nem sempre o resultado é compreendido no vínculo como elemento da prestação. Daí a distinção entre obrigações de comportamento e de resultado, onde a eventual aleatoriedade deste, na sociedade industrial, requereu a possibilidade de excluí-lo do objeto ou conteúdo da obrigação, passando a ser apenas causa no sentido teleológico. (30)

(F) *A reciprocidade e as incertezas no Direito Internacional Público Econômico*

Este registro sobre a reclassificação das obrigações, em virtude do aleatório, permite encerrar estas digressões comparativistas e voltar ao Direito Internacional Público, retomando o fio das observações para apontar ser precisamente o elemento de incerteza que vem gerando, no Direito das Gentes em geral, uma predominância das obrigações de comportamento em detrimento das obrigações de resultado. Se se examinar, por exemplo, as disposições sobre a solução pacífica de controvérsias que se contém na Carta da ONU, o que se vê é basicamente um elenco de meios, que contém um "standard" com um conteúdo mínimo, que é a proibição do recurso à violência armada. Afora esta obrigação de comportamento, o elenco de meios, da negociação à solução judiciária, fica nas mãos das partes, pois os conflitos entre os Estados não são conflitos abstratos, mas interesses concretos, fruto de forças e posições marcadas por fortes desigualdades. É por essa razão, conforme aponta Reuter, que não existem dois conflitos semelhantes. O que existe são conflitos diferentes e diferenciados, e daí a dificuldade de antecipar um vínculo de resultado antes de se saber exatamente o jogo de forças que eventualmente permitirá — mas não necessariamente — encontrar, através da atividade diligente das partes e da comunidade internacional, um meio e, através dele, uma solução para uma controvérsia concreta. (31)

Este elemento de incerteza num sistema internacional hererogêneo e diferenciado, e que faz das obrigações do Direito Internacional de Coexistência basicamente obrigações de comportamento, está, evidentemente, presente no Direito Internacional de Cooperação no campo econômico pelas próprias características das relações econômicas, tal como foi visto nas analogias com o Direito Público e Privado. Essa incerteza se tornou aguda no momento atual com o processo de redefinição da ordem econômica mundial, quer pela erosão da abrangência de instituições como o GATT e o FMI, quer pelas dificuldades na elaboração, pela prática de padrões de conduta ideais no campo econômico, que sirvam como critério externo aos modelos jurídicos de cooperação para avaliar a equivalência das prestações. No primeiro caso, basta pensar no impacto, em matéria da equivalência das prestações, da substituição das paridades fixas pelas paridades flutuantes, que na sua movimentação exprimem as incertezas, fluxos e refluxos da ordem monetária internacional, a partir da perda da primazia americana, que tinha fundamentado o sistema de Bretton-Woods. No segundo caso, basta mencionar tanto os debates sobre preços justos, quanto as dificuldades de certas resoluções gerais da Assembléia Geral da ONU, tais como a referente à soberania permanente sobre os recursos naturais ou a Carta dos Direitos e Deveres Econômicos dos Estados, onde os termos escondem, quando as reservas — pela abstenção ou pelo voto negativo — não explicitam, a ambigüidade e o conflito dos países em relação à definição do que entendem como padrões aceitáveis e gerais de conduta no campo econômico. Esta realidade claramente dificulta a apreciação da atividade diligente, na qual se apóia qualquer discussão sobre responsabilidade no que diz respeito a obrigações de comportamento. (32)

Esta situação, fruto do distanciamento entre ordem e poder, que foi examinada no primeiro capítulo como uma das notas da presente conjuntura do sistema internacional, não elide, pelo contrário reforça, a necessidade da reciprocidade como base para uma ordem econômica mundial que, para ser efetiva, pede o consenso. É por esta razão que ela foi considerada como uma fórmula de procura, indispensável tanto na gênese quanto na aplicação das normas dos modelos jurídicos de cooperação econômica internacional.

O Direito Internacional Público Econômico sempre se preocupou, evidentemente, com a reciprocidade dos interesses, fruto da equivalência das prestações. Se se examinar um dos seus modelos clássicos, como é o da cláusula de nação mais favorecida, tanto na sua vertente bilateral, quanto na sua dimensão multilateral, nota-se a presença da cláusula de "nullification and impairment". Esta cláusula, que foi introduzida pelos Estados Unidos nos acordos bilaterais a partir de 1935, e que depois veio a ter influência decisiva no GATT, permitia a denúncia de um acordo não só quando houvesse violação de obrigações legais expressas, como também quando ocorresse a ruptura de uma reciprocidade mais ampla, inerente ao equilíbrio de oportunidades comerciais que a tinha motivado, e cuja complexidade multifária impedia, através da tipificação, uma enumeração precisa. (33)

Esta cláusula é um exemplo das múltiplas cláusulas de salvaguarda de maior ou menor escopo, que nos diversos modelos jurídicos de cooperação econômica internacional permitem a sua adaptação aos acidentes da conjuntura e do aleatório, que, alterando a equivalência das prestações, afetam a reciprocidade dos interesses que a originaram. (34) O efeito básico de tais cláusulas é fazer, da consulta e da negociação, em função da incerteza futura, técnicas não só da elaboração e da criação da norma mas também da sua aplicação. É por essa razão que Hudec, estudando especificamente o processo de solução de controvérsias do GATT, qualificou-o de jurisprudência diplomática, onde a nota típica era, e é, a flexibilidade de um sistema aberto a negociações, onde as decisões são etapas de discussão e não adjudicação. O mesmo, aliás, pode ser dito da ALALC, conforme mostram Paolillo e Ons-Indart em seu estudo sobre o assunto. (35) Nesse sentido, é possível fazer-se uma analogia com as normas do Direito Público Econômico dos Estados que, conforme visto, também não se caracterizam pelo rigor formal, o que dificulta um contencioso eficaz, pois a imprecisão complica a aplicação de um rigoroso critério jurídico que diferencie pautas de legalidade e de ilegalidade.

Estes mecanismos de adaptação à incerteza, para agora recorrer à analogia com o Direito Privado, podem, dependendo das características e das origens do modelo jurídico de cooperação econômica internacional, e da reciprocidade que a motivou, planejar o desempenho ou planejar o risco. No primeiro caso, trata-se de buscar técnicas e mecanismos flexíveis que permitam assegurar, no tempo, a efetividade da equivalência das prestações e, destarte, a reciprocidade dos interesses que levou à cooperação econômica internacional. Nesse sentido, o objetivo é fazer com que os custos da não-participação e, portanto, as vantagens de uma ação isolada, sejam maiores do que os riscos da ação conjunta, mesmo tendo em vista as incertezas e o peso do aleatório. Talvez se possa dizer que o Tratado de Roma, como "Traité Cadre", na sua origem e nos seus desdobramentos, encontrou, como aponta Pierre Pescatore, vários mecanismos, através do Direito Comunitário Derivado , para planejar o desempenho na medida em que a solidariedade dos interesses criou, com o Mercado Comum Europeu, verdadeiras obrigações de resultado, instrumentadas por um processo legislativo multinacional de iniciativa comunitária. (36) No segundo caso, trata-se de encontrar mecanismos que impeçam ou diminuam os riscos da aplicação do modelo jurídico de cooperação internacional, na hipótese de ocorrer, em função do aleatório e da conjuntura, uma mudança na equivalência das prestações que, pelo jogo da reciprocidade, tinha motivado as normas de mútua colaboração em que se apoiava. Cláusulas que delimitam a vigência e o termo de um modelo jurídico de cooperação internacional e que criam procedimentos previamente estabelecidos para a periódica revisão e renegociação do tratado que criou tal modelo — como é o caso dos acordos intergovernamentais de produtos primários, inclusive os do café, desde os esquemas propostos no segundo após-guerra por ocasião das negociações da International Trade Organization — constituem um exemplo de como se planeja a minimização do risco na hipótese da conjuntura ter alterado, no correr do tempo, a equivalência das prestações. (37)

Este rápido apanhado de algumas das técnicas através das quais o Direito Internacional Público Econômico procura incorporar e adaptar-se às incertezas, permite concluir as ponderações deste capítulo com as seguintes observações, que resumem, por assim dizer, o fio da discussão e o núcleo das inquietações teóricas deste trabalho: no plano internacional, a união consensual de forças e vontades exige, sobretudo num momento de distanciamento entre ordem e poder, a reciprocidade, tanto na gênese, quanto na aplicação das normas de mútua colaboração dos modelos jurídicos de cooperação. No campo econômico, a situação da reciprocidade requer normalmente a equivalência das prestações. Esta, por sua vez, está sujeita, no tempo, aos efeitos da conjuntura e do aleatório. É por essa razão que os modelos jurídicos de cooperação ou planejam o desempenho através de mecanismos abertos e flexíveis, que num processo contínuo permitem a constante verificação e autoregulação da reciprocidade, ou então planejam, através de cláusulas de salvaguarda, evitar o risco, fruto possível da aplicação das normas, na hipótese de a conjuntura ter alterado, no tempo, a equivalência das prestações. Evidentemente, em função da especificidade dos Estados e da multiplicidade dos modelos jurídicos por eles criados, este problema teórico geral do Direito Internacional Público Econômico assume, no seu detalhamento, as mais variadas formas e modalidades. Nesse sentido é que se deve entender a reciprocidade como fórmula permanente de procura, a permitir, numa perspectiva pragmática do discurso jurídico, tanto a gênese quanto a efetividade das normas de mútua colaboração que estenderam, ***ratione materiae***, o escopo do Direito das Gentes. O próximo capítulo ilustra como opera a reciprocidade enquanto fórmula de procura na fixação dos objetivos e na escolha do elenco de meios de modelos jurídicos de cooperação no campo dos produtos primários.

Notas ao Capítulo II

(1) STANLEY HOFFMANN, *Teorias Contemporaneas sobre las Relaciones Internacionales*, Madrid: Tecnos, 1963; *The State of War - Essays on the Theory and Practice of International Politics*, N. York: Praeger, 1965; RAYMOND ARON, *Paix et Guerre entre les Nations*, Paris: Calmann-Levy, 1962; HANS J. MORGENTHAU, *Politics among Nations: The Struggle for Power and Peace*, N. York: Knopf, 1967; "International Law and International Politics: An Uneasy Partnership" in American Society of International Law, *Proceedings of the 68th Annual Meeting*, Washington, 1974, pp. 331 - 333; PHILIPPE BRAILLARD, *Philosophie et Relations Internationales*, Genève: Institut de Hautes Études Internationales, 1974; PROSPER WEIL, "Droit International Public et Droit Administratif" in *Mélanges Trotabas*, Paris: Lib. Génerale de Droit et Jurisprudence, 1970, pp. 511 - 528; ROBERT O. KEOHANE and JOSEPH S. NYE JR., "International Interdependence and Integration" in FRED I. GREENSTEIN - NELSON W. POLSBY, *Handbook of Political Science*, vol. 8: *International Politics*, Reading, Mass.; Addison-Wesley Publishing Co., 1975, pp. 363 - 414.

(2) Cf. ALF ROSS, *Lógica de las Normas*, Madrid: Tecnos, 1971, p. 63; JEAN J.A.SALMON, "La Règle du Droit en Droit International Public", in Ch. Perelman (ed.), *La Règle du Droit*, Bruxelles: Bruylant, 1971, pp. 193-213; sobre os aspectos da ordem econômica mundial, cf., C.FRED BERGSTEN, *Toward a New International Order - Selected Papers*, Lexington, Mass.: Lexington Books, 1975; RICHARD N.COOPER, "Trade Policy is Foreign-Policy" in loc. cit., pp. 18-36. Cf. igualmente CELSO LAFER "Ordem, Poder e Consenso: Caminhos da Constitucionalização do Direito Internacional" in *As Tendências Atuais do Direito Público - Estudos em Homenagem ao Prof. Afonso Arinos*, cit., pp. 91-110; MICHEL VASSEUR, "Un Nouvel Essor du Concept Contractuel: Les Aspects Juridiques de l'Économie Concertée et Contractuelle" in *Revue Trimestrelle de Droit Civil*, vol. 62 (1964), pp. 5 - 48.

(3) Cf. MONTESQUIEU, *De l'Esprit des Lois*, I, Cap. III, in *Oeuvres Complètes*, vol. II, Paris: Pleiade, 1951, p. 237; JOHN LOCKE, *Of Civil Government - Second Treatise*, Chicago: Gateway, 1955. Cap IX, pp. 102-106; JEAN JACQUES ROUSSEAU, *Du Contrat Social*, Livro I, Cap. VIII, e *L'État de Guerra*, in *Oeu-*

vres Complètes, vol. III, Paris: Pleiade, 1964, respectivamente, p. 365 e p. 610; GEORGES VLACHOS, *La Politique de Montesquieu*, Paris: Montchrestien, 1974; VICTOR GOLDSCHMIDT, *Antropologie et Politique - Les Principes du Systeme de Rousseau*, Paris: Vrin, 1974, pp.567-639; NORBERTO BOBBIO, *Diritto e Stato nel Pensiero di Emmanuele Kant*, Torino: Giappichelli, 1969, pp. 7-75; NORBERTO BOBBIO, *Da Hobbes a Marx* (2a. ed.), Nápoli: Morano, 1971, pp. 147-163; HANNAH ARENDT, *Entre o Passado e o Futuro*, S. Paulo: Perspectiva, 1972, pp. 188-220; BENJAMIN CONSTANT, "De la Liberté des Anciens Comparée a Celle des Modernes" in *Cours de Politique Constitutionelle*, (2a. ed.), vol. 2º, Paris: Guillaumin, 1872, pp. 539-560; GUY AUGÉ, "Le Contrat et l'Évolution du Consensualisme chez Grotius" in *Archives de Philosophie du Droit*, tomo XIII, 1968, pp. 99-114; MIGUEL REALE, *Horizontes do Direito e da História*, cit., pp. 14-15, pp. 118-128, pp. 145-172; IRINEU STRENGER, "Controversias em Torno do Pensamento Rousseauniano" in *Revista Brasileira de Filosofia*, vol. XIII, 49 (1962), pp. 14-29.

(4) CLAUDE A. COLLIARD, "Égalité ou Specificité des États dans le Droit International Public Actuel" in *Mélanges Trotabas*, cit., pp. 529-558; GEORG SCHWARZENBERGER, *Economic World Order?*, cit.; *International Law and Order*, cit., Cap. 4, pp. 27-56; ROBERT O. KEOHANE e JOSEPH S. NYE JR., "International Interdependence and Integration" in loc. cit.

(5) RENÉ DAVID, "Cause et Consideration", in *Mélanges Offerts à Jacques Maury*, 2 vols., Paris: Pedône, 1960, pp. 111-137; LON L. FULLER, "Consideration and Form" in *Columbia Law Review*, vol. 41 (1941), pp. 799-824; TULLIO ASCARELLI, *Panorama do Direito Comercial*, S. Paulo: Saraiva, 1947, pp. 55 e seguintes.

(6) J.P. NIBOYET, "La Notion de Reciprocité dans les Traités Diplomatiques de Droit International Privé" in *Académie de Droit International – Recueil des Cours*, 1935–II, vol. 52, pp. 259-361; MICHEL VIRALLY, "Le Principe de Reciprocité en Droit International Contemporain", in *Académie de Droit International – Recueil des Cours*, 1967–III, vol. 122, pp. 51-52, 79-82; MYRES S. MC-DOUGAL e FLORENTINO P. FELICIANO, *Law and Minimum World Public Order*, N. Haven: Yale University Press, 1961, pp. 40, 53, 296-302; RICHARD A. FALK, "New Approaches to the Study of International Law" in *American Journal of International Law*, vol. 61 n. 2 (April 1967), pp. 477-495.

(7) TÉRCIO SAMPAIO FERRAZ JR., *Direito, Retórica e Comunicação*, cit.; MIGUEL REALE, *Filosofia do Direito* (4a. ed.), S. Paulo: Saraiva, 1965, e *O Direito como Experiência*, cit.; MICHEL VIRALLY, "Le Principe de Reciprocité en Droit International Contemporain" in loc. cit..

(8) TULLIO ASCARELLI, "O Contrato Plurilateral" in *Problemas das Sociedades Anônimas e Direito Comparado* (2a. ed.), S. Paulo: Saraiva, 1969,

pp. 255-312; ANGELO PIERO SERENI, *Le Organizzazioni Internazionali*, cit., p. 34; CHARLES ROUSSEAU, *Droit International Public*, tomo I – *Introduction et Sources*, cit., pp. 68-69; ANDRÉ HAURIOU, "Le Droit Administratif de l'Aléatoire" in *Mélanges Trotabas*, cit., p. 214; HUGONIS-GROTII, *De Jure Belli ac Pacis*, Amsterdam: Janssonio-Waesbergios, 1720, Livro II, Cap. XII (De Contractibus), §§ 3º e 4º, pp. 369-373; GEORGES SCELLE, "Essai sur les Sources Formelles du Droit International" in loc. cit., p. 415.

(9) CH. PERELMAN e L. OLBRECHTS–TYTECA, *Traité de l'Argumentation – La Nouvelle Rhétorique* (2a. ed.), Bruxelles: Editions de l'Institut de Sociologie, Université Libre de Bruxelles, 1970, pp. 294-305; CH. PERELMAN, *La Giustizia* (trad. italiana de Liliana Ribet), Torino: Giappichelli, 1959, passim, inclusive o prefácio de Norberto Bobbio e, também de Bobbio, o artigo intitulado "I Tre Aspetti del Problema della Giustizia", publicado inicialmente em francês e republicado, como apêndice, no livro aqui referido, pp. 109-133.

(10) ARISTÓTELES. *Nicomachean Ethics*, Livro 5, caps. 4 a 6, 1132a. 1134b., tradução de W.D.Ross in *The Works of Aristotle*, vol. II, Chicago: Encyclopaedia Britannica, Inc., 1952, pp. 380-381; ARISTOTE, *Ethique a Nicomaque* (introdução, notas e índices por J. Tricot), Paris: Vrin, 1972, pp. 238-249; DAVID ROSS, *Aristotle*, London: Methuen, 1974, p. 212; EDUARDO GARCIA MAYNEZ, *Doctrina Aristotélica de la Justicia*, México: Universidad Nacional Autónoma de México, 1973, pp. 59-107 e também pp. 196-203, onde consta a tradução de Maynez para o espanhol do texto da *Ética a Nicômaco*, acima examinado; TÉRCIO SAMPAIO FERRAZ JR., "La Noción Aristotélica de Justicia" in *Atlantida*, vol. VII n. 38 (Marzo/Abril 1969), pp. 166-194; CONSTANTIN DESPOTOPOULOS, "La Notion de Synallagma chez Aristote" in *Archives de Philosophie du Droit*, tomo XIII, 1968, pp. 115-127.

(11) KARL MARX, *Le Capital* (tradução de Joseph Roy, revista por M. Rubel), Livro I, Cap. I, in KARL MARX, *Oeuvres*, vol. I, *Economie* (edição estabelecida e anotada por Maximilien Rubel), Paris: Pleiade, 1965, p. 591, e *Salaire, Prix et Plus-Value* (tradução de L. Evrard) in idem, ibidem, pp. 500-506; ADAM SMITH, *An Inquiry into the Nature and Causes of the Wealth of Nations*, Chicago: Encyclopaedia Britannica, Inc., 1952, Caps. V, VI e VII, pp. 13-27; JOAN ROBINSON, *Economic Philosophy*, Harmondsworth, Middlesex: Penguin Books, 1962, pp. 29-70; JOSEPH A. SCHUMPETER, *History of Economic Analysis* (editado por Elizabeth Boody Schumpeter), London: Allen and Unwin, 1961, pp. 588-625, pp. 1053-1073; TÉRCIO SAMPAIO FERRAZ JR., "Curva de Demanda, Tautologia e Lógica da Ciência" in *Ciências Econômicas e Sociais*, vol. 6 n. 1 (janeiro de 1971), pp. 97-105.

(12) POLYBE, *Histoire* (texto traduzido e anotado por Dennis Roussel), Paris: Pleiade, 1970, Livro VI, Cap. V, pp. 480-487; NICCOLÒ MACHIAVELLI, *Discorsi sopra la Prima Deca di Tito Livio*, Livro I, Cap. II, in *Tutte le Opere* (edição de Francesco Flora e Carlo Cordiè), vol. I, Itália: Mondadori, 1949, pp. 96-102; MONTESQUIEU, *De l'Esprit des Lois*, in loc. cit., Livro XI, Cap. IV, p. 395; DAVID HUME, "Of the Balance of Power" in *Essays and Treatises on Several Subjects*, vol. I, Edinburgh, 1825, pp. 331-339; ISAAC KRAMNICK, *Bolingbroke and His Circle – The Politics of Nostalgia in the Age of Walpole*, Cambridge, Mass.: Harvard University Press, 1968, pp. 137-187; GEORGES VLACHOS, *Essai sur la Politique de Hume*, Paris: Montchrestien, 1955, pp. 198-214; GEORGES VLACHOS, *La Politique de Montesquieu*, cit., p. 145 e passim; HANNAH ARENDT, *On Revolution*, N. York: Viking Press, 1965, Cap. IV, pp. 139-178; RAYMOND ARON, *Paix et Guerre entre les Nations*, cit., pp. 133-156; ERNST B. HAAS, "The Balance of Power: Prescription, Concept or Propaganda" e MORTON A. KAPLAN, "Balance of Power, Bipolarity and Other Models of International System", ambos in JAMES N. ROSENAU (ed.), *International Politics and Foreign Policy*, cit., respectivamente, pp. 318-329 e pp. 343-349.

(13) HANNAH ARENDT, *The Human Condition*, N. York: Anchor Books, 1959, passim; e MARGARET CANOVAN, *The Political Thought of Hannah Arendt*, N. York: Harcourt Brace Jovanovich, 1974, pp. 51-79.

(14) A. ERNOUT et A. MEILLET, *Dictionnaire Etymologique de la Langue Latine* (3a. ed. revista), Paris: Klinksieck, 1951, p. 1000; FELIX GAFFIOT, *Dictionnaire Illustré Latin-Français*, Paris: Hachette, 1934, p. 1320; *Webster's New International Dictionary of the English Language*, Springfield, Mass.: Merriam, 1956, pp. 1970, 2070, 2077-78; JOSÉ PEDRO MACHADO, *Dicionário Etimológico da Língua Portuguesa*, Lisboa: Edit. Confluência, 1959, volume II, p. 1864; AURÉLIO BUARQUE DE HOLANDA FERREIRA, *Novo Dicionário da Língua Portuguesa* (1a. ed.), Rio: Nova Fronteira, 1975, p. 1207.

(15) MARCEL MAUSS, *The Gift* (trad. de Ian Cunnison, introd. de E.E. Evans-Pritchard), London: Cohen and West, 1954; C. LÉVI-STRAUSS, *Les Structures Elémentaires de la Parenté* (2a. ed.), Paris: Mouton, 1967, Cap. V; OCTAVIO PAZ, *Claude Lévi-Strauss o el Nuevo Festin de Ésopo*, México: J. Mortiz, 1967; PETER M. BLAU – verbete "Interaction: Social Exchange" in *International Encyclopedia of the Social Sciences*, David L. Sills (ed.), vol 7, Mac – Millan, The Free Press, 1968, pp. 452-457; ALVIN W. GOULDNER, "Reciprocity and Autonomy in Functional Theory" in N.J. DEMERATH III e RICHARD A. PELERSON (ed.), *System, Change and Conflict: A Reader on Contemporary Sociological Theory and the Debate over Functionalism*, N. York: Free Press, 1967, pp. 141-169.

(16) UNION ACADÉMIQUE INTERNATIONAL, *Dictionnaire de la Terminologie du Droit International*, Paris: Sirey, 1960, pp. 504-505.

(17) CELSO D. ALBUQUERQUE MELO, *O Direito Internacional Público em Transformação*, S. Paulo: Edit. Resenha Universitária, 1976, pp. 33-34.

(18) MICHEL VIRALLY, "Le Principe de Reciprocité en Droit International Contemporain" in loc. cit., p. 62.

(19) BRUNO SIMMA, *Das Reziprozitätselement in der Entstehungen des Völkergewohnheitsrechts*, Muenchen/Salzburg: Fink-Verlag, 1970; *Das Reziprozitätselement im Zustandekommen Völkerrechtlicher Verträge*, Berlin: Dunker/Humblot, 1972; RICHARD D. KEARNEY e ROBERT E. DALTON, "The Treaty on Treaties" in *American Journal of International Law*, vol. 64 n. 3 (July 1970), pp. 495 – 561; HERBERT W. BRIGGS, "Unilateral Denunciation of Treaties: The Vienna Convention and the International Court of Justice" in *American Journal of International Law*, vol. 68 n. 1 (jan. 1974), pp. 51-68; GERALDO EULÁLIO DO NASCIMENTO E SILVA, *Conferência de Viena sobre o Direito dos Tratados*, Ministério das Relações Exteriores, 1971; FERENC MAJOROS, "Le Régime de Reciprocité de la Convention de Vienne et les Reserves dans les Conventions de la Haye" in *Journal du Droit International* (Clunet), vol. 101 n. 1 (jan. fev. mars 1974), pp. 73-109.

(20) ABRAM CHAYES, *The Cuban Missile Crisis - International Crisis and the Role of Law*, N. York: Oxford University Press, 1974, p. 1 para a citação de Acheson, p. 113 para a definição de Norbert A. Schlei, e passim quanto à argumentação geral. Cf. sobre o processo decisório na crise dos mísseis, GRAHAM T. ALLISON, *Essence of Decision*, Boston: Little, Brown & Co, 1971; e para uma análise das diversas posições quanto à legalidade da ação americana, BERNARDO SEPÚLVEDA, "Las Naciones Unidas, El Tratado de Rio y la OEA" in *Foro Internacional*, vol. VII n. 1/2 (Julio-Diciembre 1966), pp. 68-98.

(21) Cf. HERBERT W. BRIGGS, "Reservations to the Acceptances of the Compulsory Jurisdiction of the International Court of Justice", in *Académie de Droit International - Recueil des Cours*, 1958-I, vol. 93, pp. 229-365; CHARLES DE VISSCHER, *Problèmes d'Interpretation Judiciaire en Droit International Public*, Paris: Pedone, 1963; SHABTAI ROSENNE, *The Law and Practice of the International Court*, 2 vols., Leyden: Sijthoff, 1965; CELSO LAFER, "A Condição de Reciprocidade na Cláusula Facultativa de Jurisdição Obrigatória da Corte Internacional de Justiça" in *Revista de Direito Público* vol. 3, jan/março 1968, pp. 195-208.

(22) MICHEL VIRALLY, "Le Principe de Reciprocité en Droit International

Contemporain" in loc. cit., pp. 51-54; NORBERTO BOBBIO, *Teoria della Norma Giuridica*, cit., pp. 188-201.

(23) HANS KELSEN, *Principles of International Law* cit., pp. 3-22; HILDEBRANDO ACCIOLY, *Tratado de Direito Internacional Público*, 3º vol. (2a. ed.), Rio: 1956/1957, pp. 80-87; UNION ACADÉMIQUE INTERNATIONAL, *Dictionnaire de la Termininologie du Droit International*, cit., pp. 529-530, p. 543.

(24) Cf. KENNETH W. DAM, *The GATT. Law and International Economic Organizations*, cit., pp. 80-81, pp. 351-375; HUGO J. HAHN, "Le Controle de l'Éxecution des Obligations des États dans les Organisations Internacionales Économiques" in SOCIETÉ FRANÇAISE POUR LE DROIT INTERNATIONAL, *Aspects du Droit International Économique (Colloque d'Orleans)*, cit., p. 166; WOLFGANG FRIEDMANN, *The Changing Structure of International Law*, cit., pp. 81-95.

(25) J. P. NIBOYET, "La Notion de Reciprocité dans les Traités Diplomatiques de Droit International Privé" in loc. cit.; MICHEL VIRALLY, "Le Principe de Reciprocité en Droit International Contemporain" in loc. cit.; BRUNO SIMMA, *Das Reziprozitätselement im Zustandekommen Völkerrechtlicher Verträge*, cit.; HERBERT W. BRIGGS, "Codification Treaties and Provisions on Reciprocity, non-Discrimination or Retaliation" in *American Journal of International Law*, vol. 56, 1962, pp. 475-482; HANS KELSEN, "La Théorie Juridique de la Convention" in *Archives de Philosophie du Droit et de Sociologie Juridique*, Dixième Année n. 1-4, 1940, pp. 33-76; GEORG SCHWARZENBERGER, *International Law and Order*, cit., Cap. 9.; GILDA MACIEL CORRÊA MEYER RUSSOMANO, *A Extradição no Direito Internacional e Brasileiro*, (2a. ed.), Rio; Konfino, 1973; VICENTE MAROTTA RANGEL, "Les Problèmes Actuels de l'Extradition" in *Revue International de Droit Penal*, vol. 39 n. 3-4 (1968), p. 479.

(26) TULLIO ASCARELLI, "Premissas ao Estudo do Direito Comparado", in *Problemas das Sociedades Anônimas e Direito Comparado*, cit., pp. 1-44; PROSPER WEIL, "Droit International Public et Droit Administratif", in loc. cit.; HERCH LAUTERPACHT, *International Law*, vol. 2 (Collected Papers edited by E. Lauterpacht), Cambridge: Cambridge University Press, 1975, Parte III, Cap. 8 – Private Law Sources and Analogies of International Law, pp. 173-212; FRIDA M. PFIRTER DE ARMAS, *El Tratado de Montevideo como "Tratado Marco" – Justificación de la hipotesis a la luz de la prática de la ALALC*, Rosario: 1969.

(27) GOFFREDO TELLES JR., *O Direito Quântico*, S. Paulo: Max Limonad, sem data, passim.

(28) Cf. ANDRÉ HAURIOU, "Le Droit Administratif de l'Aléatoire" in *Mélanges Trotabas*, cit., pp. 197-225; WOLFGANG FRIEDMANN, *The State and the Rule of Law in a Mixed Economy*, cit.,; ROBERT SAVY, *Droit Public Économique*, cit.; JEAN-LOUIS QUERMONE, "Les Éffets de la Planification au Niveau de l'Appareil Politique et de l'Ordonnancement Juridique" e JEAN RIVERO, "Le Plan et le Droit", ambos in *La Planification comme Processus de Décision*, Paris: Colin, 1965, pp. 95-127; ROBERTO MANGABEIRA UNGER, *Law in Modern Society*, cit., pp. 166 e seguintes.

(29) Cf. IAN R. MAC NEIL, "The Many Futures of Contract", in *Southern California Law Review*, vol. 47 (1974), pp. 691-816; "Restatement (Second) of Contracts and Presentiation" in *Virginia Law Review*, vol. 60 (1974), pp. 589-610; "A Primer of Contract Planning", in *Southern California Law Review*, vol. 48 n. 3, (Jan. 1975), pp. 627-703; TULLIO ASCARELLI, "O Contrato Plurilateral" in loc. cit.,; A. A. AL-SANHOURY, "Le Standard Juridique" in *Recueil d'Études sur les Sources du Droit en l'Honneur de François Geny*, cit., tomo II, pp. 144-156; ROSCOE POUND, *An Introduction to the Philosophy of Law* (7a. ed.), N. Haven: Yale University Press, 1965, pp. 55-59; OLIVEIRA VIANNA, *Problemas de Direito Sindical*, Rio: Max Limonad, (1943), pp. XVII-XXIII; STEPHEN A. SILARD, "Maintenance-of-Value Arrangements in International Transactions" in *Law and Policy in International Business*, vol. 5 n. 2, (1973), pp. 398-439.

(30) FÁBIO KONDER COMPARATO, "Obrigações de Meios, de Resultado e de Garantia" in *Revista dos Tribunais*, vol. 386 ano 56 (dezembro de 1967), pp. 26-35; KARL LARENTZ, *Base del Negócio Jurídico y Cumplimiento de los Contratos*, Madrid: Edit. Revista de Derecho Privado, 1956; TULLIO ASCARELLI, "Dívidas de valor" in *Problemas das Sociedades Anônimas e Direito Comparado*, cit., pp. 165-201.

(31) PAUL REUTER, "Principes de Droit International Public" in *Académie de Droit International – Recueil des Cours*, 1961-II, vol. 103, pp. 472-474, 621-623 e passim.

(32) Cf. GEORG SCHWARZENBERGER, *Economic World Order?*, cit., pp. 40-49, e Institut Universitaire de Hautes Études Internationales, *Les Résolutions dans la Formation du Droit International du Devéloppement* (Colloques de 20-21 novembre 1970), Génève: 1971, passim; PAUL REUTER, "Principes de Droit International Public" in loc. cit., pp. 594-599; OSCAR SCHACHTER, "Just Prices in World Markets: Proposals de lege ferenda", in *American Journal of International Law*, vol. 69 n. 1 (Jan. 1975), pp. 101-109.

(33) ROBERT E. HUDEC, "El Sistema Legal del GATT: Jurisprudencia Diplomática", in *Derecho de la Integración* n. 8 (abril/1971), pp. 34-66;

ROBERT E. HUDEC, *The GATT Legal System and World Trade Diplomacy*, N. York: Praeger, 1975.

(34) PAUL REUTER, "Principes de Droit International Public", in loc. cit.; FRANCISCO ORREGO Y VICUÑA, "La Adaptación de lo Pactado a los Cámbios Contextuales que inciden en un Proceso de Integración" in *Derecho de la Integración* n. 20 (noviembre de 1975), pp. 37-45.

(35) ROBERT E. HUDEC, "El Sistema Legal del GATT: Jurisprudencia Diplomática" in loc. cit.; FELIPE H. PAOLILLO e CARLOS ONS-INDART, "Estudio de los Procedimientos de Hecho Utilizados para la Solución de Conflictos en la ALALC", in *Derecho de la Integración* n. 9 (Octubre 1971), pp. 19-73.

(36) Cf. PIERRE PESCATORE, *Derecho de la Integración - Nuevo Fenómeno en las Relaciones Internacionales*, B. Aires: BID/INTAL, 1973.

(37) PAUL REUTER, "Principes de Droit International Public", in loc. cit., pp. 570-573.

Capítulo III

A RECIPROCIDADE COMO FÓRMULA DE PROCURA NA FIXAÇÃO DOS OBJETIVOS E NA ESCOLHA DO ELENCO DE MEIOS DOS MODELOS JURÍDICOS DE COOPERAÇÃO ECONÔMICA INTERNACIONAL – O CASO DOS PRODUTOS PRIMÁRIOS

(A) *O problema geral*

Bergsten, Keohane e Nye sugerem um elenco de sete critérics que motivam e justificam, enquanto objetivos a serem alcançados, modelos de cooperação econômica internacional: (i) ***eficiência,*** definida como a maximização da oferta de bens e serviços; (ii) ***crescimento,*** entendido como o aumento, no tempo, da disponibilidade futura de bens e serviços; (iii) ***pleno emprego;*** (iv) ***distribuição de renda*** dentro dos países e entre os países; (v) ***estabilidade de preços***; (vi) ***qualidade de vida,*** e (vii) ***segurança econômica***. Existem, no entanto, como apontam estes autores, conflitos entre esses critérios. Ênfase na eficiência ou na estabilidade dos preços pode gerar desemprego; ênfase no crescimento pode gerar, com suas deseconomias externas, uma redução na qualidade de vida, fruto de problemas de poluição ambiental; ênfase na redistribuição da renda ou na segurança econômica pode criar ineficiências. (1) Conforme se verifica, até mesmo por este rápido registro de alguns dos muitos conflitos na compatibilização desses critérios, que não esgotam os critérios possíveis, o primeiro problema de reciprocidade nos modelos jurídicos de cooperação econômica internacional é o da fixação dos seus objetivos. De fato, não existe um critério único, aceitável como padrão, para gerar a união consensual de forças e vontades. Existem vários critérios possíveis, que são fruto, num determinado momento, de coligações transgovernamentais e transnacionais, que escolhem, politicamente, em função de determinadas condições de negociações e espectro de valores, dar tal ou qual importância, maior ou menor, a um ou mais desses critérios, em conjunto ou separadamente. Evidentemente, numa fase de redefinições do sistema internacional, em que precisamente o que está em jogo são posições de poder e juízos-de-valor, a escolha dos critérios se torna ainda mais complexa, e sobretudo mais ostensivamente política, na medida em que a erosão do poder positivo das grandes potências reabre todo o problema da definição hierárquica dos critérios que devem nortear a ordem mundial.

Tais dificuldades não eliminam, antes aguçam, a necessidade de um acordo sobre objetivos como condição de viabilidade do Direito Internacional Público de Cooperação, pois são os objetivos que estabelecem a possibilidade da ação dos sujeitos do Direito Internacional Público, por meio de normas positivas de mútua colaboração. Nesse sentido, existe uma primeira analogia, entre o acordo sobre objetivos e a comunhão de escopo, tal como aparece no Direito Internacional Público Contemporâneo e no Direito Comercial, onde, também, numa sociedade, a finalidade comum é o elemento unificador da adesão das partes, constituindo a base da atividade ulterior conjunta, disciplinada por um contrato plurilateral. (2)

Tal analogia não ilumina, no entanto, todos os dilemas do assunto, sobretudo no momento atual, dada a problemática política da definição hierárquica dos critérios que devem nortear a ordem econômica mundial. É por essa razão que cabe fazer, na linha metodológica deste trabalho, uma segunda aproximação, desta vez com o Direito Constitucional, cujas normas programáticas comportam analogias com as normas que, nos modelos jurídicos de cooperação econômica internacional, fixam objetivos. As normas programáticas revelam, nas constituições modernas, um compromisso entre as concepções do Estado Liberal do Século XIX e as necessidades do Estado Intervencionista do Século XX, ambas examinadas no capítulo I. Elas visam à realização de determinados fins do *jus societatis* de uma comunidade, para lembrar o que foi dito sobre Leibniz, através de programas de intervenção na ordem econômica, constituindo, como aponta José Afonso da Silva, "além de um princípio esquemático para atuação legislativa futura, também princípios gerais informadores de toda ordem jurídica." Enquanto princípios gerais informadores, as normas programáticas têm eficácia interpretativa, exprimindo os vetores axiológicos da aplicação da lei, num dado ordenamento. Enquanto princípio esquemático para atuação, as normas programáticas buscam imprimir uma direção às atividades do Estado, fixando na Constituição, como diz Pontes de Miranda, "para onde se vai e como se vai." (3)

No plano internacional, o preâmbulo e as normas que estabelecem os objetivos dos modelos jurídicos de cooperação, assim como as normas programáticas do Direito Constitucional Moderno, também representam um compromisso. Esse compromisso entre ordem e liberdade, fruto das forças políticas em jogo, delimita o espaço da vida social que será regulamentado por normas positivas. No caso do Direito das Gentes, isto significa o *quantum* que os Estados desejam e podem manter na esfera de sua jurisdição doméstica exclusiva, por meio das normas de abstenção do Direito Internacional Público de Coexistência, e a parcela de atividades que os Estados, através de sistemas coletivos de tomada de decisões, precisam exercer, por meio de normas positivas de mútua colaboração do Direito Internacional Público de Cooperação.

As normas programáticas são tidas como normas de eficácia limitada, posto que dependem, como condição geral de sua aplicabilidade, da emissão de outras normas, que constituem leis integrativas de normas constitucionais. As normas que, nos modelos jurídicos de cooperação econômica internacional, fixam o preâmbulo e os objetivos, também não são, via de regra, auto-aplicáveis, exigindo por isso mesmo outras normas para alcançarem sua eficácia. Tais outras normas representam a escolha de um elenco de meios para alcançar os fins previstos no preâmbulo e nos objetivos dos modelos jurídicos de cooperação econômica internacional. Nesse sentido, são normas técnicas ou construtivas, na formulação de Duguit, estipuladas para assegurar, na medida do possível, o respeito e a aplicação das que fixam objetivos.

A escolha das normas técnicas não é automática ou evidente, mesmo quando explicitada a hierarquia dos critérios e estabelecido o acordo sobre objetivos. As dificuldades dessa escolha provêm da dualidade epistemológica da política como realidade e como conhecimento. Sempre existem, dada a especificidade dos Estados, distintas avaliações e mais de uma possibilidade referentes à escolha do elenco de meios apropriados para determinado modelo jurídico de cooperação econômica, conforme se verá mais minuciosamente no correr deste Capítulo e no Capítulo V. Por essa razão o elenco de meios, quando se converte, pela decisão dos sujeitos do Direito Internacional Público, em Direito Positivo, representa também, consoante lembra Ascarelli, "valutazioni normative", isto é: normas jurídicas sobre a relevância e oportunidade de diferentes técnicas e avaliações sobre como tais diferentes técnicas deverão e poderão dar conta dos fatos que se almeja regulamentar. (4)

O maior ou menor acerto sobre o entrosamento das normas técnicas com os objetivos é algo a ser verificado por ocasião da aplicação das normas de mútua colaboração. De fato, os modelos jurídicos de cooperação econômica internacional, para conservarem a efetividade de suas normas, resultantes de um consenso recíproco, que diminuiu o conflito e tornou possível a cooperação, precisam assegurar, no tempo, a reciprocidade das prestações necessárias para viabilizar o acordo sobre objetivos. O planejamento do desempenho desses objetivos através de normas técnicas exigiria, portanto, como uma das condições de efetividade das normas, a certeza da reciprocidade. Tal certeza é sempre precária, pois a incidência, no tempo, da conjuntura e do aleatório, pode alterar os objetivos de comunhão de escopo, e, mesmo quando isso não ocorre, as normas técnicas — o elenco de meios — podem não dar conta das variáveis e dos elementos que compõem a natureza das coisas. Daí uma das grandes dificuldades de integrar, nos ordenamentos de Direito Internacional Econômico, normas que fixam objetivos e normas que estabelecem meios.

Se se tomar, apenas para exemplificação e clarificação inicial dos assuntos acima discutidos, o problema do sistema monetário internacional, verifica-se, consoante observa Richard N. Cooper, que este deve definir, no processo de gênese e negociação de um modelo, três dimensões: (i) o papel das taxas de câmbio — se fixas, ajustáveis ou flutuantes; (ii) a natureza das reservas — se ouro, direitos especiais de saque, dólar ou outras moedas nacionais, e (iii) o maior ou menor grau de controle internacional das movimentações de capitais. Na busca dessas definições, por ocasião das negociações que levaram ao acordo da Jamaica de janeiro de 1976, referente a emendas do Tratado Constitutivo do FMI, surgiram ênfases diferentes na definição dessas dimensões. Essas ênfases derivam da posição e das especificidades dos países. A escolha do ouro como reserva traria vantagens para os países que produzem ouro, como a URSS e a África do Sul; já a opção em prol dos direitos especiais de saque, acoplados com o assim chamado "link", aumentaria a soma de recursos disponíveis para os países subdesenvolvidos. É por essa razão que, por ocasião dos debates, os países interessados na cooperação tentam eliminar suas diferenças buscando um consenso, baseado no jogo da reciprocidade em torno de um ou mais dos critérios antes discutidos (eficiência, pleno emprego, crescimento, etc.). Entretanto, mesmo quando surge consenso quanto à importância hierárquica de um critério, e, portanto, sobre objetivos, a escolha do elenco de meios pode permanecer um problema em discussão, sujeito ao jogo da reciprocidade. Assim, por exemplo, um acordo sobre a relevância hierárquica do objetivo segurança econômica não impede divergências que derivam das características das economias dos países. O maior ou menor grau de controle internacional das movimentações de capitais, ou a existência de taxas ajustáveis ou flutuantes, variam de importância enquanto normas técnicas a serem estipuladas para assegurar tal objetivo, de acordo com as especificidades dos países. Um país pequeno, de alta renda e extremamente dependente de comércio exterior para seu bem-estar, provavelmente insistiria num certo controle internacional, tanto na movimentação de capitais quanto em matéria de taxas de câmbio. Da mesma maneira, um país com economia de proporção continental e relativamente fechada, tenderia a preferir maior liberdade de movimentação; opor-se-ia, portanto, a maiores controles internacionais na movimentação de capitais, e favoreceria, igualmente, maior flexibilidade unilateral em matéria de taxas de câmbio. Conforme se verifica, as interdependências que solicitam a colaboração no plano internacional são assimétricas. É por essa razão que se pode chegar, ou não, à criação de um modelo, em função das sensibilidades e vulnerabilidades por ocasião das negociações, que geram diferentes recursos de poder e maiores ou menores interesses recíprocos na possibilidade de cooperação.

A cooperação, quando se institucionaliza através de um modelo jurídico do Direito das Gentes, instaura ***de jure*** uma ordem, que é um bem público, tal como a formulam os economistas. Os resultados dessa ordem, no entanto, podem trazer maiores ou menores desvantagens privadas para os países. Assim, no caso de um sistema monetáric em operação, é factível indagar quem é que arca com os maiores custos e benefícios nos ajustes de taxas de câmbio, ou para quem ele traz maior ou menor liquidez. Neste sentido, a efetividade do modelo criado será uma conseqüência do interesse recíproco dos países na manutenção da ordem que ele consagra, pois dependendo das suas respectivas especificidades, apesar de eventuais desvantagens, os países podem preferir os benefícios da ordem aos custos da impossibilidade de cooperação.

Este rápido apanhado do problema monetário mostra as dificuldades na união consensual de forças e vontades, evidenciando como pode funcionar o jogo da reciprocidade enquanto fórmula de procura, quer na fixação de objetivos e na escolha de um elenco de meios quando da gênese de um acordo, quer na avaliação da sua possível efetividade quando do seu funcionamento. Na dialética da relação entre ordem e liberdade nas relações econômicas internacionais, conforme foi apontado nos capítulos anteriores, a união consensual de forças e vontades tem levado a vários modelos ou propostas de modelos, que são uma conseqüência da heterogeneidade do sistema internacional e da especificidade dos países e dos assuntos que buscam regulamentar. Uma análise do Convênio Internacional do Café requer, portanto, preliminarmente, um exame das especificidades dos produtos primários e dos mecanismos de cooperação econômica que tem ensejado. (5)

(B) *O caso dos produtos primários*

São complexas as características da economia dos produtos primários, na qual o café se integra. Normalmente, aponta-se que a demanda de muitos dos produtos primários exportados pelos países subdesenvolvidos cresce mais devagar que a renda dos países industrializados (inelasticidade da demanda), e que, além do mais, esta demanda responde de maneira relativa a mudanças de preço. Esta baixa elasticidade de preço faz com que um pequeno aumento da oferta tenda a provocar uma diminuição bastante acentuada dos preços. Inversamente, uma pequena diminuição da oferta pode trazer um significativo aumento de preços, o que gera, no conjunto, uma acentuada tendência à instabilidade. Assim, por exemplo, desde 1950 o espectro da flutuação do preço do açúcar tem variado de menos de 1 "cent" por libra-peso até mais de 30 "cents" por libra-peso; o do cacau de menos de 13 "cents" por libra-peso até mais de 44 "cents" por libra-peso; o de café de 27 "cents" por libra-peso até mais de 2 dólares por libra-peso. Esta instabilidade, a longo prazo, é prejudicial tanto aos produtores quanto aos consumidores que, neste sentido, em função do jogo da reciprocidade, teriam interesses comuns numa colaboração através de modelos de cooperação, instauradores de sistemas coletivos de tomada de decisões. É corrente também a observação de que as redes de comercialização dos produtos primários, em muitos casos, são controladas por empresas transnacionais, sobre cujo escopo de atuação nem sempre os países desenvolvidos têm condições de regulamentação, situação que pode gerar interesses recíprocos numa ação conjunta. É válido também registrar a tese de Prebisch e Singer, que influenciou o pensamento da UNCTAD, no sentido de que a economia mundial tende a operar de tal maneira que os países industrializados têm sido capazes de se apropriar dos benefícios dos aumentos de produtividade tanto nas suas próprias economias, quanto na da produção de produtos primários nos países subdesenvolvidos. Isto leva, na linha de raciocínio esposada por estes autores, à tendência de deterioração dos termos de troca dos produtos primários exportados pelos países subdesenvolvidos. Esta tendência, uma vez confirmada, seria incompatível com a nova ordem mundial, cujo processo de redefinição, ora em curso, conforme foi visto, pede, com a diminuição do diferencial de poder entre os países, novas pautas de conduta.

Este conjunto de fatores trouxe não só a percepção de que a economia dos produtos primários não é autoregulável pelos mecanismos de preços e de mercado, mesmo quando este opera mais livremente pela liberalização do comércio, como também a convicção de que algum tipo de coordenação alternativa, no plano internacional, seria necessário para se atender à maior parte dos critérios discutidos no início deste capítulo. Preocupações deste tipo datam da época da Liga das Nações, cujos esforços induzidos pela flutuação de preços e pelo acúmulo de estoques gravosos, durante a década de 30, não tiveram sucesso. Elas foram retomadas por ocasião da negociação, no segundo após-guerra, da Carta de Havana, que as contemplava no Capítulo VI que, neste sentido, constituía uma exceção à política de livre comércio a que aspirava a International Trade Organization (I.T.O.) e que o GATT, posteriormente, com o insucesso da I.T.O., veio a chancelar. O insucesso da I.T.O. fez com que o assunto ficasse submetido à jurisdição de um Comitê Provisório para a Coordenação de Acordos sobre Produtos Primários, no contexto do Conselho Econômico e Social da ONU. Os acordos realizados sob o patrocínio deste Comitê seguiriam os princípios estabelecidos pela Carta de Havana e não constituiriam uma violação do GATT, que contempla expressamente esta exceção. Com a criação da UNCTAD, este assunto passou para a jurisdição desta nova organização. A UNCTAD fez dos acordos sobre produtos primários uma das linhas-mestra de sua agenda, concomitantemente com as demandas ora em discussão, ligadas às características do que deveria ser a nova ordem econômica mundial. A UNCTAD, enquanto organização internacional e foro de discussões, não tem, no entanto, no assunto, competência exclusiva. A FAO tem-se dedicado ao assunto, o próprio GATT também, no caso de produtos derivados do leite, e naturalmente outras tentativas de regulamentar o assunto, que não se enquadram nos princípios da Carta de Havana, tais como acordos de produtores, dos quais a OPEP é o exemplo mais visível, porém não o único, merecem ser citados. (6)

Conforme se verifica, são realmente complexas e específicas as características da economia dos produtos primários, e este rápido registro de algumas de suas notas, que aconselham a criação de modelos jurídicos de cooperação econômica internacional, apenas entreabrem uma parcela desta complexidade e desta especificidade. De fato, os produtos primários não constituem uma categoria única. Alguns são renováveis, como cereais (trigo, milho, arroz), bebidas (café, chá, cacau), fibras (algodão, lã, sisal, juta), todos com ciclos variados de produção; outros não são renováveis, como minerais e metais (bauxita, ferro, estanho, cobre, níquel) ou petróleo. Alguns são produzidos por países subdesenvolvidos e consumidos por países desenvolvidos. É o caso do café, do chá e do cacau. Outros são produzidos e consumidos tanto por países desenvolvidos quanto por países subdesenvolvidos. É o caso do trigo, da soja e do milho. Alguns podem ser substituídos por produtos sintéticos, como é o caso da borracha ou de fibras naturais; outros podem ter que enfrentar sua substituição por concorrência entre produtos — como é o caso do chá e do café. Problemas de deterioração de estoques ou de seu custo variam de um produto renovável para outro, ou entre esses e os não-renováveis. Alguns, como a bauxita, têm a sua produção controlada por empresas transnacionais verticalmente integradas; outros, como a banana, têm seu mercado internacional controlado por empresas transnacionais. Já o fumo enfrenta problemas diferentes que resultam de monopólios estatais que em muitos países controlam sua comercialização. O comércio internacional do açúcar, por sua vez, tem apresentado características próprias, que resultam de mudanças fruto de decisões políticas unilaterais dos Estados, que afetam a percentagem de produção mundial escoada no mercado livre ou em mercados preferenciais. A fixação ou redistribuição de quotas nos sucessivos "Sugar Acts" do governo norte-americano é um exemplo de decisão unilateral que afetava a distribuição destas percentagens alternativas de escoamento da produção mundial, com impacto nos preços. Daí, aliás, conseqüentemente, paradigmas da relevância apontada no capítulo I, tanto do Direito Público Econômico dos Estados, quanto da nova ***lex mercatoria*** nas suas interações com os modelos do Direito Internacional Público Econômico.

O valor em milhões de dólares e a percentagem de participação no comércio internacional dos produtos primários, exceto petróleo, podem ser vistos no quadro abaixo, estimado por L.N. Rangarajan, com base nas fontes estatísticas da ONU:

	1971		1972		1973	
	VALOR	%	VALOR	%	VALOR	%
M u n d o	89.090	100,0	105.040	100,0	151.960	100,0
Países desenvolvidos	53.930	60,5	64.720	61,7	96.140	63,3
Países em desenvolvimento	26.120	29,3	30.180	28,7	41.890	27,5
Economias centralmente planificadas	9.050	10,2	10.110	9,6	13.940	9,2

Conforme se verifica pelos valores e pelas percentagens, os países desenvolvidos têm preponderância neste comércio e são, portanto, sensíveis às interdependências que ele provoca e que, em princípio, devem levar a mecanismos de cooperação no plano internacional. Tais interdependências são, no entanto, assimétricas em relação aos países subdesenvolvidos, pois estes, para usar os termos de Keohane e Nye, são extremamente vulneráveis em sua sensibilidade aos fluxos dos produtos primários. De fato, estimativas recentes da AID, órgão do Governo Norte-Americano, mostram que, no seu conjunto, os produtos primários representam 80% do total da receita de exportação dos países subdesenvolvidos, em contraste com os países desenvolvidos, onde tal percentagem é de 25%. Cerca da metade dos países subdesenvolvidos obtém mais de 50% de suas receitas de exportação de um só produto primário, e 3/4 obtêm mais de 60% de suas receitas de exportação de três produtos primários. Essa situação faz com que os países subdesenvolvidos sejam não apenas sensíveis como os países desenvolvidos mas particularmente vulneráveis à estrutura e à conjuntura da economia dos produtos primários. (7) É por essa razão que, no geral, por ocasião das negociações, o Terceiro Mundo tende a realçar, na prática, a importância de uma ordem, ainda quando a distribuição dos custos e benefícios dessa ordem seja mais favorável aos países desenvolvidos. O jogo da reciprocidade, portanto, numa situação de vulnerabilidade, evidentemente mina o ***locus standi*** nas negociações dos países subdesenvolvidos, e é por isso, conforme foi apontado no capítulo I, que no segundo após-guerra os países desenvolvidos conseguiram transferir os custos da coordenação para países mais fracos e reforçar a tendência ao congelamento do poder mundial. De qualquer maneira, a sensibilidade à interdependência e as conveniências da coordenação têm levado a vários mecanismos e propostas de modelos jurídicos de cooperação, cujos objetivos e normas técnicas buscam atender à especificidade dos países e dos produtos que almejam regulamentar. Um registro de alguns deles é útil para o entendimento do jogo da reciprocidade, enquanto fórmula de procura, no Direito Internacional Público Contemporâneo.

(C) *Análise de alguns modelos*

Uma primeira proposta a ser considerada à luz dos propósitos deste capítulo, e que é fruto tanto da deterioração dos termos de troca, quanto da nova instabilidade monetária, é a da ***indexação dos preços dos produtos primários***, que acompanhariam os preços dos produtos manufaturados importados pelos países subdesenvolvidos. Tal proposta, que foi aprovada pela Resolução 3083 (XXVIII) de 6 de dezembro de 1973, da Assembléia Geral da ONU, apresenta várias dificuldades. O custo de vida é um problema político interno delicado, que o Direito Público Econômico geralmente busca disciplinar, e a indexação automática de bens importados seguramente encontraria obstáculos na maior parte dos países, além de implicar em novos tipos de intervenção estatal nos respectivos mercados internos. Além disso, o conjunto de produtos manufaturados aos quais os produtos primários ficariam ligados envolveria problemas complexos de escolha, como também seria complexa a escolha da paridade para cada produto primário. De fato, na escolha dessa paridade diferentes critérios teriam que ser utilizados. Produtos como fibras naturais ou borracha, que competem com sintéticos, poderiam ser substituídos caso a indexação elevasse excessivamente seu custo. Produtos como o café, caso ocorresse a indexação, poderiam ver a tendência à superprodução aumentar. É por essa razão que um esquema de indexação não poderia valer para quantidades ilimitadas, requerendo controles de volume. Estes envolveriam a divisão de mercados e, portanto, conflitos entre os países produtores. Por outro lado, os próprios países exportadores, na ausência de acordo sobre volumes e divisão de mercado, podem querer baixar o preço para obter ou manter uma determinada posição de mercado, apesar do interesse coletivo na manutenção de preços favoráveis. Conforme se verifica por este rápido registro de alguns conflitos possíveis que resultariam, no plano dos fatos, da indexação enquanto norma técnica, parece difícil, no caso, chegar-se a um consenso recíproco, que assegure a aceitação deste mecanismo que, basicamente, significaria, enquanto objetivo, uma distribuição ***a priori*** e por mútuo acordo dos custos e benefícios do processo inflacionário mundial.

Este objetivo requereria, para sua viabilização em larga escala, uma concentração de poder, atualmente inexistente no sistema internacional. É por isso que, até o presente momento, a indexação só tem sido utilizada no contexto mais modesto de uma, entre muitas, das normas técnicas de outros modelos. Tal é o caso da Convenção de Lomé, assinada em 15 de fevereiro de 1975, tendo como partes a Comunidade Econômica Européia e 40 países da África, Caribe e Pacífico, e como objetivo a cooperação comercial. A Convenção de Lomé estabelece o compromisso da Comunidade Econômica Européia de comprar, das demais partes contratantes, açúcar por um preço indexado ao preço do açúcar de beterraba, estabelecido pela política agrícola comum da Comunidade Européia. Entretanto, e para obviar as dificuldades de indexação acima apontadas, existe um ***quantum*** máximo, que é de 1 milhão e quatrocentas mil toneladas, que constitui, portanto, o controle do volume, e uma repartição deste ***quantum*** entre as partes exportadoras por meio de quotas, também já previamente fixadas na Convenção de Lomé. (8)

Acordos multilaterais de compra e venda entre produtores e consumidores são outro mecanismo encontrado em modelos jurídicos de cooperação econômica internacional. Basicamente, é um compromisso pelo qual países importadores compram certos volumes por não menos que o preço mínimo acordado, e países exportadores vendem certos volumes por não mais que o preço máximo acordado. Em outras palavras, tais acordos se efetivam quando os preços ultrapassam limites máximos ou mínimos prefixados, constituindo um bom exemplo de uma técnica de planejamento do desempenho, tal como foi discutido no capítulo II, pelo qual as partes condicionam a sua atuação tendo em vista a evolução da conjuntura. Os acordos multilaterais de compra e venda têm como objetivo manter os preços dentro de certos limites e podem funcionar, enquanto normas técnicas, na medida em que as partes contratantes exportadoras têm, individualmente, recursos e condições para controlar o seu volume de produção e as suas exportações.

Os acordos internacionais do trigo têm utilizado esse mecanismo, porém com algumas dificuldades. Estas derivam seja de diferenças de qualidade e de tipo do trigo produzido nos diversos países, seja da ausência de regulamentação multilateral quanto a controles de produção e de exportações. A ausência se traduz em problemas de administração, por parte de alguns dos países produtores, dos seus estoques quando a produção mundial excede o consumo da demanda possível, relacionada com os preços prefixados no acordo. E por essa razão que o Acordo de Trigo de 1971 representou o maior nível de liberalismo no disciplinamento do produto, o que evidencia as dificuldades encontradas na busca da reciprocidade através dessa modalidade de cooperação econômica, que de resto foi utilizada apenas para um produto primário produzido e consumido tanto por países desenvolvidos, quanto por países subdesenvolvidos. (9)

Acordos de produtores são outro modelo que deve ser mencionado. Basicamente, trata-se de uma modalidade de intervencionismo no mercado internacional, através do qual países produtores buscam, por um esforço de cooperação, ou assegurar melhores termos de troca — portanto, melhor distribuição de renda no plano institucional — ou evitar oscilações bruscas — portanto, estabilidade de preços, para mencionar outro dos critérios apontados no início deste capítulo. O controle da oferta é o meio através do qual se procura atingir tais objetivos, e a análise mostra que a efetividade desse modelo e do seu elenco de meios depende das condições específicas da economia dos produtos por eles abrangidos. Quando a superprodução e o subconsumo são a tendência, o vínculo associativo e a reciprocidade dos interesses que o motivou corre o risco de ver-se debilitado pelo conflito latente nas estipulações sobre a divisão dos mercados, sempre presente quando se limita a exportação, entre as necessidades a curto prazo de vender dos produtores — critério da segurança econômica — e os seus objetivos a longo prazo, de equilibrar e controlar a oferta do produto para obter estabilidade dos preços e redistribuição de renda no plano internacional. A experiência do cacau, do café, do cobre e da bauxita é, neste sentido, elucidativa.

A única exceção importante é o petróleo. Neste caso, no entanto, o sucesso da OPEP se deve a uma tendência, talvez momentânea, à subprodução e ao superconsumo do petróleo, que permitiu diminuir o conflito e reforçar o vínculo associativo entre os produtores. Neste sentido, como aponta Krasner, o petróleo é uma exceção posto que: (i) a sua demanda não foi reprimível de maneira significativa pelo preço; (ii) sua oferta também, no curto prazo, não pode responder ao preço, dadas as dificuldades ténicas e econômicas no tempo para a entrada de novos produtores, ao contrário do que acontece com produtos agrícolas; (iii) as reservas monetárias dos exportadores de petróleo eram suficientes para eles poderem se permitir o controle da oferta sem terem que sucumbir às pressões do balanço de pagamentos; e (iv) finalmente, os países produtores contaram com o apoio tácito das empresas multinacionais, que controlam significativo montante das redes de comercialização do produto. (10)

Estoques reguladores, eis outro modelo a ser mencionado, e que consiste na retirada dos excedentes através de um mecanismo financiado de estoques, que permite o mercado operar livremente apenas dentro de dois limites preestabelecidos: o preço mínimo e o preço máximo. Basicamente, trata-se de controlar a oferta por ocasião da baixa e de vender os estoques por ocasião da alta, para evitar excessivas flutuações de preços. Estoques reguladores têm sido utilizados nos diversos acordos de estanho, seja nos dois primeiros, no segundo após-guerra, que foram negociados sob os auspícios do Comitê Provisório do Conselho Econômico e Social, seja no terceiro, que foi patrocinado pela UNCTAD. Nesse sentido, foram acordos intergovernamentais que reuniam produtores e consumidores nos termos da Carta de Havana. Tais acordos tiveram desde o início por objetivo evitar a flutuação de preços e, posteriormente, incluíram a idéia de preços razoáveis para os produtores e preços justos para os consumidores. A definição de preços razoáveis ou justos não foi dada, e a ausência de padrões externos ao modelo, tal como foi discutido no capítulo II, torna difícil operacionalizar o conceito, para utilizá-lo no planejamento do desempenho deste modelo de cooperação econômica internacional.

Enquanto parte de um elenco de meios destinados a viabilizar um acordo sobre objetivos, cumpre dizer que estoques reguladores constituem um mecanismo para estabilizar preços tendo em vista flutuações da demanda. Nesse sentido, podem atender, como de fato atenderam em boa medida no caso do estanho, ao critério da estabilidade dos preços, mas não ao da redistribuição da renda. Além do mais, os estoques reguladores envolvem sempre uma decisão sobre seu financiamento e seu tamanho. Quando são os países produtores que os financiam — e foi a regra no caso do estanho, apesar de algum apoio do FMI — a tentativa de utilizá-los para forçar a redistribuição de renda no plano internacional pode implicar custos financeiros excessivos, de tal maneira que seria mais econômico controlar a produção. Esta hipótese, no entanto, poderia afetar o critério do pleno emprego interno dos países produtores. A experiência mostra, no caso do estanho, que foi necessário, muitas vezes, para evitar a queda dos preços abaixo do piso preestabelecido, acoplar ao estoque regular quotas de exportação. Por outro lado, cumpre observar que este piso foi sendo elevado, no correr dos sucessivos acordos, tendo em vista as condições do mercado, que aumentaram o nível da demanda. Conforme se verifica por este rápido registro, o modelo dos estoques reguladores no acordo do estanho evidencia alguns dos problemas de compatibilização de objetivos entre produtores e consumidores e da conseqüente escolha de meios destinados a torná-los viáveis no tempo. (11)

Acordos de produtos primários buscam enfrentar o problema das características de sua economia através de medidas que controlem o volume de sua oferta ou o preço dos produtos exportados. É o caso da OPEP, dos acordos multilaterais de compra e venda, dos estoques reguladores que foram sucintamente resenhados. Outra opção dentro do mesmo assunto é a dos ***financiamentos compensatórios***, que ocorreriam quando do declínio de receitas de exportação. De acordo com os defensores desse mecanismo, ele poderia realizar os objetivos da estabilidade de preços e da segurança econômica sem as dificuldades de um consenso em torno de objetivos que qualquer negociação de um acordo sobre produtos primários normalmente enseja, sobretudo no conflito entre produtores e consumidores, no que diz respeito a nível de preços, seja ele estipulado diretamente, seja indiretamente, através de quotas de exportação. O financiamento compensatório não é incompatível com estes acordos; caso ocorresse, no entanto, na ausência deles, prescindiria de maiores intervenções no mercado e, neste sentido, segundo seus defensores, poderia até atender melhor a critérios de eficiência. Existem atualmente dois esquemas de financiamento compensatório: o do FMI, criado em 1963, ampliado em 1966 e novamente agora em 1976, e o da Comunidade Econômica Européia – STABEX – criado em fevereiro de 1975 pela Convenção de Lomé para países da África, do Caribe e do Pacífico, a ela associados. Merece também registro a proposta do Banco Mundial, de 1965, fruto de uma solicitação da UNCTAD.

No caso do esquema do FMI, a exigência de que os empréstimos não podiam exceder a 50% das quotas no FMI dos países tomadores, limitou, no período de 1969 a 1973, a apenas à metade os financiamentos para os países que, em princípio, se qualificariam para obtenção dos empréstimos. No que diz respeito à STABEX, seu escopo abrange um número limitado de países, e apenas 12 produtos primários. Seus recursos iniciais são da ordem de 415 milhões de dólares. A ampliação desses esquemas evidentemente exigiria maiores recursos, seja no caso de os financiamentos terem aspectos mais comerciais, como é o caso do FMI, seja no caso de assumirem a feição de ajuda externa, como é o caso da STABEX. Independentemente da discussão, quer sobre o problema político na ajuda externa, quer sobre os aspectos técnicos destes esquemas, como por exemplo o de medir as flutuações nas receitas de exportação, o fato é que as redefinições na ordem mundial, no período de 1972 a 1975, trouxeram para os países desenvolvidos antes imagens de um futuro de escassez, do que expectativas de abundância. Nessas circunstâncias, a formação de coligações transgovernamentais e transnacionais necessárias para a ampliação destes mecanismos encontraria dificuldades para ampliar a soma de meios disponíveis para esta transferência de recursos por meio de fluxos financeiros, a não ser que contassem com o apoio, que não parece provável, dos países exportadores de petróleo. (12)

Outras propostas também existem, que merecem ser mencionadas nesta síntese sobre problemas de reciprocidade ligada à fixação de objetivos e à escolha de um elenco de meios destinados a tornar viáveis modelos de cooperação econômica internacional no campo dos produtos primários. Entre elas, deve ser destacada em primeiro lugar a ***melhoria no acesso ao mercado internacional de produtos primários através da liberalização do comércio***, seja pela redução de tarifas, seja pela diminuição de outros tipos de restrições. Evidentemente, medidas desse tipo, sobretudo no caso de produtos agrícolas produzidos pelos países desenvolvidos, encontram fortes resistências protecionistas nos países industrializados, que dificultam, no jogo da reciprocidade, a formação de coligações transnacionais e transgovernamentais que levem à sua implementacão.

O acesso é também o problema-chave nas relações entre os países subdesenvolvidos e os países do Leste, pois nas economias centralmente planificadas não é precisa a diferença entre barreiras tarifárias e não-tarifárias. Todas as importações, em última instância, dependem de decisão governamental, principalmente porque o preço do produto importado para o consumidor não está relacionado, diretamente, ao custo da importação, mas a uma fórmula pré-determinada de diferencial de preços internos, também estabelecido, como os volumes de importações, pelos mecanismos de planejamento governamental. É notório que as economias do Leste têm como objetivos, no seu planejamento, a auto-suficiência, individual ou dentro do bloco, procurando importar o mínimo necessário, exportar em moeda forte o que lhes é vantajoso e disciplinar a balança comercial por acordos bilaterais. É isso que explica a constância da modesta percentagem de 10% de participação das economias centralmente planificadas no comércio mundial. Entretanto, os volumes absolutos de importação têm aumentado, e a distribuição da origem dos produtos importados tem se alterado, conforme se pode verificar na tabela a seguir.

EXPORTAÇÕES PARA AS ECONOMIAS CENTRALMENTE PLANIFICADAS
EM MILHÕES DE US$

A N O	TOTAL	POR PAÍSES DESENVOLVIDOS		POR PAÍSES EM DESENVOLVIMENTO		P/ECONOMIAS CENTRALM. PLANIFIC.	
		VALOR	%	VALOR	%	VALOR	%
1955	8.790	1.320	15.0	570	6.5	6.900	78.5
1960	15.010	2.970	19.8	1.220	8.1	10.820	72.1
1965	21.100	4.990	23.6	2.340	11.1	13.770	65.3
1970	32.070	9.020	28.1	3.130	9.8	19.920	62.1
1973	56.830	19.430	34.2	5.040	8.9	32.360	56.9

Tais números e percentagens mostram que na diversificação da pauta de importações os países do Leste têm aumentado suas relações com os países industrializados, confirmando, portanto, como a coexistência pacífica vem ensejando o entrelaçamento das relações Norte/Norte, sem alterações significativas nas relações Leste/Sul. Em síntese, portanto, o *acesso* dos países subdesenvolvidos, seja às economias industrializadas, seja às economias centralmente planificadas, constitui, por diferentes razões técnicas, um dos pontos básicos da agenda das relações Norte/Sul, justificando a importância do assunto nesta síntese sobre problemas dos modelos de cooperação econômica internacional. (13)

A ***reforma dos atuais mecanismos de comercialização*** também deve ser mencionada, na medida em que tais mecanismos freqüentemente favorecem os importadores desenvolvidos em detrimento dos exportadores subdesenvolvidos, pela rede informal de contactos de fretes, seguros, bancos e pela integração horizontal e vertical das empresas transnacionais. Naturalmente, uma reforma desse tipo é complexa e envolveria todo o problema dos interesses recíprocos na interação entre Direito Internacional Público, Direito Público Econômico dos Estados e a nova ***lex mercatoria***, tal como apontado no capítulo I. Outros itens da agenda de propostas incluiriam: ***promoção do uso de um produto primário***, para aumentar o seu consumo, e ***diversificação econômica*** de um país para diminuir a sua dependência em relação a produtos primários.

Tanto a promoção quanto a diversificação faziam parte do elenco de meios do Convênio Internacional do Café de 1968, que era um acordo intergovernamental reunindo produtores e consumidores, nos termos da Carta de Havana, e que, basicamente, estabelecia, através de quotas, limitações físicas à exportação. A referência a este modelo, que é o último modelo importante a ser mencionado, e que será discutido com mais minúcias nos capítulos subseqüentes, na análise do novo Convênio Internacional do Café, permite encerrar este sumário de propostas, modelos e mecanismos no campo da cooperação econômica em matéria de produtos primários, salientando algumas conclusões que dele podem ser extraídas e que são úteis para o esclarecimento dos temas deste trabalho. (14)

Em síntese, é possível dizer que a autodelimitação do poder de império, necessária para a união de forças e vontades, que leva a normas de mútua colaboração no plano internacional através de modelos jurídicos de cooperação, requer um consenso quanto aos objetivos destes modelos. Este consenso é complexo, porque existem vários critérios não necessariamente compatíveis, pelos quais os países avaliam a reciprocidade dos seus interesses na criação destes modelos. A ênfase maior ou menor num critério e a escolha do elenco de meios destinados a viabilizá-lo depende da especificidade do país e do assunto ou produto que se vê alcançado pelo modelo jurídico de cooperação.

No campo dos produtos primários, que o café integra, parece claro que a maior parte dos critérios — eficiência, crescimento, pleno emprego, distribuição de renda, segurança econômica, estabilidade de preços, para mencionar os mais pertinentes — não podem ser atendidos por modelos ligados exclusivamente a meios apoiados na liberalização do comércio, gênero GATT, dadas as inelasticidades de demanda e de preço. É por essa razão que, através do jogo da reciprocidade, os países em geral — e os países subdesenvolvidos em particular, cujas economias não são apenas sensíveis, como também vulneráveis à estrutura e à conjuntura dos produtos primários — têm buscado encontrar modelos alternativos. Neste sentido, e apesar do peso absoluto maior dos países desenvolvidos na economia dos produtos primários, a vulnerabilidade e a interdependência dos países subdesenvolvidos dão a este assunto especial importância estratégica nas relações Norte/Sul.

A variedade de condições dos produtos primários tem trazido várias propostas de novos modelos, além dos que estão ou estiveram em vigor, contendo objetivos e normas técnicas destinadas a torná-los efetivos. Algumas propostas parecem de difícil viabilização, tendo em vista o jogo da reciprocidade. Este parece ser o caso da indexação geral do preço dos produtos primários ao preço dos manufaturados. De fato, esta proposta enfrenta, de um lado, em primeiro lugar, as dificuldades existentes nos países industrializados, tendo em vista a relação entre o resultado desta proposta, o custo de vida interno e as necessidades e objetivos do Direito Público Econômico dos Estados que, no caso, dificilmente comportariam uma autodelimitação. Em segundo lugar, convém também mencionar que a indexação poderia ensejar, entre os próprios países exportadores, conflitos entre o objetivo geral de manter o nível real de preços e, portanto, evitar uma deterioração na distribuição de renda internacional, e objetivos e necessidades específicos de segurança econômica na manutenção ou ampliação da parcela de mercado, através da diminuição dos preços. Já em outros casos, como os de acordos de produtores, este mesmo conflito entre objetivos gerais de longo prazo e necessidades imediatas de curto prazo, pode surgir minando o vínculo associativo, porque ainda que se postule um comportamento idêntico — por exemplo, o controle da oferta — o jogo da reciprocidade não opera de maneira equivalente no tempo, dada a maior ou menor dependência e vulnerabilidade de um país em relação ao produto regulamentado por um modelo deste tipo, que neste sentido enfrenta, na sua vigência, as incertezas da conjuntura, que afetam a sua efetividade. Modelos que postulam um acordo entre produtores e consumidores, como o do estanho, enfrentam conflitos na hierarquia dos critérios, pois dadas as características da economia dos produtos primários os exportadores buscam, pelo jogo dos seus interesses, insistir na redistribuição de renda e os importadores na estabilidade dos preços. Nestes casos, mesmo quando os dois objetivos estão contemplados, a ausência de padrões de conduta externa, que definam preços justos ou razoáveis, torna difícil a compatibilização dos critérios através da equivalência das prestações, sobretudo quando, na escolha dos meios destinados a viabilizar os objetivos e operacionalizar as prestações, o mecanismo é o do estoque regulador, que é uma técnica mais apta para, no tempo, estabilizar preços do que para redistribuir renda.

Vê-se assim que, na fixação dos objetivos e na escolha do elenco de meios, a reciprocidade atua como uma fórmula de procura através da qual os países buscam, dadas as necessidades de interdependência, a força das sensibilidades e as vicissitudes da vulnerabilidade, encontrar o caminho para modelos jurídicos de cooperação econômica que atendam à especificidade dos países e dos produtos que tentam regulamentar. Este capítulo ilustra, no campo dos produtos primários, como opera esta fórmula de procura, complementando a análise do capítulo I — onde foram examinadas as transformações que levaram à extensão ***ratione materiae*** do Direito das Gentes, através da passagem de normas de abstenção para normas de mútua colaboração — e a do capítulo II — onde foram discutidos os problemas gerais da gênese e efetividade à luz do conceito de reciprocidade, das normas dos modelos jurídicos que derivaram das conveniências da ação conjunta. O exame do novo Convênio Internacional do Café e dos seus antecedentes, que a seguir será feito, pretende ser, através do estudo de um modelo específico, uma contribuição para a análise dos grandes problemas do Direito Internacional Público Econômico, discutidos nestes capítulos introdutórios.

Notas ao Capítulo III

(1) C. FRED BERGSTEN, ROBERT O. KEOHANE e JOSEPH S. NYE, "International Economics and International Politics: A Framework for Analysis" in loc. cit., pp. 3-36.

(2) TULLIO ASCARELLI, "O Contrato Plurilateral" in *Problemas das Sociedade Anônimas e Direito Comparado*, cit., pp. 271-274 e passim; RUBENS REQUIÃO, *Curso de Direito Comercial* (2a. ed.), S. Paulo: Saraiva, 1973, pp. 224-248, passim

(3) JOSÉ AFONSO DA SILVA, *Aplicabilidade das Normas Constitucionais*, S. Paulo: 1968, p. 142; PONTES DE MIRANDA, *Comentários à Constituição de 1967*, tomo I. S. Paulo: Revista dos Tribunais, 1967, pp. 126-127; ROSAH RUSSOMANO, "Das Normas Constitucionais Programáticas" in *As Tendências Atuais do Direito Público - Estudos em Homenagem ao Prof. Afonso Arinos*, cit.,pp. 269-286; AFONSO ARINOS DE MELO FRANCO, *Direito Constitucional*, cit., passim; GEORGES BURDEAU, *Droit Constitutionnel et Institutions Politiques* (15a. ed.), Paris: Lib. Générale de Droit et de Jurisprudence, 1972, pp. 66-73, 384-387; WASHINGTON PELUSO ALBINO DE SOUZA, *Do Econômico nas Constituições Vigentes*, 2 vols., B. Horizonte: Edições da Rev. Brasileira de Estudos Políticos, 1961.

(4) LÉON DUGUIT, *Traité de Droit Constitutionnel* (3a. ed.), tomo I, Paris: Ancienne [illegible] Fontemoing & Cie., Editeurs, 1927, pp. 105-107; TULLIO ASCARELLI, *Saggi di Diritto Commerciale*, cit., p. 3; JOSÉ AFONSO DA SILVA, *Aplicabilidade das Normas Constitucionais*, cit., pp. 215-223 e passim; GEORG HENRIK VON WRIGHT, *Norma y Acción*, Madrid: Tecnos, 1970, pp. 29-30, 34-35, 118-119; CELSO LAFER, *O Sistema Político Brasileiro*, S. Paulo: Perspectiva, 1975, pp. 19-55.

(5) RICHARD N. COOPER, "Prolegomena to the Choice of an International Monetary System" in *International Organization*, vol. 29 n. 1 (Winter 1975), pp.63-97; UNITED NATIONS, *Money, Finance and Development: Papers on International Monetary Reform*, N. York: TD/B/479, 1974; Y. S. PARK, *The Link Between Special Drawing Rights and Development Finance*, Princeton N.J.: Princeton University, Essay in International Finance n. 100, September 1973; CARLOS F. DIAZ ALEJANDRO, *Less Developed Countries and the*

Post 1971 International Financial System, Princeton, N.J.: Essays in International Finance n. 108, April 1975; ROBERT O. KEOHANE e JOSEPH S. NYE JR., *Power and Interdependence – World Politics in Transition*, Boston: Little, Brown and Co., 1977; BRUCE M. RUSSETT e JOHN D. SULLIVAN, "Collective Goods and International Organization" e MANCUR OLSON, "Encreasing the Incentives for International Cooperation", ambos in *International Organization*, vol. XXV n. 4 (Autumn 1971), respect. pp. 845-865 e 866-874; WILLIAM LOEHR, "Collective Goods and International Cooperation" in *International Organization*, vol 27 n. 3 (Summer 1973), pp. 421-430; TOM DE VRIES, "Jamaica, or de Non - Reform of the International Monetary System" in *Foreign Affairs*, vol. 54 n. 3 (April 1976), pp. 577-605.

(6) Cf. C. P. BROWN, *Primary Commodity Control*, London: Oxford University Press, 1975; J. P. HAYES, *Terms of Trade Policy for Primary Commodities*, London: Commonwealth Secretariat, 1975; MC-INTYRE REPORT, *Towards a New International Economic Order*, London: Commonwealth Secretariat, 1975; HARRY G. JOHNSON, *Economic Policies Towards Less-Developed Countries*, London: Allen and Unwin, 1967; OCTAVIO AUGUSTO DIAS CARNEIRO, "Desenvolvimento Econômico e o Comércio Internacional de Produtos de Base" in Instituto Brasileiro do Café, *Curso de Economia Cafeeira*, tomo II, 1962, pp. 421-469; JOHN H. JACKSON, *World Trade and the Law of the GATT*, cit.; e CELSO LAFER, "O Convênio Internacional do Café" in *Revista de Direito Mercantil*, n. 9 ano XII, nova série 1973, pp. 29-58; CONFERENCIA DE LAS NACIONES UNIDAS SOBRE COMERCIO Y DESARROLLO, vol. II: *Exposiciones sobre Política*, E/CONF. 46/141, vol. II, 1964; BRANISLAV GOSOVIC, *UNCTAD: Conflict and Compromise*, cit.; L. N. RANGARAJAN, *Commodity Conflict – The Political Economy of International Commodity Negotiations*, Ithaca: Cornell University Press, 1978, cap. 7, pp. 161-198.

(7) L. N. RANGARAJAN, *Commodity Conflict – The Political Economy of International Commodity Negotiations*, cit. pp. 214-217; a tabela citada encontra-se na pág. 66; ROBERT O. KEOHANE e JOSEPH S. NYE JR., *Power and Interdependence – World Politics in Transition*, cit.; THOMAS MORRISON e LORENZO PÉREZ, *Export Earnings Fluctuations and Economic Development: An Analysis of Compensatory Financial Schemes*, AID-Discussion Paper n. 32, 1975, p. 1.

(8) J. P. HAYES, *Terms of Trade Policy for Primary Commodities*, cit., pp. 16-26; TOM J. FARER, "The United States and the Third World: A Basis for Accomodation" in *Foreign Affairs*, vol. 54 n. 1, October 1975, pp. 79-97; ISEBILL V. GRUHN, "The Lomé Convention: Inching Towards Interdependence" in *International Organization*, vol. 30 n. 2 (Spring 1976), pp. 241-262; *International Legal Materials*, vol. XIV n. 3 (May 1975), pp. 596-640.

NOTAS AO CAPÍTULO III

(9) J. P. HAYES, op. cit., pp. 26-28; C. P. BROWN, op. cit., pp. 166-198; FELIPE H. PAOLILLO, "Los Convenios Internacionales sobre el Trigo" in FRANCISCO ORREGO Y VICUÑA (org.), *Derecho Internacional Económico – II – Las Nuevas Estructuras del Comércio Internacional*, cit., p.p. 169-192; JACQUES L'HUILLIER, *Les Organisations Internationales de Coopération Économique et le Commerce Exterieur des Pays en Voie du Devéloppement*, cit., Cap. I, pp. 5-26; L. N. RANGARAJAN, *Commodity Conflict – The Political Economy of International Commodity Negotiations*, cit., pp. 236-237.

(10) J. P. HAYES, op. cit.; CELSO LAFER, "Comércio Internacional: Fórmulas Jurídicas e Realidades Político-Econômicas", in loc. cit., p. 10; STEPHEN D. KRASNER, "Oil is the Exception" in *Foreign Policy*, n. 14 (Spring 1974), pp. 68-84; "The Oil Crisis: in Perspective", volume organizado por RAYMOND VERNON, in *Daedalus* vol. 104 n. 4 (Fall 1975), passim; KAREN A. MINGST, "Cooperation or Illusion: An Examination of the Intergovernmental Council of Cooper Exporting Countries" in *International Organization*, vol. 30 n. 2 (Spring 1976), pp. 263-287.

(11) Cf. J. P. HAYES, op. cit.; C. P. BROWN, op. cit.; JACQUES L'HUILLIER, op. cit.; UNITED NATIONS, *Tin Conference 1970 – Summary of Proceedings*, TD/TIN 4/7/Rev. 1.

(12) J.P. HAYES, op. cit.; JACQUES L'HUILLIER, op. cit.; THOMAS MORRISON e LORENZO PÉREZ, *Export Earnings Fluctuations and Economic Development: An Analysis of Compensatory Financial Schemes*, cit.; KARL W. DEUTSCH, "On Inequality and Limited Growth Some World Political Effects", in *International Studies Quarterly*, vol. 19 n. 4 (December 1975), pp. 381-398; ISEBILL V. GRUHN, "The Lomé Convention: Inching Towards Interdependence" in loc. cit., pp. 255-256; TOM DE VRIES, "Jamaica or the Non-Reform of the International Monetary System" in loc. cit., p. 599.

(13) L. N. RANGARAJAN, *Commodity Conflict – The Political Economy of International Commodity Negotiations*, cit., pp. 130-160; a tabela citada encontra-se na p. 142.

(14) Cf. J. P. HAYES, op. cit.; JACQUES L'HUILLIER, op. cit.; CELSO LAFER, "O Convênio Internacional do Café", in loc. cit.

TÍTULO II

Capítulo IV

A RECIPROCIDADE DOS INTERESSES E AS DIVERSAS MODALIDADES DE INTERVENCIONISMO NO MERCADO INTERNACIONAL DO CAFÉ

A trajetória da economia do café tem sido assinalada por muitas das características que, no seu sentido geral, compõem as vicissitudes das dos demais produtos primários, descritas no capítulo anterior. Entre elas, a instabilidade a curto prazo dos preços e as tendências a longo prazo de superprodução. É por essa razão que, neste século, a história da comercialização do café tem sido a história das diversas modalidades de intervencionismo que marcam a vida desse produto no mercado internacional.

(A) *Modalidades de intervencionismo anteriores aos Convênios de 1962 e 1968*

Entre tais modalidades cabe mencionar, em primeiro lugar, a ***intervenção unilateral de um país*** para estabilizar o preço do produto. O exemplo clássico é a ação do Brasil, iniciada com o Convênio de Taubaté em 1906 e continuada com intermitências nas décadas subseqüentes. Basicamente, tratava-se de controlar o volume da oferta do produto no mercado internacional através de uma retenção. A retenção, numa primeira etapa, foi disciplinada por acordo entre Estados-Membros da União, no quadro jurídico-político do Federalismo da Primeira República, e numa segunda etapa apenas pela União, sobretudo a partir do contexto de centralização trazida pela Revolução de 1930. Em ambos os casos, a disciplina da retenção se regia pelo Direito Público Interno Brasileiro.

O relativo sucesso inicial desta política estimulou internamente a produção de café, o que gerou problemas ainda mais complexos de superprodução e levou, a longo prazo, a plantações de café no resto do mundo, fazendo com que o Brasil perdesse a sua capacidade monopolística de manobrar o mercado internacional, reduzindo conseqüentemente as suas possibilidades de ação unilateral. (1)

A diminuição da capacidade monopolística de intervenção do Brasil levou o país, na década de 1930, a negociar acordos bilaterais, visando escoar em regime preferencial o café brasileiro, e posteriormente trouxe ***acordos regionais entre produtores e consumidores***. Tanto os acordos bilaterais, quanto os acordos regionais, representam modalidades de intervencionismo, que já se inserem no campo do Direito Internacional Público. Exemplo relevante de acordo regional entre produtores e consumidores é o Convênio Interamericano do Café, firmado em Washington a 28 de novembro de 1940, e que vigorou até 1946. A reciprocidade de interesses que gerou tal modelo de cooperação internacional regional foi induzida pelas circunstâncias da guerra. Elas levaram ao desaparecimento, para os países latino-americanos, do mercado europeu e, conseqüentemente, a uma desproporção entre a produção e o consumo. Esta desproporção os Estados Unidos, tendo em vista interesses políticos de sua segurança continental, consideraram, na ocasião, inconveniente e, por essa razão, estabeleceram para os países latino-americanos um regime de quotas básicas anuais de exportação. Durante a vigência desse convênio, no período de 1942 a 1946, os Estados Unidos estipularam com muita rigidez o preço-teto do café, o que gerou algumas dificuldades para os países latino-americanos. É por isso que, com o término do conflito e do seu impacto direto na economia cafeeira, tanto os países produtores, quanto os Estados Unidos, não encontraram uma reciprocidade de interesses capaz de justificar sua continuidade. (2)

No após-guerra, com a reabertura do mercado europeu e com o consumo americano, no período abrangido pelos anos-cafeeiros de 1946-1947 a 1953-1954, as exportações de café excederam ou igualaram a produção exportável e os estoques acumulados de uma safra para outra — o "carry-over" — se viram reduzidos de 17 milhões de sacas em 1947-1948, para 6,7 milhões de sacas em 1952-1953. Os preços também subiram conforme se pode ver na tabela abaixo, tanto em termos correntes quanto em moeda constante:

MÉDIA DOS PREÇOS DO CAFÉ-VERDE, FOB, EM "CENTS" POR LIBRA-PESO, EM MOEDA CORRENTE E CONSTANTE, NOS ESTADOS UNIDOS

A N O	"CENTS" CORRENTES	"CENTS" DE JUNHO DE 1975
1946	17.20	49.14
1947	24.0	60.00
1948	25.10	59.18
1949	27.20	72.32
1950	44.72	123.26
1951	50.53	117.73
1952	51.28	117.05
1953	52.70	128.07

Fonte: O.I.C. EB/1407/75(P) - 11/novembro/1975, tabela 2

Essas tendências positivas levaram a novas plantações, que iniciaram, na dinâmica da economia cafeeira, um novo ciclo de superprodução, amainado nas suas proporções pelas geadas no Brasil de 1953 e de 1955-1956. A atenuação do ciclo de superprodução em virtude das geadas não impediu a percepção da necessidade de novas modalidades de intervencionismo no mercado internacional do café, e é por essa razão que, em 1954, na reunião dos Ministros de Finanças e Economia dos países da Organização dos Estados Americanos, em Quitandinha (Brasil), foi proposto um Convênio Internacional do Café reunindo produtores e consumidores. Essa proposta levou a estudos da Secretaria-Geral da OEA e, também, em 1958, a um Grupo de Estudos sobre o Café, com sede em Washington e integrado por países produtores e consumidores. Enquanto esses estudos se iam processando e amadurecendo, e em parte como conseqüência deles, surgiu uma outra modalidade de intervencionismo que merece ser registrada, a saber, os ***acordos de produtores***. A origem da colaboração entre produtores remonta às Conferências Pan-Americanas de Café, realizadas em 1936 e 1937, respectivamente em Bogotá e Havana. Nelas, discutiram-se controles sobre a oferta de café, mas não se chegou a nenhum acordo. Entretanto, foi possível criar-se o Bureau Panamericano do Café, com sede em New York e financeiramente sustentado por contribuições dos países produtores. O Bureau, que tinha por objetivo promover o consumo do café, coletar e divulgar informações, constitui um primeiro esforço institucionalizado de cooperação, cujo alcance se ampliou na década de 50.

Entre os modelos que surgiram nesse período cabe mencionar o ***Acordo da Cidade do México***, de outubro de 1957, do qual faziam parte o Brasil, a Colômbia, a Costa Rica, El Salvador, a Guatemala, o México e a Nicarágua, e que fixou quotas de exportação; o ***Convênio Latino-Americano do Café***, de outubro de 1958, do qual faziam parte 15 países e que estabeleceu o princípio da retenção; o ***Acordo Internacional do Café*** de outubro de 1959, que foi fruto de gestões do Grupo de Estudos sobre o Café acima mencionado e que reunia, além dos signatários do Convênio Latino-Americano do ano anterior, os então territórios africanos da França e de Portugal, e posteriormente também os territórios africanos sob a administração da Grã-Bretanha. Esses acordos basicamente buscavam estabilizar os preços através do controle da oferta de café no mercado mundial. A reciprocidade de interesses que motivava esta colaboração dos Estados resultava do desequilíbrio entre a produção e as exportações, que vinha acarretando um constante acúmulo de estoques, de ano para ano, e uma redução dos preços, conforme se evidencia na seguinte tabela:

ANO CAFEEIRO	PRODUÇÃO MUNDIAL EXPORTÁVEL (em milhões de sacas)	EXPORTAÇÕES (em milhões de sacas)	ESTOQUES ACUMULADOS (em milhões de sacas)	ANO	MÉDIA ANUAL DE "CENTS" CORRENTES P/ LIBRA PESO - FOB-USA	MÉDIA ANUAL DE "CENTS" DE JUNHO/75 - P/ LIBRA-PESO - FOB USA
1957/1956	47.0	35.4	23.8	1957	49.82	113.72
1958/1959	52.3	40.4	36.9	1958	43.89	101.22
1959/1960	67.9	42.8	60.9	1959	35.65	82.22
1960/1961	54.8	42.4	66.5	1960	34.34	78.38
				1961	32.44	73.31

Fonte: OIC-EB/1407/75 (P) - 11/novembro/1972 - Tabela 2 e Tabela 3

Esses acordos foram todos de curto prazo, inclusive o último que foi sucessivamente prorrogado. O curto prazo se explica porque, se as partes contratantes tinham todas um interesse comum no controle global da oferta, tendo em vista a estabilização dos preços, tinham, também, individualmente, tanto interesses particulares na divisão do mercado existente quanto distintas possibilidades de arcar com os ônus — fruto da retenção — do disciplinamento do mercado internacional do café. De fato, as exportações globais de café aumentaram de 29.4 milhões de sacas, em 1946, para 46.3 milhões de sacas em 1962, o que significou um crescimento, em números absolutos, da exportação de café de todos os países produtores. Entretanto, as posições relativas e as taxas de crescimento variaram de região para região. A América Latina foi, até 1954, a fornecedora de mais de 80% do café no mercado mundial, percentagem que se reduziu, em 1962, para 61%. Em contraposição a África, que em 1946 exportava 12,3% do consumo mundial, passou a exportar, em 1954, 20% e, em 1962, 27,6%. Estes números e os interesses divergentes que eles explicitam demonstram porque a efetividade dos acordos de produtores, nesse período, se viu minada por violações, por parte de muitos países, de quotas a eles atribuídas nesses acordos. A internacionalização da produção foi acompanhada também por uma modificação na distribuição regional do consumo. Em 1946, os Estados Unidos e o Canadá eram responsáveis por 74% das importações mundiais de café. Essa percentagem, em 1962, tinha se reduzido para 55%. Em 1946 a Europa importava 18% da produção exportável de café. Tal percentagem foi subindo no correr dos anos, com a recuperação econômica européia, atingindo em 1962 a 40%. A crescente internacionalização da economia mundial do café, tanto no lado do consumo quanto no da produção, que estes números evidenciam, mostra como o café tinha deixado de ser um problema exclusivamente interamericano e conseqüentemente que, qualquer solução no plano da cooperação entre os Estados requereria a participação da Europa e da África. Nesse sentido, vê-se que era correta a proposta feita em Quitandinha, na medida em que a colaboração internacional, no caso, estava a exigir, para efetivar-se, um mecanismo de intervenção de maior amplitude e abrangência geográfica do que os até agora sumariados. Este mecanismo se materializou em 1962 num ***acordo intergovernamental*** de grande abrangência, que reuniu produtores e consumidores. O Convênio de 1962, que foi renovado com algumas modificações em 1968, constitui, portanto, outra modalidade de intervencionismo no mercado internacional do café, que merece não só registro especial mas análise mais detida, posto que são — os Convênios de 1962 e 1968 — os antecedentes diretos do Convênio de 1976, objeto deste trabalho. (3)

(B) *A reciprocidade dos interesses nos Convênios de 1962 e 1968 e o acordo sobre objetivos*

O Convênio Internacional do Café de 1962, fruto dos antecedentes atrás mencionados e, particularmente no plano técnico, dos trabalhos do Grupo de Estudos sobre o Café, resultou formalmente de uma conferência, convocada sob os auspícios da ONU, nos termos do Comitê Provisório para a Coordenação de Acordos sobre Produtos Primários, do Conselho Econômico e Social, o que significou a sua subordinação às regras básicas da Carta de Havana sobre o assunto. Estas implicavam, entre outras coisas, na igualdade de participação de países produtores e consumidores e a necessidade de revisão periódica do acordo aprovado. O Convênio de 1962, negociado na conferência que teve lugar em N. York, de 9 de julho a 25 de agosto e também no dia 28 de setembro daquele ano, entrou provisoriamente em vigor no dia 1º de julho de 1962, e definitivamente em 31 de dezembro de 1963. O Convênio de 1962 chegou a ter 67 membros — 42 exportadores e 25 importadores — que representavam, na época, 99,8% das exportações mundiais de café e 96,2% das importações. O Convênio foi renegociado em 1967 nos termos do seu artigo 72, que obedecia aos dispositivos previstos na

Carta de Havana. Desta renegociação surgiu o Convênio de 1968, que foi uma continuação, com algumas modificações, do Convênio de 1962. O Convênio de 1968 esteve em vigor até 30 de outubro de 1973 e reuniu 41 membros exportadores e 22 membros importadores. (4)

O café, como se evidencia, é um dos principais e mais significativos itens do comércio internacional de produtos primários e o valor total de sua exportação FOB subiu de 1.913 milhões de dólares em 1963 para 3.152 milhões em 1972. Durante a vigência dos Convênios de 1962 e 1968 foi fonte de trabalho para 20 milhões de pessoas em 50 países produtores e fonte de 40% ou mais da receita de divisas estrangeiras de 6 países latino-americanos e 5 africanos. É, também, um produto primário que claramente reflete a divisão do mercado em dois segmentos: um desenvolvido, que é o integrado pelos países consumidores, e outro subdesenvolvido, composto pelos países produtores. (5) Neste sentido, os Convênios de 1962 e 1968 são exemplos interessantes das possibilidades e dos limites da cooperação econômica internacional entre países desenvolvidos e subdesenvolvidos. É no contexto destas possibilidades e limites que eles serão aqui examinados consoante os esquemas analíticos propostos nos capítulos anteriores deste trabalho.

A internacionalização da economia cafeeira gerou interdependências entre os países, e as características do café como produto primário, insuscetível de auto-regulação pelas forças de mercado, claramente aconselhavam a criação de normas positivas de mútua colaboração, nos termos genéricos que ensejaram a extensão ***ratione materiae*** das normas do Direito Internacional Público. Qual foi a reciprocidade de interesses que tornou possível, nos Convênios de 1962 e 1968, a colaboração entre produtores e consumidores, mediante um acordo sobre as finalidades comuns, instauradoras da comunhão de escopo?

Os preâmbulos dos Convênios de 1962 e 1968 assinalam a importância de medidas internacionais, tendo em vista as insuficiências das forças do mercado, e reconhecem que a tendência a um constante desiquilíbrio entre a produção e o consumo, que leva à acumulação de estoques onerosos e acentuadas flutuações de preços, pode prejudicar tanto a produtores quanto a consumidores. Neste sentido os Convênios registram a existência da interdependência, cuja sensibilidade afeta tanto os países desenvolvidos quanto os subdesenvolvidos. Entretanto, os preâmbulos também apontam a excepcional importância do café para as economias dos países produtores que dele dependem para obter as suas receitas de exportação e, conseqüentemente, para dar continuidade aos seus programas de desenvolvimento econômico e social. Nesse sentido, os Convênios assinalam a vulnerabilidade dos países produtores. Na negociação do Convênio de 1962 e na sua renegociação, que levou ao de 1968, esta vulnerabilidade era de fato considerável, tendo em vista a relação entre produção exportável, exportações efetivas e estoques acumulados (''carry-over'').

No ano cafeeiro de 1961-1962 a produção exportável foi de 57.4 milhões de sacas, a exportação efetiva atingiu 44.1 milhões de sacas e os estoques acumulados eram da ordem de 72.5 milhões de sacas. No ano cafeeiro de 1967-1968 a produção exportável atingiu 53.4 milhões de sacas, a exportação alcançou 54.6 milhões de sacas e os estoques acumulados tinham subido para 80.4 milhões de sacas. Conforme se verifica, o ***locus standi*** de negociação dos países produtores, como um bloco, nas duas ocasiões, era fraco, e era grande o interesse geral que tinham numa ordem que disciplinasse o mercado e impedisse, pelo excesso de oferta, uma deterioração de preços. Nestas duas oportunidades o interesse genérico dos produtores se viabilizou em função da posição dos Estados Unidos, que era não só o principal país consumidor de café como também, nas duas ocasiões, o país de influência preponderante na economia mundial e no processo de transferência internacional de recursos.

Os Estados Unidos, como país consumidor, tinham naturalmente interesses econômicos em evitar flutuações de preços, que eram conseqüência das características do café como produto primário. Entretanto, tendo em vista o ***locus standi*** dos países produtores acima descrito, esses interesses não eram suficientemente fortes para levar a um modelo de ampla cooperação internacional, como o que veio a se materializar em 1962 e 1968. O que explica a posição americana, e com ela uma das dimensões da reciprocidade que levou aos dois convênios, como antes tinha levado ao Convênio Interamericano de Café, são interesses políticos dos Estados Unidos em conquistar o apoio latino-americano através de um modelo jurídico de cooperação econômica internacional. De fato, os incidentes da viagem do então Vice-Presidente Nixon à América Latina em 1958, que ensejou, graças à iniciativa brasileira, a Operação Pan-Americana e, com ela, demandas específicas a respeito do comércio de produtos de base, tornaram os Estados Unidos mais permeáveis à hipótese da regulamentação internacional do café. Daí o Grupo de Estudos sobre o Café, já mencionado, criado em 1958 e com sede em Washington. Esta abertura se consolidou, na gestão Kennedy, oficializando-se no discurso sobre a Aliança para o Progresso (março de 1961), a seguir confirmada na Conferência de Punta del Este de agosto de 1961, que permitiu o Acordo de 1962. Esta posição, no que diz respeito ao Acordo de 1968, foi também reiterada pelo Presidente Johnson na reunião dos Chefes de Estado da América realizada em Punta del Este em 14 de abril de 1967. Daí a conexão explícita entre interesses econômicos e interesses políticos que os preâmbulos dos Convênios de 1962 e 1968 registram, ao assinalarem "que uma estreita cooperação internacional na comercialização do café estimulará a diversificação econômica e o desenvolvimento dos países produtores de café, contribuindo assim para o fortalecimento dos vínculos políticos e econômicos entre produtores e consumidores." (6)

A conjugação de interesses políticos e econômicos, no contexto da ordem mundial da época, explica portanto a posição dos Estados Unidos e, tendo em vista sua liderança, a aceitação por parte dos demais países consumidores de um amplo acordo de cooperação econômica internacional, materializado nos Convênios de 1962 e 1968. Na perspectiva dos países produtores os interesses residiam, conforme apontado, num esforço para equilibrar, através de medidas internacionais, a produção e o consumo, evitando flutuações que diminuíssem as receitas de exportação. Tais interesses genéricos tinham, no entanto, impactos diferentes de acordo com a especificidade dos países produtores, entre os quais cumpre mencionar o Brasil. De fato, a maior parte dos estoques acumulados — os "carry-over" — estavam nas mãos do Brasil. Em 1961/1962 os estoques acumulados totais eram de 72.5 milhões de sacas, das quais 57.3 estavam no Brasil. Em 1967/1968 os estoques acumulados totais eram de 80.4 milhões de sacas, das quais 64.8 eram brasileiras. Isso significava que o Brasil tinha, antes e durante o Convênio de 1962, através da retenção, sustentado o preço do café no mercado internacional, ensejando por meio de sua política a substituição, no mercado internacional, dos seus tipos de café por outros. A razão dessa substituição reside no fato de que o mercado cafeeiro não é um mercado de produtos homogêneos; o café não tem um preço único e a inelasticidade da procura global não impossibilita, como apontou Delfim Netto, a elasticidade da procura de tipos de café de um ou mais países produtores. Em outras palavras, a situação entre grandes e pequenos produtores não é simétrica e, aparentemente, a procura tem sido inelástica apenas para o café brasileiro, como conseqüência da liderança do Brasil em matéria de fixação de preços, que o converte num fornecedor residual. Daí não só o seu interesse numa ordem que disciplinasse o mercado e trouxesse uma distribuição mais equitativa dos custos da manutenção da ordem cafeeira mundial, como também a possibilidade, na ocasião, de negociá-la com os demais produtores, dado o risco, sempre possível para os demais, de um "dumping" dos estoques brasileiros no mercado internacional. (7)

Em síntese, portanto, esta análise mostra que a reciprocidade dos interesses se apoiava nos interesses políticos e econômicos dos Estados Unidos em obter o apoio diplomático latino-americano, através de um acordo que atendesse à especificidade econômica do café, e o interesse e a possibilidade do Brasil em criar uma ordem cafeeira, na qual a colaboração internacional distribuiria de maneira mais equitativa os custos da retenção e da sustentação do café no mercado mundial. A reciprocidade dos interesses do principal país consumidor — os Estados Unidos — e do principal produtor — o Brasil — se conjugava com os interesses dos demais países em disciplinar através de normas de mútua colaboração a economia do café, e isso permitiu que se chegasse, nos Convênios de 1962 e 1968, a um acordo sobre objetivos. Estes almejavam o seguinte:

"(1) Alcançar um equilíbrio razoável entre a oferta e a procura do café, em bases que assegurem fornecimentos adequados aos consumidores e mercados para o café, a preços equitativos, aos produtores, e que resultem, a longo prazo, no equilíbrio entre a produção e o consumo;

"(2) Minorar as sérias dificuldades causadas por onerosos excedentes e excessivas flutuações dos preços do café, prejudiciais tanto a produtores como a consumidores;

"(3) Contribuir para o desenvolvimento dos recursos produtivos e para elevar e manter os níveis de emprego e de renda nos países-membros, estimulando, desse modo, a obtenção de salários justos, padrões de vida mais elevados e melhores condições de trabalho;

"(4) Ajudar a elevar o poder aquisitivo dos países produtores de café pela manutenção dos preços em níveis equitativos e pelo incremento do consumo;

"(5) Estimular o consumo do café por todos os meios possíveis; e

"(6) Em geral, reconhecendo a relação entre o comércio do café e a estabilidade econômica dos mercados de produtos industriais, incentivar a cooperação internacional com respeito aos problemas mundiais do café."

Conforme se verifica, eram complexos e múltiplos os objetivos dos Convênios de 1962 e 1968, que buscavam atender a muitos dos critérios discutidos no Capítulo III, que explicam e motivam os modelos de cooperação econômica internacional. Evidentemente, essas normas que fixavam objetivos de ação conjunta, não eram "self-executing", exigindo, como condição de sua aplicabilidade, normas técnicas, integradoras de sua eficácia. O problema da integração das normas que estabelecem meios e que determinam fins é, portanto, nos termos do que foi exposto no capítulo III, a próxima etapa na análise dos Convênios de 1962 e 1968. Esta etapa é indispensável para se aferir em que medida o elenco de meios — as normas técnicas dos ordenamentos cafeeiros de 1962 e 1968 — foram capazes de assegurar, no tempo, a reciprocidade de interesses, na qual se apoiam as finalidades comuns de um modelo jurídico, baseado na colaboração entre produtores e consumidores.

(C) *A reciprocidade na escolha e na aplicação do elenco de meios dos Convênios de 1962 e 1968*

Os Convênios de 1962 e 1968 previam medidas de ***curto prazo*** e ***longo prazo***. No que diz respeito às normas técnicas de curto prazo, foi estabelecida uma distinção entre mercados tradicionais, sujeitos a limitações físicas de exportação, e mercados novos, isentos destas limitações. Para os mercados tradicionais, o equilíbrio de curto prazo entre a oferta e a demanda resultaria das limitações físicas à exportação, na tradição do elenco de meios utilizados nas experiências anteriores de intervencionismo no mercado cafeeiro mundial. O cômputo dessas limitações derivava das quotas básicas de exportação estipuladas no Anexo A dos dois Convênios, que determinavam a chave da participação percentual de cada membro produtor na quota global, fixada anualmente pelo Conselho da OIC em função das estimativas, para o ano cafeeiro das importações e exportações de café. Nesse sentido, a quota básica era o critério através do qual, para recordar o que foi dito no Capítulo II, se planejava o desempenho do Convênio, tendo em vista a conjuntura da demanda que era anualmente revista. As limitações físicas às exportações eram controladas por um sistema de certificados de origem e de reexportação. Neste controle desempenhavam papel decisivo os países consumidores.

No que diz respeito a medidas de longo prazo, o Convênio de 1968, que neste sentido representava um aprofundamento das medidas do Convênio de 1962, previa normas que tratavam de equilibrar a oferta e evitar a superprodução através de controles de produção, política de estoques, fundo para a diversificação econômica dos países produtores de café, medidas para a promoção ao consumo do café e para a remoção dos obstáculos ao seu consumo. Entre esses obstáculos cumpre mencionar tarifas preferenciais e outras medidas discriminatórias e restritivas existentes nos países consumidores, particularmente os europeus, no que tange aos produtores latino-americanos, tendo em vista os esquemas de preferências estabelecidos para a África pela Europa, no quadro de certos acordos do Mercado Comum Europeu. Para institucionalizar a aplicação dessas normas de curto e longo prazo foi criada uma Organização — a ***Organização Internacional do Café***, com sede em Londres. Esta tinha um ***Conselho*** integrado por todas as partes contratantes dos Convênios, e uma ***Junta Executiva***, composta de oito membros importadores e oito exportadores, que se reunia, como é óbvio, com mais freqüência que o Conselho. Nesses dois órgãos de representação governamental prevalecia o voto ponderado, que resultava do peso de cada país na economia cafeeira mundial, quer na categoria dos importadores, quer na dos exportadores, computados separadamente de acordo com os princípios da Carta de Havana. Na categoria dos importadores o critério era a distribuição dos votos de acordo com uma proporção calculada em termos de valores médios de importação. No que diz respeito aos exportadores, os votos eram distribuídos de acordo com as quotas básicas fixadas no Anexo A. As decisões tomadas pelo Conselho e pela Junta tinham uma administração para executá-las. A responsabilidade desta administração cabia ao ***Diretor-Executivo*** designado pelo Conselho, com base na recomendação da Junta. Este chefiava o funcionalismo público internacional da ordem cafeeira criada pelos Convênios de 1962 e 1968. (8)

Um acordo sobre objetivos não exclui, conforme foi visto no Capítulo III, conflitos sobre a escolha ou aplicação de um elenco de meios destinados a viabilizar estes objetivos. Na vigência dos Convênios de 1962 e 1968 dois grandes conflitos desse tipo, derivados da especificidade de interesse dos Estados, devem ser mencionados. O primeiro surgiu entre os próprios países produtores e resultava do interesse individual de cada um na divisão do mercado global. O segundo foi o do café solúvel, que colocou de um lado o principal país produtor — o Brasil — e de outro o principal país consumidor — os Estados Unidos — evidenciando os limites da cooperação entre países desenvolvidos e subdesenvolvidos.

O conflito entre países produtores ocorreu como conseqüência do Anexo A do Convênio de 1962, que estabeleceu as quotas básicas e que dividiu, conseqüentemente, as percentagens de participação no mercado tradicional de acordo com a tese latino-americana, vitoriosa na conferência de 1962, de participação histórica na economia cafeeira. A insatisfação dos países africanos redundou no não-cumprimento dos controles das quotas para o mercado tradicional, que deu margem ao aparecimento do fenômeno do ***café turista***, que minava, pelo não-cumprimento de limites físicos à exportação, a efetividade do Acordo, que dele dependia para no curto prazo cumprir os seus objetivos. A solução que se encontrou para esse conflito e que se materializou definitivamente no Convênio de 1968 foi, além de uma renegociação do Anexo A, a aceitação, por parte dos países latino-americanos, e particularmente do Brasil, do ***ajuste seletivo***. Este, durante a vigência do Convênio de 1962, fora com ele considerado incompatível por um grupo Consultivo encarregado de examinar o assunto, tendo concluído, em 30 de novembro de 1965, que juridicamente o Convênio só admitia ajustes de quotas ***pro rata***, proporcionais às quotas básicas. Resoluções posteriores do Conselho prepararam, no entanto, ainda durante o Convênio de 1962, o caminho para o ajuste seletivo, pelo qual, durante o ano, passou a ser possível reajustar a quota global anual, tendo em vista a variação da demanda global, não apenas em função das quotas básicas, mas também dentro de certos limites, tendo em vista a tendência de preços dos quatro principais grupos de café (arábicas suaves colombianos, outros arábicas suaves, arábicas não-lavados e robustas). Como o preço dos robusta — café produzido preponderantemente na África — é mais baixo que os demais, dada sua qualidade inferior, o ajuste seletivo permitia, dependendo do mercado, escoar mais a produção africana do que seria o caso na vigência apenas de um reajuste ***pro rata*** fundado nas quotas básicas. Em contra-partida, foi fortalecido o sistema de controles de quotas de exportação através dos selos especiais fornecidos pela Organização, de cuja existência dependia o ingresso do café nos países membros importadores que, neste sentido, desempenharam também um papel de policiamento do mercado internacional do café. Também se estabeleceram medidas para controlar e evitar a reexportação, para mercados tradicionais, de café destinado aos mercados novos, isentos de quotas. Conforme se verifica, o interesse maior na manutenção da cooperação internacional permitiu que a reciprocidade operasse como uma fórmula de procura para superar este conflito entre produtores, através de uma solução onde se atendeu, em parte, às demandas africanas de maior participação no mercado, assegurando-se em contrapartida maior rigor no controle das limitações físicas às exportações, que era do interesse dos latino-americanos, e a base dos convênios no que diz respeito ao curto prazo graças ao policiamento da Organização e dos países consumidores, que passaram a impedir o fenômeno do "café turista". (9)

O caso do solúvel é o segundo conflito a ser mencionado. Ele pode ser sintetizado da seguinte maneira: o Convênio de 1962 foi basicamente concebido e negociado como um acordo de produto primário. Entretanto, também contemplava o solúvel, cujas importações se incluiam nas quotas dos membros produtores, nos termos da equivalência quantitativa entre café verde e café solúvel prevista no Convênio. Na vigência do Convênio, a indústria brasileira de solúvel foi se desenvolvendo e as suas exportações para os Estados Unidos foram crescendo exponencialmente – de 33.000 libras em 1964, para 22.330.466 em 1967 – dentro da estratégia brasileira de recuperar, através da industrialização do café, a parcela do mercado internacional que tinha sido perdida para os demais países produtores, sobretudo os de robusta. A competitividade do solúvel brasileiro nos Estados Unidos incomodou os interesses da indústria americana congênere – que nos termos da prática política daquele país acionou, com sucesso, os mecanismos de pressão destinados a fazer com que os Estados Unidos tomassem providências para evitar o que estes interesses definiam como uma concorrência desleal do Brasil. A afirmação de concorrência desleal se baseava em duas alegações: (i) que a indústria brasileira tinha acesso aos cafés de qualidade inferior, cuja exportação o Brasil proibia e cujo preço no mercado interno era inferior aos preços dos tipos de café que o Brasil exportava; e (ii) que o café solúvel brasileiro não estava sujeito, como o café verde quando exportado, à ***quota de contribuição***, o que vale dizer que o café verde brasileiro eventualmente comprado pelo industrial americano suportava uma carga financeira adicional equivalente a um imposto de exportação, do qual estavam isentas as exportações brasileiras de solúvel. As contra-alegações do Brasil eram no sentido de apontar: (i) que a quota de contribuição não tinha a natureza e não causava os mesmos efeitos de um imposto de exportação, constituindo receita destinada a fazer face a despesas da política cafeeira do Brasil que, ao reter quase 80% do excedente mundial de café, vinha mantendo a ordem cafeeira mundial; e (ii) que a exportação de tipos baixos, caso fosse feita, reduziria o preço médio das exportações de café verde do Brasil, reduzindo conseqüentemente a receita cambial de maneira incompatível com os objetivos do Convênio. Além disso, alegava o Brasil que a imputação de concorrência desleal era uma maneira de subtrair dos países produtores de matérias-primas suas vantagens naturais num processo de industrialização, configurando um conflito entre países desenvolvidos e subdesenvolvidos em desacordo com os objetivos de cooperação internacional que tinham levado ao Convênio de 1962.

As alegações do Brasil não comoveram os Estados Unidos, que se recusavam a renovar o Convênio de 1962 sem uma prévia solução para o caso do solúvel. O impasse foi encaminhado por uma missão, indicada pelo Conselho da OIC, que negociou com o Brasil e com os Estados Unidos a aceitação, no novo Convênio, de um artigo especial — o artigo 44 do Convênio de 1968 — destinado a estabelecer procedimentos especiais para a controvérsia do solúvel. Na vigência do Convênio de 1968, o artigo 44 ensejou uma Junta Arbitral, que na linha da jurisprudência diplomática dos acordos de cooperação econômica internacional — discutida no Capítulo II — constituiu mais uma etapa de negociação do que uma adjudicação. A Junta, pelo voto de desempate de seu Presidente, proferido em 28 de fevereiro de 1969, convidou o Governo Brasileiro a abordar o assunto e opinou que o Governo Americano tinha o direito de aplicar contra-medidas, ainda que a Junta não tivesse caracterizado a existência da discriminação e a sua medida exata, cuja definição seria necessária para a aplicação das contra-medidas. Posteriormente a esse laudo, os Estados Unidos e o Brasil negociaram um acordo, em 30 de abril de 1969, pelo qual o Brasil terminou por tributar as suas exportações de solúvel, colocando também no quadro de posteriores negociações, concluídas em abril de 1971, à disposição da indústria americana, certas quantias de café verde em termos mais vantajosos do que os habituais. Conforme se verifica, os interesses maiores do Brasil na manutenção da ordem cafeeira mundial e sua vulnerabilidade específica — na renegociação do Convênio os Estados Unidos estavam comprando 87% do solúvel e 41% do café verde exportado pelo Brasil — prevaleceram no sentido de dar continuidade à cooperação econômica internacional e efetividade às suas normas, tal como previstas no Convênio de 1968, dentro das realidades da distribuição individual do poder entre os Estados vigente no sistema das relações internacionais daquele momento. (10)

(D) *Término do Convênio de 1968 e uma avaliação do seu desempenho*

A solução das controvérsias acima mencionadas não impediu o aparecimento de outras, na dialética de implicação e polaridade que caracteriza a relação entre conflito e colaboração na vida dos modelos jurídicos de cooperação econômica internacional. Uma delas que, recorrendo a uma analogia com o Direito Privado, configurou por assim dizer a existência de uma alteração de base do negócio jurídico, acabou por suspender, diante das dificuldades de renegociação do Convênio de 1968, as normas positivas de mútua colaboração entre produtores e consumidores em matéria de café.

A gradual erosão do sistema monetário internacional concebido em Bretton Woods, que se evidenciou com a desvalorização unilateral do dólar e se materializou com os Smithsonian Agreements de dezembro de 1971 — que levaram à reavaliação de outras moedas em relação ao dólar — afetou evidentemente a ordem cafeeira mundial criada pelos Convênios de 1962 e 1968. De fato, os preços indicativos do café, que também compunham nestes Convênios um dos elementos de cálculo da quota global estipulada anualmente pelo Conselho da OIC, eram fixados em dólares. A desvalorização formal e real do dólar levou os países produtores, no início de 1972, a pleitear a elevação do preço do café em quatro centavos por libra-peso para estancar o declínio do poder aquisitivo das suas receitas de exportação de café. Os Estados Unidos se recusaram a aceitar essa pretensão, rejeitando qualquer alteração nos preços e nas quotas que não resultasse de elementos derivados da oferta e da procura do café. Diante da posição americana, os principais países produtores decidiram em Bogotá, e depois em Genebra, praticar, independentemente das quotas fixadas pela Organização Internacional do Café, uma retenção da oferta para obter, através de sua ação conjunta, a elevação dos preços. Essa ação conjunta foi facilitada pela existência da OIC e do Convênio de 1968, cujos controles de exportação permitiam aos países produtores o policiamento do seu acordo ***inter se***, o que irritou os países consumidores que, na sistemática do Convênio, não dispunham de meios para impedir a retenção, fruto do acordo do Grupo de Genebra. A possibilidade deste controle do acordo ***inter se***, no quadro maior do Convênio, por outro lado, se deu num contexto de uma tendência a um melhor equilíbrio entre a produção e o consumo do café. De fato, de 1968/1969 a 1971/1972, conforme se verifica na tabela a seguir, a produção mundial foi igual, inferior ou ligeiramente superior às exportações, tendo havido uma redução dos estoques acumulados:

ANO CAFEEIRO	PRODUÇÃO EXPORTÁVEL (em milhões de sacas)	EXPORTAÇÃO (em milhões de sacas)	ESTOQUES ACUMULADOS (em milhões de sacas)
1968/69	45.8	53.5	71.4
1969/70	48.9	54.6	65.3
1970/71	40.7	51.0	54.6
1971/72	58.6	58.5	54.9

Fonte: OIC-EB 1407/75 (P) - 11/novembro/1975.

Tal equilíbrio, que em parte foi fruto das geadas brasileiras, melhorou a posição de negociação dos produtores em geral e, em particular, a do Brasil, cujos estoques acumulados se reduziram das 64.8 milhões de sacas do ano cafeeiro 1967/68, para 31.8 milhões de sacas no ano cafeeiro 1971/72. Esta redução dos estoques também foi ocorrendo em meio a uma bem sucedida diversificação e ampliação da pauta de exportações brasileiras. Em 1962 o valor total das exportações brasileiras foi de US$ 1.214.200, das quais US$ 642.627 eram representados por café que significava, portanto, 53% da receita do balanço comercial. Em 1968 os números foram os seguintes: US$ 1.888.300 de exportações totais; US$ 774.474 de exportações de café, que representava, portanto, nessa ocasião, 41% das receitas de exportação. Em 1972 as exportações totais atingiram US$ 3.991.200; as exportações de café alcançaram US$ 989.219 e o peso percentual nas receitas de exportação se viu reduzido para 25%. Conforme se verifica, a situação do Brasil em 1972 era diferente da de 1962 e 1968, pois a vulnerabilidade do país, em relação ao café, tinha diminuído significativamente, o que alterava as possibilidades e os recursos de poder do país na renegociação da ordem cafeeira mundial. (11)

Em síntese, portanto, o que se pode dizer em função desta análise é que a evolução da conjuntura tinha alterado a reciprocidade dos interesses na manutenção do elenco de meios dos Convênios de 1962 e 1968. De fato, conforme apontam Keohane e Nye, a liderança na manutenção de um determinado modelo jurídico de cooperação internacional, responsável por uma determinada ordem e pelo seu elenco de meios, depende da capacidade de um país de desistir de vantagens de curto prazo, o que ocorre quando este país se vê como o beneficiário dos resultados de longo prazo desta ordem. Na vigência dos Convênios de 1962 e 1968 a liderança cabia aos Estados Unidos entre os países consumidores e ao Brasil entre os produtores. Em 1972 os Estados Unidos estavam iniciando a redefinição do seu papel no processo de transferência internacional de recursos, tendo em vista a redistribuição de poder no sistema internacional discutida no Capítulo I, em cujo contexto se colocava o problema monetário. É compreensível, portanto, que num momento de redefinição, quando o que estava em jogo eram precisamente os custos e os benefícios da liderança, os Estados Unidos questionassem o alcance de qualquer troca entre benefícios de curto e longo prazo, mormente numa ordem limitada como a do café, onde a aceitação da indexação, além de gerar problemas internos como os discutidos no Capítulo III, criaria precedente para outras negociações em outras esferas, incompatível com a posição americana na ocasião. Por outro lado, a diminuição da vulnerabilidade do Brasil modificou o interesse do país em sustentar a ordem cafeeira no contexto do elenco de meios dos Convênios de 1962 e 1968, sem que se atentasse para a realidade de um mercado que apresentava condições favoráveis para os produtores em geral e para o Brasil em particular. De fato, enquanto os estoques acumulados do Brasil eram os maiores do mundo e a vulnerabilidade em matéria de receitas de exportação era muito grande, o país, apesar de algumas desvantagens, preferia manter os benefícios da ordem diante dos custos da impossibilidade de cooperação. É por essa razão que renegociou o Convênio de 1968, muito embora na vigência do Convênio de 1962, segundo avaliação do Congresso Brasileiro, o Brasil praticamente manteve o seu volume de exportações, pois o aumento foi de apenas 1,90%; conservou com pequena alteração para mais a sua receita cambial, que aumentou 4,20%, e o preço médio por saca, que subiu 6,37%. Estas vantagens modestas contrastam desfavoravelmente com as dos demais produtores, cujas exportações aumentaram 22,70%, cujos ingressos cambiais subiram 27,19%, cujo preço médio por saca melhorou 3,65% e cuja participação no consumo mundial subiu 4,30%. Conforme se verifica, a liderança do Brasil, no lado dos produtores, atuando através da retenção unilateral como um "guarda-chuva" protetor do Convênio, resultava da especificidade, na ocasião, dos seus interesses de curto e longo prazo. Tal atuação, diga-se de passagem, para dar um outro exemplo de um outro modelo jurídico de cooperação internacional, comporta analogias com a da Arábia Saudita no quadro recente da OPEP. De fato, este país, dada a especificidade dos seus interesses e maior folga em matéria de balanço comercial e de pagamentos, reteve até pouco tempo, sua produção de petróleo, criando, com base nessa retenção, um "guarda-chuva" a partir do qual os demais países produtores puderam explorar os benefícios da ação conjunta, aumentando preços e participação na oferta, sem a erosão da reciprocidade dos interesses que resultaria de uma luta pela conservação de posições relativas no mercado.

Esse exercício de liderança na manutenção de um modelo jurídico de cooperação depende, no entanto, da propensão dos Estados-chave diante do funcionamento deste modelo, e esta propensão pode se alterar, no tempo, em função do jogo da reciprocidade. Assim, por exemplo, no caso do sistema monetário internacional criado em Bretton-Woods, este foi compatível, durante largo período, dados os interesses e as vantagens de longo prazo que os Estados Unidos viam na sua manutenção, com a redistribuição de poder a favor da Europa e do Japão no sistema internacional analisada no Capítulo I. Entretanto, numa dada conjuntura, a mudança das circunstâncias fez com que os Estados Unidos desistissem da liderança tal como a vinham exercendo, e reabrissem a discussão sobre o elenco de meios da ordem monetária internacional, conforme foi visto no Capítulo III. (12) ***Mutatis mutandis,*** essa linha de raciocínio se aplica aos Convênios do Café de 1962 e 1968. A mudança das circunstâncias, fruto da evolução da conjuntura da ordem cafeeira, nela incluídas as suas conexões com o remanejamento do sistema internacional e as alterações internas dos interesses dos países, reabriu a discussão sobre o elenco de meios adequados para cumprir os objetivos de colaboração acordados nos Convênios de 1962 e 1968. A impossibilidade verificada a partir de 30 de setembro de 1972 e durante 1973, época de renegociação do Convênio de 1968, nos termos do seu artigo 69, de se chegar a um entendimento entre os países sobre o elenco de meios que deveriam disciplinar, através de regras de mútua colaboração, a ordem cafeeira mundial, levou a um impasse que se traduziu na Resolução n. 264, de 14 de abril de 1973, do Conselho da OIC. Através dessa resolução as partes contratantes resolveram manter, até 30 de setembro de 1975 (art. 69) a estrutura administrativa da Organização, sem as cláusulas econômicas, isto é, sem a definição de um elenco de meios, com o objetivo de "preservar e promover, entre produtores e consumidores, o entendimento necessário à conclusão de um novo Convênio Internacional do Café e evitar as conseqüências prejudiciais tanto para uns como para outros, que adviriam do termo da cooperação internacional", conservando a Organização "como foro para a negociação de um Convênio" e como centro para coligir e disseminar informações sobre o comércio internacional do café (artigo 1º). Em outras palavras, dada a evolução da conjuntura, a reciprocidade estava a exigir dos Estados, apesar das conveniências da cooperação internacional em matéria de café, a busca de um novo elenco de meios que assegurasse, num contexto diferente, uma nova equivalência das prestações. Na dialética do conflito e da colaboração, da ordem e da liberdade que assinalam a vida dos modelos jurídicos do Direito Internacional Econômico, a situação exigira uma pausa para a reciprocidade atuar como uma fórmula de procura. De fato, uma perspectiva do mercado, antes caracterizada por uma oferta limitada do que pela superprodução, no entender dos Estados Unidos, não requereria, até 1975, novas regras de mútua colaboração para disciplinar a ordem cafeeira e daria, no entender do Governo Brasileiro, "um espaço de tempo suficiente para que fórmulas e meios de negociar um novo Convênio sejam buscadas". (13) A análise do jogo da reciprocidade como fórmula de procura, que permitiu que se chegasse ao novo elenco de meios, na gênese das normas do Convênio de 1976, será estudado no próximo capítulo. Antes de iniciá-lo cumpre, no entanto, fazer, ainda que rapidamente, uma avaliação dos resultados dos Convênios de 1962 e 1968.

Entre os objetivos destes Convênios estava o de evitar excessivas flutuações de preços (art. 1º, § 2º) e o de manter a estabilidade das receitas de exportação dos países produtores (preâmbulo). No que diz respeito a tais objetivos, os Convênios tiveram sucesso, ainda que para isso tivesse contribuído a ação unilateral de liderança do Brasil através da política do "guarda-chuva". Segurança econômica e estabilidade de preços, portanto, para lembrar os critérios apontados no Capítulo III, foram alcançados pois, na pertinente avaliação de Alexandre F. Beltrão: "O preço do café importado pelos Estados Unidos sofreu, nos anos 50, uma oscilação de 45 "cents" por libra-peso; nos anos 60, ao abrigo do Convênio, a flutuação se reduziu a 15 "cents" por libra, malgrado o impacto de um dos mais devastadores desastres experimentados por uma safra de café no presente século.

A estabilização do mercado proporcionou aos países produtores receita maior e mais segura, e assegurou aos países consumidores um fluxo mais regular do produto." (14) Além de segurança econômica e estabilidade de preços, os Convênios também almejavam proporcionar aos produtores preços equitativos para o café (art. 1º, § 1º). É complexa, conforme foi visto no Capítulo II, a elaboração de padrões que permitam avaliar, na órbita internacional, o que são preços justos. O que se pode dizer é que o objetivo de preços equitativos, no plano internacional, na perspectiva dos países subdesenvolvidos, envolve normalmente a idéia de redistribuição de renda, que permita melhorar a posição desses países no processo de repartição dos custos e benefícios da transferência internacional de recursos. Durante a vigência dos Convênios, os preços médios anuais por libra-peso em moeda corrente e expressos em termos de poder aquisitivo constante, calculados em valores unitários de 1962, tomando como índice o valor unitário das exportações de manufaturas de 11 países desenvolvidos, foram os seguintes:

ANO	Índice da ONU ref. valor unitário das exportações de manufaturados dos países desenvolvidos (1962 = 100)	Valor unitário das exportações de café em poder aquisitivo constante de 1962 (cents p/libra peso)	"Cents" p/libra-peso das exportações de café em moeda corrente
1962	100	29.58	29.58
1963	101	29.88	29.30
1964	102	30.17	38.89
1965	104	30.76	39.47
1966	106	31.35	37.02
1967	108	31.95	33.74
1968	108	31.95	33.41
1969	111	32.83	33.18
1970	118	34.90	43.34
1971	125	36.98	37.89
1972	136	40.23	41.99

Fonte: OIC - WP Agreement nº 59 (P) - 8/abril/1975.

Estes dados mostram que, durante a vigência do Convênio de 1962, os preços foram estáveis mas não ocorreu, praticamente, redistribuição a favor dos países produtores. Durante a vigência do Convênio de 1968, os dados indicam uma ligeira melhora, que reflete o início da passagem de uma situação de superprodução para a de uma oferta mais equilibrada. Tal melhoria, no entanto, é relativa, pois, tomando-se como critério alternativo o preço médio anual (FOB) das importações de café verde efetuadas pelos Estados Unidos em termos correntes e constantes, verifica-se, pela leitura da tabela abaixo, que ocorreu certa flutuação mas que, no término dos Convênios, a nota é a de estabilidade e não a de redistribuição.

MÉDIA DOS PREÇOS DE CAFÉ VERDE (FOB) EM "CENTS" POR LIBRA-PESO EM MOEDA CORRENTE E CONSTANTE NOS EUA

A N O	"CENTS" CORRENTES	"CENTS" DE JUNHO DE 1975
1962	30.44	68.79
1963	30.28	67.76
1964	39.63	87.81
1965	37.56	81.62
1966	36.53	77.89
1967	34.15	71.46
1968	33.95	71.04
1969	33.40	68.00
1970	44.44	85.12
1971	40.73	73.64
1972	43.03	71.50

Fonte: OIC - EB 1407/75 (P) - 11/novembro/1975 - quadro 2

Nesse sentido, a conlcusão final a que se pode chegar é que as regras de mútua colaboração e o elenco de meios dos dois Convênios regulamentaram de maneira mais adequada do que uma solução de livre comércio a economia do café, na medida em que asseguraram, conforme foi visto, segurança econômica e estabilidade de preços. Entretanto, na perspectiva da redistribuição de renda que envolve posições e alterações da situação de poder no sistema internacional, o resultado dos dois Convênios traduzem as realidades do comércio internacional, onde o jogo da reciprocidade e o *locus standi* de negociação dos países condicionam os limites da colaboração em matéria econômica entre países desenvolvidos e subdesenvolvidos.

Notas ao Capítulo IV

(1) Cf. ANTONIO DELFIM NETTO, *O Problema do Café no Brasil* (2a. impressão), S. Paulo: Faculdade de Ciências Econômicas e Administrativas da USP, 1966; STEPHEN DAVID KRASNER, *The Politics of Coffee*, Ph. D. dissertation, Harvard University, 1971, cap. V, pp. 100-195; CARLOS MANUEL PELAÉZ, "Análise Econômica do Programa Brasileiro de Sustentação do Café 1906-1945: Teoria, Política e Medição", in *Ensaios sobre Café e Desenvolvimento Econômico*, R. Janeiro: IBC, 1973, pp. 195-263; MAURO MOITINHO MALTA e JOÃO FRANCISCO A. MILANEZ NETTO, "Os Acordos de Produtos de Base – O Acordo Internacional do Café" in *A Economia Brasileira e suas Perspectivas*, Rio: Apec, ano VIII (julho/1969), pp. 199-214; RONALDO COSTA, "Esforços Intergovernamentais de Ordenamento do Mercado Internacional do Café" in: Instituto Brasileiro do Café, *Curso de Economia Cafeeira*, tomo II, 1962, pp. 562-574; ALBERTO VENANCIO FILHO, *A Intervenção do Estado no Domínio Econômico*, cit., pp. 82-93; "Le Droit Économique dans un Pays Sud-Américain: Le Brésil", in *Il Diritto dell'Economia*, ano XIV n. 6, (1968), p. 679; RUY MILLER PAIVA, SALOMÃO SCHATTAN e CLAUS F. TRENCH DE FREITAS, *Setor Agrícola do Brasil*, Rio: Forense-Universitária, Edit. da USP, 1976, pp. 152-162. Para uma análise dos instrumentos internos de política cafeeira no Brasil, ver EDMAR LISBOA BACHA, "A Política Cafeeira do Brasil – 1952-1967" in *Dados* n. 5 (1968), pp. 144-161; e JOSÉ JULIANO DE CARVALHO FILHO, *Política Cafeeira do Brasil – Seus Instrumentos – 1961/1971*, S. Paulo: USP/IPE, 1975.

É curioso notar que, na República Velha, existiam conflitos entre os Estados-Membros da União sobre a aplicação dos convênios firmados no âmbito do Direito Interno. Tais conflitos se assemelhavam a conflitos que depois vão surgir entre os Estados, enquanto sujeitos do Direito Internacional Público, quando da negociação e aplicação de acordos internacionais. Cf. MARIA DO CARMO CAMPELLO DE SOUZA, *Estado e Partidos Políticos no Brasil (1930 a 1964)*, S. Paulo: Alfa-Omega, 1976, pp. 89-91. Sobre as negociações de acordos bilaterais, na década de 1930, quando o Brasil procurou explorar as alternativas resultantes do conflito entre as grandes potências, ver JOHN D. WIRTH, *The Politics of Brazilian Development – 1930-1954*, Stanford: Stanford University Press, 1970; STANLEY E. HILTON, *Brazil and the Great Powers – 1930-1939 – The Politics of Trade Rivalry*, Austin: University of Texas Press, 1975.

(2) STEPHEN DAVID KRASNER, *The Politics of Coffee*, cit., cap. 7, pp. 216-231; RONALDO COSTA, op. cit., in loc. cit., pp. 576-580; CARLOS MANUEL PELAÉZ, "O Acordo Interamericano de Café e o Café Brasileiro durante a II Guerra Mundial" in *Ensaios sobre Café e Desenvolvimento Econômico*, cit., pp. 265-297.

(3) RONALDO COSTA, "Esforços Intergovernamentais de Ordenamento do Mercado Internacional do Café" in loc. cit., pp. 580-611; STEPHEN KRASNER, *The Politics of Coffee*, cit., Cap. V, pp. 204-215; BRASIL, MINISTÉRIO DAS RELAÇÕES EXTERIORES, *Gestão do Ministro Lafer na Pasta das Relações Exteriores*, Departamento de Imprensa Nacional, 1961, pp. 40-43; OIC, *History of Recent International Coffee Agreements: Their Backgrounds, Provisions, Operations and Related Developments – 1954-1963*, ICC-1-1, 28/June/1963, pp. 70, 75-76 e passim; OIC, *Dados Históricos sobre a Produção, Estoques, Exportações e Preços do Café*, EB/1407/75, 11/nov/1975; CELSO LAFER, "O Convênio Internacional do Café" in loc. cit., pp. 29-32; MAURO MOITINHO MALTA e JOÃO FRANCISCO A. MILANEZ NETTO, "Os Acordos de Produtos de Base – O Acordo Internacional do Café" in loc. cit.

(4) UNITED NATIONS: *United Nations – Coffee Conference, 1962, Summary of Proceedings*, E/Conf. 42/8; OIC: *History of Recent International Coffee Agreements: Their Background, Provisions, Operations and Related Developments, 1954-1963*, cit.; OIC: *Informações Básicas sobre a Organização Internacional do Café*, Londres, março de 1971; RICHARD B. BILDER, "The International Coffee Agreement: A Case History in Negotiation" in *Law and Contemporary Problems*, vol. 28 n. 2, (Spring 1963), pp. 328-391; MARCOS CAMACHO DE VINCENZI, "Café" in *Revista Brasileira de Política Internacional* ano XIII, ns. 51/52 (Set/Dez. 1970), pp. 77-86; JOSÉ LUIS MENDOZA, *Derecho Internacional del Café*, Guatemala, 1970, CELSO LAFER, "O Convênio Internacional do Café" in loc. cit., passim.

(5) OIC: *Informações Básicas sobre a Organização Internacional do Café*, cit.; OIC: *Valores Totais e Unitários das Exportações e das Importações de Café de 1962 a 1974*, W. P-Agreement n. 50, 27 de fevereiro de 1975, Quadro 1.

(6) OIC: *Dados Históricos sobre a Produção, Estoques, Exportações e Preços do Café*, EB 1407/75 de 11 de novembro de 1975, quadro 3; EUA: *International Coffee Agreement, 1962, Hearing before the Committee on Foreign Relations – United States Senate – Eighty-eighth, Congress, First Session on Executive H 87th Congress 2d. Session, March 12, 1963*, Washington, 1963; EUA, *International Coffee Agreement, Hearing before the Committee on Ways and Means House of Representatives, Ninetieth Congress, Second Session on H. R. 18299, July 8, 1968*, Washington: 1968; BRASIL, Presidência da República: *Operação Pan-Americana – Documentário V*, R. Janeiro: 1959, p. 139 e seguintes; RICHARD B. BILDER, "The International Coffee Agreement: A Case History in Negotiation", in loc. cit., pp. 336-344; JUSCELINO KUBITSCHEK, *Porque Construí Brasília*, Rio: Bloch, 1975.

(7) OIC: *Dados Históricos sobre a Produção, Estoques, Exportações e Preços de Café*, doc. cit., quadro 3; SÉRGIO ARMANDO FRAZÃO, "speech" in *United Nations – Coffee Conference 1962, Summary of Proceedings*, cit., pp. 40-42; ANTONIO DELFIM NETTO e CARLOS ALBERTO DE ANDRADE PINTO,

"O Café do Brasil: 20 Anos de Substituição no Mercado" e CARLOS VIACAVA, "Demanda de Café Brasileiro pelos EUA", ambos in *Ensaios sobre Café e Desenvolvimento Econômico*, cit., respec. pp. 309 339 e 343 348; ANTONIO DELFIM NETTO, "Considerações sobre a Elasticidade da Demanda dos Cafés Brasileiros" in *Ensaios Econômicos – Homenagem a Octavio Gouvêa de Bulhões*, Rio: APEC, 1972, pp. 183-200.

(8) Cf. para detalhes CELSO LAFER, "O Convênio Internacional do Café", in loc. cit.; JOSÉ LUIS MENDOZA, *Derecho Internacional del Café*, cit.; KENNETH D. FREDERICK, "Production Controls under the International Coffee Agreements" in *Journal of Inter-American Studies and World Affairs*, vol. XII (April 1970), pp. 255-270; ALEXANDRE F. BELTRÃO, *O Convênio Internacional do Café*, resumo da palestra proferida no Simpósio sobre Comercialização do Café em São Paulo, setembro de 1971.

(9) ANDREAS F. LOWENFELD, "International Commodity Controls-Some Lessons from the Coffee Agreement" in *American Journal of International Law*, vol. 61 n. 3 (July 1967), pp. 785-789; ABRAM CHAYES, THOMAS EHRLICH, ANDREAS F. LOWENFELD, *International Legal Process*, Boston: Little-Brown, 1969, vol. I, pp. 576-631; BART S. FISCHER, *The International Coffee Agreement – A Study in Coffee Diplomacy*, N. York: Praeger, 1972, particularmente capítulos 6 e 7; JOSÉ LUIS MENDOZA, op. cit.; CELSO LAFER, "O Convênio Internacional do Café", in loc. cit.

(10) Cf. ARTHUR J. CORDELL, "The Brazilian Soluble Coffee Problem: A Review" in *The Quarterly Review of Economics and Business*, vol. 9 n. 1 (Spring 1969), pp. 29-38; ROBERTO B. M. MACEDO, *Introdução à Análise da Indústria Brasileira de Café Solúvel*, S. Paulo: Instituto de Pesquisas Econômicas – USP, julho de 1970 (versão preliminar); OIC: *Litígio entre o Brasil e os Estados Unidos da América sobre a interpretação do Art. 44 do Convênio*, Records/19 e 20, 28/2/1969; WILLIAM G. TYLER, "A Política Norte-americana e o Impasse do Café Solúvel" in *Revista Civilização Brasileira*, n. 18 (março/abril 1968), pp. 87-98; HÉLIO DUQUE, *A Guerra do Café Solúvel*, R. Janeiro: Leitura, 1970; STEPHEN D. KRASNER, "Business Government Relations: The Case of the International Coffee Agreement" in *International Organization*, vol. 27 n. 4 (October 1973), pp. 496-516; BART S. FISCHER, *The International Coffee Agreement – A Study in Coffee Diplomacy*, cit., cap. 9; MANOEL GONÇALVES FERREIRA FILHO, "As Conclusões da Junta Arbitral" in *O Estado de S. Paulo*, 23/março/1969, p. 49; HAROLDO VALLADÃO, *Parecer de 14/3/1969* na qualidade de Consultor Jurídico do Ministério das Relações Exteriores do Brasil; EUA: *International Coffee Agreement 1968 – Hearings before the Committee on Foreign Relations – United States Senate – Ninetieth Congress, Second Session, on Executive D. 90th Congress, Second Session, June 4 and 12, 1968*, Washington: 1968; EUA, *The International Coffee Agreement – Report by the Comptroller General of the United States*

to the Committee on Finance United States Senate, Washington: July/1973, pp. 37-53; CELSO LAFER, "O Convênio Internacional do Café" in loc. cit., pp. 48-55.

(11) EUA: *The International Coffee Agreement – Report by the Comptroller General of the United States, to the Commitee on Finance, United States Senate, cit.*, . 3-12-17; EUA: 1972 – *Annual Report of the President to the Congress on the International Coffee Agreement*, Department of State, Washington: 1972, pp. 9-15; EUA: *International Coffee Agreement, 1968, as extended, Message from the President of the United States, Committee on Foreign Relations, US – Senate 93rd Congress 1st Session*, Washington: 1973, pp. 8-11; CARLOS VIACAVA, "Café Alinhamento dos Países Produtores" in *Jornal do Brasil* de 1/4/1972; APEC: *A Economia Brasileira e suas Perspectivas*, Ano XIV, 1975/1976, quadro G-3; OIC: *Dados Históricos sobre a Produção, Estoques, Exportações e Preços do Café*, EB/1407/75, 11 de novembro de 1975, quadro 3; CELSO LAFER, "O Convênio Internacional do Café" in loc. cit., pp. 56-57.

(12) ROBERT O. KEOHANE e JOSEPH S. NYE JR., *Power and Interdependence – World Politics in Transition*, cit.; BRASIL – Congresso Nacional: *Comissão Mista do Café – Relatório, Brasília: 1970*, pp. 186-187; Instituto Brasileiro do Café; *Anuário Estatístico do Café, 1971*, quadro 7-2, Exportação Mundial de Café – Comparação com a Quota Efetiva, pp. 103-108; RAYMOND VERNON, "An Interpretation" e "The Distribution of Power", ambos in *Daedalus*, vol. 104 n. 4, (Fall 1975), número sobre *The Oil Crisis: in Perspective*, pp. 1-14 e pp. 245-257.

(13) OIC, ICC, *Resolução n. 264*, 30 de abril de 1973; EUA: *International Coffee Agreement 1968, as extended, Message from the President of the United States – Committee on Foreign Relations*, cit., pp. III-V-VI; BRASIL, *Mensagem n. 211*, de 1973, do Poder Executivo, *Diário do Congresso Nacional* (Seção II), terça-feira, 4 de setembro de 1973, p. 3228.

(14) ALEXANDRE F. BELTRÃO, *Cooperação Cafeeira na Presente Década*, OIC, ED 498/71, 9 de fevereiro de 1971.

Capítulo V

AS NEGOCIAÇÕES DO TERCEIRO CONVÊNIO INTERNACIONAL DO CAFÉ E A RECIPROCIDADE DOS INTERESSES

Na parte final do capítulo anterior foram examinadas algumas das razões que levaram ao término do Convênio de 1968 e mencionaram-se algumas das dificuldades na escolha do elenco de meios que, numa nova conjuntura, poderiam atender à reciprocidade dos interesses dos Estados em matéria de cooperação econômica cafeeira. Tais dificuldades se espelham no correr das negociações que levaram, finalmente, em 1975, ao texto autenticado do Convênio de 1976. Um exame dos temas discutidos ajudará a compreensão da estrutura do novo Convênio, permitindo igualmente tanto a análise das suas diferenças e semelhanças com os de 1962 e 1968, que o precederam, quanto uma exemplificação de como atua o princípio de reciprocidade, enquanto fórmula de procurar uma nova equivalência de prestações, quando ocorrem alterações, no tempo, da ordem econômica que os modelos jurídicos do Direito Internacional de Cooperação almejam disciplinar.

(A) *Origens*

A resolução n. 264, de 14 de abril de 1973, do Conselho da OIC, já discutida no capítulo anterior, visava a prorrogação do Convênio de 1968 sem as suas cláusulas econômicas, com o objetivo de manter um foro para a negociação de um novo Convênio, dado o impasse havido durante as negociações que se processaram em 1972 e 1973. Durante essas negociações foram levantados temas e problemas que evidenciaram as dificuldades da busca da reciprocidade, na escolha do elenco de meios que permitiriam o funcionamento de normas de mútua colaboração internacional em matéria de café. Uma referência às posições dos países e às dificuldades delas derivadas ajuda a compreensão da trajetória das negociações. Neste sentido, vale a pena examinar um resumo das deliberações que fixaram, durante o primeiro semestre de 1972, certos pontos de vista resenhados pelo Diretor-Executivo no Documento ED-594/72, de 11 de julho de 1972:

Votos: Uganda e Indonésia, países com pouco poder decisório na OIC, propuseram aumentar o número de votos básicos atribuídos aos membros, com o objetivo de reduzir o número máximo de votos de que pudesse dispor uma parte contratante. Este ponto de vista esbarrava com opiniões contrárias, tanto de outros produtores — um membro exportador salientou a importância da relação consagrada em 1962 e 1968 entre o número de votos e a participação no mercado cafeeiro, quer como exportadores, quer como importadores — quanto de consumidores — um membro importador fez notar as dificuldades que alguns países pequenos, com economias débeis, teriam em pagar contribuições mais altas, o que ocorreria caso o número de votos básicos viesse a ser aumentado. Conforme se verifica, era uma divergência em torno da importância do voto ponderado e da distribuição do poder decisório na OIC, em que entravam em choque tendências igualitárias e o princípio da especificidade de participação no mercado, que relacionava poder decisório e responsabilidade, inclusive orçamentária, como pressuposto para o funcionamento da cooperação internacional em matéria de café. (1)

Compromissos gerais dos membros: A OAMCAF propôs alterar a referência ao preço, de forma a levar em consideração a tendência geral dos preços nos países desenvolvidos. A Colombia insistiu numa relação entre a receita efetiva proveniente de exportações de café e o aumento dos preços das mercadorias e bens importados pelos países produtores. Outros membros exportadores sugeriram medidas que reduzissem as conseqüências da inflação mundial, que estava prejudicando os países produtores. Alguns membros importadores, no entanto, foram muito reticentes no que diz respeito a essas propostas, seja apontando a relação entre as receitas de café e as tendências do seu consumo, que as impediriam, seja indicando que medidas deste gênero poderiam impor ao Convênio um ônus intolerável. Essa divergência, que foi uma das causas que levaram ao término do Convênio de 1968, conforme apontado no Capítulo IV, abrange o problema dos preços equitativos, nele incluído o conflito clássico entre produtores e consumidores referente à distribuição dos custos e benefícios da cooperação internacional num acordo de produtos básicos. (2)

Fundo de Socorro: Uganda sugeriu um Fundo de Socorro, proposta que esbarrou com dificuldades, pois sendo todos os produtores países em desenvolvimento, seria difícil elaborar critérios de acesso à assistência do Fundo pelos membros exportadores. Como se verifica, essa proposta visava diferenciar graus de subdesenvolvimento e oferecer maiores facilidades para as partes contratantes menos desenvolvidas, independentemente de sua posição específica na economia cafeeira mundial, que tinha sido o critério adotado nos Convênios de 1962 e 1968 e que terminou, como adiante se verificará, vitorioso no Convênio de 1976. (3)

Quotas e seus mecanismos de ajustes: No que diz respeito a ***quotas básicas***, um membro exportador sugeriu fossem incluídas, nos critérios para a sua fixação, tanto as tendências de produção quanto a situação de estoques. Outro membro exportador manifestou opinião contrária, pois entendia que se fosse considerado o volume de estoques, isto estimularia novos plantios, podendo levar, com a superprodução, ao colapso de um futuro Convênio. Membros importadores sugeriram flexibilidade de forma a permitir ajustamento das quotas básicas durante a vigência do Convênio, em função das tendências predominantes do comércio. Ponto de vista oposto foi sustentado por diversos membros exportadores, que insistiam que uma vez negociadas as quotas básicas, estas deveriam permanecer inalteráveis para se poder fixar metas de produção. Alegavam também que os Convênios de 1962 e 1968 tinham garantido aos consumidores o abastecimento adequado dos tipos de café por eles desejados, tal como refletido nas tendências do comércio.

No que diz respeito ao ***ajuste pro rata*** das quotas, a Colômbia propôs alterações no mecanismo de quota-preço, entre as quais um preço composto com uma faixa de amplitude de três centavos por dólar. Um membro importador ponderou que a amplitude de 3 centavos era pequena, podendo determinar muitos ajustes *pro rata* e interferir no sistema de ***ajuste seletivo***. Este contou com o apoio de uma grande maioria, que nele via um mecanismo captador de tendências do mercado e necessidades do consumidor, flexibilizando o funcionamento do Convênio. Já outros membros exportadores se manifestaram, violentamente, contra o mecanismo seletivo. Alguns membros entendiam que o novo Convênio deveria ter cláusulas específicas sobre faixa de preços, nas quais se apoiava a seletividade. Outros viam a inscrição no Convênio de normas sobre faixa de preços como uma rigidez excessiva para o bom funcionamento da cooperação cafeeira. Discutiram-se igualmente os métodos usados para calcular preços indicativos e o limite de 5% nos ajustes decorrentes do sistema seletivo. Algumas partes contratantes foram favoráveis à abolição deste limite de 5%, enquanto outras insistiram na sua manutenção, uma vez que nenhum país produtor poderia admitir a possibilidade de ver as suas quotas sofrerem uma redução ilimitada.

A fixação de quotas e os seus ajustes sempre constituem, em acordos de produtos básicos, um tema clássico de conflito porque significam uma divisão de mercado, consensualmente negociada. Já foram relatadas, no capítulo anterior, as experiências dos Convênios de 1962 e 1968, e as posições no início das renegociações, ora resenhadas, evidenciam novamente a importância deste assunto, cuja configuração final, no Convênio de 1976, veio a ser bastante diferente das normas e práticas anteriores. (4)

Notificação de insuficiência: Na discussão sobre insuficiências as partes contratantes reconheceram haver uma distinção entre a ***insuficiência de café disponível para a oferta ("short-falls")*** e a ***insuficiência de café embarcado ("undershipment"),*** distinção que não tinha sido contemplada no artigo 34 do Convênio de 1968, que previa apenas a hipótese de "short-falls".

No que diz respeito à primeira ("short-falls"), alguns membros importadores propuseram sanções para os casos em que a declaração de insuficiência não fosse feita; outros sugeriram a redistribuição automática destas insuficiências entre os demais exportadores, e, finalmente, alguns produtores entenderam que esta redistribuição deveria ser deixada à discrição do Conselho.

No que diz respeito a insuficiências de embarques ("undershipment"), "alguns membros importadores acharam que os exportadores têm obrigação de exportar o café que a quota lhes permite sempre que o preço do referido café se situe dentro ou acima da correspondente faixa de preços", argumentando também que, na hipótese de não ocorrer isso, dever-se-ia proceder à redistribuição, a favor de outros membros exportadores, do volume de café correspondente ao saldo da quota não exportada por uma parte contratante produtora. Membros exportadores, no entanto, ponderaram que "não se impondo aos consumidores uma correspondente obrigação de comprar, não poderia impor-se aos exportadores a obrigação de exportar, acrescentando que, na prática, raros ou nenhum seriam os casos em que um membro se absteria de exportar café se este ultrapassasse o limite máximo da respectiva faixa."

Esta discussão evidentemente levanta, em função de uma conjuntura de maior equilíbrio entre a oferta e a demanda, o problema da diminuição do volume físico de café no mercado mundial quando tal diminuição não se vê disciplinada pelo mecanismo de quotas e seus ajustes, consensualmente acordados entre produtores e consumidores. O fulcro político do assunto reside menos nos "short-falls" — ainda que este envolva uma discussão, sempre delicada, de mecanismos de redistribuição de mercado entre produtores — e mais nos "undershipments".

O "undershipment" pode dar-se por motivos alheios à vontade de um membro exportador. Isso ocorre quando um grande importador, num país membro consumidor, adia uma grande compra para o ano cafeeiro seguinte, provocando, dessa maneira, artificialmente, a insuficiência de embarque de um membro produtor. Nesses casos, trata-se, em regra geral, do impacto do planejamento privado das empresas transnacionais no desempenho e funcionamento de um modelo jurídico de cooperação econômica internacional, disciplinado pelo Direito das Gentes. Também uma quota global, calculada com exagero pelas partes, através do mecanismo decisório da OIC, pode provocar o "undershipment". Nessa hipótese, na medida em que a quota global significa, num determinado ano cafeeiro, mais café que a verdadeira demanda, a procura será inferior à oferta fixada pelas quotas e, conseqüentemente, nem todos os membros produtores podem conseguir vender ou embarcar toda a quota a eles atribuídas. Neste caso, trata-se de uma inadequada aplicação, no momento do cálculo da quota global e dos seus ajustes, de normas técnicas de um convênio de produtos primários, baseadas no controle da oferta.

Entretanto, os "undershipments" também podem resultar de atos de vontade dos Estados. De fato, nessa dimensão, ineficiências de embarque são retenções. Estas podem ser unilaterais ou multilaterais. Um exemplo de retenção unilateral foi a política do "guarda-chuva", através da qual o Brasil sustentou, durante boa parte dos Convênios de 1962 e 1968, o mercado cafeeiro, conforme foi visto no capítulo anterior. Como exemplo de retenção multilateral, pode-se apontar a resultante de acordos ***inter se*** de produtores, como foi o caso do Grupo de Genebra, também examinado no capítulo anterior, que se materializou durante o primeiro semestre de 1972, na mesma época destas negociações e em parte como conseqüência do impasse delas decorrente. Quer num exemplo, quer no outro, a retenção, no contexto dos Convênios de 1962 e 1968, visava defender preços através de um controle adicional, por parte dos produtores, do volume físico da oferta de café no mercado mundial. Enquanto a retenção se deu num contexto de superprodução, ela não trouxe maiores dificuldades, constituindo apenas um ônus para o Brasil, de seu papel de líder entre os países produtores. Entretanto, a partir do momento em que ela começou, com o Grupo de Genebra, a operar num mercado onde havia um relativo equilíbrio entre a demanda e a oferta, a retenção passou a ser um instrumento para alterar o ***locus standi*** dos membros exportadores, nas suas negociações com os membros importadores, sobretudo no que diz respeito à distribuição dos custos da inflação mundial. Nesse sentido, ela passou a ser um elemento de poder dos países produtores, combatido pelos países consumidores no decorrer das negociações que levaram ao Convênio de 1976, sobretudo porque era visto no contexto geral da cartelização da oferta de produtos primários, que com o sucesso da OPEP passou a ser um dos itens da confrontação Norte-Sul no sistema internacional. (5)

Exportações não debitadas a quotas: Tanto o Convênio de 1962 quanto o de 1968 previam, com fundamento no seu artigo 40, exportações não debitadas a quotas para os assim chamados mercados novos, arrolados no Anexo B de ambos os Convênios. Daí a divisão, na sistemática destes dois Convênios, entre mercados tradicionais, sujeitos ao regime de quotas e mercados novos, delas isentos. Por ocasião deste período de negociação, os Países Baixos propuseram uma nova sistemática que adotaria como critério a participação ou a não-participação no Convênio. Daí o novo esquema da divisão do mundo em dois mercados: um mercado compreenderia os membros tanto importadores quanto exportadores, e nele vigoraria o regime de quotas, e outro compreenderia os não-membros, que não estariam sujeitos a quotas. Um membro exportador, comentando esta proposta, disse que ela deveria ser examinada do ponto de vista das dificuldades ou facilidades que ela traria para o funcionamento do sistema de controles. Outro membro exportador levantou as dificuldades que ela poderia trazer em relação ao mecanismo de distribuição de quotas. Um terceiro membro exportador ponderou que, independentemente da proposta, toda a questão de mercados novos deveria ser revista.

Em síntese, a nova proposta de divisão de mercados envolvia uma discussão de controles, fruto de problemas de reexportação para mercados tradicionais, de café embarcado para mercados novos, que foi um dos conflitos surgidos durante a vigência dos Convênios de 1962 e 1968. Ele refletia a insatisfação com a experiência do critério anterior de mercados tradicionais e mercados novos, e terminou por ser, conforme se verá, vitoriosa no Convênio de 1976. (6)

Discutiram-se também, nesta ocasião, mecanismos de ***promoção*** do consumo do café e a conveniência ou não da contribuição obrigatória ou voluntária dos membros exportadores; ***a política e a disciplina de produção***, que ensejou tanto propostas de revisão das metas de produção estabelecidas durante a vigência do Convênio de 1968 pela Resolução n. 206, quanto ponderações no sentido de que metas de produção só poderiam ser definidas depois de um acordo em torno de quotas básicas; ***estoques*** que, no entender da Colômbia, deveriam ser controlados também pelo Diretor-Executivo; a descentralização dos controles e recursos do ***fundo de diversificação***, com a conseqüente diminuição dos poderes da OIC nesta área.

Conforme se verifica, estas discussões sobre os artigos 46 (promoção), 48 (política de produção), artigo 49 (estoques) e 54 (diversificação) do Convênio de 1968, evidenciam a ausência de consenso no que diz respeito ao elenco de meios — as normas técnicas — destinados a disciplinar, a longo e médio prazo, o equilíbrio entre a oferta e a demanda de café. (7)

Este rápido apanhado de algumas das distintas posições dos países durante as negociações do primeiro semestre de 1972 ajuda a compreender em mais detalhe as dificuldades principais, examinadas no capítulo anterior, que levaram ao término do Convênio de 1968 e à Resolução n. 264, de 14 de abril de 1973, que manteve a OIC apenas como um foro para a negociação. De fato, a conjuntura de 1973 era diferente das de 1962 e 1968, em que prevalecera a superprodução e a existência de grandes estoques acumulados. Ela se caracterizava por uma tendência à insuficiência de café no mercado mundial e por um razoável equilíbrio entre procura e oferta, que podia encorajar a especulação e estimular, para o benefício de curto prazo dos produtores, a instabilidade de preços. Conforme apontou na época Alexandre Beltrão, em discurso pronunciado em 29 de janeiro de 1973, na abertura da Conferência Anual da National Coffee Association, reunida em Boca Ratón – Flórida, nos Estados Unidos, esta situação tornava difícil a compatibilização do objetivo de estabilizar preços – que era do interesse dos consumidores – com a necessidade de proteger os produtores contra uma queda do que estes entendiam, nesta conjuntura, como níveis equitativos de preços. Neste sentido, a encruzilhada era um conflito em torno da hierarquia dos objetivos de cooperação internacional em matéria de café, que na ausência de reciprocidade de interesses também se espelhava na discussão sobre o elenco de meios. (8)

(B) *A busca da reciprocidade – I: A etapa da Resolução n. 265 e o documento "Questões a Considerar"*

A Resolução n. 265, do Conselho, de 14 de abril de 1973, incumbiu a Junta Executiva de estabelecer um programa de trabalho para a negociação de um novo Convênio, no contexto da Organização Internacional do Café, mantida como um foro de discussão nos termos da Resolução n. 264, também de 14 de abril de 1973, já amplamente discutida no correr deste trabalho. Em reunião realizada de 5 a 7 de dezembro de 1973, a Junta Executiva solicitou ao Diretor-Executivo o preparo de um documento que pudesse servir para uma discussão que permitisse tanto "estabelecer a estrutura de um novo Convênio" quanto "definir, com a possível nitidez, as questões que seriam objeto de negociação." Na elaboração desse documento, o Diretor-Executivo deveria tomar "como base as discussões até então havidas e os pontos de vista expostos pelos membros, verbalmente e por escrito." O resultado deste esforço, intitulado ***Questões a considerar***, foi apresentado em 30 de janeiro de 1974 (EB-1265/74), para ser examinado no Grupo de Trabalho sobre a Negociação de um Novo Convênio, que se reuniu em Londres de 18 a 22 de fevereiro de 1974.

Em ***Questões a considerar,*** Alexandre Beltrão historiou algumas das razões que levaram ao término do Convênio de 1968, salientando tanto o impacto das incertezas da ordem monetária quanto as conseqüências de uma perspectiva de maior ou menor escassez de café para a estrutura de um novo Convênio. A avaliação desta última perspectiva, dizia ele, influenciaria as opiniões, seja sobre a necessidade de um novo Convênio, seja, admitida sua conveniência, sobre possibilidade de se obter com sua vigência um grau razoável de estabilidade de preços. Um entendimento em torno de estabilidade de preços num novo Convênio exigiria uma política de preços. Esta, apontava Alexandre Beltrão, poderia ser orientada para encorajar a produção ou para aumentar o consumo. Tanto num caso como no outro, seria necessário conhecer melhor o efeito da mudança dos preços, tanto em matéria de produção quanto na de consumo, incluindo-se nesta última dimensão a maneira de chegar aos preços pelo qual é vendido o café nos países consumidores. Admitida a hipótese de um terceiro Convênio Internacional do Café, duas seriam as alternativas para a sua elaboração, de acordo com o documento ***Questões a considerar***: ou se flexibilizaria o Convênio de 1968, mantendo-se no entanto, substancialmente, a sua forma e estrutura, ou então tratar-se-ia de propor um Convênio inteiramente novo, que "abrangesse novos conceitos e ensaiasse outras soluções às dificuldades com que o Convênio anterior se teve de haver". Sem se definir por uma ou outra opção, o documento a seguir procura manter as opções em aberto, na análise exploratória do elenco de meios que seriam examinados pelo Grupo de Trabalho. (9)

Na análise de quotas, ***Questões a considerar*** discute preliminarmente a hipótese de um Convênio de produtos primários sem quotas. Admitida a conveniência de quotas, o documento discute vários mecanismos possíveis para o seu ajuste, seja baseado numa política de preços, seja fundamentado na disponibilidade efetiva de café em países produtores, ou numa combinação de ambos. O documento aponta alguns dos problemas dos Convênios de 1962 e 1968, fazendo igualmente referência ao fato de que, na sistemática do ajuste seletivo, ocorria a possibilidade de manipulação do preço indicativo, que neste sentido não registrava adequadamente as tendências do mercado. Nesse sentido, o documento sugeria a reconsideração da necessidade dos quatro grupos de café e mencionava a conveniência de se reduzir o número desses grupos. Propunha igualmente aperfeiçoamentos do mecanismo de preço indicativo, aventando a hipótese de não apoiar-se ele apenas nos dados de um único mercado — o americano — conforme a sistemática dos Convênios anteriores. Ainda, no que diz respeito a preços. Alexandre Beltrão discutia a possibilidade do ajustamento periódico de preços-meta que viessem a ser estabelecidos, refletindo nesse sentido problemas ligados às incertezas monetárias e às idéias de indexação.

No que tange à oferta de café e à sua disponibilidade efetiva, o documento discute a hipótese de ***quotas móveis***. Estas, no documento, visam obter flexibilidade por meio da mobilidade contínua dos direitos de exportação, que eliminaria a rigidez da sistemática das quotas anuais, distribuídas por anos cafeeiros, de acordo com a sistemática dos convênios anteriores. A quota de mobilidade contínua significaria que, no término de um trimestre, automaticamente se abriria um novo, de tal forma que, independentemente do ano cafeeiro, o mercado sempre teria quotas definidas para 12 meses. Essas quotas móveis seriam eventualmente conjugadas a ***estoques de reserva*** ou a um ***estoque regulador***, sob controle da Organização, que poderiam estabelecer, para as partes contratantes, a obrigação de comprar ou vender café a preços ajustados. ***Questões a considerar*** também examinava, no relacionamento entre preço e disponibilidade efetiva, a possibilidade de um mecanismo para suspender ou restabelecer quotas dentro da sistemática de um novo Convênio. (10)

No exame da ***expansão do consumo***, o documento discutia a eficácia da promoção do café nos países consumidores — os mercados tradicionais — e também a sistemática dos mercados novos do Anexo B dos Convênios anteriores, que permitia às partes contratantes produtoras exportar café não-debitável às suas quotas para um grupo de países que pareciam oferecer possibilidades de aumentar o seu consumo. O segundo mecanismo, entendia o documento, a ser mantido exigiria novos cuidados e a sua permanência estava também ligada à aceitação ou não da nova hipótese, já mencionada, de dividir o mercado entre países-membros e não-membros. (11)

Este rápido apanhado de alguns dos temas examinados pelo Diretor-Executivo, tomando como ponto de partida as propostas anteriores dos países, evidencia o jogo da reciprocidade como uma fórmula de procura, onde se alternavam sugestões de aperfeiçoamento do elenco de meios experimentados anteriormente e novas idéias visando novas soluções para uma conjuntura diferente.

O Grupo de Trabalho para a Negociação do Novo Convênio, que era o destinatário de ***Questões a considerar***, reuniu-se em fevereiro de 1974 e aceitou o documento como base para discussões. Estas, no explícito dizer dos membros do Grupo, foram de natureza exploratória, não envolvendo compromissos de qualquer natureza e "as opiniões externadas acerca de muitas questões foram bastante diversas." A ausência de um consenso fez com que uma delegação sugerisse que a Junta examinasse, novamente, a programação fixada pela Resolução n. 265 do Conselho para a negociação de um novo Convênio. (12)

O acerto dessas sugestões se materializou com a Resolução n. 273, de 26 de setembro de 1974, do Conselho. Este verificou a impossibilidade de concluir as negociações até 30 de setembro de 1974, de tal forma que o texto oficial do novo projeto de Convênio pudesse ser enviado a todos os membros no mais tardar até 31 de dezembro de 1974, conforme programação prevista na Resolução n. 265. Por essa razão propôs, através da Resolução n. 273, um novo Protocolo com o objetivo de continuar a manter em vigor, até 30 de setembro de 1976, o Convênio de 1968, prorrogado sem as suas cláusulas econômicas, de maneira a preservar a Organização Internacional do Café como um foro para ulteriores negociações, sempre na expectativa de que se encontrasse uma nova reciprocidade de interesses que pudesse romper os obstáculos à cooperação, oriundos da diversidade dos pontos de vista dos países responsáveis pela economia cafeeira mundial.

(C) *A busca da reciprocidade — II: A primeira etapa da Resolução n. 274 e as propostas iniciais dos produtores*

O Conselho, logo após a Resolução n. 273, reconhecendo ser indispensável prosseguir com a maior urgência nas negociações sobre um novo Convênio, designou, através da Resolução n. 274, de 26 de setembro de 1974, um ***Grupo de Trabalho*** integrado pelos membros da Junta Executiva, pelo presidente do Conselho, pelo presidente da Junta Executiva e pelo Diretor-Executivo. Esse Grupo teve instruções de se reunir o mais cedo possível, depois de 1º de janeiro de 1975, para estabelecer o novo programa de trabalho para a preparação de um novo Convênio. Nos termos da Resolução n. 274 o projeto do novo Convênio deveria ser submetido pelo Grupo de Trabalho ao Conselho, através da Junta Executiva, de forma a ser negociado pelo Conselho em sessão que comemeçaria no mês de junho de 1975. O Grupo de Trabalho deveria designar subgrupos para estudar: (i) as estimativas da oferta e procura mundiais de café; (ii) a questão dos preços de café; e (iii) questões jurídicas e administrativas. O Diretor-Executivo, por sua vez, também ficou incumbido de preparar uma nova síntese de todas as propostas apresentadas.

O Diretor-Executivo, através do Documento EB-1322/74, de 29 de novembro de 1974 e do seu adendo de 30 de dezembro de 1974, resumiu as propostas até então apresentadas. (13) Entre as propostas novas, que não foram ainda mencionadas neste capítulo, cabe examinar, pelo seu interesse, a da Organização Africana e Malgaxe do Café

(OAMCAF) – Organização Interafricana do Café; a do Brasil e a de Portugal.

A proposta da OAMCAF – Organização Interafricana de Café, de 18 de setembro de 1974, expos o ponto de vista dos países africanos produtores de café que consideravam indispensável a conclusão de um novo Convênio. A proposta visava reativar as negociações e optava antes por um novo tipo de Convênio do que por uma mera flexibilização do Convênio de 1968, respondendo assim a uma das perguntas propostas anteriormente no documento ***Questões a considerar***.

A proposta da OAMCAF – Organização Interafricana de Café, salientava a importância de um novo modelo jurídico para a economia cafeeira que não se apoiasse num regime de liberdade de mercado e realçava, igualmente, que a ordem cafeeira mundial se transformara muito, desde as negociações dos Convênios de 1962 e 1968. Estes tinham se destinado a enfrentar uma conjuntura de superprodução, ao passo que o novo estado de coisas exigiria um elenco de meios destinados a regulamentar uma situação de equilíbrio ou relativa penúria de oferta de café no contexto mais amplo dos novos problemas referentes a produtos primários no mercado mundial. No entender dos africanos, o ideal de cooperação, ou seja, na terminologia deste trabalho, a reciprocidade dos interesses, fruto da equivalência das prestações, exigiria dos produtores a garantia de abastecimento, e dos consumidores uma "garantia de preços que não figurava nos Convênios precedentes, mas que as condições atuais da economia mundial tornam indispensável." (14) Estas novas exigências do ideal da cooperação requeriam uma nova integração de normas-fins e normas-meios, para um adequado planejamento do desempenho do ordenamento cafeeiro mundial, na conjuntura que então se delineava. Sugestões amplas neste sentido também constam da proposta africana apresentada à OIC.

No exame dos ***problemas da oferta***, a proposta da OAMCAF – Organização Interafricana do Café, discutia tanto a garantia de abastecimento – tema que dizia respeito a produtores e consumidores – quanto a justiça na partilha do mercado – tema clássico de conflito entre os próprios produtores. A ênfase do documento é criticar o sistema de quotas fixas, que gerara, segundo afirmavam, tensões no que se refere à oferta em razão das geadas no Brasil e da queda da qualidade dos estoques de café brasileiro. Além de realçar o impacto negativo das quotas fixas no que diz respeito ao abastecimento, o documento criticava a injustiça na partilha dos mercados que elas vieram a consagrar, reiterando o ponto de vista anterior dos africanos, já examinados no capítulo precedente. Nesse sentido, na análise da sistemática de quotas dos Convênios de 1962 e 1968, o documento afirmava que, se por um lado elas foram um instrumento adequado para evitar flutuações violentas num período de superprodução, por outro não resolveram casos de desiquilíbrios parciais, que geraram tensões entre os países produtores. O documento criticava a divisão entre os países produtores das quotas básicas nos Convênios de 1962 e 1968, e insistia que no novo Convênio a quota básica não poderia ser entendida como um direito adquirido, a perpetuar situações históricas. A conclusão, neste ponto, do documento é no sentido de afirmar que os países africanos só aceitariam ***quotas básicas*** se no critério de sua atribuição fossem levados em conta os resultados efetivos das exportações dos países produtores e as tendências reais e recentes da produção e dos estoques de cada país.

A OAMCAF – Organização Interafricana do Café, a seguir explorava outro conceito de ***quotas móveis***, entendido pelos africanos como um mecanismo para assegurar a mobilidade das quotas básicas, pois estas, de acordo com a proposta, deveriam ser ajustadas anualmente, uma vez determinada, para cada país, a quota do ano-safra inicial de um novo convênio. A distribuição da quota do ano-safra poderia ser realizada da seguinte maneira:

"(i) determinação da média do total das exportações durante um determinado período (prazo de duração do Convênio de 1968, por exemplo);

"(ii) determinação da média das exportações de cada produtor durante o mesmo período e cálculo das percentagens que a parte desse produtor represente no total mencionado no inciso "i";

"(iii) aplicação da percentagem mencionada no inciso "ii" ao total da procura prevista para 1974/1975."

De acordo com a OAMCAF – Organização Interafricana do Café, este sistema poderia evoluir automaticamente "pela adjunção do ano completo mais recente e a retirada do ano mais distante". A proposta tinha como objetivo eliminar, através deste conceito de ***quotas móveis***, as quotas puramente teóricas. O documento reconhecia que o mecanismo poderia ser aperfeiçoado pois o critério proposto beneficiaria demasiadamente o desempenho em matéria de exportações em detrimento das tendências à produção.

O documento especulava também sobre a hipótese de ***quotas flexíveis.*** Estas, na proposta africana, eram concebidas como uma garantia de abastecimento, na medida em que cada produtor deveria pôr de lado vinte por cento de sua quota, fixada de acordo com o critério móvel, acima referido, submetendo prova disto ao Diretor Executivo. O mecanismo funcionaria da seguinte maneira: "Seria assegurada aos países produtores uma quantidade mínima de exportação equivalente, digamos, a oitenta por cento da procura mundial. Os vinte por cento restantes seriam atribuídos em função das disponibilidades de café dos países produtores e da evolução de preços." "Na medida em que o produtor não possa ter acesso a vinte por cento de sua quota, senão depois de ter utilizado inteiramente os oitenta por cento de sua garantia mínima de exportação e desde que a deficiência (de fornecimento) de alguns seja automaticamente eliminada por outros, ficaram os consumidores certos de receber o café de que necessitavam, desde que tudo o mais se mantenha inalterado."

Além de novos critérios para assegurar a mobilidade das quotas básicas e de sugestões de flexibilidade, como garantia de fornecimento, os africanos também contemplavam na sua proposta um mecanismo de suspensão e reintrodução de quotas, em função do nível de preços. Conforme se verifica, a proposta africana tinha como objetivo, para relembrar idéias expostas no capítulo II, o planejamento do desempenho do modelo jurídico de cooperação, através de um elenco de meios que, pela sua flexibilidade, adaptasse a relação entre os Estados à evolução da conjuntura. Tal adaptação ao fluxo da conjuntura na regulamentação da oferta, por meio de normas técnicas como as acima discutidas, evidentemente tendia a favorecê-los, em detrimento do Brasil, dada a crescente participação dos africanos no mercado internacional durante a vigência dos Convênios anteriores, examinada no capítulo precedente. (15)

O documento, ainda na parte referente a problemas de oferta, discutia as possibilidades e dificuldades de ***estoques de reserva*** como um meio para garantir o abastecimento e ponderava a conveniência de "uma política eficaz de produção e de estoque que se estenda até o começo dos anos 80", para a seguir analisar o problema dos preços. (16)

No que diz respeito ao ***problema dos preços*** o documento da OAMCAF – Organização Interafricana do Café, comentava que os Convênios de 1962 e 1968, dada uma conjuntura de superprodução, não continham "disposições práticas de caráter internacional sobre os preços do café." Existiam apenas referências a preços equitativos no artigo 1º, que tratava de objetivos, e uma concordância, no artigo 27, no sentido de, "assegurar que o nível geral dos preços do café não caia abaixo do nível geral desses preços em 1962." Por essa razão, afirmava o documento, o Convênio de 1968 "desempenhou limitado papel em matéria de preços e de garantia de rendas". Recusando os efeitos mecânicos da lei da oferta e da procura na formação do preço do café e descartando qualquer mecanismo automático de indexação, os africanos propuseram, através do documento da OAMCAF – Organização Interafricana do Café, o conceito de ***preço mínimo***, entendido como o limiar da rentabilidade, abaixo do qual deixa de ser rentável para um país ou para um grupo de países a atividade econômica de produção e abastecimento de café. O documento englobava no conceito de preços mínimos aspectos de balanço de pagamentos oriundos da vulnerabilidade dos países produtores que dependem predominantemente das suas exportações de café, e registrava também as variações recentes dos custos de produção, apontando, ***inter alia***, os aumentos dos fertilizantes e inseticidas.

O documento reconhecia as dificuldades concretas da proposta, na medida em que as estruturas da produção estão longe de serem homogêneas entre os diversos países, o mesmo sucedendo com as estruturas de comercialização e distribuição. Por isso, sugeria um preço mínimo para cada tipo de café, partindo de uma base histórica. (17)

Evidentemente a proposta africana era, nesta parte de preços, de difícil execução. O Diretor-Executivo, em conferência pronunciada em maio de 1974, havia apontado a diversidade de estruturas de custo dos países produtores. Esta diversidade realça, e realçava, a complexidade da harmonização dos interesses dos produtores. "A mão-de-obra representa entre 60 e 80 por cento do custo de produção do café, dependendo do país, do grau de mecanização da lavoura e do tipo de colheita.", dizia Alexandre Beltrão. "O custo da mão-de-obra, no entanto, continuava ele, depende da quantidade de trabalho absorvido – que oscila, numa saca de café limpo de 60 quilos, de 8 a 10 dias, no Brasil, a 24 dias no Quênia e dos níveis dos salários agrícolas – que variam entre o equivalente de 50 "cents" a 3 dólares por dia. As relações de trabalho, por outro lado, em cada um dos países são bastante diferentes, e as propriedades agrícolas são dificilmente comparáveis, quer em termos de estrutura, quer em termos de topografia, quer em termos de dimensões. A parcela do preço internacional pago ao produtor também mudou de país para país e se alterou internamente em cada país no correr dos anos." (18) Neste sentido, estudo posterior da OIC mostrou que, no período de 1962 a 1975, nos nove países que respondem por mais de setenta por cento da produção mundial (Brasil – arábicas não-lavados; Colômbia – suaves colombianos; El Salvador, Guatemala e México – outros suaves; Camarões, Costa do Marfim, Angola e Uganda – robustas), o índice dos preços pagos ao cafeícultor variou muito, o mesmo acontecendo com a parcela do valor da exportação (FOB) pago aos produtores, comprovando neste sentido a heterogeneidade das estruturas de produção, comercialização e distribuição, acima mencionada. As duas tabelas a seguir transcritas, apesar de não conterem os dados referentes à Colômbia, evidenciam esta asserção:

TABELA 1

ÍNDICE DOS PREÇOS PAGOS AO CAFEICULTOR
1962 A 1974
(1962 = 100)

	a) Com base em preços correntes (moeda nacional)					b) Em termos de poder de compra no ano de 1962				
	1964	1971	1972	1973	1974	1964	1971	1972	1973	1974
El Salvador	117	104	118	137	146	114	95	105	115	105
Guatemala	129	118	116	172	196	129	111	108	141	139
México	106	149	118	164	216	103	114	85	101	103
Brasil	504	2135	2921	4281	5089	156	97	113	143	136
Camarões	107	131	131	131	136	n.d.	91	85	79	69
Costa do Marfim	118	137	135	135	154	117	105	102	92	90
Angola	100	124	134	149	150	92	77	76	76	71
Uganda	106	102	102	102	107	95	57	59	47	30

Fonte: OIC, EB-1398/75, de 28/outubro/1975, p. 4.

TABELA 2

PARTE DO VALOR DE EXPORTAÇÃO (FOB) PAGO AOS PRODUTORES

País	1962	1964	1971	1972	1973	1974	1975
	%	%	%	%	%	%	%
El Salvador	67	66	54	53	56	53	
Guatemala	75	88	75	74	82	85	
México	76	57	82	60	67	78	
Brasil	33	33	52	53	63	64	80
Camarões	69	55	53	53	51	46	55
Costa do Marfim	59	59	46	48	45	42	55
Angola	36	48	53	59	62	52	
Uganda	77	49	46	44	36	30	38

Fonte: OIC, EB-1398/75, de 28/outubro/1975, p. 6.

O mero exame destes números realça as dificuldades em se encontrar um consenso para a fixação de um preço mínimo único para o café no plano internacional, baseado em custos. O mesmo, aliás, pode ser dito para a sugestão dos preços mínimos diversificados por tipo de café. De fato, o diferencial de preços que o conceito de preços mínimos nesta hipótese chancelaria, dadas as variadas participações dos países no mercado mundial, seguramente geraria diferentes elasticidades de procura, por tipos de café, que por sua vez afetariam desigualmente os países produtores na medida em que poderia trazer alterações na composição da demanda dos países consumidores. (19) Os conflitos de interesses e os problemas técnicos, oriundos destas dificuldades, explicam por que, na escolha do elenco de meios de Convênio de 1975, o conceito de preço mínimo, tal como proposto pelos africanos, não veio a encontrar guarida.

Uma reação inicial a estas idéias foi a primeira proposta brasileira, no contexto das negociações induzidas pela Resolução n. 274. Essa proposta, que é a de 11 de dezembro de 1974, não fechava explicitamente a porta para sugestões alternativas mas fixava, por assim dizer, um ponto de vista diferente. No exame do elenco de meios destinados a disciplinar a ***oferta***, a proposta insistia, como era de se esperar tendo em vista os interesses brasileiros, em quotas básicas "válidas por cinco anos e expressas sob a forma de percentuais de exportação global"; sugeria a eliminação do conceito de mercados novos, gênero Anexo B dos Convênios anteriores, e apontava a conveniência da quota anual de exportações para o primeiro ano de vigência do Convênio ser "igual à média do desaparecimento de café nos membros importadores em período significativo", de tal forma a vinculá-las às necessidades globais do consumo efetivo de café. No que diz respeito a ***preços***, a proposta brasileira sugeria: (i) a correção automática, para garantir o objetivo de preservar o valor real das receitas dos exportadores; e (ii) um sistema de correção da oferta baseado em preço composto, correspondente à média ponderada das cotações dos diversos grupos de café, para atender ao objetivo de evitar flutuações violentas. (20)

Conforme se verifica, a primeira proposta brasileira optava antes por uma flexibilização do elenco de meios do Convênio de 1968 do que por conceitos inteiramente novos, respondendo assim de maneira diferente da OAMCAF — Organização Interafricana do Café, à pergunta do documento ***Questões a considerar.***

A proposta de Portugal, que é de 23 de dezembro de 1974, sugeria, na parte referente à organização e administração, uma ***comissão de conciliação*** para romper impasses no Conselho, fruto de posições eventualmente cristalizadas pela distribuição igual de votos entre membros importadores e exportadores. Aventava também, no elenco de meios, a instituição de um ***estoque regulador*** como instrumento adequado para atender às necessidades da economia cafeeira mundial. Cada membro exportador, de acordo com a proposta portuguesa, decidiria quantas sacas de café deseja vender ao estoque regulador. Cada saca vendida ao estoque regulador daria ao membro produtor o direito de exportar quatro sacas, uma no trimestre da entrega e uma em cada um dos trimestres seguintes. Neste sentido, a proposta portuguesa era interessante porque eliminava a discussão sobre quotas básicas, isto é, sobre a divisão do mercado, transformando a retenção num instrumento construtivo a serviço da cooperação internacional. De fato, não interessaria a um membro produtor entregar ao estoque regulador uma quantidade excessiva de café, pois isto lhe daria direito a um volume de exportação que provavelmente não poderia preencher, e por outro lado, imobilizaria uma quantidade de café que lhe poderia vir a ser necessária. Evidentemente, era complexo o detalhamento desta idéia, e a proposta portuguesa delineava alguns caminhos, seja sobre como o café seria vendido ao estoque e quando é que o preço seria pago ao produtor; seja sobre o nível de preços para efeito de venda do café ao estoque regulador; seja sobre o mecanismo de vendas do estoque regulador, inclusive para países não-membros da OIC; seja, finalmente, sobre a administração do estoque regulador. (21)

Foi com base nos elementos e propostas, sumariados nesta parte deste Capítulo, que o Grupo de Trabalho criado pela Resolução n. 274, de 26 de setembro de 1974, iniciou, no começo de 1975, as suas atividades.

(D) *A busca da reciprocidade — III: A segunda etapa da Resolução n. 274, as propostas subseqüentes de produtores e consumidores e as atividades do Grupo de Trabalho*

Integravam o Grupo de Trabalho os seguintes membros:

(i) ***exportadores:*** Brasil, Colômbia, El Salvador, Guatemala, Quênia, México, OAMCAF e Uganda;
(ii) ***importadores:*** Bélgica, Canadá, República Federal Alemã, Finlândia, França, Espanha, Reino Unido e Estados Unidos.

De acordo com as instruções da Resolução n. 274, o Grupo criou dois subgrupos: o da oferta e procura de café e o de preços. A composição dos subgrupos continha todos os membros do Grupo e mais, do lado dos exportadores, Portugal e Costa Rica, e do lado dos importadores, Holanda e Suécia. O Diretor-Executivo foi escolhido presidente do Grupo e dos subgrupos. O Grupo de Trabalho também criou, por iniciativa própria, três subgrupos técnicos: o de controles, o de preços indicativos e o de estoques.

O Grupo de Trabalho se reuniu de 6 a 10 de janeiro de 1975; de 20 a 31 de janeiro de 1975; de 24 a 28 de fevereiro de 1975; de 17 a 21 de março de 1975 e de 14 a 25 de abril de 1975. Neste último encontro o Grupo decidiu não realizar outras reuniões antes da 26a. Sessão do Conselho, marcada para o período de 24 de junho a 11 de julho de 1975. Decidiu, também, encaminhar um relatório sobre o progresso das negociações, que apesar de positivo não tinha ainda permitido, conforme o solicitado na Resol. 274, um projeto a ser negociado pelo Conselho. (22)

Qual foi o caminho trilhado pelo Grupo de Trabalho? Este buscou fixar, desde o início, o acordo existente sobretudo a respeito de questões de princípios. (23) A busca desse acordo se viu auxiliada pela tomada de posição, na forma de propostas, de vários países. Entre elas vale a pena examinar a da França, Brasil-Colômbia e Estados Unidos.

A proposta da França é de 20 de janeiro de 1975. Ela manifestava simpatia e bastante concordância com a proposta da OAMCAF — Organização Interafricana do Café, tanto no que diz respeito ao elenco de meios destinados a disciplinar a oferta quanto nos que deveriam regular os preços. Contemplava também uma garantia suplementar de fornecimento, através da constituição progressiva de um ***estoque de reserva***, que deveria atingir 10 milhões de sacas de café, de todos os tipos e praticamente de todas as origens. Este estoque "colocado sob controle do Diretor-Executivo, seria lançado no mercado em caso de uma forte alta de preços", se estes ultrapassassem os níveis máximos fixados para cada ano cafeeiro. (24) Conforme se verifica, o estoque de reserva representava, no caso, uma proposta que visava, através de um novo mecanismo, atender à lógica dos interesses dos consumidores numa conjuntura de escassez ou equilíbrio de oferta de café.

A posição francesa, que configurava, por assim dizer, quase um apoio europeu aos interesses africanos, acoplado com um mecanismo do interesse dos consumidores, que era o esquema do estoque de reserva, tornava necessária uma nova colocação do Brasil. Esta veio na forma de uma proposta conjunta Brasil/Colômbia, datada de 9 de abril de 1975. A proposta brasileiro-colombiana insistia em ***quotas fixas***, a vigorarem por um prazo de 5 anos, reiterando as inconveniências de quotas básicas ajustáveis anualmente para o planejamento a médio prazo da produção e das vendas. A proposta sugeria, igualmente, como critério para a fixação das ***quotas anuais*** de exportação as estatísticas de desaparecimento de café nos países importadores que, no entender dos proponentes, representam mais do que as séries de exportações — sempre sujeitas a influências de operações especulativas — o consumo efetivo do produto. Brasil e Colômbia, no exame das ***quotas trimestrais***, apontavam também a conveniência de uma comercialização ordenada, de tal maneira a ajustar, durante o ano, as necessidades conjunturais de curto prazo de exportação por cada país e o imperativo da manutenção do equilíbrio entre oferta e demanda. No que diz respeito a insuficiências, o ponto de vista de Brasil e Colômbia era no sentido de redistribuir ***pro rata*** entre os demais membros exportadores as insuficiências declaradas. Tratava-se, portanto, de um mecanismo para regulamentar "short-falls" e não "undershipments" (retenções).

No que tange a preços, Brasil e Colômbia sugeriam como ***preço mínimo*** (limite inferior da faixa de preços) para o primeiro ano de vigência do Convênio, "a média dos valores unitários dos cafés exportados por Guatemala e Angola em 1962, ajustados para refletir as variações de paridades da moeda de referência e as variações no poder equitativo médio das receitas de café". Tratava-se, portanto, de um esquema de ***indexação***, a ser aplicado sistematicamente, e não de um esquema baseado em custos, conforme a proposta da OAMCAF — Organização Interafricana do Café.

No que tange à ***faixa de preços***, Brasil e Colômbia propuseram uma faixa com os limites superior e inferior, situados 10% acima e abaixo do ponto médio, e uma faixa intermediária com limites de 5%. A amplitude da flutuação de 20% parecia aos proponentes adequada à luz do comportamento tradicional do mercado, evitando o acionamento muito freqüente dos mecanismos de ajustamento. O ***preço indicativo composto*** para fins de operação do Convênio corresponderia à média dos preços indicativos dos outros suaves no mercado de N. York, e dos robustas no mercado de Londres. Neste sentido, a redução dos grupos de café e a inclusão do mercado de Londres no mecanismo de apuração do preço indicativo composto respondia positivamente a problemas suscitados e a sugestões contidas no documento ***Questões a considerar***, já examinadas neste capítulo. A flutuação do preço indicativo composto durante 10 dias consecutivos de mercado, 5% acima ou abaixo do ponto médio, ensejaria um mecanismo de ***reajuste pro rata***. Este seria calculado e distribuído proporcionalmente, de acordo com as quotas básicas de cada membro exportador, de modo a permitir a redução ou o acréscimo de 3% da quota global anual. A flutuação durante 10 dias, 10% acima ou abaixo do ponto médio, geraria um acréscimo ou diminuição adicional correspondente a 6% da quota global anual. No entender de Brasil e Colômbia, estes acréscimos ou cortes acumulados de 9% da quota global anual, distribuídos ***pro rata*** entre os produtores de acordo com as suas respectivas quotas básicas, pareciam suficientes para impedir a flutuação excessiva dos preços. Entretanto, se durante mais de 10 dias consecutivos de mercado o preço composto ainda se mantivesse 2 centavos acima do limite superior da faixa de preços, entraria em operação o ***estoque internacional de garantia***. Este, na proposta Brasil/Colômbia, representava uma adaptação do mecanismo sugerido pela França, com o adendo de que, em se tratando de uma garantia adicional de suprimento, de interesse dos consumidores, o seu financiamento deveria recair também sobre os consumidores e não apenas sobre os produtores, como sugerido pela França. (25)

Conforme se verifica, a colocação de Brasil e Colômbia representava um aprofundamento de posições anteriores dos dois países na escolha do elenco de meios que melhor tinham atendido à lógica de seus interesses, tais como quotas fixas e ajustes ***pro-rata***; sugestões para atender à conjuntura, na linha de flexibilização do Convênio de 1968, que visavam o interesse dos produtores em geral, como era o caso de ligação do preço mínimo a esquema de indexação, tudo devidamente conjugado com a aceitação do mecanismo de estoque, que respondia às conveniências dos consumidores.

A nova reação a estes pontos-de-vista e os anteriores, na perspectiva dos consumidores, pode ser encontrada na proposta dos Estados Unidos, de 15 de abril de 1975. A proposta americana, como a primeira proposta brasileira, é de natureza exploratória. No que diz respeito a quotas, ela sugeria uma ***parcela fixa*** de 80% da quota anual global de exportações, expressa em percentagens que deveriam corresponder "à parcela de cada membro exportador nas exportações efetuadas para todos os destinos durante um período representativo." Estas parcelas fixas, relacionadas no Anexo A do novo Convênio, funcionariam como as quotas básicas dos Convênios anteriores. As ***parcelas variáveis***, correspondentes a 20% da quota anual, seriam determinadas anualmente, refletindo as modificações na distribuição dos estoques exportáveis. Esta relação entre parcela variável e estoques buscava inserir no Convênio o conceito "de que todos os países exportadores ficam responsáveis pela manutenção de estoques adequados à satisfação de suas quotas anuais." Ela se prendia ao objetivo de fazer os membros exportadores se comprometerem "a preencher substancialmente as suas quotas anuais", evitando desta maneira a retenção, numa conjuntura de escassez ou equilíbrio de oferta de café. A proposta americana concordava com a idéia do estoque internacional de garantia e contemplava mecanismos de ajustamentos de quotas, em função de uma faixa anual de preços-meta. No bojo do mecanismo de ajuste de quotas estava contida a hipótese, que depois veio a ser fundamental, da suspensão de quotas. Tanto o mecanismo de ajustamento, quanto o nível mínimo dos preços do café, no entanto, não estavam detalhados na proposta americana. (26)

A proposta americana, apesar de exploratória, foi muito importante na medida em que consubstanciava uma nova atitude, de amplitude maior, dos Estados Unidos em relação à redefinição da ordem econômica mundial. De fato, conforme asseverou Kissinger em 28 de maio de 1975, na reunião da OECD, a ordem do segundo após-guerra estava em crise, conforme se evidenciara em 1973 quando o mundo ocidental enfrentou o problema energético derivado do aumento dos preços de petróleo. Os imperativos de cooperação, que os Estados Unidos reconheciam, estavam a exigir soluções para os novos problemas, entre os quais figurava o fornecimento adequado de alimentos, recursos energéticos e matérias-primas. Este fornecimento adequado exigia, de acordo com Kissinger, uma economia mundial que acomodasse os interesses tanto dos países desenvolvidos quanto dos países em desenvolvimento. No que tange a produtos primários, Kissinger colocava da seguinte maneira a posição americana:

> ". . .We do not believe that exclusive producers organizations are the best way to solve the commodity problems. In our view consumers and producers should jointly discuss their problems and possible remedial actions. We are prepared to do so. Specifically we are ready to discuss new arrangements for individual commodities on a case by case basis. We have already made proposals for a new International Coffee Agreement. We are ready to discuss other commodities as circumstances warrant." (27)

Conforme se verifica, a proposta americana referente ao café não era um ato isolado no contexto específico de uma negociação, mas uma colocação no espectro mais amplo de buscar uma nova reciprocidade de interesses, capaz de ensejar uma melhoria do sistema internacional de cooperação econômica. Daí a sua relevância, uma vez que significava não só a modificação do ponto de vista americano anterior, examinado no capítulo IV, que tinha concorrido para o término do Convênio de 1968, como também um esforço no sentido de contribuir, pelo exercício da liderança, na determinação do perfil da nova ordem econômica mundial.

Estas propostas, formuladas por importantes membros importadores e exportadores, bem como as discussões e propostas alternativas que ensejaram, no contexto das negociações promovidas pelo Grupo de Trabalho, permitiram algumas conclusões. Estas conclusões representaram o resultado dos esforços do Grupo de Trabalho, desde a sua criação em setembro de 1974, pela Resolução n. 274, e foram submetidas pelo seu presidente, Alexandre Beltrão, ao Conselho através do documento ICC-26-1, de 12 de junho de 1975.

O Grupo de Trabalho ponderava ao Conselho que os ***objetivos*** dos Convênios de 1962 e 1968 eram aceitáveis nas suas linhas gerais. Quanto ao ***elenco de meios*** — as normas técnicas — registrava a existência de uma forte inclinação no sentido de que o novo Convênio se apoiasse num ***sistema de quotas*** e numa ***política de preços.*** O Grupo informou igualmente que os assuntos que emergiram das negociações, como elementos essenciais para o novo Convênio, naquela conjuntura, foram: ***quotas, preços, garantia do fornecimento, política de estoques*** e ***controles***. Também foram considerados importantes pelo Grupo os seguintes assuntos complementares: ***política de produção*** e de ***promoção do café.***

Quotas: O Grupo verificou existir concordância no sentido de o novo Convênio conter um Anexo, no qual estaria contemplada a ***quota***

básica de cada "membro produtor, expressa seja em número de sacas de café, seja em percentagem do total global das exportações". O cálculo que fixaria a quota básica teria como fundamento as exportações efetivas de cada país num determinado número de anos, que constituiriam assim o critério para a divisão consensual do mercado. Existiam discordâncias na escolha dos anos das séries de exportações e não tinha sido ainda convencionado se o cálculo para a fixação da quota básica deveria ser feito incluindo as exportações de café para todas as destinações ou apenas para os membros exportadores.

No que diz respeito às ***quotas anuais*** e ***trimestrais*** de cada membro exportador, o Grupo registrava a existência de uma forte corrente em prol da divisão destas quotas numa ***parte fixa*** e numa ***variável***. A parte fixa seria distribuída entre os membros exportadores de acordo com as quotas básicas, a serem estipuladas no Anexo do novo Convênio. A parte variável levaria em conta, no sistema de sua atribuição, ou o volume de estoques dos produtores ou o volume de café que tivesse sido posto sob controle internacional pelos membros exportadores. Não havia decisão sobre a percentagem que, na quota anual de cada país, caberia à parte fixa e à parte variável.

No que diz respeito à ***fixação global da quota anual***, que seria dividida em quotas trimestrais e distribuída entre os produtores numa parte fixa e numa variável, conforme acima explicado, o Grupo registrava a existência de uma aspiração generalizada no sentido de encontrar meios e modos de tornar o assunto menos controverso do que tinha sido na vigência dos Convênios de 1962 e 1968. Alguns membros favoreciam um sistema automático ou semi-automático de calcular a demanda de importações. Não se tinha chegado, até aquele momento, observava Alexandre Beltrão, a uma fórmula para alcançar este objetivo, porém parecia haver um entendimento generalizado de que o principal critério para a fixação global da quota anual deveria ser o desaparecimento de café nos países importadores.

Os ***ajustes de quotas*** resultariam da movimentação dos preços, que, por sua vez, deveriam refletir a política de preços a ser fixada no novo Convênio. O mecanismo de relacionamento entre os ajustes de quotas e as movimentações dos preços, observava o Grupo, ainda era um assunto pendente.

Preços: Quanto a preços, o Grupo de Trabalho aceitou os objetivos genéricos dos Convênios anteriores, consagrados, por exemplo, nos artigos 1 e 27 do Convênio de 1968. Entretanto, o acordo sobre estes objetivos — preços estáveis, equitativos para os consumidores e que aumentem a receita de exportação dos produtores, promovendo igualmente o equilíbrio entre oferta e procura — não significou consenso no que diz repeito à escolha de meios. A ausência de definição quanto a normas técnicas nesta etapa das negociações, é perfeitamente compreensível. De fato, conforme foi visto no capítulo III, dada a potencial incompatibilidade entre os vários objetivos de cooperação internacional, um acordo quanto a meios exigiria, em primeiro lugar, uma definição sobre a relevância hierárquica dos objetivos. Tal relevância é variável de acordo com os interesses, no tempo, de cada país. Os produtores estavam dando ênfase ao aumento das receitas de exportação, ao passo que os consumidores vinham insistindo em estabilidade de preços. Além deste problema, onde entrava em jogo a reciprocidade como uma fórmula de procura dos caminhos possíveis da cooperação internacional em 1975, existiam também as dificuldades na escolha do elenco de meios, oriundas da especificidade de cada país. Esta especificidade gerava, e gera, impactos diferenciados, que variam dependendo das normas técnicas, de país para país, bastando, neste sentido, lembrar o problema — discutido no capítulo III — do impacto da automaticidade da indexação, como um mecanismo para adaptar os preços à conjuntura da inflação mundial. Isso explica porque o Grupo de Trabalho não tinha chegado a um acordo sobre: (i) a conveniência de inscrever no novo Convênio objetivos específicos de preços e mecanismos para assegurá-los; (ii) critérios para a estipulação e revisão de preços aceitáveis e dos seus níveis de flutuação; e (iii) finalmente, se os níveis de flutuação deveriam ser fixados pelo Conselho com certa margem de liberdade, ou estipulados através da aplicação de uma fórmula semi-automática, previamente acertada. Estas dificuldades todas evidentemente se refletiam também na ausência de um acordo quanto ao ***sistema de preços indicativos.***

Garantia de fornecimento: No que diz respeito à garantia de fornecimento, alguns importadores insistiam na obrigação dos exportadores de venderem todas as suas quotas, ao passo que muitos destes rejeitavam esta obrigação, a não ser que ela fosse acompanhada de uma correspondente obrigação de comprar todo o café abrangido por estas quotas. Daí as divergências sobre a hipótese de distribuição automática para outros membros exportadores de insuficiências, fruto de ***retenção*** ("undershipments"), que segundo alguns produtores seria uma forma de obter uma determinada oferta de café, sem maiores compromissos por parte dos importadores.

Quanto ao ***estoque internacional de garantia***, que tinha obtido considerável apoio, os problemas maiores residiam na distribuição dos custos de seu financiamento.

Finalmente, o Grupo de Trabalho registrava a existência de apoio para um mecanismo de suspensão de quotas, que funcionaria como válvula de segurança, caso os demais mecanismos de ajustes dos preços, a serem contemplados no novo Convênio, não viessem a funcionar.

Controles: O Grupo de Trabalho concordou, por unanimidade, em que o sistema de controles do Convênio de 1968 deveria ser mantido e que tais controles deveriam abranger todo o mercado, mesmo porque, também por unanimidade, o Grupo de Trabalho rejeitou a manutenção do esquema do Anexo B dos Convênios de 1962 e 1968 (café não-debitado a quotas e destinado aos assim chamados mercados novos).

No que diz respeito à ***política de produção***, o Grupo ponderou a relação entre a política de preços do novo Convênio e o equilíbrio futuro da produção e do consumo. No que tange a ***estoques,*** o Grupo concordou, unanimemente, na necessidade de informações exatas sobre os estoques nacionais. (28)

(E) *A busca da reciprocidade — IV: A Resolução n. 279, o Grupo de Contacto, a 26a. e a 28a. sessões do Conselho da OIC*

O Conselho, de conformidade com as disposições da Resolução n. 274, reuniu-se de 24 de junho a 13 de julho de 1975 para negociar o novo Convênio. Na abertura dos trabalhos, o Presidente do Conselho, J. R. Sharpe (Canadá), registrou a existência, entre todos os delegados, de "um interesse sincero em conduzir a bom termo as deliberações relacionadas com um novo Convênio", apontando que o Grupo de Trabalho, criado pela Resolução n. 274, tinha realizado "progresso suficiente para permitir que o Conselho chegue a uma conclusão positiva acerca da estrutura do novo Convênio." O chefe da delegação brasileira — Camillo Calazans de Magalhães — nessa mesma ocasião, ao apontar a relação entre a complexidade desta tarefa e a complexidade da gama dos interesses em jogo, disse que o que se esperava, a partir daquela data, era "a demonstração, por cada um dos países aqui presentes, da vontade política de dar forma coerente a este conjunto de idéias, algumas novas e outras já praticadas, elaborando-se um acordo que atenda equitativamente aos interesses de todas as partes." (29)

Quais foram os resultados da 26a. Reunião do Conselho? Durante a sua realização, o Grupo de Trabalho se reuniu diversas vezes, entendendo no início, conforme comunicou na Terceira Reunião Plenária do Conselho, realizada no dia 1º de julho de 1975, que seria possível chegar-se a um acordo quanto a textos dos artigos julgados essenciais para um novo Convênio. (30) Posteriormente, por ocasião da Quarta Reunião Plenária, realizada em 8 de julho de 1975, o Diretor-Executivo, falando como presidente do Grupo de Trabalho, informou que "completado o exame de todos os artigos de caráter econômico, decidiu-se interromper a revisão e debater os princípios gerais do novo Convênio." (31) Para dar seguimento a esta linha de esforços, o Grupo de Trabalho estabeleceu um *Grupo de Contacto*, composto por pessoas indicadas pelos Grupos de Produtores e de Consumidores. (32)

A passagem do Grupo de Trabalho para o Grupo de Contacto, que também foi presidido pelo Diretor-Executivo, registra uma interessante mudança, no correr da reunião, quanto à técnica de negociação e à maneira de transformar as idéias, trabalhos e relatórios, até então apresentados num texto articulado. Algumas delegações, refletindo a experiência das negociações dos Convênios de 1962 e 1968 e também a prática corrente, nas discussões de outros produtos de base, insistiam na necessidade de um texto contendo diversas alternativas de artigos, que registrariam as diferentes posições. Tal documento, elaborado pelo Diretor-Executivo, seria o instrumento de negociação no Grupo de Trabalho. A prática do Grupo de Trabalho mostrou às delegações as dificuldades e a morosidade de se obter consenso por meio do processo do texto, contendo artigos que detalhavam, com minúcia, as diferentes posições. O insucesso deste processo permitiu que outras delegações voltassem a insistir num caminho alternativo. Tal caminho visava aprofundar a análise substantiva e buscar um acordo sobre um esqueleto de Convênio, contendo apenas os pontos essenciais. Este foi o procedimento adotado pelo Grupo de Contacto. A rapidez com a qual o Grupo de Contacto, no final da Vigésima-Sexta Reunião do Conselho, reduziu diferenças e permitiu o progresso das negociações, consolidou, processualmente, a perspectiva de conduzir os trabalhos por meio da análise substantiva e do acordo sobre um esqueleto de Convênio. Entretanto, o progresso das negociações, apesar de considerável, não permitiu, no pouco tempo que restava ao Grupo de Contacto, que este ultimasse as suas atividades na Vigésima-Sexta Reunião do Conselho. É por essa razão que o Grupo de Contacto recomendou, na 6a. Sessão Plenária, realizada em 13 de julho de 1975, que a próxima sessão do Conselho, destinada à negociação de um novo Convênio, tivesse lugar de segunda-feira 27 de outubro a sexta-feira 14 de novembro de 1975. (33) Esta proposta foi aceita pelo Conselho através da Resolução n. 279, de 13 de julho de 1975, que oficializou o Grupo de Contacto e a sua processualística, estabelecendo o programa de trabalho para o término do processo de negociação.

O Grupo de Contacto foi integrado de acordo com designações feitas pelo Grupo de Produtores e pelo Grupo de Consumidores, cabendo a sua presidência, como já apontado, ao Diretor-Executivo da OIC, Alexandre Beltrão. No seu primeiro relatório, que é de 12 de julho de 1975 e que foi, por falta de tempo, submetido diretamente ao Conselho e não ao Grupo de Trabalho, o Grupo de Contacto aprofundou hipóteses já mencionadas com o objetivo de alcançar um acordo quanto aos princípios gerais do novo Convênio, tendo reduzido significativamente diferenças quanto aos seguintes pontos: (i) indexação (houve consenso quanto à impossibilidade de um mecanismo rígido e automático); (ii) mecanismo de reajuste de quotas durante o ano cafeeiro (a seletividade, enquanto norma técnica, foi abandonada); (iii) divisão do mercado entre membros e não-membros (a divisão entre mercados tradicionais e novos, dos Convênios anteriores, foi abandonada); e (iv) bases e séries estatísticas para a negociação de quotas básicas. Os grandes pontos pendentes no Grupo de Contacto, por ocasião do encerramento da 26a. Reunião do Conselho, eram: o critério das quotas básicas como mecanismo de distribuição e divisão do mercado entre os membros produtores e a possibilidade de serem aplicadas penalidades caso ocorresse "undershipment". (34)

O Grupo de Contacto, dentro do programa de trabalho para completar o processo de negociação, foi reconduzido pelo Conselho, na sua 27a. sessão, realizada em setembro de 1975. Integravam-no os seguintes representantes e seus suplentes:

MEMBROS EXPORTADORES

Representantes	Suplentes
M. Raffaelli (Brasil)	Sérgio Bath, depois substituído por Sílvio Lima.
A. Gomez Jaramillo (Colômbia)	Hernan Jaramillo Ocampo
R. Falla Cáceres (El Salvador)	A. Jimenez Castro (Costa Rica)
A. Sawadogo (OAMCAF)	C. Banny (Organização Interafricana do Café).

Na ausência do Sr. A. Sawadogo, o Sr. C. Banny passou a desempenhar as funções de representante, tendo como suplente o Sr. S. Musoka (Uganda).

MEMBROS IMPORTADORES

Representantes	Suplentes
H. Rorig (Rep. Federal Alemã)	D. Horler (Reino Unido)
P. Gallot (França)	A. Hermann
L. Dafgard (Suécia)	G. Kjølstad (Noruega)
J. Katz (EUA)	G. Thigpen

Na ausência do Sr. J. Katz, o Sr. Thigpen passou a desempenhar as funções de representante, tendo como suplente o Sr. T. O' Donnell. (35)

Conforme se verifica, o Grupo de Contacto era composto pelos principais produtores dos diversos tipos de café, seja individualmente —

Brasil (arábicas não-lavados), Colômbia (suaves colombianos) — seja por representação — OAMCAF e Organização Interafricana do Café, no caso dos robusta — e El Salvador e Costa Rica no caso dos outros suaves, todos designados pelo Grupo de Produtores. Integravam-no também os principais importadores europeus e os EUA. A maior parte dos países representados no Grupo de Contacto tinha apresentado propostas relevantes visando alcançar, através da reciprocidade dos interesses, um novo Convênio do Café. Entre as analisadas no correr deste capítulo, cabe relembrar as da OAMCAF — Organização Interafricana do Café, Brasil, França, Brasil/Colômbia e EUA. O peso específico desses países, em conjunto, na economia cafeeira mundial era imenso. É por essa razão que, esgotados os aspectos mais técnicos da negociação, resolvidos pelo Grupo de Trabalho, e adotada na 26a. sessão do Conselho a linha processual do debate em torno dos pontos essenciais, definidores do esqueleto do acordo, o ***Grupo de Contacto,*** fruto desta escolha, passou a ser o canal de negociação final, que levou ao texto do Convênio de 1976. Nas palavras de Guy Delaporte, o Grupo de Contacto, como um grupo particularmente restrito, serviu "a la fois de chambre de reflexion et de courroie de transmission vers les organismes officiels de l'OIC." (36)

O Grupo de Contacto atuou decisivamente, tanto como câmara de reflexões, quanto como correia de transmissão, na vigésima-oitava sessão do Conselho Internacional do Café, que foi aquela na qual se chegou a um acordo sobre o novo Convênio Internacional do Café. Numa primeira etapa, o Grupo realizou, de 3 de novembro — data de início da vigésima-oitava sessão do Conselho, em função das decisões tomadas na vigésima-sétima, realizada em setembro — a 12 de novembro, 14 reuniões. Após estas reuniões, o Grupo informou, no seu relatório de 12 de novembro, não ter ainda condições para submeter à apreciação do Conselho um conjunto completo de propostas, encaminhando no entanto a informação sobre os progressos alcançados. (37) Entre os problemas novos, discutidos e enfrentados pelo Grupo de Contacto, um merece referência especial, pois resulta de fatos novos, posteriores à 26a. sessão do Conselho e que provocaram alterações na perspectiva da oferta de café durante a possível vigência do Convênio em negociação. Tratava-se do efeito, nas projeções de produção e oferta de café, das geadas no Brasil, ocorridas em julho de 1975. De fato, conforme avaliação feita pelo Diretor-Executivo, as geadas tinham afetado significativamente a produção brasileira, como se pode ver pela tabela abaixo:

ALTERNATIVAS DA PROJEÇÃO DE PRODUÇÃO DE CAFÉ NO BRASIL

1976/1977 - 1981/1982 - EM MILHÕES DE SACAS

ANO CAFEEIRO	PROJEÇÃO MÉDIA ANTES DA GEADA	PROJEÇÃO NO LIMITE INFERIOR DEPOIS DA GEADA	PROJEÇÃO NO LIMITE SUPERIOR DEPOIS DA GEADA
1975/76	21		
1976/77	25.7	8.6	10.6
1977/78	27.1	14.0	17,2
1978/79	28.6	18.9	23.1
1979/80	30.0	25.5	31.1
1980/81	31.4	27.0	33.0

Fonte: OIC, EB-1396/75, de 24/outubro/1975, tabela 8, p. 11.

A queda da produção, evidentemente, reduziria a oferta de café do Brasil no mercado mundial. Neste sentido, Alexandre Beltrão apontava que, considerando que os estoques brasileiros em junho de 1975 eram da ordem de 24.4 milhões de sacas e que a safra 1975/76 seria de cerca de 21 milhões de sacas, e a isto se somando as projeções de produção de três safras (1976/77 a 1978/79) depois da geada, a oferta de café do Brasil, até o início do ano cafeeiro de 1979/80, no limite da projeção inferior, seria de 86.9 milhões de sacas, e no limite superior 96.3 milhões de sacas. Tais números eram significativamente menores do que as 126.8 milhões de sacas que seriam o resultado deste cálculo computando-se as projeções de produção antes das geadas. (38) É por essa razão que o Grupo de Contacto, que antes, no seu relatório à 26a. sessão do Conselho, tinha previsto cláusulas para a suspensão de quotas, via-se agora, na 28a. sessão, na contingência de prever cláusulas para a introdução de quotas, durante o termo da vigência do Convênio em negociação, uma vez que o Grupo passou a considerar "que os efeitos, sobre a situação do mercado, da geada de julho de 1975 no Brasil, deixam prever a impossibilidade de aplicar um sistema de quotas imediatamente após a vigência do futuro Convênio." (39)

Nesse sentido, o que se pode dizer é que as negociações do novo Convênio foram concluídas num contexto diferente do dos entendimentos anteriores, pois, nas palavras do delegado do Brasil na Primeira Reunião Plenária da Vigésima-Oitava Sessão, realizada a 3 de novembro de 1975, " . . . é fácil concluir que, antes de três ou quatro anos, o Brasil não poderá atingir seu nível normal de exportação. . .", ainda que o Brasil não pretenda "de forma alguma abandonar a posição que mantém no quadro mundial de fornecedores de café. . .". "A geada no Brasil, ocorrendo em momento em que as condições de oferta eram bem distintas das que prevaleceram no passado, não poderia deixar de provocar uma elevação das cotações. A ninguém, produtores ou consumidores, interessa que as cotações do café atinjam níveis suscetíveis de provocar uma retração do consumo. Mas é importante observar que a alta verificada nos últimos meses se fez a partir de preços extremamente aviltados, tão baixos que prejudicavam as perspectivas de manutenção da produção." (40)

O resultado da nova situação acelerou os entendimentos, pois as divergências existentes, que ainda estavam retardando as negociações, mudaram de importância uma vez que, segundo os observadores, "the Brazilian frosts changed the whole face of the market and made a resolution of differences not advisable but essential to maintain stability". (41) Em outras palavras, e para colocar o problema no quadro mais amplo do que foi dito no capítulo II, o domínio econômico de fato se caracteriza por fortes elementos de conjuntura e de aleatório, que o configuram como flexíveis e até certo ponto instável. É por essa razão que a reciprocidade, baseada na equivalência de prestações, se altera em função do fator tempo, exigindo a revisão dos meios e mecanismos destinados a promover a cooperação internacional. No campo do café, os Convênios de 1962 e 1968 atenderam às exigências da reciprocidade, conforme foi visto no capítulo IV, através de um elenco de meios destinados a enfrentar um contexto de superprodução. A modificação da conjuntura provocou o término do Convênio de 1968 e as possibilidades de um novo Convênio foram sendo discutidas, conforme foi visto neste capítulo, numa quadra de relativo equilíbrio entre a oferta e a procura. Isto explica o elenco de meios sugeridos e, em boa parte, negociados até a 26a. sessão do Conselho quando, aparentemente, os dois pontos de envergadura ainda não resolvidos eram: a fórmula de distribuição do mercado entre os países produtores e a possibilidade de serem aplicadas penalidades, caso ocorresse "undershipment". Em síntese, tinha sido explorado o caminho da reciprocidade, fruto da avaliação da equivalência das prestações, no contexto da conjuntura então vigente. As negociações do novo Convênio foram concluídas na vigésima-oitava Sessão do Conselho, numa nova situação, provocada pela escassez e pela alta de preços dela derivada, isto é, num mercado que reforçava o ***locus standi*** dos países produtores e que inseria, na agenda de preocupações dos países consumidores, com mais vigor, certos problemas. De fato, o mercado, pós-geada, diminuiu a relevância de certos mecanismos já negociados, destinados a regulamentar e eliminar distorções geradas em conseqüência de excesso de inversões, e realçou a importância da garantia de fornecimento, ainda que a preços mais altos. Daí a necessidade de adaptar o elenco de meios que se imaginava, em julho de 1975, praticamente em fase final de negociações, à nova conjuntura. (42) Nessa adaptação, o Grupo de Contacto foi muito criador, a começar pela recomendação, inspirada em ***Questões a Considerar***, da não-aplicação de quotas, no início do novo Convênio, como mecanismo para garantir o fornecimento, ainda que a preços mais altos, em vez do uso de quotas, com a hipótese de sua suspensão, apenas como um mecanismo para impedir eventuais aumentos excessivos de preços. Este remanejamento foi complexo, pois envolvia, no caso, a substituição do mecanismo de suspensão de quotas, de fácil aplicação, pela necessidade de regulamentar a hipótese da introdução de quotas, após um período sem quotas, com velocidade suficiente para permitir a sustentação de preços, o que gerava inúmeros problemas técnicos e de compatibilização de objetivos, que requeriam, no texto do Convênio, uma solução explícita.

Para dar conta desta nova tarefa de adaptação e para acertar as diferenças ainda existentes quanto a princípios gerais, o Grupo de Contacto continuou os seus trabalhos e apresentou, em 18 de novembro, um adendo ao seu relatório de 12 de novembro (43) e um relatório final em 25 de novembro de 1975. Este último abrangia "os elementos essenciais de um novo Convênio e as respectivas recomendações feitas pelo Grupo quanto à forma como as referidas questões poderiam, ou ficar consignadas em artigos do Convênio ou ser atendidas por meio de regulamentação ou de resoluções adotadas nos termos das pertinentes disposições do Convênio. (44)

O relatório final do Grupo de Contacto foi submetido ao Conselho na sua sexta reunião, realizada em 26 de novembro. Nessa ocasião, ao apresentar o documento, o Diretor-Executivo observou que as propostas do Grupo de Contacto, por ele presidido e que havia contado com a presença dos Presidentes do Conselho — F. Cantu Peña (México) — e da Junta Executiva — A. L. Paltridge (Austrália) — visavam "introduzir certas inovações no funcionamento do novo Convênio. A economia cafeeira está passando por um período de transição e o Grupo considera que o novo Convênio deve conter mecanismos que possam ser adaptados às novas circunstâncias." O documento foi apoiado pelo Grupo de Produtores, tendo o delegado brasileiro observado: "Desde a abertura das negociações, o Brasil declarou que desejava um Convênio com cláusulas econômicas. Este desejo foi reafirmado por ele próprio depois da desastrosa geada de julho, que havia alterado a situação do mercado.

O Brasil continua convencido da necessidade de cooperação não apenas entre os produtores como ainda entre produtores e consumidores." (45)

Na sétima reunião plenária, realizada no mesmo dia, o Grupo de Produtores, presidido pelo Brasil, declarou que aceitava integralmente as recomendações feitas pelo Grupo de Contacto apenas com um pequeno ajuste para acerto de quotas básicas, na eventualidade de países importadores não-membros aderirem ao Convênio. Já o Grupo de Consumidores, presidido pelo Canadá, declarou que não podia "no presente momento, concordar com todas as propostas que figuram no relatório do Grupo de Contacto." Por essa razão, tinha o delegado norte-americano dito, pouco antes, que se completaram "mais de três quartas-partes de nossas negociações", mas que ". . . temos ainda perante nós uma tarefa longa e difícil. Muito café será ainda consumido por todos nós até que todas as vírgulas e pontos estejam em seus lugares." (46)

Colocar as vírgulas e os pontos no lugar exigiu ainda bastante trabalho do Conselho, que viu porém os seus esforços coroados de êxito na sua décima-sétima reunião plenária, realizada no dia 3 de dezembro, quando aprovou, pela Resolução n. 287, o texto do novo Convênio. (47) Este, assim como a reciprocidade final dos interesses que o motivou, serão objeto dos próximos capítulos. Antes de encetá-los convém, no entanto, fazer — à guisa de conclusão — uma rápida colocação sobre a pertinência dos assuntos tratados no que diz respeito à problemática geral deste trabalho.

Reciprocidade tem sua origem etimológica, conforme foi apontado no capítulo II, nos prefixos ***re*** e ***pro***, que, em conjunto, compõem o entendimento de uma situação com um fluxo alternado, cuja movimentação, para frente e para trás, para mais e para menos, registra a idéia de troca, interdependência e colaboração. O histórico das negociações que levaram ao terceiro Convênio Internacional do Café, realça o jogo da reciprocidade enquanto fórmula de procura da equivalência das prestações. Esta procura, conforme foi visto neste capítulo, é fruto da necessidade de rever, em função do impacto da conjuntura e do fator tempo no Direito Internacional Econômico, os critérios de avaliação das prestações, que podem ensejar o acordo de vontades. Daí os fluxos e refluxos, desde o término do Convênio de 1968 até a 28a. sessão do Conselho, quando, após o conflito e a ruptura, as marchas e contramarchas, um novo acordo de vontades, diferente dos de 1962 e 1968, permitiu a gênese de outro modelo jurídico, distinto das anteriores. Este modelo jurídico, a ser estudado nos próximos capítulos, deverá disciplinar as transações da ordem cafeeira mundial através de normas de mútua colaboração que, pelo elenco de meios negociados, precisarão garantir — para serem efetivos — a expectativa das partes contratantes. Esta expectativa da expectativa resulta, para lembrar o termo aristotélico, de uma nova proporção, fruto da atual distribuição de poder entre os Estados participantes da transferência internacional de recursos no campo do café.

Notas ao Capítulo V

(1) *O.I.C., Relatório do Grupo de Trabalho sobre o Convênio e Resumo das Discussões*, E. D. 594/72, 11/julho/1972, p. 1; sobre o mecanismo de voto no Convênio de 1968, disciplinado pelo artigo 12, Cf. CELSO LAFER, *O Convênio Internacional do Café*, in. loc. cit., pp. 44-48.

(2) *O.I.C., Relatório do Grupo de Trabalho sobre o Convênio e Resumo das Discussões*, ED/594/72, 11/julho/1972, pp. 2 e 3; ver art. 27 do Convênio de 1968, que tratava dos compromissos gerais dos membros e que fazia referência, no seu § 2º, a um piso de preços de café tomando como base o nível geral dos preços de café em 1962.

(3) *O.I.C., Relatório do Grupo de Trabalho sobre o Convênio e Resumo das Discussões* – ED/594/72, 11/julho/1972, pp. 3-4.

(4) *O.I.C., Relatório do Grupo de Trabalho sobre o Convênio e Resumo das Discussões*, ED/594/72, 11/julho/1972, pp. 4-7, 9-13; Sobre quotas e os seus mecanismos de ajuste, nos Convênios de 1962 e 1968, ver supra Cap. IV e CELSO LAFER, *O Convênio Internacional do Café*, in loc. cit., pp. 34-38.

(5) *O.I.C., Relatório do Grupo de Trabalho sobre o Convênio e Resumo das Discussões* – ED/594/72, 11/julho/1972, pp. 7-9; ver supra Capítulo IV e também, sobre o problema da cartelização da oferta de produtos básicos, como item de confrontação Norte-Sul, C. FRED BERGSTEN, "The Response to the Third World", in loc. cit., pp. 3-34.

(6) *O.I.C., Relatório do Grupo de Trabalho sobre o Convênio e Resumo das Discussões* – ED/594/72, 11/julho/1972, pp. 13-14; ver supra Cap. IV e também CELSO LAFER, *O Convênio Internacional do Café*, in loc. cit., pp. 37-38.

(7) *O.I.C., Relatório do Grupo de Trabalho sobre o Convênio e Resumo das Discussões* – ED/594/72, 11/julho/1972, pp. 15-20; sobre o elenco de meios que tratavam das medidas de longo prazo, nos Convênios de 1962 e 1968, cf. CELSO LAFER, *O Convênio Internacional do Café*, in loc. cit., pp. 41-44.

(8) ALEXANDRE F. BELTRÃO, *A Encruzilhada do Café*, ED/631/73, 1/feverei-

ro/1973, pp. 4-5; sobre o problema da reciprocidade na escolha dos objetivos e na fixação das normas técnicas destinadas a efetivá-los, em matéria de cooperação econômica, ver supra, Cap. III.

(9) *O.I.C., Questões a considerar*, EB-1265/74, de 30/janeiro/1974, pp. 1-5.

(10) *O.I.C., Questões a considerar* – EB-1265/74, de 30/janeiro/1974, pp. 5-14; sobre o ajuste seletivo, os quatro grupos de café e o preço indicativo nos Convênios anteriores, cf. CELSO LAFER, *O Convênio Internacional do Café*, in loc. cit., p. 36, e supra Cap. IV.

(11) *Questões a considerar*, EB-1265/74, de 30/janeiro/1974, pp. 16-17.

(12) *O.I.C., Texto do relatório apresentado verbalmente pelo Presidente do Grupo de Trabalho sobre a Negociação de um Novo Convênio*, EB-1286/74, de 29/maio/1974, pp. 1-2, 8 e passim.

(13) *O.I.C., Resumo das Propostas apresentadas para um Novo Convênio Internacional do Café* – EB-1322/74, de 29/novembro/1974, e o seu adendo EB/1322/74 Add-1, de 30/dezembro/1974.

(14) *O.I.C., Proposta para o Terceiro Convênio Internacional do Café Apresentadas pela Organização Africana e Malgaxe do Café e pela Organização Interafricana do Café*, EB/1309/74, de 18/set/1974, pp. 1-6.

(15) *O.I.C., Propostas para o Terceiro Convênio Internacional do Café apresentadas pela Organização Africana e Malgaxe do Café e pela Organização Interafricana do Café*, EB-1309/74, de 18/setembro/1974, pp. 5-14.

(16) *O.I.C., Propostas para o Terceiro Convênio Internacional do Café apresentadas pela Organização Africana e Malgaxe do Café e pela Organização Interafricana do Café*, EB-1309/74, de 18/setembro/1974, pp. 14-17.

(17) *O.I.C., Propostas para o Terceiro Convênio Internacional do Café apresentadas pela Organização Africana e Malgaxe do Café e pela Organização Interafricana do Café*, EB-1309/74, de 18/setembro/1974, pp. 18-24.

(18) ALEXANDRE FONTANA BELTRÃO, *Tendências de Produção Mundial de Café e Possibilidades de Coordenação de Políticas Nacionais*, palestra realizada em 29 de maio de 1974, no III Seminário do Comércio de Café de Santos, reproduzida em inglês em ED/710, de 21/junho/1974.

(19) Ver supra, Cap. IV, particularmente a bibliografia mencionada na nota 7.

(20) *O.I.C., Negociação de um Novo Convênio Internacional do Café – Propostas e Comentários – Brasil*, EB-1325/74, de 11/dezembro/1974.

(21) *O.I.C., Negociação de um Novo Convênio Internacional do Café – Propostas e Comentários – Portugal*, EB-1331/74, de 23/dezembro/1974.

(22) *O.I.C., Resumo dos Debates Realizados no Grupo de Trabalho sobre a Negociação de um Novo Convênio e em seus Subgrupos de 20 a 31 de janeiro de 1975*, EB-1348/75, de 5/fevereiro/1975; *O.I.C.. Relatório do Grupo de Trabalho sobre a Negociação de um novo Convênio (Reuniões de 24 a 28 de fevereiro de 1975)*, EB-1352/72 Corr., de 19/março/1975; *O.I.C., Resumo, apresentado pelo Presidente, das Discussões do Grupo de Trabalho sobre a Negociação de um Novo Convênio durante as reuniões de 17 a 21 de março de 1975*, EB-1363/75, de 5/maio/1975; *O.I.C., Report by the Chairman on the Progress made by the Working-Group on the Negotiation of a New Agreement set up under the Provisions of Resolution number 274*, ICC 26-1, 12/June/1975, pp. 11-14.

(23) *O.I.C., Grupo de Trabalho sobre a Negociação de um novo Convênio – Temas para Debate*, WP-Agreement n. 21, Rev. 1, de 16/janeiro/1975, p. 1.

(24) *O.I.C., Negociação de um Novo Convênio Internacional do Café – Propostas e Comentários – França*, EB-1340/75, de 20/janeiro/1975.

(25) *O.I.C., Convênio – Propostas Brasil/Colômbia*, EB-1360/75, de 9/abril/1975; *O.I.C., Preços – Informações Relacionadas com as Propostas feitas pelo Brasil e a Colômbia a Respeito de Mecanismos de Preço de um Novo Convênio Internacional do Café*, WP-Agreement n. 72, de 16/maio/1975.

(26) *O.I.C., Negociação de um Novo Convênio Internacional do Café – Propostas e Comentários – Estados Unidos da América* – EB-1361/75, de 15/abril/1975.

(27) HENRY A. KISSINGER, *The Imperative of Growth and Cooperation*, "Speech" de 28/maio/1975 em Paris, França, no Conselho da OECD, USA-Department of State, Bureau of Public Affairs, Office of Media Services, p. 6. Sobre a mudança de posição americana, a partir desta data, inclusive em outros foros, cf. BRANISLAV GOSOVIC e JOHN GERARD RUGGIE, "On the Creation of a New International Economic Order: Issue Linkage and the Seventh Special Session of the UN-General Assembly" in loc. cit., pp. 309-345.

(28) *O.I.C., Report by the Chairman on the Progress made by the Working Group on the Negotiation of a New Agreement set up under the Provisions of Resolution n. 274*, ICC-26-1, de 12/junho/1975, pp. 1-10; igualmente *O.I.C., Relatório do Subgrupo Técnico de Preços Indicativos*, WP-Agreement n. 68, de 29/

abril/1975; *O.I.C.*, *Relatório Preliminar do Subgrupo Técnico de Controles*, WP-Agreement n. 69, de 29/abril/1975; *O.I.C.*, *Relatório Provisório do Subgrupo Técnico de Estoques*, WP-Agreement n. 70, de 30/abril/1975.

(29) CONSELHO INTERNACIONAL DO CAFÉ: *Vigésima-Sexta Sessão, 24 de junho- 13 de julho de 1975 – Ata da Primeira Reunião Plenária, realizada terça-feira, 24 de junho de 1975*. ICC-26-m-15, de 17/julho/1975, Anexo 1 (palavras de J. R. Sharpe), p. 2; Anexo 2 (declaração de Camillo Calazans de Magalhães), p. 1.

(30) CONSELHO INTERNACIONAL DO CAFÉ: *Vigésima-Sexta Sessão, 24 de junho – 13 de julho de 1975 – Ata da Terceira Reunião Plenária, realizada no dia 1º de julho de 1975*. ICC-m-19, de 24/julho/1975, p. 1.

(31) CONSELHO INTERNACIONAL DO CAFÉ: *Vigésima-sexta sessão, 24 de junho – 13 de julho de 1975 – Ata da Quarta Reunião Plenária, Realizada no dia 8 de julho de 1975*, ICC-26-m-20, 30/julho/1975, p. 2.

(32) CONSELHO INTERNACIONAL DO CAFÉ: *Vigésima-sexta sessão, 24 de junho – 13 de julho de 1975 – Ata da Quinta Reunião Plenária, Realizada sexta-feira, 11 de julho de 1975*, ICC-26-m-21, de 30 de julho de 1975, p. 2.

(33) CONSELHO INTERNACIONAL DO CAFÉ: *Vigésima-sexta sessão, 24 de junho – 13 de julho de 1975 – Ata da Sexta Sessão Plenária, Realizada domingo, 13 de julho de 1975*, ICC-26m-22, de 11/agosto/1975, p. 3.

(34) CONSELHO INTERNACIONAL DO CAFÉ: *Vigésima-sexta sessão, 24 de junho – 13 de julho de 1975 – Ata da Sexta Sessão Plenária, Realizada domingo, 13 de julho de 1975*, ICC-26-m-22, de 11/agosto/1975, p. 3; *O.I.C.*, *Relatório do Grupo de Contacto*, ICC-26-11, de 12 de julho de 1975.

(35) CONSELHO INTERNACIONAL DO CAFÉ, *Twenty-Seventh Session – 18 September 1975 – Summary Record of the Second Plenary Meeting, Thursday 18 September 1975*, ICC-27-m-3, de 8/outubro/1975, pp. 4-5; OIC, *Relatório do Grupo de Contacto*, ICC-28-6, 12/novembro/1975, p. 1.

(36) GUY DELAPORTE, XXVIIème Session du Conseil International du Café – Vers un Troisième Accord International Particulièrement Sophistiqué, *Marchés Tropicaux et Mediterranées*, 5 decembre 1975, p. 3518.

(37) *O.I.C.*, *Relatório do Grupo de Contacto*, ICC-28-6, 12/novembro/1975, pp. 1-2.

(38) *O.I.C.*. *Production of Coffee in Brazil – The Effect of the Frost of July 1975 and Projections of Production*. EB-1396/75, de 24/outubro/1975, pp. 11-12.

(39) *O.I.C.*, *Relatório do Grupo de Contacto*, ICC-28-6, 12/novembro/1975, p. 5.

(40) CONSELHO INTERNACIONAL DO CAFÉ: *Vigésima-oitava sessão – 3 de novembro – 3 de dezembro de 1975 – Ata da Primeira Reunião Plenária, Realizada a 3 de novembro de 1975*, ICC-28-m-36, 6/janeiro/1976, Anexo, pp. 10-11.

(41) *Public Ledger*, Londres, 27/12/75.

(42) Address by Julius L. Katz – Deputy Assistant Secretary of State for Economic and Business Affairs at the 65th Annual Convention of the National Coffee Association, Boca Ratón, Florida, Febr. 3, 1976.

(43) *O.I.C., Relatório do Grupo de Contacto*, ICC-28-6 Add. 1, de 18/novembro/1975.

(44) *O.I.C., Relatório do Grupo de Contacto*, ICC-28-14, de 25/novembro/1975, p. 1.

(45) CONSELHO INTERNACIONAL DO CAFÉ: *Vigésima-oitava sessão – 3 de novembro – 3 de dezembro de 1975 – Ata da Sexta Reunião Plenária, Realizada quarta-feira, 26 de novembro de 1975*, ICC-28-m-41, 19/janeiro/1976, pp. 1-2.

(46) CONSELHO INTERNACIONAL DO CAFÉ: *Vigésima-oitava Sessão – 3 de novembro – 3 de dezembro de 1975 – Ata da Sétima Reunião Plenária, Realizada quarta-feira, 26 de novembro de 1975*, ICC-28-m-42, 21/janeiro/1976, pp. 1 e 5.

(47) CONSELHO INTERNACIONAL DO CAFÉ: *Vigésima-oitava Sessão – 3 de novembro – 3 de dezembro de 1975 – Ata da Décima-Sétima Reunião Plenária Realizada quarta-feira, 3 de dezembro de 1975*, ICC-28-m-52, 23/fevereiro/1976.

TÍTULO III

Capítulo VI

A ESTRUTURA DO CONVÊNIO DE 1976 E A RECIPROCIDADE DOS INTERESSES – ANÁLISE DO PREÂMBULO E DOS CAPÍTULOS I a VI

O texto do novo Convênio, aprovado pela Resolução n. 287, contém um preâmbulo e 10 capítulos. O Capítulo I – artigos 1 e 2 – trata dos objetivos; o capítulo II – artigo 3 – contém definições para os fins do Convênio; o capítulo III – artigos 4 a 7 – cuida dos membros; o capítulo IV – artigos 8 a 22 – trata de organização e administração; o capítulo V – artigo 23 – disciplina os privilégios e imunidades; o capítulo VI – artigos 24 a 27 – regulamenta as finanças; o capítulo VII – artigos 28 a 45 – contém normas que regulamentam as exportações e importações; o capítulo VIII – artigos 46 a 56 – cuida de outras disposições de ordem econômica; o capítulo IX – artigos 57 e 58 – dispõe sobre os mecanismos de consultas, litígios e reclamações, e, finalmente, o capítulo X – artigos 59 a 71 – contém as disposições finais, que disciplinam basicamente os mecanismos nos quais se apóia o processo legislativo internacional, tais como meios de manifestação do consentimento, entrada em vigor, designação do depositário, etc.

Neste capítulo serão examinados o preâmbulo e os capítulos I, II, III, IV, V e VI, que têm entre si conexões que, conforme se verá, explicitam, na estrutura do Convênio de 1976, a moldura dentro da qual opera a reciprocidade dos interesses.

(A) *O Preâmbulo e o Capítulo I*

A compreensão da estrutura do novo Convênio exige, em primeiro lugar, um exame do preâmbulo e do Capítulo I. Neles se pode verificar, inicialmente, em que medida a reciprocidade, enquanto fórmula de procura e base do Direito Internacional de Cooperação, ensejou, em função da conjuntura, modificações no acordo sobre objetivos, que revelam uma nova equivalência das prestações, distinta da dos Convênios de 1962 e 1968.

a. *Preâmbulo*

O primeiro parágrafo do preâmbulo do Convênio de 1976 e idêntico ao de 1968. O segundo parágrafo é semelhante, com uma diferença de matiz, pois enquanto o Convênio de 1968, tal como o de 1962, considera que a cooperação internacional na comercialização do café ***estimulará*** a diversificação econômica e o desenvolvimento dos países produtores, contribuindo assim para o ***fortalecimento*** dos vínculos políticos e econômicos entre produtores e consumidores, o Convênio de 1976 declara que, a cooperação "fomentará a diversificação econômica e o desenvolvimento dos países produtores de café, reforçará as relações políticas e econômicas entre produtores e consumidores e contribuirá para aumentar o consumo de café." Conforme se verifica, a conexão explícita entre interesses econômicos e interesses políticos que os dois Convênios anteriores registravam, pelas razões vistas no capítulo IV e que derivavam da falta de ***locus standi*** econômico dos produtores, se viu amainada no Convênio de 1976, quando a conjuntura permitiu relações mais simétricas entre importadores e exportadores.

No terceiro parágrafo do preâmbulo do Convênio de 1968, os governos signatários tinham motivos para temer "tendências ao constante desequilíbrio entre a produção e o consumo, à acumulação de onerosos estoques e a acentuadas flutuações de preços." No Convênio de 1976 as partes contratantes reconhecem "a conveniência de evitar, entre a produção e o consumo, desequilíbrio capaz de provocar acentuadas flutuações de preços, prejudiciais a produtores e consumidores." Em outras palavras, a referência a onerosos estoques, derivados do desequilíbrio entre consumo e produção e provocados pela superprodução, foi eliminada. Tal eliminação obedece à lógica da nova conjuntura, pois de acordo com os dados e as projeções da OIC, preparadas em outubro de 1975 e que levavam em conta a queda da produção exportável brasileira, a relação mundial entre produção exportável, exportações e estoques remanescentes seria a da tabela abaixo, na qual constam também os dados a partir do ano cafeeiro 1972/1973, para efeitos de comparação (em milhões de sacas):

A N O	M U N D O			B R A S I L			OUTROS MEMBROS		
	Produção exportável	Exportações	Estoques remanescentes	Produção exportável	Exportações	Estoques remanescentes (*)	Produção exportável	Exportações	Estoques remanescentes
1972/73	61,8	60,4	55,9	19,2	19,2	31,8	42,6	41,2	24,1
1973/74	46,9	61,9	40,9	8,6	19,7	20,7	38,3	42,2	20,2
1974/75	61,2	52,6	49,3	19,7	12,3	28,2	41,5	40,3	21,1
1975/76	53,7	59,0	44,0	13,7	15,0	26,9	40,0	44,0	17,1
1976/77	46,7	60,0	30,8	3,6	15,0	9,6	44,1	46,0	14,0
1977/78	53,8	61,0	23,6	9,1	15,0	9,6	44,7	46,0	14,0
1978/79	60,0	62,0	21,6	14,0	15,0	8,6	46,0	47,0	13,0
1979/80	67,9	63,0	26,5	20,8	16,0	13,4	47,1	47,0	13,1

(*) Sempre em 31 de março. Estão abrangidos nesses totais os estoques de café existentes no interior do país e que se encontram em poder de produtores e comerciantes.

Fonte: OIC, EB/1402/75, de 31/outubro/1975, p. 7.

Conforme se verifica, deverá ocorrer uma queda nos estoques remanescentes, que deverão baixar de 44 milhões de sacas, no ano cafeeiro 1975/76, para 21,6 milhões em 1978/79, passando a partir de então a aumentar gradativamente. (1) Nesse contexto de escassez, é evidente que o desequilíbrio possível entre consumo e produção gera outros efeitos e solicita outras providências, distintas das previstas nos convênios anteriores. Daí o 4º parágrafo do preâmbulo do Convênio de 1976, inexistente nos anteriores, que afirma a convicção "de que a adoção de certas medidas no plano internacional pode concorrer para corrigir os efeitos de tal desequilíbrio e para garantir receita adequada aos produtores por meio de preços remunerativos." Nota-se nesse parágrafo a explícita menção à "receita adequada" e "preços remunerativos", aspiração clássica dos produtores, que no contexto do Convênio de 1976 atende à reciprocidade dos interesses econômicos dos consumidores, que viram numa política de preços deste tipo o incentivo adequado para os produtores investirem, de maneira a restaurar o equilíbrio da oferta.

Neste sentido, o terceiro Convênio, ao contrário dos dois anteriores, não significou uma concessão econômica dos consumidores obedecendo à lógica dos seus interesses políticos maiores, mas sim o fruto de uma reciprocidade, onde a proporcionalidade das obrigações traduzia menor vulnerabilidade específica dos produtores. É por essa razão que as vantagens decorrentes da cooperação internacional, a que faz referência o quinto e último parágrafo do preâmbulo, são mais igualitárias e mais especificamente ligadas aos problemas do café. Elas resultam, no caso, para lembrar o que foi dito no capítulo III, da preferência dos Estados pelos benefícios da ordem econômica a ser instaurada pelo terceiro Convênio, que pareceu às partes que o negociaram menos onerosa do que os custos da não-cooperação. Aos consumidores, porque esta ordem criaria, no seu entender, como adiante se verá em mais detalhes, o incentivo máximo para exportações e para restaurar, através do investimento, a produção necessária para assegurar a oferta, ou, em outras palavras, a garantia de fornecimento, ainda que esta, na presente conjuntura, tenha que resultar de "preços remunerativos" e de "receita adequada" para os exportadores. Aos produtores, porque estes atribuíram, neste contexto, maior relevância às possibilidades de cooperação a longo prazo com os consumidores e de acomodação ***inter se*** dos seus interesses, através do modelo jurídico do terceiro Convênio, em detrimento das vantagens a curto prazo de um mercado não-disciplinado, que lhes era favorável. (2)

b. ***Objetivos***

O artigo 1º do capítulo I estipula o acordo sobre objetivos. O parágrafo 1º inova, em relação ao correspondente parágrafo do Convênio de 1968, ao afirmar que as bases para o equilíbrio razoável entre a oferta e a procura do café são "o abastecimento adequado de café a preços equitativos" para os consumidores e "mercados para café a preços remunerativos" para os produtores. O Convênio de 1968 mencionava apenas preços equitativos aos produtores. Esta inversão se explica porque, até a crise do petróleo, eram os países subdesenvolvidos que vinham insistindo, dadas as características da distribuição dos custos e benefícios da transferência internacional de recursos, no conceito de preços equitativos, insistência que os países desenvolvidos, via de regra, afastavam ao insistirem na lógica dos preços estipulados pelo mercado. Entretanto, após a alta dos preços do petróleo, serão os países desenvolvidos, no explícito dizer aliás do próprio Kissinger, que "have stated their claim for reliable supplies of energy, raw materials and other products at a *fair price*". (3) Conforme se verifica, as reivindicações sobre a justiça dos preços variam de proponentes e destinatários, de acordo com a conjuntura, confirmando neste sentido os elementos de incerteza que configuram como flexível a ordem econômica que o Direito Internacional Econômico busca disciplinar. A referência a preços remunerativos para os produtores obedece à nova lógica da política de preços almejada pelo terceiro Convênio, que visa, pelas razões já explicadas, estimular o investimento para assegurar o abastecimento.

O parágrafo 2º do artigo 1º do Convênio de 1968 colocava como um objetivo minorar as sérias dificuldades causadas por onerosos excedentes e excessivas flutuações de preços, entendidos como prejudiciais tanto a produtores como a consumidores. O parágrafo 2º do artigo 1º do Convênio de 1976, baseado na nova conjuntura e na sua correspondente equivalência de prestações almeja "evitar flutuações excessivas dos níveis mundiais de abastecimento, estoques e preços, que são prejudiciais tanto a produtores como a consumidores."

O parágrafo 3º é idêntico nos dois Convênios. Esse parágrafo, ao mencionar o desenvolvimento dos recursos produtivos, á elevação e a manutenção dos níveis de emprego e de renda nos países membros, a fim de concorrer desse modo para a obtenção de salários justos, padrões de vida mais elevados e melhores condições de trabalho, salienta a maior parte dos critérios que, conforme foi visto no capítulo III, motivam e justificam objetivos a serem alcançados em modelos de cooperação econômica internacional. Nesse sentido, o parágrafo 3º do artigo 1º dos três Convênios Internacionais do Café busca realçar os aspectos da utilidade das normas positivas de mútua colaboração, dele derivadas, proveniente da reciprocidade de interesses. Essa reciprocidade de interesses solicita, conforme foi visto nos capítulos I e II, numa época de internacionalização da economia e interdependência dos Estados, sistemas coletivos de tomada de decisões entre os países, em substituição a meios e processos exclusivamente nacionais.

O parágrafo 4º do artigo 1º do Convênio de 1976 coloca como objetivo "elevar o poder aquisitivo dos países exportadores de café pela manutenção dos preços, em conformidade com os termos do parágrafo 1º deste artigo e pelo incremento do consumo." Esta redação inova ao incluir, na parte de preços, a referência ao parágrafo primeiro e ao excluir a palavra *ajudar*, com a qual este parágrafo se iniciava nos convênios anteriores. A menção do parágrafo 1º obedece à lógica, já analisada, da reciprocidade que o motivou. A eliminação da palavra *ajudar* realça o aspecto mais simétrico e igualitário do terceiro Convênio, que não tem, como os anteriores, dada a conjuntura em que foi negociado e a melhoria do *locus standi* dos produtores dela derivada, nenhuma conotação de ajuda por parte dos consumidores desenvolvidos em relação aos produtores subdesenvolvidos. (4)

O parágrafo 5º fala em "fomentar e aumentar, por todos os meios possíveis, o consumo de café." Ele é mais afirmativo que o dos dois convênios anteriores, que apenas mencionavam *incentivar*, e não incluíam a ênfase contida na palavra *aumentar*. Essa ênfase, do ponto de vista dos produtores, é auto-explicativa. Do ponto de vista dos consumidores, ela se prende à lógica dos interesses das atividades ligadas ao café nos países exportadores, conforme se verificará mais adiante, na análise do artigo 47 que trata de promoção. Daí, aliás, a razão de uma proposta mexicana, no início de 1975, e que afinal não teve guarida, onde se propunha "incluir, no preâmbulo do Convênio, um parágrafo em que se reconheça a importância que o Convênio tem para a indústria cafeeira dos países consumidores." (5)

O sexto e último parágrafo do artigo 1º do Convênio de 1976 é praticamente idêntico ao dos dois convênios anteriores. Ao reconhecer a relação entre o comércio de café e a estabilidade econômica dos mercados de produtos industriais como incentivo à cooperação internacional em matéria de café, este parágrafo, da mesma maneira que o parágrafo 3º, que também se manteve inalterado nos três convênios, salienta a reciprocidade dos interesses e a equivalência das prestações, de produtores e consumidores, na criação e aplicação de modelos jurídicos que delimitaram consensualmente a esfera de atribuições dos Estados-membros em matéria de café. Nesse sentido, os parágrafos 3º e 6º assinalam, no que diz respeito a objetivos, as relações de continuidade entre os diversos convênios, dando nesta parte substância aos artigos 8º e 70 do Convênio de 1976, que explicitamente os mencionam, inclusive através das remissões deles derivadas (artigos 7º e 72 do Convênio Internacional do Café de 1968, Prorrogado, e artigo 7º e 72 do Convênio Internacional do Café de 1968). Tais relações de continuidade, no entanto, não obscurecem o fato de que o preâmbulo e o artigo 1º do Convênio de 1976, quando comparados e contrastados com os textos correspondentes dos dois convênios anteriores, registram, para recorrer a uma analogia da teoria do Direito Privado, já utilizada no capítulo II, uma mudança da base do negócio jurídico. Essa mudança — fruto do impacto da conjuntura — gerou um processo de revisão através de negociações, sumariadas no capítulo V, das normas do Direito Internacional Econômico no campo do café. Essa revisão foi formalmente possível e correta porque o Convênio de 1968, assim como o de 1962, nos termos da Carta de Havana, diminuía os riscos, no tempo, da aplicação de suas normas através, respectivamente, dos seus artigos 69 e 71, que delimitavam a vigência e termo de ambos os convênios, subordinando-os a procedimentos previamente estabelecidos para a sua revisão e renegociação.

c. *Compromissos gerais dos membros*

O artigo 2º do Convênio de 1976 estebelece os compromissos gerais dos membros. Estes, nos Convênios de 1962 e 1968, se encontravam no artigo 27, no início do Capítulo VII, que tratava da regulamentação das exportações. Essa mudança de colocação, do Convênio de 1968 para o de 1976, resulta de uma combinatória diferente, num e noutro, quanto às normas técnicas convencionadas pelos membros, em função da conjuntura, para alcançar os objetivos da cooperação internacional. O Convênio de 1968, assim como o de 1962, apoiava-se, no que diz respeito ao elenco de medidas destinadas a atender aos problemas de curto prazo da economia cafeeira, num sistema de quotas, acoplado a um correspondente sistema de controle e fiscalização destas quotas. O compromisso primeiro, portanto, das partes contratantes – do qual derivavam os demais, inclusive as medidas de longo prazo e a política de preços – era o controle do volume físico da oferta. Daí a razão de ordem sistemática que explica a inclusão do artigo 27 no início do capítulo VII dos Convênios de 1962 e 1968. Já o Convênio de 1976, conforme foi visto, deverá entrar em vigor e permanecer na parte inicial da sua vigência, operando sem a aplicação do sistema de quotas. É por essa razão que os compromissos gerais convencionados no artigo 2º figuram no capítulo I, diretamente relacionados com os objetivos.

O artigo 2º contém cinco parágrafos. O parágrafo 1º estipula: "os membros se comprometem a conduzir a sua política comercial de maneira a que possam ser alcançados os objetivos enunciados no artigo 1º. Os membros se comprometem, ademais, a alcançar estes objetivos por meio de rigorosa observância das obrigações e disposições deste Convênio."

Conforme se verifica, este parágrafo estabelece, em primeiro lugar, uma obrigação genérica de comportamento, do tipo de tantas outras que, conforme foi visto no Título I deste trabalho, assinalam muitos dos compromissos que o Direito Internacional Público estipula. Trata-se, em suma, de um "standard", um padrão de comportamento, com um conteúdo mínimo que é o de tentar alcançar, através da atividade diligente das partes contratantes, os objetivos do artigo 1º, sem necessariamente assumir um compromisso quanto aos resultados desta atividade diligente dos membros. (6) Além dessa obrigação genérica de comportamento, o parágrafo 1º também estabelece o compromisso mais específico de observância das demais disposições do Convênio, que serão estudadas no correr deste e do próximo capítulo.

O parágrafo 2º assevera: "Os membros reconhecem a necessidade de adotar políticas que mantenham os preços em níveis que assegurem remuneração adequada aos produtores e procurem assegurar que os preços de café aos consumidores não prejudiquem o aumento desejável de consumo." Este parágrafo realça, na parte inicial, a reciprocidade dos interesses da política de preços do novo Convênio, ao reconhecer que este deve assegurar remuneração adequada aos produtores, inclusive como condição para permitir o investimento que venha a equilibrar a oferta, durante a vigência do Convênio, e desta maneira ensejar a garantia de fornecimento, do interesse dos consumidores. O parágrafo, no entanto, pondera que existe um limite à equivalência das prestações, fruto da reciprocidade dos interesses em matéria de política de preços. Esse limite ocorreria na medida em que esta política viesse a prejudicar o aumento do consumo, objetivo contemplado no parágrafo 5º do artigo 1º. Nesse sentido o parágrafo, num esforço de compatibilizar logicamente os diversos objetivos do Convênio de 1976, ensaia uma espécie de limiar para o teto dos preços. O limiar para o teto realça as diferenças dos três Convênios, pois o Convênio de 1968, assim como o de 1962, negociados numa conjuntura de superprodução, apenas mencionavam um piso para os preços. Conforme se lê no artigo 27, § 2º do Convênio de 1968 – que repete disposição equivalente do Convênio de 1962: "... os membros concordam com a necessidade de assegurar que o nível geral dos preços de café não caia abaixo do nível geral desses preços em 1962." O Convênio de 1976 não inclui, como os de 1962 e 1968, no artigo que disciplina os compromissos gerais dos membros, esta referência explícita ao piso dos preços de café. Existe no entanto, na sistemática do Convênio, uma base para este piso. Esta base é dada pelo artigo 33 que, ao dispor sobre o estabelecimento, suspensão e restabelecimento das quotas, fixa como "rede de segurança" a média dos preços indicativos dos "outros suaves" e robustas, no ano civil de 1975. Essa média foi de 63,23 centavos de dólar por libra-peso, que constitui, dessa maneira, o nível mínimo de preços estabelecido pelo Convênio de 1976. (7)

Os parágrafos 3º e 4º do artigo 2º dizem:

"§ 3o: Os membros exportadores comprometem-se a não adotar nem manter quaisquer disposições governamentais que possam permitir a venda de café a países não-membros em condições comerciais mais favoráveis do que aquelas que estão preparados a oferecer, ao mesmo tempo, aos membros importadores, tomadas em consideração as práticas comerciais correntes."

"§ 4º: O Conselho procederá à revisão periódica da observância das disposições do parágrafo 3º deste artigo, podendo requerer aos membros o fornecimento das informações adequadas, nos termos do artigo 53."

O Convênio de 1976, nos termos do seu artigo 29, e pelas razões vistas no decorrer de suas negociações, já examinadas no capítulo anterior, dividiu o mercado mundial, quanto à aplicação do mecanismo de quotas, em: mercados de países membros, sujeitos ao regime de quotas, e mercados de países não-membros, isentos desse regime. As exportações para países não-membros, que não serão debitadas a quotas, quando e se o mecanismo de quotas for aplicado, deverão ser controladas, nos termos das estipulações do artigo 44, para impedir desvios e reexportações. Entretanto, como o Convênio de 1976 deverá entrar em vigor e permanecer na parte inicial de sua vigência operando sem a aplicação do sistema de quotas, as partes contratantes entenderam conveniente incluir nos compromissos gerais estas obrigações de comportamento, previstas nos parágrafos 3º e 4º. Elas se explicam pela equivalência das prestações, fruto da reciprocidade, pela qual os membros exportadores asseguram aos importadores a não-inconveniência de sua participação no modelo jurídico do terceiro Convênio, representando também um estímulo para a adesão de não-membros importadores, que o Convênio prevê nos seus artigos 13, § 4º, 32 e 62. Daí a importância de informações adequadas para a verificação dessa obrigação de comportamento e a referência, no parágrafo 4º, ao artigo 53, que estipula como a OIC, nos termos do Convênio de 1976, servirá de centro para a compilação, o intercâmbio e a publicação de informações sobre o café no mundo. Disso também resulta o 5º e último parágrafo do artigo 2º, que reza:

"§ 5º: *Os membros reconhecem que os certificados de origem são uma fonte vital de informações sobre o comércio de café. Nos períodos em que as quotas estiverem suspensas, recai sobre os membros exportadores a responsabilidade pela correta utilização dos certificados de origem. Contudo, embora estejam desobrigados de exigir que esses certificados acompanhem as partidas de café quando as quotas não estiverem em vigor, os membros importadores cooperarão plenamente com o Organização no recolhimento e na verificação dos certificados relativos a partidas recebidas de países exportadores, a fim de assegurar a todos os países membros acesso ao maior número de informações possíveis."*

Existem interesses — e convém apontá-los — por parte dos membros exportadores em se desincumbirem adequadamente da responsabilidade, que lhes é atribuída por este parágrafo, na correta utilização dos certificados de origem. De fato, o desempenho em matéria de exportações nos anos de 1976/77 e 1977/78, a ser calculado pelas estatísticas que serão apuradas pelos certificados de origem, pode vir a ser, nos termos dos parágrafos 3º e 4º do artigo 30 do Convênio, um dos critérios para a fixação das suas quotas básicas. Da mesma maneira, a partir de 1978, as séries de exportações de 1976/77 em diante, calculadas a partir dos certificados de origem, entram no cálculo da parte variável dos votos dos membros produtores que exportam mais de 400.000 sacas por ano, nos termos do § 4º do artigo 13 do Convênio. Nesse sentido, tanto a futura participação no mercado, quando for aplicado o sistema de quotas, quanto o poder na Organização, que resulta do número de votos — situações que interessam aos membros exportadores — dependem da sua conduta na utilização dos certificados de origem. Além deste interesse específico dos membros exportadores, os certificados de origem, pela informação que geram sobre as importações e exportações de café dos Estados-membros, são vitais para o próprio funcionamento da OIC. De fato, a contribuição de cada membro para o orçamento da Organização, em cada exercício financeiro, é proporcional ao seu número de votos (artigo 25, § 2º), e estes, no caso dos exportadores, estão ligados, como já foi referido e como adiante se verá em mais detalhe, ao desempenho de suas exportações (artigo 13, § 4º). Também, o número de votos dos importadores e as suas correspondentes e proporcionais contribuições ao orçamento da Organização, está ligado ao volume médio de suas respectivas importações (artigo 13, § 5º). O Fundo para a Promoção do Café, criado pelo artigo 47, será financiado, nos anos cafeeiros de 1976/77 e 1977/78, proporcionalmente pelos membros exportadores, a partir de 1º de outubro de 1976, através de contribuições obrigatórias, que serão calculadas com base nos certificados de exportação. Nesse sentido, os recursos para a política de promoção do consumo de café, de interesse tanto de produtores quanto de consumidores, depende, ainda mais que o orçamento da Organização, da correta utilização dos certificados de origem. Da mesma maneira, o Fundo Especial, criado pelo artigo 55, para dar à Organização recursos para financiar medidas adicionais, necessárias à aplicação de disposições pertinentes ao Convênio, se baseia em contribuições dos produtores, calculadas por cada saca de café exportada com destino a membros importadores, a partir da entrada em vigor do Convênio. A base desse cálculo, portanto, depende igualmente da utilização dos certificados de origem (artigo 55, § 3º). Em síntese, o que se pode dizer é que recursos relevantes, necessários para o funcionamento da OIC e para viabilizar alguns dos mecanismos criados pelo Terceiro Convênio, dependem de um bom sistema de certificados de origem, independente do mecanismo de quotas enquanto elas não forem aplicadas. Daí — em função da conveniência tanto dos exportadores quanto dos importadores na efetiva aplicação das normas e dos mecanismos do terceiro Convênio — o interesse dos importadores em cooperarem plenamente com a OIC "no recolhimento e na verificação dos certificados relativos a partidas recebidas de países exportadores."

Tendo em vista a experiência dos Convênios anteriores, esta cooperação evidentemente requer, por parte dos membros importadores, um mínimo de fiscalização da conduta dos exportadores. De fato, alguns destes poderiam, por exemplo, preferir exagerar as suas exportações para garantir quotas futuras, ainda que isso se traduzisse, na sistemática do Convênio, no ônus de contribuições financeiras adicionais para a OIC. Nesse caso, as contribuições financeiras adicionais de um exportador, fruto de uma incorreta utilização dos certificados de origem, não seriam suficientes como sanção para garantir a aplicação das normas do Convênio no tocante a este assunto, o que evidentemente seria prejudicial aos demais exportadores. É por essa razão que o Grupo Técnico de Trabalho, integrado por importadores e exportadores, que se reuniu no primeiro semestre de 1976 para elaborar projeto sobre a aplicação de um sistema de certificados de origem enquanto as quotas não estiverem em vigor, aprofundou o exame da cooperação prevista no § 5º do artigo 2º. O Grupo, diga-se de passagem, teve formalmente condições para aprofundar o tema, pois recebeu do Conselho instruções para "... examinar todas as questões relacionadas com a introdução e funcionamento de um sistema de certificados de origem e apresentar as necessárias recomendações para o Conselho adotar esse sistema que, fica entendido, seria aplicado a partir da entrada em vigor do Convênio..."

O aprofundamento levou o Grupo a reforçar, por via de regulamento, a obrigação dos exportadores, quanto à correta utilização do sistema de certificados de origem, ***inter alia*** mediante uma sanção. Diz, neste sentido, o artigo 14 do regulamento elaborado pelo Grupo: "Comprovando-se que, durante os anos cafeeiros de 1976/77 ou de 1977/78, um Membro exportador emitiu certificados de origem do modelo "0" para amparar exportações, destinadas a países Membros importadores, de café que não foi por ele produzido, o Conselho deduzirá, da primeira quota anual fixada a esse Membro, uma quantidade correspondente a 200 por cento do volume daquele café".

A possibilidade dessa comprovação, evidentemente, exigiria a colaboração dos importadores. É por essa razão que o Grupo propôs e previu, no regulamento, que as autoridades aduaneiras dos membros importadores deverão verificar a correspondência entre as quantidades de café que ingressam no país e os certificados de origem que as acompanham, preenchendo o lado esquerdo da parte "B" destes certificados, que a seguir serão remetidos para a OIC. Qualquer variação superior ou inferior a 1% do peso líquido de café indicado no certificado será registrado pelo país membro importador no espaço dos certificados reservado para "observações". Esta medida, evidentemente, reforça o controle da OIC sobre a correta utilização dos certificados de origem. Entretanto, por si só ela não resolveria o problema de partidas de café desacompanhadas de certificados de origem uma vez que, nos termos do § 5º do artigo 2º, os membros importadores estão desobrigados de os exigir. Para obviar essa dificuldade o Grupo propôs, no regulamento, as fichas de importação. Estas serão preenchidas pelos membros consumidores e por eles enviadas à OIC quando uma partida de café importado não vier acompanhada do correspondente certificado de origem. Destarte, nos termos do regulamento proposto pelo Grupo, que foi divulgado pela Junta Executiva em junho de 1976 e que, revisto, foi aprovado tendo passado a vigorar a partir de 1º de outubro de 1976, a colaboração dos importadores traduzir-se-á em informações que permitirão à OIC o controle da correta utilização dos certificados, necessários para a aplicação das normas do Convênio de 1976. (8) Nesse sentido, o que se pode concluir é que a reciprocidade dos interesses, tanto de produtores quanto de consumidores, no funcionamento da OIC, levou por via do regulamento a um aperfeiçoamento das normas do Convênio, através de controles adicionais.

Estes controles adicionais são normas técnicas ou construtivas, nos termos do que foi exposto no Capítulo III, isto é, normas-meio, provenientes de legislação derivada, que visam aprimorar a aplicabilidade das normas-fins (objetivos) do Convênio de 1976. Na medida em que essa legislação derivada converte uma obrigação de comportamento, prevista nos compromissos gerais dos membros, em obrigações precisas, disciplinadas por um regulamento, ela é um exemplo interessante de integração de normas que estabelecem meios e que fixam fins, num ordenamento de Direito Internacional Econômico em que a reciprocidade atuou para ampliar a efetividade das normas de mútua colaboração.

A estrutura genérica da equivalência de prestações, refletida no Preâmbulo e no Capítulo I, retrata com clareza o jogo da reciprocidade na fixação dos objetivos, compondo, desta maneira, o quadro geral que permitirá, no exame dos capítulos subseqüentes, a análise mais detalhada das normas específicas de mútua colaboração neles contempladas, a partir desses vetores axiológicos, condicionadores de sua interpretação e aplicação.

(B) *Capítulos II e III*

O capítulo II trata das definições, para os fins do Convênio. Estas definições constam dos 15 parágrafos do artigo 3º — o único do capítulo II — e visam precisar termos básicos empregados no Convênio, tais como café, café verde, café torrado, café solúvel, saca, ano cafeeiro, membro, membro importador, membro exportador, membro produtor, maioria distribuída simples, produção exportável, direitos de exportação, etc. No Convênio de 1968 tais definições figuravam no artigo 2º.

a. *Definições*

No que diz respeito ao parágrafo 1º do artigo 3º, que define café, as diferenças em relação ao correspondente parágrafo 1º do artigo 2º do Convênio de 1968, são relativamente pequenas e se restringem à substituição da definição, do Convênio de 1968, de café em cereja, que é o grão que ainda se encontra na árvore, pela definição de café em cereja seca, que é o grão fora da árvore, e uma nota — inexistente anteriormente — dizendo que o fator 3, pelo qual se obtém, em princípio, o equivalente em café verde, do café descafeínado, líquido e solúvel, será objeto de reexame e poderá ser modificado pelo Conselho, à luz de decisões que venham a ser tomadas pelos competentes organismos internacionais.

A discussão sobre o fator 3 resulta, tecnicamente, do fato de que do robusta se extrai mais café solúvel do que dos arábicas. Esta dimensão técnica adquire, no entanto, conotações políticas relevantes para o jogo da reciprocidade, porque gera impactos diferenciados, por ocasião das exportações, no momento da conversão do solúvel em café verde, para efeito do cálculo de quotas. Na vigência de um regime de quotas, se o fator de conversão for menor, mais café solúvel poderá ser exportado por um país dentro dos limites da sua quota. Por outro lado, enquanto as quotas não estiverem em vigor, de um ponto de vista estatístico, um fator maior significa melhor desempenho na exportação para um produtor que exporta solúvel. Isto, na sistemática do Convênio de 1976, é relevante, posto que é elemento de base para a fixação da futura quota.

Na reunião do Conselho, em que o fator de conversão foi debatido, o Brasil opinou que ele deveria ser 2,7, apoiando-se inclusive na opinião do delegado da Comunidade Econômica Européia, cuja diretriz era 2,5. No caso, muito provavelmente, tratava-se do interesse do Brasil em exportar mais solúvel dentro de suas futuras quotas, cujo montante estaria assegurado pelo desempenho anterior de exportação. Já El Salvador insistiu em 3, porquanto aplicando esse fator, seriam mais altas as suas estatísticas de exportação em 1976/77, o que será do interesse desse país demonstrar para efeito do cálculo de sua participação no mercado, quando da aplicação e fixação do regime de quotas, dentro da sistemática do Convênio de 1976. Nessa mesma ocasião, a República Federal Alemã insistiu no fator 3, apontando a alta qualidade do café exigido pelo consumidor alemão, o que requereria solúvel obtido de arábicas, cujo fator de conversão é mais alto do que os do robusta. A análise da posição alemã, como membro importador, não é fácil de ser explicada e, muito provavelmente, não se esgota apenas na preferência do consumidor por solúvel de alta qualidade. De fato, os direitos alfandegários cobrados pela Alemanha sobre o café solúvel importado são cobrados tomando-se como base de cálculo o fator de conversão 3. Entretanto, o imposto interno incidente sobre o solúvel processado na própria Alemanha, tem como base de cálculo um fator de conversão menor. Isso gera uma tarifa efetiva, que é discriminatória em relação aos exportadores de solúvel para a Alemanha. Tal discriminação, diga-se de passagem, não é compensada pelo sistema geral de preferências da Comunidade, uma vez que as quantidades de solúvel subordinadas ao regime de preferências, no caso da Alernanha, são menores do que o volume normal das exportações para a Alemanha, dando como conseqüência uma carga tributária média maior para o solúvel importado por esse país quando comparado com o solúvel produzido na própria Alemanha. Daí, também, possivelmente, um dos motivos da divergência entre a posição alemã e a da Comunidade Econômica Européia. Conforme se verifica, a especificidade dos países — sua condição de exportador de café verde e também de solúvel, sua posição no mercado ou então a sua condição de importador, com conveniências internas na indústria cafeeira — traz, em função de seus interesses, diferentes posições e expectativas, até mesmo em questões que na aparência são exclusivamente técnicas. É por essa razão que, na ausência de uma nova reciprocidade, a solução foi a nota, acima mencionada, mantendo o fator 3 na expectativa de uma futura decisão da Organização Internacional de Normas Técnicas, que poderá ensejar a reabertura do problema, no contexto do Convênio de 1976. (9)

No Convênio de 1976 não constam as definições de "exportações de café", "exportações autorizadas" e "exportações permitidas" que figuravam nos parágrafos 4º, 16 e 17 do artigo 2º do Convênio de 1968. A primeira, para evitar a polêmica em torno da definição de reexportação, foi eliminada do artigo 3º do Convênio de 1976, tendo sido o assunto transferido para as normas de controle, (10) que deverão discipliná-lo através dos certificados de origem, seja no regulamento que será aplicado enquanto as quotas não estiverem em vigor, seja no regulamento, mais rigoroso, baseado no artigo 43, que deverá ser elaborado e aplicado quando as quotas forem introduzidas. As definições de "exportações autorizadas" e "exportações permitidas" estavam ligadas à divisão do mercado em mercados tradicionais e mercados novos. Com o desaparecimento dessa divisão no Convênio de 1976, elas perderam sentido e o problema, num certo sentido parecido, das exportações não-debitadas a quotas para países importadores não-membros, também foi transferido para as normas de controle (artigo 44).

No Convênio de 1976 consta, no entanto, a definição de insuficiência, que não figurava nos convênios anteriores. Diz, neste sentido, o parágrafo 15 do artigo 3º: *"Insuficiência,* significa a diferença entre o direito de exportação anual de um membro exportador, em determinado ano cafeeiro, e o volume de café exportado por esse membro com destino a mercados em regime de quota durante o ano cafeeiro."

As origens da discussão sobre insuficiências já foram relatadas no capítulo anterior. Elas resultaram do fato de o artigo 34 do Convênio de 1968 ter contemplado apenas "short-falls" (insuficiência de café disponível para a oferta), não fazendo referência a "undershipments" (insuficiência de café embarcado). Estas últimas podem ser retenções que foram tidas como inconvenientes, numa conjuntura de equilíbrio ou escassez, pelos países consumidores. Daí as propostas que muitos deles fizeram, durante as negociações, tanto sobre a necessidade de definir insuficiências, quanto sobre a obrigação que os produtores deveriam ter de exportar todo o café que as suas quotas lhes permitissem. Estes pontos, como se sabe, suscitaram grandes controvérsias e muitas dificuldades. A solução encontrada foi a de definir, no artigo 3º, insuficiência de maneira ampla, de forma a nela incluir tanto "short-falls" quanto "undershipments", como queriam os consumidores. Entretanto, em vez de punir, como desejavam os Estados Unidos, os exportadores que não preenchessem as suas quotas, se e quando elas estiverem em vigor, a fórmula veio a ser premiar, com quotas adicionais no ano seguinte, os exportadores que declarassem a tempo as suas insuficiências de café, nos termos do parágrafo 2º do artigo 40, de tal maneira que, consoante o parágrafo 1º desse mesmo artigo, elas pudessem ser redistribuídas entre os demais membros exportadores. (11) Conforme se verifica, a solução encontrada, de estimular a declaração de insuficiência quando o regime de quotas estiver em aplicação, visava garantir o fornecimento, que era do interesse dos consumidores, através da redistribuição das mesmas entre os produtores, de maneira compatível com os interesses do Brasil, que persistentemente tinha se oposto, durante as negociações, a qualquer penalização derivada de insuficiências, fossem elas fruto de "short-falls" ou de "undershipments". De fato, dadas as geadas de 1975, poderá vir a ser do interesse brasileiro, eventualmente, se o regime de quotas estiver em vigor, declarar num ano insuficiências oriundas da falta de café disponível, resguardando, no entanto, sua participação no mercado através de quotas adicionais, no ano subseqüente, quando sua capacidade de produção tiver já atingido a sua plena recuperação. Neste sentido, a fórmula encontrada atendeu aos consumidores pelo estímulo à garantia de fornecimento, sem a contrapartida — que não estavam dispostos a dar — da obrigação de comprar. Este estímulo, por sua vez, encontrou ressonância, no Brasil, pelo que poderá vir a representar como garantia de participação no mercado — hipótese aliás que servirá a qualquer exportador em situação semelhante — e nos demais produtores pelo que poderá vir a significar como acréscimo de exportações num determinado ano. A inclusão da definição de insuficiência, no capítulo II, conjugada com o artigo 40 do Convênio mostra, portanto, que, se num contexto de equilíbrio, que caracterizou boa parte das negociações, estava sendo difícil encontrar reciprocidade de interesses quanto ao tema da insuficiência — visto pelo Brasil, naquele contexto, como um risco depressivo sobre os preços, dada a falta de disciplina comercializadora dos produtores menores — a alteração da conjuntura para uma situação de escassez tornou possível o acordo de vontades em função de uma nova equivalência das prestações.

Tal equivalência também se viabilizou em função de outras normas técnicas do Convênio que, na sua integração, tenderão a fazer diminuir a importância que teve o tema do "undershipment". De fato, na vigência do regime de quotas, o Convênio de 1976 prevê — como se verá — tanto critérios para a fixação de quota global anual (artigo 34), mais apropriados do que os dos Convênios anteriores, quanto o sistema *pro rata*, como mecanismo básico de ajustamento das quotas dos produtores (artigos 37, 38 e 39). Em conjunto, isto deverá fazer com que nenhum país deixe de exportar a sua quota, pois a automaticidade do sistema *pro rata*, sobretudo se ele vier a ser ilimitado, asseguraria o escoamento do café de outros produtores. Por outro lado, e mesmo que isso não aconteça e se a retenção levar a uma alta, acima do limite máximo de faixas de preços, determinado e calculado de acordo com as disposições do Convênio, isso provocará a suspensão do regime de quotas (artigo

33). A suspensão de quotas deverá ser, sob o ponto-de-vista dos consumidores, medida mais eficaz para evitar a retenção, enquanto manobra dos produtores, do que as penalidades para o "undershipment" propostas durante as negociações.

No mais, no que diz respeito ao artigo 3º, afora pequenas alterações de redação, a única outra novidade de monta, em relação aos Convênios anteriores, consta do parágrafo 5º, que define membro. É por essa razão que convém examiná-lo a partir da análise do capítulo III, que ao tratar de membros está ligado, na sistemática do Convênio de 1976, à definição do parágrafo 5º do artigo 3º.

b. *Membros*

Os Convênios de 1962 e 1968 previam normalmente, desde que um Estado fosse importador ou exportador de café, a sua condição de membro enquanto parte contratante da OIC. Naturalmente, o Convênio de 1976 contempla tal hipótese, que é clássica no Direito das Gentes e que resulta do Estado como sujeito do Direito Internacional Público.

Os Convênios de 1962 e 1968 previam também que uma parte contratante que fosse importadora líquida de café pudesse vir a ter, se assim o desejasse, mediante notificação adequada, uma participação separada com relação a territórios dependentes que fossem exportadores líquidos de café. Esses territórios eram aqueles cujas relações internacionais estavam sob a responsabilidade da parte contratante que fizesse a notificação. As origens dessas disposições remontam ao período em que França, Inglaterra, Portugal e também Austrália e Nova Zelândia exerciam uma administração direta dos negócios cafeeiros de territórios ainda sem governo próprio. (12) Em 1959, por exemplo, conforme foi visto no capítulo IV, França, Portugal e Inglaterra assinaram por seus territórios africanos um acordo de produtores que constitui um dos antecedentes do Convênio de 1962. Com o processo de descolonização e a independência dos países africanos anteriormente sob a jurisdição da França e da Inglaterra este artigo, fruto da adaptação do Direito Internacional Clássico aos problemas do Século XX, foi perdendo sua relevância. Por ocasião das negociações finais do Convênio de 1976, na segunda reunião plenária da 28a. sessão do Conselho, ocorreu o anúncio da comunicação de Portugal, nos termos do Convênio de 1968 Prorrogado, a respeito da participação separada de Portugal, Angola e Timor. (13) Esse anúncio, fruto da descolonização e do processo de independência de Angola e Timor, assinala o apagar da influência de Portugal nas negociações — que não tinha sido irrelevante, conforme foi visto no Capítulo V — e marca, por assim dizer, para efeitos práticos, o término formal da condução, por parte dos países europeus, dos negócios cafeeiros dos países africanos. O Convênio de 1976, no artigo 5º do Capítulo III, continua prevendo esta hipótese, com a substituição, no entanto, da expressão ***território dependente*** por ***território designado***, registrando dessa maneira, na mudança de linguagem de um Convênio para outro, o crepúsculo do Colonialismo, com o seu correspondente impacto no Direito Internacional Público. A mudança de linguagem não elimina, entretanto, nas relações jurídicas do território designado com o Convênio, o fato de ser o território designado apenas o sujeito do interesse, cabendo a outra parte contratante do Convênio ser o sujeito de vontade desse interesse. Essa dissociação entre sujeito de interesse e de vontade, no caso de Angola, desapareceu com a independência do país. A independência de Angola assinalou formalmente que, como território, deixara de ser membro do Convênio de 1968, Prorrogado por Protocolo. É por essa razão que o Conselho, na sua Vigésima–Nona Sessão (setembro de 1976), aprovou o projeto de resolução da Junta Executiva de junho de 1976, que estabeleceu as condições de adesão de Angola ao Convênio Internacional do Café de 1968, Prorrogado. A adesão de Angola, ao Convênio de 1968 Prorrogado, permitiu a esse país ser, na qualidade de titular de vontade e do interesse, parte contratante signatária do Convênio de 1976. O caso de Angola ilustra bem a conversão de um território em país independente, evidenciando o impacto desta junção de vontade e interesse, na relação jurídica em matéria de sucessão, no que tange a uma Organização Internacional, assunto que será examinado com maiores minúcias no Capítulo VIII deste trabalho. (14)

Os Convênios de 1962 e 1968 permitiam que duas ou mais partes contratantes exportadoras ingressassem na Organização, por ocasião da entrada em vigor de cada um dos Convênios, como um grupo-membro. É a assim chamada participação inicial em grupo. Os Convênios de 1962 e 1968 também contemplavam a hipótese de dois ou mais membros exportadores requererem, durante a vigência dos Convênios autorização para se constituírem como um grupo-membro. É a participação subseqüente em grupo. A Organização Africana e Malgaxe do Café – OAMCAF – integrada por Camarões, Congo (Brazzaville), Costa do Marfim, Daomé, Gabão, República Centro-Africana, República Malgaxe e Togo, cuja importância nas negociações foi salientada no capítulo anterior, constitui, desde o Convênio de 1962, um grupo-membro. Um grupo-membro exportador deve executar uma política cafeeira comum. No caso da OAMCAF, essa integração formal tem conferido à sua atuação um peso, fruto da ação conjunta, que uma ação individual ou uma coligação informal de seus componentes não possibilitaria. (15)

O Convênio de 1976 contempla essas duas hipóteses dos Convênios de 1962 e 1968 nos artigos 6º e 7º do Capítulo III. Estes disciplinam os direitos de voto do grupo-membro em assuntos decorrentes do Convênio, especificando também quais são as hipóteses em que, apesar de grupo-membro constituir um único membro da Organização, devem os seus componentes ser tratados individualmente. Essas hipóteses dizem respeito à rotatividade de produtores e consumidores nas eleições do presidente e vice-presidente do Conselho (artigo 11); no *quorum* para a convocação de sessões extraordinárias do Conselho (artigo 12); no *quorum* para a reunião do Conselho e da Junta (artigo 20); na política de produção (artigo 50); na de estoques (artigo 51) e na liquidação de contas dos membros que se retirem ou sejam excluídos da Organização (artigo 67). A necessidade desse tratamento individual deriva do tipo de vínculo que une os Estados que compõem um grupo-membro exportador. De fato, esse vínculo resulta da reciprocidade dos interesses num setor e não de uma solidariedade mais profunda. É por essa razão que pode ser dissolvido, durante a vigência do Convênio, mediante notificação ao Conselho de qualquer parte-contratante ou território designado que faça parte de um grupo-membro (artigo 6º, § 5º).

Conforme se verifica, na sistemática do Convênio o conceito de grupo-membro exportador deriva das conveniências, que têm os seus limites na reciprocidade dos interesses de seus integrantes, de aproximar as políticas cafeeiras de alguns produtores. Nesse sentido, o grupo-membro exportador constitui uma modalidade de integração política internacional cuja relevância para a ordem cafeeira os três Convênios formalmente consignaram. Constitui também um exemplo interessante das transformações do Direito Internacional Público contemporâneo, apontada no capítulo I, posto que significa uma confirmação das tendências de substituir meios e processos exclusivamente nacionais por novas formas coletivas de tomada de decisões no plano internacional.

O Convênio de 1962 não previa a hipótese de um grupo-membro importador. Entretanto, e apesar de ter sido assinado separadamente pela Bélgica e pelo Luxemburgo posteriormente ao depósito do instrumento de adesão por parte da Bélgica, o Luxemburgo notificou o Secretário-Geral da ONU, como depositário do tratado, de que a adesão da Bélgica vinculava igualmente o Luxemburgo, em virtude do artigo 5º da Convenção de 25 de julho de 1921 que estabelecera, entre estes dois países, uma união econômica. A Bélgica confirmou, em notificação posterior, esta orientação. Para solucionar esta situação, não prevista no Convênio de 1962, o Conselho da OIC designou um grupo de trabalho, que chegou à conclusão de que a adesão da Bélgica implicava também a participação do Luxemburgo, sugerindo que figurasse como membro da Organização apenas a Bélgica, mas que nos documentos oficiais constasse um asterisco e uma nota indicando que a participação da Bélgica incluía o Luxemburgo. (16) Esta sugestão foi aprovada e aplicada nos Convênios de 1962 e 1968 e também no de 1976.

O Convênio de 1968 foi um passo adiante em relação a este assunto, inovando em relação ao de 1962 ao prever explicitamente no seu artigo 3º, § 3º, a possibilidade de uma eventual participação em grupo de dois ou mais membros importadores. Tal inovação visava atender possíveis tendências dos países do Mercado Comum Europeu de ingressarem na OIC como um grupo-membro importador, já que estava sendo discutida a hipótese de fixarem uma política comum para o café. (17) Esta política comum — que o Tratado de Roma comportaria, uma vez que nos artigos 2º, 3º, 6º e 145 explicitamente se prevê, entre os objetivos a serem alcançados pela CEE, a progressiva aproximação das políticas econômicas dos seus Estados-membros — não se materializou nem durante a vigência do Convênio de 1968, nem durante a negociação do Convênio de 1976, quando os países membros da Comunidade Econômica Européia apresentaram individualmente as suas posições. Entretanto, o Tratado de Roma, ao instituir uma Comunidade Econômica, delegou aos órgãos comunitários certas competências. Para enfrentar os problemas destas competências o Convênio Internacional do Café de 1968, Prorrogado, que manteve a OIC como foro para negociações, alterou dispositivos do Convênio de 1968, disciplinando o assunto nos seus artigos 2º, § 6º e 3º, §§ 3º, 4º e 5º. Na linha destes dispositivos, o Convênio de 1976 inovou, em relação aos de 1962 e 1968, ao mencionar no parágrafo 5º de seu artigo 3º que membro significa também "uma organização intergovernamental, mencionada no parágrafo 3º do artigo 4º." O artigo 4º, nos seus parágrafos 3º e 4º, diz:

> *"§ 3o: Toda referência feita neste Convênio a um governo será interpretada como extensiva à Comunidade Econômica Européia ou a qualquer organização intergovernamental que tenha competência comparável para negociar, concluir e aplicar convênios internacionais, em particular convênios sobre produtos de base."*
>
> *"§ 4º: Tal organização intergovernamental não terá, ela própria, voto algum, mas, caso se vote sobre assuntos de sua competência, terá direito a votar coletivamente em nome de seus Estados-membros. Neste caso, os Estados-membros da organização intergovernamental não poderão exercer individualmente seu direito de voto."*

O reconhecimento da personalidade internacional de uma organização internacional, explicitado nos dispositivos acima mencionados, é ponto pacífico no Direito das Gentes desde o Parecer Consultivo de 1949, quando a Corte Internacional de Justiça, a propósito do problema da reparação de danos incorridos a serviço das Nações Unidas, afirmou ser a Organização um sujeito de Direito Internacional, com capacidade de ter direitos e deveres internacionais. A titularidade de direitos e deveres, no entanto, das organizações internacionais assume, no Direito das Gentes, diversas modalidades. Estas dependem dos tratados constitutivos das organizações internacionais e da prática internacional, que fundamentam e explicam o problema mais complexo das competências. A CEE é um exemplo interessante de delegação a uma organização internacional, por parte de cada um dos seus Estados-membros, de certas competências que deixaram efetivamente de pertencer à jurisdição soberana de cada um dos Estados que a integra. É por esta razão, aliás, que alguns autores consideram o Direito Comunitário Europeu como um ***corpus juris,*** que se situa a meio caminho entre o Federalismo do Direito Constitucional e a Teoria das Organizações Internacionais, a serviço das exigências reconhecidas pelos Estados de uma solidariedade superior. Da repartição de competências e poderes entre os Estados-membros e a CEE, que obedece ao princípio de dar efeito útil aos objetivos do Tratado de Roma, deriva o ***locus standi*** internacional da CEE em certos assuntos. É por isso que a CEE, com o intuito de resguardar suas competências, que provêm dos seus textos legais e da prática internacional, participou ativamente das negociações finais na qualidade de observadora, insistindo na importância dos dispositivos e definições, acima referidos, e mencionando que poderá tornar-se membro da OIC depois de firmar o Convênio de 1976. (18)

Essa participação de uma organização internacional como membro de outra, que revela as transformações da estrutura do Direito Internacional em função das necessidades dos Estados, pode no entanto gerar certas dificuldades de compatibilização de dois diferentes modelos jurídicos, que criam distintas normas positivas de mútua colaboração. Um exemplo, aliás, foi suscitado durante as negociações e diz respeito a certificados de origem. De fato, como notou o delegado da CEE, os seus países membros constituem uma união aduaneira dentro da qual o movimento de mercadorias deve fazer-se livremente. Por essa razão, não podem suas partes contratantes assumir o compromisso de emitir certificados de origem, de reexportação e de trânsito, para amparar o movimento de café dentro da CEE. O problema potencial contido nesta discussão deriva da ausência de uma política cafeeira comum da CEE e da hipótese de não aderirem ao terceiro Convênio todos os membros da CEE. Neste caso, quando o regime de quotas estiver sendo aplicado, existiria um sistema de mercado em regime de quotas para os países membros da OIC e da CEE e um mercado isento de quotas para os países da CEE não-membros da OIC, o que colocaria as dificuldades de compatibilizar a legislação comunitária da CEE com a regulamentação do terceiro Convênio. O assunto, sob o ponto de vista da estrutura do Convênio de 1976 está ligado, em primeiro lugar, à reexportação de café e à necessidade de seu controle para a correta fiscalização de quotas. Por essa razão, o Equador, durante a discussão, levantou o assunto através de uma referência a modelos jurídicos de cooperação na América Latina. De fato, na sua intervenção, o delegado do Equador mencionou que, em 1980, o Pacto Andino deverá ser uma união aduaneira integrada por países exportadores de café e membros da OIC e pelo Chile, que não é nem produtor nem parte-contratante da OIC. E em seguida, na lógica do argumento da CEE, indagou se seria possível, dentro desta futura união aduaneira, exportar café para o Chile, que subseqüentemente poderia reexportá-lo para terceiros, independentemente do regime de quotas.

Durante a negociação, uma primeira solução encontrada para este problema foi o parágrafo 3º do artigo 43 do Convênio de 1976, que trata dos certificados de origem quando o sistema de quotas estiver em aplicação. (19) Este parágrafo diz: "O regulamento mencionado neste artigo compreenderá disposições que permitam sua aplicação a grupos de membros importadores que constituam uma união aduaneira."

Enquanto o sistema de quotas não estiver em aplicação, qualquer problema de compatibilização do tipo dos acima mencionados, neste regulamento previsto pelo artigo 43, fica adiado. Existe entretanto, enquanto as quotas não estiverem em aplicação, o compromisso geral previsto no parágrafo 5º do artigo 2. É verdade que, neste compromisso, a responsabilidade pela correta utilização dos certificados de origem recai sobre os exportadores, porém cabe aos membros importadores, conforme já foi apontado, cooperarem plenamente com a Organização no recolhimento e na verificação dos certificados. No projeto de regulamentação da Organização Internacional do Café para a aplicação de um sistema de certificados de origem enquanto as quotas não estiverem em vigor, de cuja elaboração, aliás, a CEE participou, o problema ficou pendente de solução no aguardo, evidentemente, no início da entrada em vigor do Convênio de 1976, das informações sobre quantos membros da CEE seriam membros da OIC e partes contratantes do Convênio de 1976. Se todos os membros da CEE viessem a ser partes contratantes do Convênio de 1976, o projeto aventava como solução a utilização das fichas de importação como um mecanismo de controle da movimentação de café dentro da Comunidade. Nesta hipótese, as fichas de importação preencheriam as necessidades de controle da OIC de forma compatível com as normas da CEE, que desta maneira atenderia à obrigação de cooperação dos membros consumidores, prevista no parágrafo 5° do artigo 2° do Convênio de 1976. A participação da Itália no Convênio de 1976 permitiu que esta solução se concretizasse no "Regulamento da Organização Internacional do Café para a Aplicação de um Sistema de Certificados de Origem Quando as Quotas não estiverem em Vigor", com o que se superou o problema surgido por ocasião das negociações. (20)

A discussão sobre a compatibilização da legislação da CEE com a do Terceiro Convênio Internacional do Café, coloca, no entanto, com nitidez, um problema clássico da Teoria do Direito, que merece ser examinado no contexto deste trabalho. Tal problema é o das antinomias. Estas, como aponta Perelman, não resultam da verificação que existe uma contradição, produto da afirmação simultânea da verdade de uma proposição e de sua negação, mas da existência de uma incompatibilidade entre as diretivas relativas a um mesmo objeto. O discurso do Direito Internacional Público clássico sempre foi um discurso fértil em antinomias, pois a não-unificação do poder no plano mundial continuamente afetou a coerência e a unidade de suas diretivas, que buscavam disciplinar a coexistência dos Estados através de normas de mútua abstenção. (21) Daí a razão da permanente importância, no Direito das Gentes, do tema referente ao conflito das normas. (22) Entretanto, a complexidade do assunto, no Direito Internacional Público Contemporâneo, cresce na medida em que vão se multiplicando, no Direito das Gentes, conforme foi apontado no capítulo I, tanto os modelos jurídicos baseados em normas positivas de mútua colaboração, quanto os poderes e competências das organizações internacionais derivados destes modelos. O problema, suscitado por ocasião das negociações, da compatibilização da legislação e das competências de uma união aduaneira com as normas de um acordo de produtos primários, ilustra bem os dilemas do inter-relacionamento de dois ordenamentos que necessitam enfrentar uma exclusão parcial e uma inclusão parcial de suas respectivas normas. De fato, o Convênio Internacional do Café de 1976, na parte referente à aplicação do sistema de quotas, requer controles baseados em certificados de origem e de reexportação. Certificados de origem e de reexportação, uma união aduaneira, em que alguns de seus integrantes não são partes contratantes do Convênio, pode ter dificuldades jurídicas em aceitar na medida em que podem ser vistos como obstáculos, dentro dessa união aduaneira, à livre circulação de bens e mercadorias, que constitui um dos seus objetivos. Neste sentido, as antinomias que derivam de tratados sucessivos sobre o mesmo assunto se prendem aos diferentes objetivos e aos variados e diferenciados elencos de meios dos modelos jurídicos do Direito Internacional Econômico criado pela autonomia das vontades dos Estados. É por essa razão que a análise do Convênio de 1976 realça bem o problema mais genérico da interpenetração e intersecção de diferentes modelos jurídicos e das organizações internacionais deles derivadas, que aplicam com uma gama variada de poderes e competências diversas normas positivas de mútua colaboração entre os Estados. Em outras palavras, se as organizações internacionais derivam das necessidades de cooperação entre os Estados, que vêm ensejando a ampliação ***ratione materiae*** das normas do Direito Internacional Público, elas geram também, no campo do Direito Internacional Econômico, na ausência de *jus cogens*, um aprofundamento dos problemas do controle da compatibilidade das normas do Direito das Gentes. A passagem de normas de abstenção para normas positivas de mútua colaboração, discutidas no capítulo I, reflete, conseqüentemente, tanto a dimensão da cooperação no plano internacional quanto a presença de novas antinomias, na medida em que traz, para o campo prático da teoria geral do Direito Internacional Público, não apenas o conflito dos direitos e deveres dos Estados, enquanto sujeitos de Direito, mas também o conflito entre os direitos e deveres das organizações internacionais entre si e no seu relacionamento com os Estados que as criaram.

O Convênio Internacional do Café de 1976 não faz referência, nos seus Capítulos II e III, bem como no seu Preâmbulo e Capítulo I, a entidades não-governamentais. Estas, no entanto, conforme foi apontado no Capítulo I deste trabalho, são relevantes no processo de transferência internacional de recursos e na sua disciplina jurídica, dispondo mesmo de autonomia em relação aos Estados e às organizações internacionais. É por essa razão que o terceiro Convênio não as desconhece, contemplando um novo tipo de colaboração na parte referente à promoção. A promoção do consumo de café através de mecanismos que derivam da cooperação internacional, desde as experiências da década de 30 com a criação do Bureau Pan-Americano do Café, vem sendo orientada e financeiramente sustentada pelos países produtores. Os Convênios de 1962 e 1968, no seu artigo 46, que dizem respeito à promoção, consignam esta prática, contemplando, porém, a hipótese de contribuições facultativas de membros importadores. Durante as negociações que levaram ao Convênio de 1976, aventou-se novamente a hipótese de uma participação dos importadores na promoção do café e imaginou-se que ela seria viável na medida em que os membros importadores fossem "convidados a tomar a iniciativa de propor campanhas de promoção, em seus respectivos países, contribuindo para elas, por intermédio de firmas negociantes de café, com 50 por cento do custo." (23) Existe, evidentemente, uma lógica baseada na reciprocidade dos interesses que fundamenta esta proposta. De fato um Estado, enquanto membro-importador, teria compreensivelmente dificuldades em destinar receitas públicas para sustentar a promoção do consumo de café. O mesmo raciocínio, no entanto, não se aplica àqueles grupos que, no contexto do setor privado da economia de um membro importador, se dedicam aos negócios do café. Neste caso, sobretudo considerando a tendência nos Estados Unidos ao declínio do consumo *per capita* de xícaras de café, existe um interesse comum tanto dos países produtores quanto da indústria cafeeira dos países importadores em estimularem o consumo de café através da promoção, pois esta, se eficaz, aumentaria as exportações de café dos produtores e o volume de negócios da indústria cafeeira dos países consumidores. É este interesse recíproco que explica a inclusão, no artigo 47 do Convênio de 1976, do parágrafo 7º. (24) Este parágrafo inova em relação aos convênios anteriores ao contemplar a possibilidade de associações comerciais de países membros importadores, aceitas pelos órgãos competentes da OIC, poderem apresentar propostas de campanhas para a promoção do café. O custo destas campanhas poderá ser financiado em até 50% pelos recursos de promoção criados pelo terceiro Convênio, devendo o remanescente ficar a cargo destas associações comerciais. Conforme se verifica, o Convênio de 1976 reconheceu, na parte de promoção, a relevância específica de um apoio não-governamental na formação de coligações de interesses, necessárias para sustentar normas positivas de mútua colaboração no campo do café. Neste sentido, no jogo da reciprocidade, a relevância do Convênio para a indústria cafeeira dos países consumidores — que o México quis, sem sucesso, incluir no preâmbulo — acabou sendo formalmente explicitada, o que confirma a importância da formação de coligações transnacionais e transgovernamentais na criação e aplicação de mecanismos de cooperação no plano internacional. Daí a conclusão de que o Convênio de 1976 não foi insensível aos mecanismos discutidos nos capítulos iniciais deste trabalho, que estão levando às transformações do Direito Internacional Econômico.

Em síntese, portanto, e para encerrar estas considerações sobre os capítulos II e III do terceiro Convênio Internacional do Café, o que se pode dizer é que o jogo da reciprocidade, fruto da nova conjuntura, teve seu impacto na parte referente a definições. Esse jogo, por outro lado, no plano cafeeiro, se integra na ordem econômica mundial. É por essa razão que o terceiro Convênio se viu na contingência de enfrentar, no capítulo referente a membros, os desdobramentos da compatibilização de suas normas com as de diferentes sistemas coletivos de tomada de decisões no plano internacional, e de levar em consideração, na parte referente à promoção, interesses que não se canalizam exclusivamente através do Estado e das organizações internacionais. Neste sentido, o Convênio de 1976 espelha o impacto das novas formas de regulamentação jurídica, no mundo contemporâneo, da transferência internacional de recursos, e registra também a presença de novas antinomias no Direito das Gentes. Estas antinomias são, em grande parte, derivadas da autonomia da vontade dos Estados na criação de modelos jurídicos de cooperação econômica internacional, que resultam, por sua vez, da reciprocidade dos interesses, na presente distribuição mundial de poder, que tem, até o presente momento, impossibilitado a emergência de um ***jus cogens*** neste campo. Daí um dos motivos pelos quais o sistema jurídico internacional, para usar as palavras de Salmon, "manque d'unité et offre à l'observateur habitué aux droits internes le spectacle d'une structure fluide et complèxe, les modes de solution des conflits presentant moins de rigueur." (25)

O registro dessa fluidez, nesta análise concreta do Convênio de 1976, permite uma observação de ordem mais geral, ligada aos pressupostos deste trabalho. Essa fluidez complexa, bem como a falta de unidade que com ela se associa, derivam da necessidade de consenso, sobretudo numa conjuntura como a atual, onde o distanciamento entre ordem e poder realça as características do Direito Internacional Público, em geral, e do Direito Internacional Público de Cooperação, em particular, como um conjunto de ordenamentos apoiados na cooperação e no comum acordo dos seus sujeitos de Direito. Não é possível, portanto, um entendimento adequado destes ordenamentos sem uma reflexão e um estudo sobre os fatos, e é por essa razão que, metodologicamente, este trabalho partiu dos fatos para se chegar à norma. Como aponta Charles de Visscher, ao estudar o problema da efetividade no Direito Internacional Público:

"Dans l'ordre du droit international objectif (règle du droit) l'effectivité se caracterise par l'impact, par la pesée directe, souvent imperieuse, du fait sur l'evolution du Droit." (26) Evidentemente, os fatos, em qualquer ordenamento jurídico, para produzirem efeitos legais precisam ser juridicamente qualificados sob pena de se perder a distinção básica, logicamente necessária a todo sistema jurídico, entre o lícito e o ilícito. A efetividade, que reflete, consoante Verdross, a tensão entre o Direito das Gentes e os fatos que está chamado a regulamentar, se vê juridicamente qualificado, no campo do Direito Internacional Econômico, por meio do reconhecimento, que resulta da reciprocidade dos interesses. Nesse sentido, a reciprocidade é um dos importantes mecanismos que explicam, por via do reconhecimento, a criação, aplicação e transformação das normas de mútua colaboração no plano internacional, na dialética de implicação e polaridade que integra, através da efetividade, o Direito, os valores e os fatos sociais. (27)

(C) *Os Capítulos IV, V e VI*

a. *Organização e Administração*

O capítulo IV trata de organização e administração. O artigo 8º, no seu parágrafo 1º, dá continuidade à existência da Organização Internacional do Café, criada pelo Convênio de 1962. Neste sentido, registra a institucionalização da cooperação internacional em matéria de café. Esta institucionalização, na parte referente à organização e administração, independe, em certa medida, das modificações, seja em matéria de objetivos, seja em matéria de meios que vêm criando, de Convênio para Convênio, diferentes normas positivas de mútua colaboração entre importadores e exportadores, em função de distintas conjunturas que alteram a reciprocidade dos interesses dos países responsáveis pela ordem cafeeira mundial. São, portanto, as linhas de continuidade, fruto da institucionalização — e não as de mudança, derivadas da conjuntura — que explicam porque a estrutura da OIC, que deverá pôr em funcionamento o Convênio de 1976, se mantém, com ligeiras modificações, dentro do paradigma concebido pelo Convênio de 1962, que a criou.

O parágrafo 3º do artigo 8º diz: "A Organização exerce as suas funções por intermédio do Conselho Internacional do Café, da Junta Executiva, do Diretor-Executivo e de seus funcionários."

O *Conselho Internacional do Café* é a autoridade suprema da Organização e é composto por todos os seus membros (artigo 9º, § 1º), tendo, além de atribuições explícitas, poderes e funções "necessárias à execução das disposições deste Convênio" (artigo 10, § 1º). Em outras palavras, o Conselho formalmente tem, na linha da evolução do Direito das Organizações Internacionais e desde que obedecidos os requisitos de seu mecanismo de votação, não apenas os poderes explícitos mas os poderes implícitos necessários para a consecução dos objetivos do Convênio. (28) O Conselho, como regra geral, reúne-se duas vezes por ano, em sessões ordinárias (artigo 12), e tem as seguintes competências indelegáveis e específicas, conforme se deprende do artigo 18:

"(a) aprovação do orçamento administrativo e fixação das contribuições nos termos do artigo 25;

(b) suspensão dos direitos de voto de um membro, nos termos dos artigos 45 e 58;
(c) dispensa das obrigações de um membro, nos termos do artigo 56;
(d) decisões sobre litígios, nos termos do artigo 58;
(e) estabelecimento das condições para adesão, nos termos do artigo 62;
(f) decisões determinando a exclusão de um membro, nos termos do artigo 66;
(g) decisões a respeito de renegociação, prorrogação ou terminação deste Convênio, nos termos do artigo 68; e
(h) recomendações aos membros de emendas ao Convênio, nos termos do artigo 69."

Além do Conselho Internacional do Café, cujas características básicas têm sido as mesmas de Convênio para Convênio, a OIC também exerce as suas funções através da ***Junta Executiva.*** A Junta é responsável perante o Conselho e funciona sob sua direção geral (artigo 18, § 1º). O Conselho pode delegar à Junta o exercício de qualquer ou de todos os seus poderes, exceção feita àqueles que, conforme acima mencionado, são indelegáveis (artigo 18, § 2º). A hipótese de delegação se explica porque a Junta, sendo um órgão menor, que se reúne com mais freqüência que o Conselho, tem melhores condições para tratar de assuntos que exigem maior acompanhamento. É por essa razão que, na Vigésima-Nona Sessão do Conselho, realizada em Londres de 27 de setembro a 2 de outubro de 1976, o Conselho, através da Resolução n. 292, delegou à Junta "todos os poderes que lhe podem ser conferidos de acordo com o disposto no parágrafo 2º do artigo 18 do Convênio Internacional do Café de 1976". A Junta é integrada por 8 membros importadores e 8 membros exportadores, eleitos em cada ano cafeeiro, separadamente, por importadores e exportadores (artigos 16 e 17). Cada membro da Junta dispõe dos votos da parte-contratante da OIC que representa, bem como os votos das partes que o elegerem ou que a ele atribuírem os seus votos, depois das eleições, na hipótese de não terem eleito algum candidato (artigos 19 e 17, §§ 5º e 6º).

O Convênio de 1976 inova em relação ao de 1968 ao prever um vice-presidente da Junta (artigo 16, § 3º). Esta inovação busca atender a conveniências administrativas e operacionais e vinha sendo mencionada, como proposta, desde o início das negociações do Convênio de 1968. (29)

O Conselho designa, por recomendação da Junta, o ***Diretor-Executivo,*** que é o terceiro elemento da estrutura através da qual a Organização exerce as suas funções. O Diretor-Executivo "é o principal funcionário administrativo da Organização, sendo responsável pelo cumprimento de funções que lhe competem na administração deste Convênio." (artigo 21, § 2º). A ele cabe nomear os demais funcionários de acordo com o regulamento estabelecido pelo Conselho (artigo 21, § 3º). Os Convênios de 1962 (artigo 20, §§ 4º e 5º) e de 1968 (artigo 20, §§ 4º e 5º), bem como o de 1976, sempre buscaram resguardar a independência do funcionalismo cafeeiro internacional, seja impedindo, de um lado, que qualquer funcionário tenha "interesses financeiros na indústria, no comércio ou no transporte do café" (artigo 21, § 4º), seja realçando, de outro, a natureza internacional dos deveres e funções dessa administração, cujos funcionários são responsáveis unicamente perante a Organização, não podendo receber instruções de nenhum membro, nem de autoridade estranha à OIC (artigo 21, § 5º). Neste sentido, estes dispositivos obedecem à linha geral do Direito das Organizações Internacionais na parte referente ao secretariado internacional. De fato, uma organização internacional, enquanto titular de direitos e deveres, distintos dos Estados que a integram, precisa ter vontade jurídica própria. Esta vontade, em termos institucionais, requer um secretariado, que é o que permite a transformação, como observa Inis L. Claude Jr., de uma série de conferências multilaterais, numa organização internacional. (30) A OIC, tendo personalidade jurídica (artigo 23, § 1º), não podia deixar de ter um órgão administrativo no qual se assentasse, institucionalmente, a vitalidade e a permanência do conjunto dos interesses gerais — em contraposição aos interesses específicos — que levaram à cooperação internacional no plano do café. Essa vitalidade e permanência se exprimiram, aliás, claramente durante as negociações que levaram ao Convênio de 1976, nas quais desempenhou um papel relevante Alexandre F. Beltrão, Diretor-Executivo da OIC desde abril de 1968. De fato, conforme foi registrado no capítulo V, foi ele uma figura-chave no processo, seja procurando harmonizar interesses e compor posições, seja tomando a iniciativa, dentro das atribuições que lhe foram dadas no correr das negociações, de aventar hipóteses e sugerir novos meios, aptos a fazerem funcionar a reciprocidade dos interesses na transformação do ordenamento cafeeiro mundial. Em termos institucionais, o papel do Diretor-Executivo deriva da capacidade técnica — sua e de seus funcionários — bem como da autonomia do corpo administrativo internacional, que ele dirige, em relação aos governos dos Estados-membros. De fato, a autonomia garante o acesso do Diretor-Executivo aos pontos de vista das diversas partes contratantes e esta informação ampla permite, com base na capacidade técnica do funcionalismo cafeeiro mundial, que o Diretor-Executivo exerça uma gestão importante no processo de fazer aparecer a reciprocidade dos interesses, necessária tanto para a criação — quando de uma renegociação — quanto da aplicação — quando o ordenamento está em vigor — das normas positivas de mútua colaboração no campo do café.

O papel do Diretor-Executivo na nomogênese jurídica dispensa, no momento, maiores comentários, tendo em vista os elementos expostos no capítulo V. A aplicação das normas, no entanto, e a função que nela desempenha o Diretor-Executivo requerem alguns rápidos comentários. O Convênio Internacional do Café de 1976, assim como os anteriores, enquanto ordenamentos de Direito Internacional Econômico, precisam tecnicamente ter, pelas razões vistas em capítulos anteriores, certa flexibilidade para se adaptar à conjuntura. É por essa razão que o Convênio de 1976, apesar de integrar, no seu texto constitutivo, normas-fim (objetivos) e normas-meio, não é um ordenamento inteiramente auto-aplicável. Muitas de suas normas exigem regulamentos e decisões que constituem a legislação derivada do Convênio. (31) Nesse processo legislativo, que tramitará pelo Conselho e pela Junta, a prática dos Convênios anteriores mostrou que o Diretor-Executivo atua, seja na preparação das decisões e regulamentos, seja na implementação dos mesmos, usando a sua autonomia e capacidade técnica para assegurar a reciprocidade dos interesses que confere efetividade às normas do Direito Internacional Econômico.

O Conselho e a Junta, ao exercerem suas funções como órgãos da OIC, tomam, com o Diretor-Executivo, decisões. As decisões do Conselho e da Junta obedecem a um mecanismo de votação, baseado no sistema do voto ponderado. Destarte, exceção feita às hipóteses em que, dentro da sistemática do Convênio, o Diretor-Executivo tem atribuições e competência para agir independentemente — o que ocorre em matéria de coleta de informações e medidas de controle — este mecanismo de votação baseado no voto ponderado constitui a modalidade específica pela qual, nas relações entre as partes contratantes e a OIC, se articula a vontade jurídica própria da Organização enquanto sujeito do Direito Internacional Público. Daí a importância do assunto.

O Convênio de 1962, conforme foi visto no capítulo IV, obedecia a certos princípios estabelecidos pela Carta de Havana. Entre eles, o da divisão das partes contratantes em dois grupos — os importadores e os exportadores — tendo cada um no seu conjunto um total de mil votos (artigo 12, § 1º). Os Convênios de 1968 (artigo 12, § 1º) e de 1976 (artigo 13) mantiveram este esquema. A distribuição dos votos, dentro de cada categoria, é regida por vários critérios: (i) todo membro, seja ele importador ou exportador, dispõe de cinco votos básicos, a não ser que haja mais de 30 membros na categoria, hipótese em que o número de votos básicos é ajustado de modo que o total dos votos básicos, quer no grupo importador, quer no grupo exportador, não ultrapasse 150. Os votos básicos representam, por assim dizer, uma observância do princípio de igualdade soberana dos Estados e a sua sistemática, vem se mantendo inalterada de Convênio para Convênio (Convênio de 1962 — artigo 12, § 2º; Convênio de 1968 — artigo 12, § 2º; Convênio de 1976 — artigo 13, § 2º); (ii) os remanescentes 850 votos em cada categoria são distribuídos respectivamente entre importadores e exportadores, de acordo com a sua importância relativa no comércio internacional de café. Neste sentido, a ponderação dos votos obedece à idéia de que os direitos e as obrigações de cada parte contratante devem corresponder à sua participação real na ordem cafeeira mundial, de tal maneira que a sua participação funcional esteja de acordo com a sua especificidade. Evidentemente, a participação funcional diferenciada, que registra a estratificação internacional no campo cafeeiro, não elimina, como diria Roland Drago, a igualdade de todos os membros diante das normas jurídicas do Convênio. (32)

Existem, como se sabe, várias fórmulas para a ponderação dos votos, que têm sido utilizadas nas organizações internacionais que consagram o princípio da participação funcional diferenciada. Tais fórmulas buscam atender às novas necessidades do Direito Internacional Econômico contemporâneo, pois as normas positivas de mútua colaboração requerem a substituição da abstração da igualdade funcional pelo princípio da especificidade. No caso dos Convênios do Café, há critérios distintos para importadores e exportadores.

No que diz respeito aos importadores, o princípio consagrado nos Convênios de 1962 e 1968 (artigo 12, § 4º e artigos 5º de ambos os Convênios), foi mantido no Convênio de 1976. Com base nele, de acordo com o artigo 13, §§ 5º e 6º, no início de cada ano cafeeiro o Conselho deverá distribuir e ponderar os votos dos membros importadores proporcionalmente ao volume médio de suas respectivas importações de café nos três anos civis precedentes.

No que diz respeito aos exportadores, o Convênio de 1976 inova em relação aos anteriores em função da alteração da conjuntura. Nos Convênios de 1962 e 1968 (artigos 12, § 3º de ambos os Convênios), os votos ponderados dos exportadores eram distribuídos e divididos de maneira proporcional às suas respectivas quotas básicas, que representavam a percentagem do mercado internacional tradicional de café que cabia a cada um. No Convênio de 1976 as hipóteses previstas são diferentes.

Os membros exportadores que têm uma quota inicial de exportação anual de 100.000 sacas ou mais, mas inferior a 400.000, tal como acordado no Anexo 1 do Convênio, terão, além dos votos básicos, os votos ponderados indicados na coluna 2 deste mesmo anexo 1 (artigo 13, § 3º). Essa relação entre quota inicial de exportação e votos ponderados prefixados foi produto da necessidade de simplificar o assunto no que tange aos produtores menores, tendo em vista os aspectos mais complexos das quotas básicas do Convênio de 1976. Daí a proposta do Grupo de Contacto, que se converteu no artigo 13, § 3º desse Convênio. (33)

Os demais membros exportadores — que têm quotas básicas — terão os seus votos ponderados distribuídos de maneira proporcional ao volume médio de suas respctivas exportações de café com destino aos membros importadores (artigo 13, § 4º). Até 31 de dezembro de 1977 a base para o cálculo dos votos desses membros exportadores serão as séries dos anos cafeeiros de 1968/69 à 1971/72, inclusive, isto é, os anos de vigência do Convênio de 1968, em relação aos quais a OIC tem informações adequadas. A partir de 1º de janeiro de 1978, os votos ponderados destes membros exportadores serão calculados de forma a serem substituídas as séries estatísticas dos anos da vigência do Convênio de 1968 pelas do Convênio de 1976, da seguinte maneira, nos termos do parágrafo 4º do artigo 13:

ANO DE INCIDÊNCIA	ANOS CAFEEIROS P/BASE DE CÁLCULO
1978	1969/70 - 1970/71 - 1971/72 - 1976/77
1979	1970/71 - 1971/72 - 1976/77 - 1977/78
1980	1971/72 - 1976/77 - 1977/78 - 1978/79
1981	1976/77 - 1977/78 - 1978/79 - 1979/80
1982	1977/78 - 1978/79 - 1979/80 - 1980/81

As diferenças entre a sistemática do artigo 13, § 4º, do Convênio de 1976 e a dos Convênios anteriores são de dois tipos. A primeira resulta da divisão do mercado mundial em mercados de países membros e mercados de países não-membros (artigo 29), que substituiu, conforme foi visto, a antiga divisão entre mercados tradicionais e mercados novos dos Convênios de 1962 e 1968. A segunda provém das características mais complexas das quotas básicas no Convênio de 1976 (artigo 30), quando comparadas com as dos Convênios de 1962 e 1968.

No que se refere à divisão do mercado em mercados de países membros e mercados de países não-membros, importa mencionar que esta divisão não coincide, como é óbvio, com a antiga divisão de mercados tradicionais e mercados novos, e isto gera impactos diferenciados na distribuição dos votos ponderados. Países de mercados tidos anteriormente como tradicionais não são, até o momento, membros da OIC. É o caso, por exemplo, da República Democrática Alemã, da Argentina, da Argélia, da África do Sul, da Grécia e de Marrocos, que importaram, respectivamente, durante o período de 1968 a 1972, a seguinte média anual de milhares de sacas de café: 728, 618, 359, 268, 241 e 211. As exportações de membros produtores portanto, seja para estes países, seja para os países não-membros que constituíam mercados novos nos Convênios de 1962 e 1968 — por exemplo: URSS, Polônia e Hungria, cujas médias anuais, em milhares de sacas, de 1968 a 1972 foram, respectivamente, 687, 512 e 405 — não entram no cálculo dos votos ponderados dos exportadores que têm quotas básicas. (34) Estes volumes de café são significativos e, destarte, dependendo dos mercados dos membros exportadores, não só o seu voto ponderado pode não coincidir com a sua participação total na economia cafeeira, como também pode ser diferente, quando contrastada com a sistemática dos Convênios anteriores a incongruência entre voto e participação no mercado.

O Convênio de 1976 permite adesões (artigo 62) e, portanto, para obtê-las dos não-membros importadores, sem oposição dos membros produtores que exportam para não-membros, o artigo 32, conjugado com o artigo 13, § 4º, estabelece mecanismos para ajustar os votos ponderados dos membros exportadores, se ocorrer o ingresso na OIC de um novo membro no grupo dos importadores. Evidentemente, quanto maior for o número de importadores que venham a ingressar na OIC, mais precisa ficará a relação entre votos dos membros e a maior ou menor relevância das partes contratantes na ordem cafeeira mundial.

No que diz respeito às quotas básicas, importa mencionar que a sistemática do Convênio de 1976 é muito diferente da sistemática dos Convênios de 1962 e 1968. Quando as quotas estiverem sendo aplicadas (artigo 33), os membros exportadores com direito à quota básica — que são os que exportam mais de 400.000 sacas anuais — terão as mesmas atribuídas de acordo com dois critérios: (a) uma parcela fixa, correspondente a 70% da quota básica, calculada com base no volume médio das exportações anuais de cada membro exportador com destino a membros importadores. As séries estatísticas para este cálculo dependerão do ano cafeeiro em que entre em vigor o regime de quotas (artigo 30); e (b) uma parcela variável, que será distribuída entre os membros exportadores na proporção existente entre os estoques verificados de cada membro exportador e o total dos estoques verificados de todos os membros exportadores (artigo 35). A parcela variável da quota básica não tem relação com o voto ponderado. A parcela fixa, assim como o voto ponderado, tem um critério comum, que é o desempenho em matéria de exportações. As séries estatísticas do voto ponderado já estão, no entanto, definidas, ao passo que as da parcela fixa da quota básica dependerão da entrada em vigor do regime de quotas. Neste sentido, a relação entre votos e quotas básicas, no Convênio de 1976, é diferente da relação de coincidência existente nos Convênios anteriores, o que se explica tanto pela introdução do conceito de parcela variável quanto, no que diz respeito à parcela fixa, pela conjuntura que levou, no Convênio atual, conforme apontado no capítulo V, a disposições para o estabelecimento, suspensão e restabelecimento de quotas.

Estas observações permitem concluir, no tocante aos votos dos membros consumidores, que não existe solução de continuidade de um Convênio para outro, pois a ponderação dos seus votos vem obedecendo ao mesmo princípio e à mesma fórmula, ou seja, o volume de suas importações no triênio precedente. No que tange aos membros produtores, o princípio é o mesmo — participação no mercado — mas a fórmula de ponderação é diferente tendo em vista a alteração no mecanismo de quotas e a nova divisão do mercado. De fato, a ponderação dos votos dos produtores no Convênio de 1976 deriva do volume das exportações para os membros importadores. Esta fórmula de ponderação não só não é coincidente com as quotas básicas, que serão flexíveis, como também não apresenta a imutabilidade das quotas básicas rígidas dos Convênios anteriores. Neste sentido, os dispositivos sobre os votos dos produtores representam uma modificação em matéria de administração e organização, ligada à mudança da conjuntura que, ao se refletir nas cláusulas econômicas, afetou dispositivos do capítulo IV. Essa inovação sugere uma conclusão de ordem mais geral, também válida para os Convênios anteriores, mas ainda mais aplicável ao Convênio de 1976.

O desempenho e a participação na economia cafeeira mundial têm sido os critérios para a aferição e a conseqüente distribuição do poder decisório no âmbito da OIC. Este desempenho e esta participação no Convênio de 1976 deverão ser anualmente revistos tanto para produtores, em função das séries estatísticas previstas no artito 13, quanto para consumidores, o que flexibiliza mais adequadamente do que antes a distribuição do poder de acordo com a evolução da conjuntura, de tal maneira a ajustar, permanentemente, a participação funcional das partes contratantes com a realidade da ordem cafeeira mundial. Nesse sentido, atualiza-se a relação entre a reciprocidade dos interesses na cooperação econômica, o poder decisório e o empenho dos membros no funcionamento do Convênio de 1976.

Os votos dos membros, tanto os básicos quanto os ponderados, para efeitos de votação, são contados separadamente. ***"Maioria distribuída simples"***, define o Convênio, "significa a maioria dos votos expressos pelos membros exportadores presentes e votantes e a maioria dos votos expressos pelos membros importadores presentes e votantes, contados separadamente." (artigo 3º, § 9º). ***"Maioria distribuída de dois terços"***, prossegue o Convênio, "significa a maioria de dois terços dos votos expressos pelos membros exportadores presentes e votantes, e maioria de dois terços dos votos expressos pelos membros importadores presentes e votantes, contados separadamente" (artigo 3°, § 10). A idéia de contar separadamente, nas votações, os votos de exportadores e importadores deriva dos princípios da Carta de Havana e tem como objetivo resguardar, através deste mecanismo, a especificidade dos interesses dos países produtores e consumidores. Este princípio tem se mantido inalterado desde o Convênio de 1962. O *quorum* para qualquer reunião do Conselho e da Junta, no Convênio de 1976 (artigo 20), assim como nos anteriores (Convênio de 1962, artigo 19; Convênio de 1968, artigo 19) é dado com a presença da maioria dos membros que detenham a maioria distribuída de dois terços do total dos votos.

O Convênio de 1976 prevê tanto as hipóteses que exigem maioria distribuída de dois terços, quanto aquelas decisões — as de rotina — que podem resultar de uma maioria distribuída simples. A suspensão dos direitos de voto de um membro (artigo 58, § 8°); a exclusão de um membro da OIC (artigo 58, § 8° e artigo 66); o início de um processo de emenda do Convênio (artigo 69), são decisões que, pela sua relevância, compreensivelmente exigem, na sistemática do Convênio de 1976, a maioria distribuída de dois terços. Normas e regulamentos, necessários à execução do Convênio, entre as quais o regimento do Conselho, os regulamentos financeiros e do pessoal da Organização, também necessitam, para serem aprovados, de maioria distribuída de dois terços, em votação do Conselho (artigo 10°, § 2°). Este dispositivo do Convênio de 1976 é análogo aos artigos 9°, § 2° dos Convênios de 1962 e 1968. O Convênio de 1976 prevê, igualmente, que todas as decisões relativas às disposições do Capítulo VII — que trata da regulamentação das exportações e importações — serão adotadas por maioria distribuída de dois terços (artigo 28, § 1°). As razões dessa maioria qualificada derivam da natureza das normas deste capítulo, que buscam atender a uma conjuntura diferente daquela que ensejou as cláusulas econômicas dos Convênios de 1962 e 1968. De fato, como observa o Grupo de Contacto, elas são flexíveis e ao mesmo tempo constituem elementos essenciais do Convênio, e por isso deverão ser implementadas por meio de decisões resultantes de uma maioria distribuída de dois terços. (35) Evidentemente, estes cuidados no processo de tomada de decisões provém de uma preocupação com a efetividade das normas delas resultantes. Como aponta Virally, uma resolução de uma organização internacional, no campo do Direito Internacional Econômico, sobretudo quando se insere no âmbito da regulamentação de normas positivas de mútua colaboração, adquire significado jurídico, em termos de efetividade, na medida em que exprime um acordo relevantemente majoritário dos seus criadores e destinatários. (36) A exigência de maioria distribuída de dois terços é uma formalidade que visa assegurar um acordo e, com ele, a margem de consenso necessária para garantir a reciprocidade dos interesses. Um único membro, seja ele importador ou exportador, por maior que seja o seu número de votos, não pode impedir um acordo se existir o consenso majoritário. É o que estipula o artigo 15, § 2°, do Convênio de 1976, que reitera fórmula dos convênios anteriores (artigo 14, § 2° dos Convênios de 1962 e 1968), pela qual se impede, no Conselho, o veto individual ao se considerar adotada, em terceira votação, uma moção que não obtenha maioria distribuída de dois terços em virtude do voto negativo de apenas um membro exportador ou apenas um membro importador.

O Conselho, conforme já apontado, pode delegar, como de fato delegou, à Junta, o exercício de alguns dos seus poderes. No Convênio de 1976 esta delegação requer, de acordo com o artigo 18, § 2º, uma maioria distribuída de dois terços. O artigo 18, § 2º inova em relação aos Convênios anteriores, que permitiam a delegação por maioria distribuída simples (artigos 17, § 2º dos Convênios de 1962 e 1968). As razões se originam da hipótese, aventada durante as negociações, de se delegar à Junta, durante a vigência do Convênio de 1976, uma série mais ampla de poderes. Por esse motivo, julgou-se mais apropriado exigir maioria qualificada para aprovar a delegação de poderes. A revogação dos poderes delegados à Junta, no entanto, no Convênio de 1976 (artigo 18, § 3º), da mesma forma que nos Convênios anteriores (artigos 17, § 3º dos Convênios de 1962 e 1968), pode ser decidida no Conselho por maioria distribuída simples porque se entendeu que isto resguardaria os interesses individuais dos membros do Conselho. (37) Coerente com a sistemática do Convênio, o artigo 19, § 2º, estabelece que toda decisão da Junta exige maioria igual àquela que seria necessária para ser tomada pelo Conselho.

b. *Finanças*

Esta análise e estas conclusões sobre as linhas de continuidade e as de inovação do Convênio de 1976, em relação aos Convênios anteriores, na parte referente à administração e organização, permitem, agora, passar ao estudo do Capítulo VI, que trata de finanças. Existe uma relação profunda, de ordem sistemática, entre o Capítulo IV e o VI. O orçamento da Organização, que é aprovado pelo Conselho através do mecanismo de votação acima descrito, fixa a contribuição de cada membro para esse orçamento. Essa contribuição de cada membro, em cada exercício financeiro, é proporcional ao seu número de votos na data da aprovação do orçamento (artigo 25, § 2º). Neste sentido, existe uma simetria entre direitos de votos e processo decisório, contemplados no Capítulo IV, e deveres a eles correspondentes, contemplados no Capítulo VI, pois as despesas necessárias à administração do Convênio são rateadas proporcionalmente de acordo com a estratificação cafeeira internacional, aferida pelo Convênio segundo a distribuição dos votos entre as partes contratantes. O Convênio de 1976 repete, neste ponto, dispositivos análogos aos dos Convênios de 1962 e 1968 (artigos 24 de ambos os Convênios), prevendo igualmente os ajustes necessários se houver uma modificação na distribuição de votos, seja em função do ingresso de novos membros, seja em função da suspensão ou posterior restabelecimento dos direitos de voto de um membro (artigo 25, § 2º; artigo 13, § 6º). A simetria de direitos e deveres se reflete também nas normas aplicáveis a um membro quando ele não paga a sua contribuição dentro de 6 meses a contar da data em que tal contribuição é exigível. Nestes casos, a sanção prevista pelo Convênio (artigo 26, § 2º) é a suspensão dos direitos de voto no Conselho e do direito de dispor de votos na Junta até o momento do pagamento da contribuição devida.

Esta simetria de direitos e obrigações permite uma conclusão de ordem mais geral, válida para o Direito das Organizações Internacionais. Na Organização Internacional do Café o princípio da participação funcional diferenciada, tanto em termos de poder decisório, medido pelo voto, quanto de responsabilidade, aferida pelas contribuições financeiras, não gera certas incongruências do tipo daquelas que aparecem quando não há correspondência entre o voto e as contribuições orçamentárias. Na ONU, por exemplo, na Assembléia Geral, vige o princípio de um voto por país. As contribuições orçamentárias, no entanto, procedem, em medida considerável, dos países industrializados de economia de mercado. Por essa razão, nem sempre existe convergência entre a amplitude e o conteúdo das decisões majoritárias e as atividades operacionais da organização, pois estas — por exemplo, no campo econômico e social ou no da manutenção da paz — se vêem condicionadas pelos interesses dos membros que fornecem os recursos para o funcionamento da organização. (38) Esses interesses não são necessariamente coincidentes com os das maiorias nominais da Assembléia. Daí, na ausência de reciprocidade, a carência de efetividade de muitas resoluções da ONU, o que tende a não acontecer na OIC em virtude do entrosamento entre administração e organização (Capítulo IV) e finanças (Capítulo VI), no Convênio de 1976, que neste sentido reitera e consolida dispositivos análogos dos convênios anteriores.

c. *Privilégios e Imunidades*

A funcionalidade específica da OIC, que permitiu, em função da reciprocidade dos interesses, a solução harmoniosa acima discutida, sugere, como arremate final deste capítulo, o exame do artigo 23 do Convênio de 1976, que se integra no conjunto de normas que disciplinam problemas de natureza institucional. O artigo 23 é o único artigo do Capítulo V do Convênio de 1976 e trata dos privilégios e imunidades. A concessão de privilégios e imunidades, como aponta Bowett, é uma conseqüência do advento da personalidade jurídica das organizações internacionais. De fato, a base da subjetividade jurídica das organizações internacionais deriva das competências funcionais que lhes são atribuídas pelos sujeitos que as criaram. Para poder exercer estas competências, que são funções especializadas que não se confundem com as dos Estados-membros, é que as organizações internacionais gozam de privilégios e imunidades. (39)

O artigo 23, § 1º, reconhece a personalidade jurídica da OIC e estipula que ela tem, em especial, a capacidade de firmar contratos, de adquirir e de dispor de bens móveis e imóveis e de demandar em juízo.

O § 2º estipula as relações de continuidade com o Convênio de 1968 na vigência do qual foi celebrado, entre a OIC e o Governo do Reino Unido da Grã-Bretanha e Irlanda do Norte, o acordo de sede, que continua sendo aplicável à OIC. Este acordo de sede, que foi assinado a 28 de maio de 1969, é independente do Convênio de 1976, nos termos do § 3º do artigo 23. Este acordo, na linha do Direito das Organizações Internacionais, basicamente concede privilégios e imunidades para a Organização e para os seus funcionários, tendo em vista o exercício, em sua sede no Reino Unido, das funções necessárias para o cumprimento das finalidades e atribuições que levaram, com a OIC, à cooperação econômica institucionalizada no campo do café. (40) Entre os privilégios e imunidades concedidas à Organização estão: (i) o da inviolabilidade dos arquivos e das dependências da OIC (artigos 4º e 5º do Acordo de Sede); (ii) com algumas exceções, os de imunidade de jurisdição e de execução (artigo 8º do Acordo de Sede); (iii) isenção de impostos, de direitos alfandegários e livre disponibilidade de fundos, moedas ou títulos de crédito (artigos 9º, 10 e 13); e (iv) irrestrita liberdade de comunicações para todas as finalidades oficiais da Organização (artigo 14 do Acordo de Sede). Os representantes dos países membros, durante o exercício de suas funções junto à OIC, têm os privilégios e imunidades a eles inerentes, tais como imunidade de prisão e detenção, imunidade de jurisdição com relação a atos praticados no exercício de suas funções, inviolabilidade de todos os seus papéis e documentos oficiais, direito de fazer uso de códigos e receber documentos ou correspondência por mensageiro especial ou mala fechada, etc. (artigo 16 do Acordo de Sede). Os funcionários da Organização gozam, *inter alia*, de imunidade de jurisdição com relação a atos por eles executados no exercício de suas funções, de inviolabilidade para todos os seus papéis e documentos oficiais e de isenção de Imposto de Renda do Reino Unido pelos salários e emolumentos a eles pagos pela OIC, que apenas estão sujeitos a uma taxa imposta pela própria OIC (artigos 18 e 20 do Acordo de Sede).

Conforme se verifica, estes privilégios e imunidades estão ligados ao exercício de competências funcionais da OIC na sua sede, em Londres, que no entanto podem não ser suficientes para as necessidades da Organização. Daí tanto o parágrafo 4º quanto o parágrafo 5º do artigo 23. O parágrafo 4º estabelece que a OIC pode celebrar com outro ou outros membros, acordos, a serem aprovados pelo Conselho, relativos aos privilégios e imunidades que sejam indispensáveis ao funcionamento do Convênio. O parágrafo 5º prevê que os governos dos países membros, com exceção do país sede, concederão à Organização as mesmas facilidades que são conferidas às agências especializadas das Nações Unidas em matéria de restrições monetárias e de câmbio, manutenção das contas bancárias e transferências de dinheiro. As razões do parágrafo 5º são também de natureza funcional, pois os privilégios e imunidades por ele contemplados têm como objetivo facilitar o uso flexível dos recursos da Organização, inclusive as transferências e a mais eficiente utilização do Fundo de Promoção, nos países membros importadores. (41)

Apresentados estes elementos, referentes a privilégios e imunidades, cabe agora, no término deste capítulo, sumariar o seu alcance no contexto deste trabalho. Em síntese, pode-se dizer que a análise do Preâmbulo e do Capítulo I evidencia como operou o jogo da reciprocidade no acordo sobre objetivos e na fixação da estrutura genérica da equivalência de prestações do Convênio de 1976. Esta estrutura, em função da alteração da conjuntura, veio a ser diferente daquela que caracterizou os Convênios de 1962 e 1968, guardando no entanto, com os ordenamentos anteriores, linhas de continuidade. Dentro deste quadro geral, foram estudados, em primeiro lugar, os Capítulos II e III, e depois os Capítulos IV, V e VI.

No que diz respeito ao Capítulo II, verificou-se como a nova conjuntura, que alterou a base da reciprocidade dos interesses, teve o seu impacto nas definições empregadas pelo Convênio de 1976. No que diz respeito ao Capítulo III, foram mostradas as relações entre o Convênio de 1976 e algumas das transformações gerais do Direito Internacional Público. Estas transformações registram, *inter alia*, tanto o aparecimento de novos sistemas coletivos de tomada de decisões, que exigiram modificações das normas que tratam de membros, quanto à presença de hipóteses de novas antinomias que realçam a estrutura fluida das modalidades pelas quais o Direito das Gentes busca solucionar os conflitos de normas. Esta fluidez ensejou uma oportunidade para, ao reiterar as razões da metodologia empregada no correr do trabalho, insistir que, no campo do Direito Internacional Público Econômico, a investigação não pode ater-se, exclusivamente, à dogmática jurídica.

No que diz respeito ao Capítulo IV, mostrou-se, num primeiro momento como, no tocante à organização e administração, a institucionalização anterior, fruto da experiência dos Convênios precedentes, foi responsável por certas linhas relevantes de continuidade. Essas linhas tiveram, no entanto, que adaptar-se à nova equivalência das prestações, que tendo alterado o elenco de meios do Convênio de 1976, geraram alguns impactos na organização e administração da OIC. O Capítulo IV foi a seguir relacionado com o Capítulo VI para, ao mostrar a simetria de direitos e deveres dos membros no funcionamento da OIC, realçar como esta solução tende a reforçar a efetividade do Convênio de 1976. Finalmente, estudou-se o Capítulo V, que trata de privilégios e imunidades, que resultam da personalidade internacional das organizações internacionais. Todo o estudo dos Capítulos IV, V e VI se fundamentou não apenas nas comparações com os Convênios anteriores mas também no Direito das Organizações Internacionais, no qual se integram. O objetivo destas comparações foi evidenciar o que é específico da OIC e da reciprocidade de interesses que a criou e a vem mantendo, e o que é genérico e relativo à reciprocidade mais ampla de interesses que vem ensejando as transformações do Direito Internacional Público e a passagem de normas de abstenção para as de mútua colaboração.

Notas ao Capítulo VI

(1) Para maiores detalhes, ver: *O.I.C., A Oferta e a Procura de Café em 1975/76 e Estimativas para o Futuro Imediato*, EB/1402/75, de 31/outubro/1975.

(2) Cf. *O.I.C.*, Statement by the Executive Director of the International Coffee Organization, Mr. Alexandre F. Beltrão, Londres, 22/december/1975; ALEXANDRE F. BELTRÃO, conferência no dia 7 de julho de 1976 na reunião "The Outlook for Commodities", promovida em Londres pelo *Financial Times* e *The Investor Chronicle*, reproduzida em ED-796/76, de 7/julho/1976, p. 11; Address by JULIUS L. KATZ, Deputy Assistant Secretary of State for Economic and Business Affairs at the 65th Annual Convention of the National Coffee Association, Boca Ratón – Florida, February 3, 1976, p. 10.

(3) HENRY A. KISSINGER, *Global Consensus and Economic Development*, discurso nas Nações Unidas de 1/setembro/1975, EUA, Department of State, Bureau of Public Affairs, Office of Media Services, p. 1; OSCAR SCHACHTER, "Just Prices in World Markets: Proposals de lege ferenda" in loc. cit., pp. 101-109.

(4) ALEXANDRE F. BELTRÃO, Article for George Gordon Patton: Coffee Annual, de 9/janeiro/1976.

(5) *O.I.C., Resumo das Propostas Apresentadas para um Novo Convênio Internacional do Café*, EB/1322/74 – Add.3, de 20/fev/1975, p. 1.

(6) A. A. AL-SANHOURY, "Le Standard Juridique" in loc. cit.; ROSCOE POUND, *An Introduction to the Philosophy of Law*, cit., pp. 57-59; OLIVEIRA VIANNA, *Problemas de Direito Sindical*, cit., pp. XVII-XXIII.

(7) Relatório da Delegação do Brasil à XXVIII Sessão do Conselho Internacional do Café, realizada em Londres, de 3 de novembro a 3 de dezembro de 1975, in *Diário do Congresso Nacional (Seção I)*, sexta-feira, 20 de agosto de 1976, pp. 7654 e 7655.

(8) *O.I.C.*, Statement by the Executive Director of the International Coffee Organization, Mr. Alexandre F. Beltrão, Londres, 22/December/1975; *O.I.C.*, *Projeto de Regulamento da Organização Internacional do Café para a Aplicação*

de um Sistema de Certificados de Origem Quando as Quotas não estiverem em Vigor, EB-1443/76, de 21/junho/1976, especialmente páginas 1, 2, 15, 16 e os anexos; Idem, EB-1443/76, Rev. 1, Add. 1, de 7/setembro/1976; *O.I.C.*, *Emendas Facultativas aos Certificados de Origem a serem Usados a partir de 1º de outubro de 1976*, ED-811/76. de 2/setembro/1976; *O.I.C.*, *Projeto de Regulamento para calcular as Quotas Básicas nos Termos dos Parágrafos 3º e 4º do Artigo 30 do Convênio Internacional do Café de 1976 e para o Pagamento de Contribuições*, EB-1444/76, de 24/junho/1976; *O.I.C.*, *Regulamento da Organização Internacional do Café para a Aplicação de um Sistema de Certificados de Origem quando as Quotas não estiverem em Vigor*, EB-1443/76 – Rev. 3, de 23/novembro/1976.

(9) CONSELHO INTERNACIONAL DO CAFÉ, *Vigésima-Oitava Sessão – 3 de novembro – 3 de dezembro de 1975 – Décima-Primeira Reunião Plenária, Realizada a 29 de novembro de 1975*, ICC-28-m-46, de 3/fevereiro/1976, pp. 7-10; CELSO LAFER, "O Convênio Internacional do Café" in loc. cit., p. 37

(10) CONSELHO INTERNACIONAL DO CAFÉ, *Vigésima-Oitava Sessão – 3 de novembro – 3 de dezembro de 1975 – Ata da Décima-Primeira Reunião Plenária, Realizada a 29 de novembro de 1975*, ICC-28-m-46, de 3/fevereiro/1976, pp. 11-12.

(11) Cf. GUY DELAPORTE, XVIIème Séssion du Conseil International du Café – Vers un Troisième Accord International Particulièrement Sophistiqué – *Marchés Tropicaux et Mediterranées*, 5/12/1975, p. 3520; Relatório da Delegação do Brasil à XXVIII Sessão do Conselho Internacional do Café, realizada em Londres, de 3 de novembro a 3 de dezembro de 1975, in *Diário do Congresso Nacional (Seção I)*, sexta-feira, 20 de agosto de 1976, pp. 7653-7654.

(12) JOSÉ LUIZ MENDOZA, *Derecho Internacional del Café*, op. cit., pp. 20-21.

(13) CONSELHO INTERNACIONAL DO CAFÉ, *Vigésima-Oitava Sessão – 3 de novembro – 3 de dezembro de 1975 – Ata da Segunda Reunião Plenária, Realizada a 7 de novembro de 1975*, ICC-28-m-37, de 6/janeiro/1976, pp. 1-2.

(14) *O.I.C.*, *Projeto de Resolução – Apresentado pela Junta Executiva – Adesão de Angola ao Protocolo para a Continuação em Vigor do Convênio Internacional do Café de 1968 Prorrogado*, EB-1446/76, de 16/junho/1976; FRANCISCO CARNELUTTI, *Teoria Geral do Direito* (trad. de A. Rodrigues Queiró e Artur Anselmo de Castro), S. Paulo: Saraiva, 1942, pp. 215-221.

(15) Cf. JOSÉ LUIZ MENDOZA, *Derecho Internacional del Café*, cit., p. 20; CELSO LAFER, "O Convênio Internacional do Café" in loc. cit., p. 47.

(16) JOSÉ LUIZ MENDOZA, *Derecho Internacional del Café*, cit., pp. 19-20.

(17) CELSO LAFER, "O Convênio Internacional do Café" in loc. cit., p. 47.

(18) Cf. D. W. BOWETT, *The Law of International Institutions* (3rd ed.) Londres: Stevens &Sons, 1975, pp. 299 e seguintes; PIERRE PESCATORE, *Derecho de la Integración: Nuevo Fenómeno en las Relaciones Internacionales*, op. cit.; VLAD CONSTANTINESCO, *Compétences et Pouvoirs dans les Communautés Européennes*, Paris: Lib. Générale de Droit et de Jurisprudence, 1974; PIERRE PESCATORE, "Distribución de Competencias y de Poderes entre los Estados-Miembros y las Comunidades Europeas" in *Derecho de la Integración*, n. 1 (Octubre/1967), pp 108-153.

(19) CONSELHO INTERNACIONAL DO CAFÉ, *Vigésima-Oitava Sessão – 3 de novembro – 3 de dezembro de 1975 – Ata da Décima-Primeira Reunião Plenária, Realizada Sábado, 29 de novembro de 1975*, ICC-28-m-46, 3/fevereiro/1976, p. 7; *Ata da Décima-Terceira Reunião Plenária, Realizada Domingo, 30 de novembro de 1975*, ICC-28-m-48, 3/fevereiro/1976, pp. 13-15; *Summary Record of the Fifteenth Plenary Meeting, Monday, 1 December, 1975*, ICC-28-m-50, 13/fevereiro/1976, pp. 1-2; *List of Delegations*, ICC 28-4 Rev. 1, 27 November, 1975, p. 37. Sobre o Pacto Andino, a estrutura de suas normas e o sentido do vínculo que une os seus membros, ver: FRANCISCO VILLAGRÁN KRAMER, "Sistematización de La Estructura Jurídica del Acuerdo de Cartagena" in *Derecho de la Integración*, vol. VI n. 12 (Marzo/1973), pp. 11-31; FELIX PEÑA, "El Grupo Andino: Un Nuevo Enfoque de la Participación Internacional de Países en Desarrollo" in FRANCISCO ORREGO VICUÑA (org.), *Derecho Internacional Económico – II – Las Nuevas Estructuras del Comércio Internacional*, cit., pp. 342-376.

(20) *O.I.C., Projeto de Regulamento da Organização Internacional do Café para a Aplicação de um Sistema de Certificados de Origem Quando as Quotas não estiverem em Vigor*, EB-1443/76, de 21/junho/1976, pp. 3-4; *O.I.C., Regulamento da Organização Internacional do Café para a Aplicação de um Sistema de Certificados de Origem Quando as Quotas não estiverem em Vigor*, EB-1443/76, Rev. 3, de 23/novembro/1976.

(21) CH. PERELMAN, "Les Antinomies en Droit – Essai de Synthèse" e JEAN J. A. SALMON, "Les Antinomies en Droit International Public", ambos in Ch. Perelman (ed.) *Les Antinomies en Droit*, Bruxelles: Émile Bruylant, 1965, respectivamente, pp. 392-404 e 285-319.

(22) Cf. VICENTE MAROTTA RANGEL, "Le Conflit des Accords Internationaux" in *Revista da Faculdade de Direito da Universidade de São Paulo*, ano LXVIII (1963), pp. 231-272; LORD MC NAIR, *The Law of Treaties*, Oxford: At the

Clarendon Press, 1961, pp. 213 e seguintes; CHARLES ROUSSEAU, *Droit International Public*, tomo I, *Introduction et Sources*, cit., pp. 151-163. Na Convenção de Viena sobre o Direito dos Tratados, os artigos que disciplinam o problema, codificando a teoria e a prática internacional são, o artigo 30, que trata da aplicação de tratados sucessivos sobre o mesmo assunto, e o artigo 59, que trata do término ou da suspensão da aplicação de um tratado em virtude de um tratado posterior. Cf. ERNESTO DE LA GUARDIA e MARCELO DELPECH, *El Derecho de los Tratados y la Convención de Viena de 1969*, B. Aires: La Ley, 1970, pp 293-310. Para uma análise sobre problemas referentes à incompatibilidade das normas de modelos jurídicos, no que diz respeito a antinomias referentes ao elenco de meios, ver, por exemplo, CELSO LAFER "Un Análisis de la Compatibilidad de los Artículos 27 y 28 del Pacto Andino con el Ordenamiento Jurídico de la ALALC (En Torno a los Proyectos para la Reglamentación del Capital Extranjero y de las Empresas Multinacionales en la ALALC)" in *Derecho de la Integración* n. 6 (abril/1970), pp. 98-112.

(23) *O.I.C., Grupos de Trabalho sobre a Negociação de um Novo Convênio-Temas para Debate*, WP- Agreement n. 21 – Rev. 1, 16/jan/1975, p. 13.

(24) Este aspecto se vê claramente no teor de algumas apresentações feitas em 1976, na Convenção Anual do Café em Boca Ratón, Flórida, por exemplo: BILL TOWER, *The Past Revisited – The Future Explored* ("speech" na reunião de fevereiro de 1976 do United States Coffee Council) e também nos documentos do 5º Seminário do Comércio de Café de Santos, realizado de 4 a 7 de maio de 1976. Documentação sobre este seminário foi publicada em suplemento da *Folha de S. Paulo* de domingo, 16/mai/76.

(25) JEAN J. A. SALMON, "Les Antinomies en Droit International Public" in Ch. Perelman (ed.), *Les Antinomies en Droit*, cit., p. 319. Sobre *jus cogens*, ver: ALFRED VERDROSS, "Jus Dispositivum" and "Jus Cogens" in International Law" in American Society of International Law, *International Law in the Twentieth Century*, cit., pp. 217-225; *The Concept of "Jus Cogens" in International Law: Papers and Proceedings* (Report of a Conference Organized by the CARNEGIE ENDOWMENT FOR INTERNATIONAL PEACE, Langonissi--Grécia, April/1966), Genève, 1967; ERNESTO DE LA GUARDIA E MARCELO DELPECH, *El Derecho de los Tratados y la Convención de Viena de 1969*, cit., pp. 65-89, 419-430; CHARLES ROUSSEAU, *Droit International Public*, tomo I – *Introduction et Sources*, cit., pp. 149-151.

(26) CHARLES DE VISSCHER, *Les Effectivités du Droit International Public*, Paris: Pedòne, 1967, p. 15.

(27) ALFRED VERDROSS, *Derecho Internacional Público* (trad. de Antonio Truyol y Serra), (5a. ed.), Madrid: Aguilar, 1974, p. 83; ANTONIO PEÑARANDA, *La Función de la Efectividad en el Derecho Internacional*, Madrid:

Instituto Francisco de Vitória, 1973; MIGUEL REALE, *Filosofia do Direito*, cit.

(28) H. C. MERILLAT, *Legal Advisors and International Organizations*, N. York: Oceana Publications, 1966, pp. 14 e seguintes.

(29) *O.I.C., Relatório do Grupo de Trabalho sobre o Convênio e Resumo das Discussões*, ED-594/72, 11/julho/1972, p. 2.

(30) INIS L. CLAUDE JR., *Swords into Plowshares*, cit., p. 175; cf. também JEAN SIOTIS, *Essai sur le Sécrétariat International*, Génève: Droz, 1963.

(31) Cf. *O.I.C., Rules and Resolutions Required to Implement the Provisions of Articles in the Draft International Coffee Agreement 1976, (Board Working Paper Number 132)*, WP-Board n. 133, 10/sep/75.

(32) Cf. ROLAND DRAGO, "La Pondération dans les Organisations Internationales" in *Annuaire Français de Droit International*, 1956, pp. 529-547; C. A. COLLIARD, "Égalité ou Specificité des États" in *Mélanges Trotabas*, cit., pp. 529-558; FELIX PEÑA, "Tendencias Institucionales en las Relaciones Comerciales Internacionales" in FRANCISCO ORREGO VICUÑA (org.), *Derecho Internacional Económico – II – Las Nuevas Estructuras del Comércio Internacional*, cit., pp. 295-307.

(33) *O.I.C., Relatório do Grupo de Contacto*, ICC-28-14, 25/nov/1975, p. 4.

(34) *O.I.C., Relatório do Grupo de Contacto*, ICC-28-14, 25/nov/1975, p. 7.

(35) *O.I.C., Relatório do Grupo de Contacto*, ICC-28-14, 25/nov/1975, p. 11; Relatório da Delegação do Brasil à XXVIII Sessão do Conselho Internacional do Café, realizada em Londres, de 3 de novembro a 3 de dezembro de 1975, in *Diário do Congresso Nacional (seção I)*, sexta-feira, 20 de agosto de 1976, p. 7656.

(36) INSTITUT UNIVERSITAIRE DES HAUTES ÉTUDES INTERNATIONALES, *Les Resolutions dans la Formation du Droit International du Développement*, cit. p. 30.

(37) CONSELHO INTERNACIONAL DO CAFÉ, *Vigésima-Oitava Sessão – 3 de novembro – 3 de dezembro de 1975 – Ata da Décima-Quarta Reunião Plenária, Realizada Segunda-feira, 1º de dezembro de 1975*, ICC-28-m-49, 27/jan/1976, p. 8.

(38) Cf. VICTORIA ABELLÁN HONRABIA, *El Sistema Financiero de las Naciones Unidas*, Madrid: Edit. Tecnos, 1973.

(39) D. W. BOWETT, *The Law of International Institutions* (3rd. ed.), cit., pp. 308-323; MANUEL DIEZ DE VELASCO VALLEJO, *Instituciones de Derecho Internacional Público*, tomo I, Madrid: Edit. Tecnos, 1973, pp. 230-233.

(40) O Acordo de Sede está reproduzido em *O.I.C.*, EB-731/68, Rev. 1, de 29 de maio de 1969.

(41) CONSELHO INTERNACIONAL DO CAFÉ, *Twenty-Eighth Session – 3 November – 3 December 1975 – Summary Record of the Fifteenth Plenary Meeting, Monday 1, December 1975*, ICC-28-m-50, 13/February/1976, p. 7.

Capítulo VII

A ESTRUTURA DO CONVÊNIO DE 1976 E A RECIPROCIDADE DOS INTERESSES – ANÁLISE DOS CAPÍTULOS VII E VIII

Os Capítulos VII e VIII do Convênio de 1976 disciplinam as "cláusulas econômicas", isto é, o elenco de meios que produtores e consumidores escolheram e acordaram durante as negociações, para estabelecer uma ordem cafeeira mundial baseada em normas de mútua colaboração.

Esses dois capítulos são muito importantes para os propósitos deste trabalho. Em primeiro lugar, porque registram, mais do que quaisquer outros o impacto da conjuntura que, ao alterar no tempo a equivalência das prestações ensejou, durante as negociações, através do jogo da reciprocidade, um acordo sobre novos mecanismos, destinados a tornar viável o cerne econômico da cooperação cafeeira mundial, num contexto inicial de escassez da oferta. Nesse sentido, portanto, são capítulos importantes para o estudo do resultado da relação entre a dinâmica da reciprocidade dos interesses e o processo da gênese das normas jurídicas. Por outro lado, os mecanismos contemplados nesses dois capítulos, fruto do jogo da reciprocidade, são mecanismos muito inovadores. Nas palavras da delegação brasileira ao comentar, em relatório, o término das negociações:

"... o III Convênio Internacional do Café é, do ponto de vista técnico, o mais sofisticado instrumento do gênero, principalmente porque se destina a regular condições aleatórias que só se deverão concretizar dentro de alguns anos. Sua maior virtude é a flexibilidade, presente em vários mecanismos, que contrasta com o excesso de rigidez que tem prejudicado outras tentativas de organização dos mercados de produtos primários. Finalmente, o Convênio incorpora cuidadoso equilíbrio entre direitos e deveres, tanto para consumidores, quanto produtores." (1)

Daí a segunda ordem de razões que permitem realçar a importância desses capítulos para os propósitos deste trabalho. De fato, o Convênio de 1976, ao procurar através de suas normas técnicas regular condições aleatórias, explora as possibilidades – discutidas no capítulo II deste livro – do planejamento do desempenho, ou seja: mecanismos de adaptação do modelo jurídico às incertezas e flutuações de ordem econômica através de normas que, ao estipularem técnicas flexíveis, buscam assegurar, no tempo, uma constante auto-regulação da equivalência das prestações. Neste sentido, o Convênio de 1976 representa uma importante contribuição ao ***corpus juris*** do Direito Internacional Econômico porque é um ordenamento que aventa novos caminhos para a manutenção da reciprocidade dos interesses e, portanto, para o reforço da efetividade das normas de modelos jurídicos que precisam enfrentar a conjuntura, a prospectiva e o aleatório. (2)

(A) *O Capítulo VII*

O Capítulo VII trata da regulamentação das exportações e importações e sua importância, na estrutura do Convênio, se vê assinalada logo no seu início, no artigo 28, que exige, como já foi apontado, maioria distribuída de dois terços para todas as decisões do Conselho referentes às suas disposições. A seguir, o artigo 29 divide o mercado mundial em mercados de países membros, sujeitos ao regime de quotas e mercados de países não-membros, delas isentas, o que constitui, como também já foi visto em capítulos anteriores, inovação em relação aos Convênios anteriores, que visa aprimorar os controles e a fiscalização do regime de quotas. Os países não-membros importadores, convém mencionar, absorvem cerca de 10% das importações mundiais de café. (3)

Os Convênios de 1962 e 1968, negociados numa época de superprodução, baseavam-se num regime de quotas que buscava equilibrar a oferta, através de limitações físicas às exportações, pelas razões expostas no capítulo IV deste trabalho. Neste regime, desempenhava um papel muito importante a quota-básica, que determinava, rigidamente, a chave da participação percentual de cada membro produtor na quota global, fixada anualmente pelo Conselho da OIC.

O Convênio de 1976, conforme se verificou no capítulo V deste trabalho, foi negociado inicialmente numa situação de equilíbrio, e concluído numa época de escassez. Este contexto, inédito na experiência anterior de discussões de acordos de cooperação cafeeira, provocou uma compreensível alteração de todas as cláusulas econômicas. No entanto, ela só foi operacionalmente possível graças à prática anterior das partes contratantes com mecanismos já utilizados nos Convênios de 1962 e 1968, tais como: preços indicativos, certificados de origem e verificação de estoques. De fato, a experiência de funcionamento desses mecanismos permitiu às partes contratantes encontrar numa nova conjuntura, soluções mais flexíveis, seja para estipularem a divisão do mercado, e com isso superar os velhos e novos aspectos de um tema clássico de conflito entre produtores e consumidores, seja para disciplinarem os preços e garantir o fornecimento e, com isso, ultrapassar os velhos e novos aspectos de um tema igualmente clássico de conflito, no caso entre exportadores e importadores. Esta é, portanto, a origem tanto das novas normas, através das quais se fixará a participação de cada membro produtor no mercado mundial, quanto de disposições inexistentes anteriormente, para o estabelecimento, suspensão e restabelecimento de quotas, que derivam todas da reciprocidade dos interesses provocados pela nova conjuntura, criativamente conjugada com o repertório da experiência de mecanismos já utilizados previamente.

(a) *Normas que disciplinam a divisão do mercado entre os membros exportadores durante a vigência do regime de quotas*

O Convênio de 1962 excluía do regime de quotas os membros produtores que nos três anos precedentes à sua vigência vinham exportando uma média anual inferior a 25.000 sacas, e desde que, no futuro, não ultrapassassem este limite. Excluía igualmente territórios administrados sob o regime de tutela das Nações Unidas, desde que as exportações deste território para outros países, que não a Autoridade Administradora, não ultrapassassem 100.000 sacas (artigo 30 do Convênio de 1962).

O Convênio de 1968 manteve a mesma orientação quanto a territórios sob tutela, porém modificou as normas no que diz respeito aos demais membros produtores cujas exportações eram reduzidas. Neste caso, o Convênio de 1968 estabeleceu, no seu artigo 31, que não seriam atribuídas quotas básicas a membros exportadores cujas exportações médias anuais, no triênio precedente, tinham sido inferiores a 100.000 sacas. Para esses membros produtores, o Convênio de 1968 fixou, no Anexo A, Nota 1, quotas fixas de exportações, que seriam aumentadas de 10% ao ano até atingirem 100.000 sacas.

O Convênio de 1976 ampliou esse esquema, excluindo da nova sistemática de quotas básicas, nos termos do artigo 31, dois tipos de membros exportadores: (i) os que exportam menos de 100.000 sacas com destino a membros importadores, e (ii) os que exportam mais de 100.000 sacas, porém menos de 400.000 sacas, também com destino a membros importadores. Tais membros terão, na vigência do regime de quotas, uma quota fixa inicial, estipulada no Anexo 1, conjugada com uma taxa de crescimento anual prefixada desta quota. Esta taxa de crescimento, nos termos do artigo 31, § 1º, letras "a" e "b", será de 10% enquanto o membro produtor estiver na categoria dos que exportam menos de 100.000 sacas anuais, e de 5% enquanto estiver na categoria dos que exportam anualmente mais de 100.000 sacas, porém menos de 400.000 sacas.

Esta ampliação do número dos membros exportadores sem quotas básicas foi uma proposta do Grupo de Contacto. (4) A proposta visava simplificar procedimentos para os membros exportadores menores, tendo em vista a complexidade inerente à flexibilidade introduzida pelo novo elenco de meios. De fato, estes atendem, como se verá, ao interesse e às possibilidades dos grandes e médios produtores, mas não às conveniências dos produtores menores. Estes aceitaram a proposta do Grupo de Contacto, pois preferiram um esquema mais rígido, porém mais garantido. Neste sentido, o Convênio de 1976 observou — e aprofundou em relação aos Convênios anteriores — o princípio da especificidade, ao diferenciar entre as possibilidades dos grandes e médios membros produtores de absorverem, positiva ou negativamente, o aleatório, e as necessidades de segurança dos membros produtores menores. A distribuição da parcela do mercado dos pequenos produtores, na vigência do regime de quotas, portanto, é rígida enquanto permanecerem nesta categoria, e consta do Anexo 1 do Convênio de 1976, cuja disciplina de aplicação é regida pelo artigo 31.

Para os demais membros exportadores, o Convênio de 1976 prevê, no seu artigo 30, o direito a quotas básicas. Estas, no entanto, não têm a mesma função que tinham nos Convênios anteriores, pois não constituem o único fator na apuração da quota anual global que caberá a cada membro exportador. De fato, a quota básica será utilizada, na vigência do regime de quotas, para o cálculo da parcela fixa da quota anual dos membros exportadores. Essa parcela fixa, nos termos do artigo 35, corresponderá a 70% da quota global anual dos grandes e médios membros exportadores. A base de cálculo da quota básica dos membros exportadores, que a ela têm direito, dependerá, por sua vez, do ano cafeeiro em que entrar em vigor o regime de quotas. Se o regime de quotas for introduzido no ano cafeeiro 1976/1977, as quotas básicas serão calculadas com base na média das exportações para os membros importadores, na vigência do Convênio de 1968 — anos cafeeiros 1968/69 a 1971/72 (artigo 30, § 2º). Se o regime de quotas for introduzido no ano cafeeiro 1977/1978, as quotas básicas serão calculadas, para cada membro exportador que a elas têm direito, com base na escolha, que poderá fazer, entre a mais favorável das duas séries: (i) a média das exportações para os membros importadores na vigência do Convênio de 1968, ou (ii) o volume das exportações com destino a membros importadores durante 1976/77, fundamentada em informações obtidas dos certificados de origem (artigo 30, § 3º). Se o regime de quotas for introduzido no ano cafeeiro 1978/79 ou em qualquer data posterior, as quotas básicas serão calculadas com base na escolha que os membros exportadores poderão fazer entre a mais favorável de duas séries: (i) a média das exportações para os membros importadores na vigência do Convênio de 1968, ou (ii) a média do volume de suas exportações com destino a membros importadores, nos anos cafeeiros 1976/77 e 1977/78, fundamentada em informações obtidas dos certificados de origem (artigo 30, § 4º).

Qual a reciprocidade de interesses que permitiu essas bases alternativas de cálculo da quota básica dos membros exportadores? A primeira observação a ser feita é que o quadro atual de preços elevados permite supor que o regime de quotas só entrará em vigor dois ou três anos depois do início da vigência do Convênio de 1976. Assim sendo, puderam os membros produtores, durante as negociações finais, jogar com mais de uma hipótese de cálculo, inclusive com séries estatísticas futuras. A série 1968/69 e 1971/72, correspondente à vigência do Convênio de 1968, interessava ao Brasil, que naquela época detinha 35% do mercado. As séries estatísticas do Convênio de 1968, por seu lado, não atendiam ao interesse de diversos países centro-americanos e africanos, que alegavam uma efetiva capacidade de produção que não fora reconhecida no Convênio de 1968. Daí uma das dificuldades das negociações, em julho de 1975, que foi superada pelo Grupo de Contacto, na 28a. Sessão do Conselho da OIC, em novembro de 1975. De fato, manteve-se, na fórmula do Grupo de Contacto, a alternativa das séries do Convênio de 1968, que interessava ao Brasil. Ao mesmo tempo, admitiram-se séries futuras. Estas se tornaram possíveis porque a geada brasileira não só gerou a escassez de oferta e, portanto, levou o Convênio de 1976 a se iniciar sem quotas, como também entreabriu aos demais produtores, tendo em vista a redução da capacidade produtiva brasileira, a possibilidade de uma maior participação no mercado mundial, na vigência do futuro regime de quotas, tendo em vista o desempenho de suas exportações nos anos cafeeiros de 1976/77 e 1977/78. A flexibilidade na base de cálculo da quota básica, portanto, permitiu a acomodação ***inter se*** dos produtores, porque abriu novas oportunidades para membros produtores que não aceitavam a rigidez de séries estatísticas históricas e, ao mesmo tempo, assegurou ao Brasil, apesar do risco certo de redução da parcela fixa de sua futura quota anual, uma participação significativa no mercado mundial graças ao mecanismo da parcela variável, conforme a seguir será analisado.

A fórmula flexível de cálculo da quota básica, acordada entre as partes contratantes, não significa também — e convém observá-lo — um estímulo ao plantio desordenado e, portanto, à superprodução, que não é do interesse dos membros consumidores nem, sobretudo, dos membros produtores. De fato, o desempenho nas exportações, nos anos cafeeiros de 1976/77 e 1977/78, que são as séries estatísticas futuras que o artigo 30 admite para o cálculo das quotas básicas, dado o ciclo cafeeiro, será o resultado apenas da capacidade produtiva existente quando do término das negociações do Convênio de 1976. Esta fórmula, que permitiu o acordo entre os produtores e que não deverá induzir à superprodução, encontrou ressonância positiva entre os países importadores porque a alternativa das séries estatísticas futuras, constituindo um estímulo às exportações, representa uma forma de garantir o fornecimento que era do interesse dos países consumidores assegurar, num contexto inicial de escassez de oferta. (5)

As quotas básicas, calculadas de acordo com a sistemática do artigo 30, acima descrito, constituirão o fator de apuração de 70% da parcela anual de mercado dos grandes e médios produtores. Estes 70% representam a assim chamada ***parcela fixa*** de divisão do mercado, quando da vigência do regime de quotas, para os membros exportadores com direito à quota básica. A ela se agrega uma ***parcela variável*** de 30% que "será distribuída entre os membros exportadores na proporção entre os estoques verificados de cada membro exportador e o total dos estoques verificados de todos os membros exportadores que têm quota básica" (artigo 35, § 1º). Evidentemente, uma quota anual, que tem uma parcela variável baseada em estoques, requer medidas para a apuração anual do volume dos estoques de café em poder dos membros exportadores. Esta apuração, nos termos do artigo 35, § 2º, precisará ser feita no fim do ano-safra de cada membro exportador, imediatamente anterior à fixação das quotas e, para esse fim, de acordo com o artigo 51, § 2º, o Conselho da OIC deverá adotar as competentes medidas. O Conselho através da Resolução n. 286, de 2 de dezembro de 1975, deu, desde logo, instruções ao Diretor-Executivo. Estas previam, a partir de 31 de março de 1976, a verificação dos estoques de café de qualidade exportável de cada um dos membros exportadores com direito à parcela variável, no fim de seus respectivos anos-safra. O Diretor-Executivo, com base nestas instruções e no regulamento que a Junta Executiva, ao abrigo dos poderes que lhe foram delegados pelo Conselho, aprovou, em sua 91a. reunião, a 4 de março de 1976, deu início à verificação dos estoques existentes em países membros exportadores no ano civil de 1976. Designou, com a anuência dos países membros interessados e de acordo com o artigo 9º do regulamento promulgado pela Junta, a "General Superintendence Company Limited", de Genebra, como agência verificadora e estabelecendo o esquema de trabalho de verificação dos estoques no ano civil de 1976, que foi aprovado pela Junta, pôs em funcionamento as medidas necessárias, para a utilização futura do mecanismo da parcela variável das quotas anuais dos membros exportadores, com direito à quota básica, dentro da sistemática do Capítulo VII do Convênio de 1976. (6)

A parcela variável da quota anual, prevista no artigo 35 do Convênio de 1976, representa uma inovação em relação aos Convênios anteriores, também sugerida na sua versão final pelo Grupo de Contacto, em novembro de 1975, seguindo sugestões contidas em ***Questões a Considerar*** e na proposta americana de abril de 1975. (7) Foi aceita pelo Conselho na fase final das negociações como parte do elenco de meios destinados a disciplinar a divisão do mercado entre grandes e médios produtores, quando da vigência do regime de quotas. Esta inovação atende ao interesse futuro dos produtores, porque visa estimular uma política de armazenagem que possibilitará aos diferentes membros exportadores — e sobretudo aos médios, que ainda não têm infra-estrutura adequada — condições para estocar café. Esta estocagem será de grande importância para a disciplina do mercado cafeeiro mundial, na medida em que contribuirá para evitar as vendas desordenadas que no passado impediram o adequado controle da oferta e fizeram com que o Brasil sustentasse, quase que unilateralmente, através da política do "guarda-chuva", os preços do café, em conjuntura de superprodução. O artigo 35, § 1º, estabelece que nenhum membro receberá um quinhão da parcela variável da quota, superior a 40% do volume total da parcela variável. Este dispositivo, na prática, atinge o Brasil que, dada a magnitude de seus estoques normais, arrebataria, sem essa limitação, volume desproporcional da parte variável, o que comprometeria um dos objetivos a serem alcançados pela inovação da parcela variável, que é o estímulo a uma política de armazenagem. Essa limitação, portanto, era fundamental para os demais membros exportadores e foi aceita pelo Brasil, porque 40% dos 30% da parcela variável deverão assegurar ao país, de acordo com as projeções e apesar da redução de sua parcela fixa, tendo em vista a nova sistemática de cálculo das quotas básicas, mais de 30% do mercado dos membros importadores. De fato, dependendo do momento em que for aplicado o regime de quotas, o Brasil deverá perder posição na parcela fixa, porém a sistemática da parcela variável, com a limitação dos 40%, deverá por si só conservar para o Brasil cerca de 12% do mercado dos membros importadores. Isto, somado à sua parcela fixa, prevista no artigo 30, que se estima deverá ser, para o país, na pior das hipóteses, de 20,44% do mercado dos membros importadores, dará ao Brasil 32,44% do mercado a ser disciplinado pelo Convênio de 1976. Tal estimativa de percentagem pareceu adequada para o Brasil, à luz das suas projeções de produção durante os anos de vigência do Convênio de 1976, e igualmente aceitável para os demais membros exportadores. (8)

Conforme se verifica, o jogo da prospectiva permitiu, através da conjugação de parcela fixa e parcela variável, o acordo dos produtores no que diz respeito a normas que tratam da divisão do mercado quando da vigência do regime de quotas. Concomitantemente, a parcela variável, enquanto meio, deverá estimular uma ampliação das possibilidades da estocagem de café por parte dos membros exportadores, que terá impacto e importância nas futuras possibilidades de fiscalização, controle e disciplina da oferta de café no mercado mundial. Esta dimensão, contida na mecânica da parcela variável, tornou-a também interessante para os membros consumidores. De fato a ampliação da infra-estrutura de estocagem de café representará uma garantia de suprimento e uma eliminação de distorções existentes anteriormente, no Convênio de 1968, que afetavam a oferta e que derivavam de quotas de membros produtores superiores à capacidade de escoamento de seus cafés e que, por isso mesmo, foram chamadas de "quotas-papel". (9)

(b) ***Normas que disciplinam o estabelecimento, suspensão e restabelecimento de quotas***

A divisão do mercado entre os membros produtores, de acordo com a sistemática que acaba de ser exposta, depende, para ser aplicada, da vigência do regime de quotas. Essa vigência está sujeita a certas condições, que são as estipuladas no artigo 33 do Convênio de 1976.

As origens do artigo 33 remontam ao documento ***Questões a Considerar***, no qual Alexandre F. Beltrão, no início de 1974, aventou a hipótese do funcionamento de um convênio de café sem o estabelecimento de quotas. Essa hipótese foi retomada no primeiro semestre de 1975 pelo Grupo de Trabalho criado pela Resolução n. 274, de 26 de setembro de 1974, quando a idéia da suspensão de quotas foi vista como parte de um possível elenco de meios destinados a assegurar a garantia de fornecimento. O relatório do Grupo de Contacto, apresentado à Vigésima-Sexta Sessão do Conselho Internacional do Café (24 de junho a 13 de julho de 1975), aceitava e incorporava o conceito de suspensão de quotas, considerando-o também mecanismo destinado a impedir aumentos excessivos de preço. Em novembro de 1975, por ocasião das negociações finais, os efeitos da geada de julho de 1975, no Brasil, sobre a situação do mercado, tornaram impossível a aplicação de um sistema de quotas imediatamente após o início da vigência do novo Convênio. Assim sendo, a hipótese de suspensão das quotas, já negociada e de mais fácil aplicação, teve que ser substituída por cláusulas que deveriam prever a introdução de quotas a qualquer momento durante a vigência do Convênio, desde que preenchidas determinadas condições de preço. (10) A hipótese de introdução de quotas após um início sem quotas envolvia problemas técnicos bastante mais complexos, pois encerrava em seu bojo a necessidade de estabelecer, para o futuro e explicitamente, um sistema que permitisse a entrada em operação de quotas com suficiente velocidade para assegurar a sustentação de preços. Tal inversão de posições durante as negociações, quanto ao uso futuro deste mecanismo que levou, pela evolução da conjuntura, da hipótese básica inicial de suspensão de quotas para assegurar o fornecimento e impedir o aumento excessivo de preços, para a hipótese básica inicial de introdução de quotas, para sustentar preços, explica as complexidades do artigo 33 do Convênio de 1976.

O artigo 33, nos seus parágrafos 1º, 2º e 3º, disciplina o ***sistema de introdução de quotas*** do Convênio de 1976, que visa tanto sustentar um piso mínimo para os preços de café, quanto evitar flutuações excessivas dos mesmos. Para o planejamento do desempenho destes dois objetivos da cooperação cafeeira internacional, o artigo 33 prevê dois critérios. O primeiro toma como base o preço indicativo composto, que o Conselho deverá estabelecer nos termos do artigo 38 do Convênio. Neste caso, "se o preço indicativo composto permanecer, em média, por 20 dias consecutivos de mercado, igual ou inferior ao limite máximo da faixa de preços, estabelecida pelo Conselho nos termos do artigo 38 e então em vigor" (artigo 33, § 1º), as quotas serão introduzidas para sustentar o preço mínimo de café acordado entre as partes contratantes.

É pouco provável que o Conselho da OIC venha a estabelecer uma faixa de preços enquanto o sistema de quotas não estiver em vigor, e é por essa razão que o artigo 33 teve que aventar, concomitantemente, um outro critério. Esse critério foi a média dos preços indicativos de outros cafés suaves e robustas no ano civil de 1975, segundo os registros conservados pela Organização durante a vigência do Convênio Internacional do Café Prorrogado (artigo 33, § 1º b, "i"). Essa média foi de 63,23 centavos de dólar por libra peso, o que constitui, portanto, a "rede de segurança" dos preços de café. As quotas também serão introduzidas para evitar flutuações de preços e a deterioração rápida dos preços antes que estes atinjam a rede de segurança de 63,23 centavos de dólar por libra peso, "se o preço indicativo composto, calculado nos termos do artigo 38, permanecer em média, por 20 dias consecutivos de mercado, 15 por cento ou mais abaixo da média do preço indicativo composto do ano cafeeiro precedente durante o qual o Convênio esteve em vigor" (artigo 33, § 1º, b, "ii"). Essa alternativa se vê qualificada pelo § 2º do artigo 33, fruto da insistência dos consumidores, que estabelece que mesmo que ocorra a queda de 15% em relação à média do ano-convênio anterior, as quotas não serão introduzidas caso a média dos cafés outros suaves e robustas ainda se encontre 22,5 por cento a mais, acima da média desses preços no ano civil de 1975, ou seja, 77,46 centavos de dólar por libra peso.

Conforme se verifica, o mecanismo de introdução de quotas tem como objetivo introduzir limitações físicas à exportação na medida em que a evolução da conjuntura, aferida pela queda dos preços, indicar uma tendência ao desequilíbrio entre a oferta e a procura, não-solucionável pelo jogo das forças do mercado. Evidentemente, a própria rede de segurança, negociada no Convênio de 1976, que deverá testar a mudança da conjuntura tendo em vista as incertezas gerais da ordem econômica mundial, requer ela mesmo mecanismos de revisão. É isso que prevê o § 3º do artigo 33, que assevera que os preços indicados nos parágrafos 1º e 2º "serão revistos e poderão ser modificados pelo Conselho, antes de 30 de setembro de 1978 e antes de 30 de setembro de 1980."

O ***sistema de suspensão de quotas,*** após sua introdução, na vigência do Convênio de 1976 e nos termos dos mecanismos acima descritos, também se vê disciplinado pelo artigo 33. O parágrafo 4º prevê a suspensão de quotas em duas hipóteses. A primeira "se o preço indicativo composto permanecer, em média, por 20 dias consecutivos de mercado, 15 por cento acima do limite máximo da faixa de preços estabelecida pelo Conselho e então em vigor" (artigo 33, § 4º, a). A segunda, na inexistência de uma decisão atualizada do Conselho estabelecendo uma faixa de preços, "se o preço indicativo composto permanecer, em média, por 20 dias consecutivos de mercado, 15 por cento ou mais acima da média do preço indicativo composto do ano civil precedente". A segunda hipótese visa reforçar a segurança da automaticidade do sistema, mas não deverá ter maior relevância, pois seria improvável a inexistência de uma decisão atualizada do Conselho sobre faixa de preços, na vigência do sistema de quotas.

A ***reintrodução de quotas*** após sua suspensão, nos termos do artigo 4º, obedece aos mesmos critérios fixados para a sua introdução, salvo decisão futura diversa do Conselho (artigo 33, § 5º).

Verificadas as condições que ensejam tanto a introdução, quanto a reintrodução de quotas, entrarão elas em vigor o mais cedo possível e o mais tardar no trimestre que se seguir ao preenchimento das condições de preço pertinentes. Se o Conselho não tiver fixado a quota anual global, competirá ao Diretor — Executivo "fixar uma quota, tomando como base o desaparecimento do café nos mercados em regime de quota, calculada segundo os critérios enunciados no artigo 34." A distribuição dessas quotas entre os membros será feita de acordo com os artigos 31 e 35, que são os dispositivos aplicáveis do Convênio de 1976 (artigo 33, § 6º).

Conforme se verifica, o mecanismo de introdução, suspensão e reintrodução de quotas visa planejar o desempenho do Convênio de 1976 em conjunturas diversas, assegurando em função delas a auto-regulação da reciprocidade dos interesses e a conseqüente efetividade das normas de mútua colaboração contempladas neste novo modelo jurídico de cooperação cafeeira mundial. De fato, a introdução e a reintrodução de quotas, enquanto elenco de meios, buscam sustentar preços a partir de uma faixa acordada entre os membros, ou então, na inexistência de decisão, do piso da rede de segurança prefixada no Convênio, por meio do contingenciamento da oferta, caso se configure a hipótese da superprodução ou a de um equilíbrio que leve, pelas forças do mercado, a uma deterioração de preços. Já a suspensão de quotas deverá auxiliar a garantia de fornecimento e evitar o acréscimo adicional de preços, na hipótese de escassez ou de um equilíbrio, que gere uma alta superior à tendência geral dos preços do café a longo prazo. A estratégia desse elenco de meios, no seu conjunto, visa conseguir, em cada conjuntura, a estabilização de preços necessária para induzir, ou reduzir, o investimento de tal forma que se mantenha equilibrada, no plano mundial, a oferta e a demanda do café, situação que interessa tanto aos membros importadores quanto aos exportadores. Evidentemente, a eficácia dessa estratégia dependerá do seu sucesso na estabilização de um patamar adequado de preços. Tal sucesso, naturalmente, dada a natureza da ordem na qual opera o Direito Internacional Econômico, conforme apontado no capítulo

II, não é certo. É apenas provável e dependerá, ***inter alia,*** da evolução equilibrada do ***locus standi*** de negociação das partes contratantes e das alternativas de investimento nos países produtores. (11)

(c) ***Normas que disciplinam a fixação, os ajustes e as distribuições da quota anual entre os membros, na vigência do regime de quotas***

Na vigência do regime de quotas o Conselho, em sua última sessão ordinária do ano cafeeiro, deverá estabelecer uma quota global anual. No Convênio de 1962 a quota anual era fixada pelo Conselho, 30 dias antes do ano cafeeiro, tendo em vista uma estimativa das importações mundiais de café e de prováveis exportações dos não-membros (Convênio de 1962, artigo 30). No Convênio de 1968, dentro do mesmo prazo, o Conselho fixava a quota anual, tendo em vista uma estimativa do total das importações e exportações mundiais para o ano cafeeiro seguinte e uma estimativa das exportações prováveis dos países não-membros (Convênio de 1968, artigo 30). O Convênio de 1976 inova, em relação aos anteriores, ao precisar mais e melhores critérios para as estimativas que deverão nortear a fixação da quota anual. De fato, nos termos do artigo 34, os elementos a serem, ***inter alia,*** levados em conta são:

"(a) a estimativa do consumo anual dos membros importadores;

"(b) a estimativa das importações efetuadas pelos membros, procedentes de outros membros importadores e de países não-membros;

"(c) a estimativa da variação do volume dos estoques existentes em países membros importadores e em portos livres;

"(d) a observância das disposições do artigo 40 sobre insuficiências e sua distribuição; e

"(e) para os efeitos de estabelecimento e restabelecimento de quotas, nos termos dos parágrafos 1º e 5º do artigo 33, as exportações efetuadas pelos membros exportadores com destino a membros importadores e a países não-membros, durante o período de doze meses que precede o estabelecimento de quotas."

Esses critérios respondem ao conceito de ***desaparecimento*** apresentado pelo Brasil, em sua proposta de dezembro de 1974. De fato, a sugestão brasileira visava a um mecanismo de fixação da quota anual estritamente vinculado às necessidades globais de consumo de café, de tal maneira a não ensejar, como chegou a ocorrer no passado, uma quota inflada, com efeitos depressivos sobre os preços. Para atingir esse fim, o critério das importações e exportações do Convênio de 1968 era evidentemente insuficiente. Daí a explícita menção, no artigo 34, à estimativa de consumo dos membros importadores, além da inclusão do critério da variação de estoques, necessário também por causa do mecanismo da parcela variável, e o da declaração de insuficiências, fruto da insistência norte-americana, como variáveis a serem adicionadas às estimativas de importações líquidas, para efeitos de fixação da quota anual. Por ocasião do momento da introdução e da reintrodução de quotas, o artigo 34, letra "e", prevê igualmente, ***ad cautelam,*** como elemento a mais a ser levado em consideração, as exportações efetuadas para todos os mercados. Conforme se verifica, a inclusão de um elenco maior de critérios a fundamentarem a decisão do Conselho na fixação anual da quota global, deverá permitir um mecanismo de contingenciamento da oferta mais ajustado à demanda real do mercado de café, disciplinado pelo convênio de 1976. (12).

Nos termos do artigo 35, fixada a quota global anual dela se deduz, em primeiro lugar, o volume de café necessário para ser atribuído aos membros produtores menores, que exportem menos de 400.000 sacas anuais e cujas parcelas de mercado estão estipuladas e rigidamente disciplinadas pelo Anexo 1, conjugado com o artigo 31 do Convênio de 1976. O saldo é a seguir distribuído entre os grandes e médios produtores. A ***parcela fixa,*** correspondente a 70% da quota desses membros exportadores, será distribuída entre eles de acordo com as quotas básicas, nos termos do artigo 30. A ***parcela variável,*** correspondente a 30% da quota destes membros exportadores será distribuída entre eles, de acordo com a proporção dos estoques verificados, conforme rege o artigo 35.

O Convênio de 1976, assim como os de 1962 (artigo 36) e de 1968 (artigo 36), estabelece também no seu artigo 36 que, imediatamente após a atribuição das quotas anuais, o Conselho atribuirá quotas trimestrais aos membros. Essas têm o propósito de assegurar o abastecimento ordenado de café ao mercado mundial durante o ano. Por isso, as quotas trimestrais deverão, na medida do possível, representar 25% da quota anual de cada membro, não sendo permitido a nenhum membro produtor exportar mais de 30% no primeiro trimestre, 60% nos dois primeiros trimestres e 80% nos três primeiros trimestres. Se, num dado trimestre, as exportações de qualquer membro forem inferiores à sua quota para esse trimestre, o saldo será adicionado à sua quota, para o trimestre seguinte.

O artigo 36 também prevê, em seu parágrafo 4º, a possibilidade de um membro alegar e submeter à consideração do Conselho a prova da existência de circunstâncias excepcionais, que gerem, num dado momento, em função das limitações acima mencionadas, sérios prejuízos à sua economia. Neste caso, e desde que o membro forneça garantias adequadas quanto à manutenção da estabilidade dos preços, o Conselho pode autorizá-lo a exportar, em cada semestre, até 5% mais dos limites previstos no parágrafo 2º do artigo 36, isto é, até 35% no primeiro trimestre, até 65% nos dois primeiros trimestres e até 85% nos três primeiros trimestres.

Todo ordenamento do Direito Internacional Econômico, na medida em que deseja planejar o desempenho, precisa ter, além de capacidade para atender casos específicos — hipótese prevista no artigo 36 — flexibilidade para adaptar, genericamente, o elenco de meios através dos quais se realizará a cooperação entre as partes contratantes, às vicissitudes da conjuntura. É por essa razão que o Conselho pode, se as condições de mercado assim o exigirem, modificar as quotas anuais e trimestrais, atribuídas aos membros, de acordo com as normas acima analisadas. Essa modificação pode alcançar as quotas anuais e trimestrais ou apenas o trimestre em curso e os restantes trimestres, sem alteração das quotas anuais totais dos membros. O artigo 37 prevê, como regra, a distribuição, ***pro rata,*** entre os membros exportadores, do ônus ou das vantagens de uma decisão do Conselho neste sentido, por meio de uma modificação de suas quotas anuais em porcentagem que obedeça aos critérios de distribuição do mercado entre os produtores, previstos no Convênio. A aferição e a avaliação das condições do mercado, inclusive para a introdução, suspensão e reintrodução de quotas, se faz através dos preços e daí a relevância das normas do artigo 38, que disciplinam medidas relativas ao sistema de preços indicativos.

O artigo 38 estipula que o Conselho instituirá um sistema de preços indicativos, que proporcione um preço indicativo composto diário. Com base em tal sistema, o Conselho pode estabelecer faixas de preços e diferenciais de preços para os principais tipos e/ou grupos de café, assim como uma faixa de preço composto. Ao estabelecer e ajustar quaisquer faixas de preço, "O Conselho tomará em consideração nível e a tendência predominante dos preços de café, inclusive as influências que sobre eles possam ter:

> "os níveis e as tendências do consumo e da produção, assim como os estoques em países importadores e exportadores;
> "mudanças no sistema monetário mundial;
> "a tendência da inflação ou deflação mundial; e
> "quaisquer outros fatores que possam prejudicar a consecução dos objetivos deste Convênio.
> "O Diretor-Executivo fornecerá os dados necessários ao exame apropriado dos elementos citados." *(artigo 38, § 3º).*

O parágrafo 1º do artigo 38 resultou da proposta do Grupo de Contacto que conseguiu, na XXVIII Sessão do Conselho, harmonizar e compor pontos de vista diversos sobre um assunto que, no correr das negociações, conforme foi apontado no capítulo V, foi dos mais controvertidos. A referência a níveis e tendências do consumo e de produção, assim como a estoques, se conjuga, na sistemática do Convênio de 1976, com o conceito de desaparecimento, que sintetiza os critérios de fixação da quota global anual. A referência a mudanças no sistema monetário mundial e a tendência da inflação ou deflação mundial foi o melhor compromisso possível, no contexto de escassez do final das negociações, entre as propostas iniciais dos membros produtores, que desejavam a automaticidade da indexação, e a vigorosa resistência dos membros consumidores, que a ela se opuseram.

A competência atribuída ao Diretor-Executivo, de fornecer os dados apropriados sobre os elementos de juízo previstos no artigo 38, tem como objetivo assegurar a melhor objetividade de análise possível, eliminando parte do debate que resultaria da necessária e atribulativa subjetividade dos membros se a eles coubesse a tarefa de fornecer estes elementos. De fato, o Diretor-Executivo, enquanto depositário institucional dos interesses gerais de cooperação cafeeira mundial, é, no caso, a melhor fonte para instaurar as bases informativas do diálogo entre consumidores e produtores, tendo em vista faixa de preços que norteará o adequado funcionamento, dentro dos objetivos do Convênio, das quotas quando a conjuntura as tornar necessárias. (13)

O artigo 37, ligado ao 38, explica o artigo 39, que, ao prever medidas adicionais para o ajustamento de quotas, estabelece que o Conselho será convocado, caso as quotas se encontrem em vigor, para instituir um ***sistema de ajuste pro-rata,*** em função do preço indicativo composto. Tal sistema, nos termos do § 2º do artigo 39, "compreenderá disposições acerca de faixas de preços, número de dias de mercado abrangidos pela contagem e número e amplitude dos ajustamentos."

O parágrafo 3º do artigo 39 faculta ao Conselho a possibilidade de estabelecer igualmente um ***sistema de ajuste seletivo,*** em função de flutuações dos preços dos principais tipos e/ou grupos de café. Tal sistema, no entanto, de acordo com esse parágrafo, só poderá ser aplicado para aumentar quotas e não para reduzi-las, como ocorria no ajuste seletivo do Convênio de 1968, cujas origens e problemas, no correr das negociações, foram relatados nos capítulos IV e V deste trabalho. Em outras palavras, as vantagens de alguns membros exportadores com o eventual funcionamento de um sistema de ajuste seletivo, na vigência do Convênio de 1976, não poderão significar uma redução da parcela de mercado dos demais, fixadas nos termos das normas de distribuição do mercado entre os membros produtores acordadas no Convênio. Conforme se verifica, a reciprocidade dos interesses, no caso, poderá admitir, no futuro, apenas um outro critério para uma possível distribuição adicional de um mercado em expansão, mas não a redistribuição do mercado existente, estimado por ocasião da fixação da quota global anual.

No que diz respeito a preços e ajuste de quotas, cabe ainda dizer que, por ocasião das negociações finais, o Conselho decidiu, para efeitos do Convênio de 1976, que no início os preços indicativos serão calculados somente para os outros suaves e os robusta. Tal medida remonta, nas suas origens, a ***Questões a Considerar,*** que apontava as dificuldades na obtenção de índices de preços aceitáveis para os arábicas não-lavados e os suaves colombianos, habitualmente transacionados em regime de comercialização especial. As bases das cotações, como no Convênio de 1968, continuarão a ser os preços "ex dock", N. York, para pronto embarque, continuando a empresa G. Gordon Patton responsável pela sua compilação. (14)

Finalmente, ainda no que tange a normas que disciplinam a fixação, a distribuição e os ajustes de quotas, é preciso mencionar os artigos 32, 40 e 41.

O artigo 32 prevê o ajuste da quota básica, "sempre que se tornar membro deste Convênio um país importador que não era membro nem do Convênio Internacional do Café de 1968, nem do Convênio Internacional do Café de 1968 Prorrogado." Este mecanismo de ajuste proposto pelo Grupo de Contacto visa facilitar a adesão dos países consumidores não-membros, que absorvem atualmente 10% das importações mundiais, sem oposição dos membros produtores que exportam para este mercado. Tal mecanismo, que deverá ser aprovado pelo Conselho (artigo 32, § 3º), levará em conta "ou a média das exportações de cada Membro exportador com destino ao país importador em apreço, no período 1968 a 1972, ou a participação de cada Membro exportador na média das importações daquele país, durante o mesmo período (artigo 32, § 2º)." Conforme se verifica, esse critério salvaguarda os interesses específicos de certos membros exportadores pelo ajuste de suas quotas básicas, tendo em vista a parcela de mercado que detinham do novo membro importador, durante a vigência do Convênio de 1968. As séries do Convênio de 1968 foram adotadas em função da fidedignidade das estatísticas em poder da Organização para este período, e também pelo fato de ter cabido historicamente, e de caber atualmente, parcela significativa deste mercado ao Brasil, que pelas razões já vistas deu, durante as negociações, preferência às séries estatísticas 1968/69 - 1971/72. (15)

O artigo 40 disciplina ajustes em função de insuficiências. A origem e a solução dada ao tema de insuficiências foram analisadas nos capítulos V e VI deste trabalho. Basicamente, o artigo 40 prevê, no seu parágrafo 1º, uma obrigação de comportamento dos membros exportadores no sentido de declararem qualquer insuficiência prevista em relação a seu respectivo direito de exportação. O parágrafo 2º do artigo 40 estimula o cumprimento desta obrigação, ao premiar com quotas adicionais, no ano seguinte, os exportadores que venham a declarar nos primeiros 6 meses do ano cafeeiro as suas insuficiências de café. As insuficiências declaradas por um membro exportador serão redistribuídas entre os demais. Setenta por cento do volume das insuficiências declaradas serão oferecidas e redistribuídas, em primeiro lugar, entre os membros produtores do mesmo tipo de café — que estejam em condições e dispostos a exportar o volume de insuficiências — proporcionalmente às suas respectivas quotas básicas. Trinta por cento das insuficiências declaradas serão oferecidas e distribuídas, em primeiro lugar, a membros exportadores de outro tipo de café, em condições e dispostos a exportá-las, também de maneira proporcional às suas respectivas quotas básicas. A redistribuição das insuficiências de acordo com estas percentagens visa conservar a participação proporcional dos robusta e dos arábicas no mercado, de acordo com as normas de divisão do mercado, disciplinado pelo Convênio de 1976, impedindo que a repartição das insuficiências seja um fator de alteração do gosto do consumidor e, destarte, um elemento de desestabilização da reciprocidade dos interesses que sustenta o vínculo ***inter se*** dos produtores. (16)

O artigo 41 trata dos ajustes das quotas básicas e dos direitos de exportação, caso dois ou mais membros venham a formar, durante a vigência do Convênio, um grupo-membro. Nessa hipótese, elas serão adicionadas, para os fins do Capítulo VII, tendo em vista a finalidade do conceito de grupo-membro, examinada no capítulo anterior deste trabalho.

(d) *Normas que disciplinam o controle e a observância das quotas*

Um convênio de produto primário que se apóie, no todo ou em parte, num regime de quotas, requer e pressupõe, para a eficácia de seu funcionamento, um sistema de controles das limitações físicas à exportação, previstas e negociadas. O Convênio de 1976, porque contempla a introdução e a reintrodução de quotas, dependendo da conjuntura, contém, dentro de sua sistemática, normas destinadas a disciplinar a fiscalização de sua observância.

Os Convênios de 1962 e 1968, conforme foi visto, no que diz respeito a medidas destinadas a regular, a curto prazo, a oferta, baseavam-se exclusivamente em quotas. Neste sentido, foram modelos jurídicos em cuja gênese e funcionamento as partes contratantes acumularam experiência, em matéria de controles e fiscalização do contingenciamento da oferta. Essa experiência se espelha no Capítulo VII do Convênio de 1976, que nesta parte ilustra antes as linhas de continuidade das normas de cooperação cafeeira do que as de inovação.

O artigo 42 do Convênio de 1976, à semelhança do artigo 36 do Convênio de 1962 e do artigo 38 do Convênio de 1968, estabelece, em seu parágrafo 1º, uma obrigação genérica de comportamento dos membros, que deverão adotar as medidas necessárias para assegurar a inteira observância das disposições relativas a quotas. O Conselho poderá exigir dos membros medidas suplementares, além daquelas que os próprios membros possam vir a adotar, se elas se fizerem necessárias para dar efetivo cumprimento ao sistema de quotas previsto no Convênio.

Os membros exportadores, nos termos do artigo 42, se comprometem a não ultrapassar as quotas anuais e trimestrais que lhes forem atribuídas (artigo 42, § 2º). Se um membro ultrapassar a sua quota em qualquer trimestre, o Conselho deduzirá de uma ou várias de suas quotas seguintes uma quantidade igual a 110% do excesso (artigo 42, § 3º). Se houver reincidência, o Conselho aplicará nova dedução, também igual a 110% do excesso (artigo 42, § 4º). Se um membro exportador, por três ou mais vezes, ultrapassar a sua quota trimestral, o Conselho aplicará novamente a dedução dos 110% do excesso ficando os direitos de voto do membro suspensos até o momento em que o Conselho decidir se esse membro deve ser excluído da Organização, nos termos do artigo 66 (artigo 42, § 5º).

As deduções das quotas dos membros que não as observarem devidamente são tidas como insuficiências e redistribuídas entre os demais membros produtores, de acordo com a sistemática do artigo 40, § 1º.

Conforme se verifica, as medidas previstas pela eventual não observância das quotas visam restabelecer o equilíbrio de direitos e deveres dos membros produtores — que seria rompido pelo não-cumprimento das normas referentes à divisão do mercado — através da redistribuição das deduções, por meio do mecanismo de insuficiências. Se esta punição, por falta de observância, não levar ao cumprimento das normas, o Conselho poderá aplicar ao membro produtor recalcitrante, por força do § 5º do artigo 42, a grande sanção do Direito Internacional de Cooperação, que é a sanção da não-participação, excluindo-o dos benefícios da colaboração cafeeira internacional. (17)

Os Convênios de 1962 e 1968 previam, basicamente, como mecanismo de controle e de informações da observância das quotas, os certificados de origem e de reexportação e os selos de exportação emitidos pela OIC. (18) O Convênio de 1976, enquanto as quotas não estiverem em vigor, conforme foi visto no capítulo VI deste trabalho, disciplina o controle das exportações dos membros produtores com base em disposições e regulamentos, cujo fundamento é o compromisso geral dos membros, previsto no § 5º do artigo 2º. Na vigência das quotas, o artigo 43 disciplinará o assunto, com base em regulamento que deverá ser ainda mais rigoroso do que o atualmente em vigor, aplicável na vigência do período sem quotas do Convênio de 1976. O artigo 43 segue, em suas linhas gerais, o correspondente artigo 43 do Convênio de 1968, fixando a obrigação dos produtores de só exportarem café acompanhado de certificados de origem válidos, e dos importadores de proibirem a importação de toda partida de café que não esteja acompanhada de certificado válido. Toda reexportação de café, feita por membro, será amparada por certificados de reexportação. A validade dos certificados de origem e de reexportação dependerá da conformidade dos mesmos com o regulamento a ser baixado pelo Conselho. O artigo 43 prevê a possibilidade de utilização de selos de exportação juntamente com os certificados de origem (§ 4º), e estabelece a obrigação de comunicar ao Conselho a agência governamental, ou não-governamental, a ser designada pelo membro exportador para emitir os certificados. Se a agência designada for não-governamental, cabe à OIC aprová-la, em função das informações e provas que o membro exportador apresentar de que a agência proposta está em condições de desempenhar as obrigações que competem ao membro (artigo 43, §§ 5º e 6º).

Tendo em vista a existência de membros importadores que constituem uma união aduaneira — problema já examinado no capítulo VII deste trabalho, quando se discutiu a participação da CEE enquanto membro do Convênio Internacional do Café — o parágrafo 3º do artigo 43 estabelece que o futuro regulamento "compreenderá disposições que permitam a sua aplicação a grupos de membros importadores que constituam uma união aduaneira."

O artigo 44 permite que o Conselho baixe normas para regular a condução e a fiscalização do comércio das exportações destinadas a países não-membros, que não serão, na sistemática do Convênio, debitadas a quotas. Tais normas terão como objetivo: (i) obter a documentação necessária para amparar as exportações destinadas a países membros e não-membros; (ii) evitar desvios e reexportações de países não-membros para países-membros; e (iii) impor penalidades, caso estes desvios venham a ocorrer.

A contrapartida dessas medidas referentes à exportação de membros produtores para consumidores não-membros — na estrutura dos direitos e deveres do Convênio de 1976 — é o artigo 45, que disciplina as importações dos membros consumidores de não-membros produtores. O artigo 45, à semelhança do artigo 45 dos Convênios de 1962 e 1968, estabelece limitações, sempre que as quotas estiverem em vigor, às importações anuais de café procedentes de países não-membros. Tais limitações têm como objetivo evitar que países não-membros aumentem as suas exportações às expensas dos membros exportadores. Os membros consumidores, na vigência das quotas, limitarão suas importações de não-membros produtores, que não foram membros do Convênio de 1968, à média das importações deles procedentes nos anos civis de 1971 a 1974, inclusive, ou nos anos civis de 1972 a 1974, inclusive (artigo 45, § 1º). Caso os produtores não-membros do Convênio de 1976 tenham participado do Convênio de 1968 ou do Convênio de 1968 Prorrogado, os membros consumidores limitarão suas importações a um volume que não exceda uma percentagem média anual das importações procedentes destes países não-membros nos anos cafeeiros de 1968/69 a 1971/72 (artigo 45, § 2º). O Conselho pode suspender os direitos de voto, no Conselho e na Junta, do membro importador que não cumprir as disposições do artigo 45, e pode também suspender ou modificar estas limitações quantitativas caso isto seja considerado necessário para os objetivos do Convênio.

Conforme se verifica, a finalidade do artigo 45 é assegurar a plenitude da reciprocidade dos interesses na manutenção do modelo jurídico, estimulando inclusive o ingresso dos produtores no Convênio de 1976, através das limitações impostas às suas exportações, decorrentes da sua condição de não-membro. Evidentemente, a efetividade do artigo 45, como de resto de todos os dispositivos examinados neste item (d), depende, em virtude dos possíveis desdobramentos no tempo, de conflitos de interesses entre os próprios produtores, referentes sobretudo a regras de divisão do mercado, da colaboração dos membros consumidores na aplicação das normas de mútua cooperação previstas no Convênio de 1976. Daí, aliás, a vantagem, do ponto de vista da efetividade das normas, de modelos jurídicos de Direito Internacional Econômico que, no campo dos acordos intergovernamentais de produtos de base, reúnam, conforme o preconizado na Carta de Havana, tanto exportadores, quanto importadores.

(B) *O Capítulo VIII*

Além da regulamentação específica das importações e exportações contempladas no Capítulo VII, o Convênio de 1976 prevê, igualmente, outras disposições de ordem econômica. Tais disposições são as cláusulas econômicas regulamentadas pelo Capítulo VIII.

(a) *Normas relativas ao café industrializado*

O Convênio de 1962, negociado e concebido como um acordo de produtos de base, continha poucas disposições a respeito do café industrializado. Limitavam-se, basicamente, a definir a equivalência quantitativa entre café verde e café solúvel, para efeito de cálculo e inclusão do café industrializado, exportado pelos membros produtores no âmbito de suas respectivas quotas. Na vigência do Convênio de 1962, conforme relatado no capítulo IV, as exportações brasileiras de solúvel para o mercado americano geraram sério conflito com os Estados Unidos. Daí o artigo 44 do Convênio de 1968, que estabeleceu procedimentos especiais para encaminhar a controvérsia do solúvel, que estava ameaçando, pela intensidade do conflito entre o Brasil e os Estados Unidos, a própria continuidade da cooperação institucional entre importadores e exportadores. A solução dessa controvérsia, também examinada no capítulo IV deste trabalho, redundou, depois da arbitragem, num acordo bilateral Brasil-Estados Unidos, de 1971, pelo qual o Brasil se comprometeu a exportar anualmente para os Estados Unidos uma quantidade de café verde, isenta da quota de contribuição, para uso exclusivo da indústria de solúvel daquele país. Com o término do Convênio de 1968, o Brasil denunciou esse acordo. Tal denúncia, no entanto, não gerou maiores problemas durante as negociações do Convênio de 1976, pois não só já tinha se estabilizado a participação das vendas brasileiras de solúvel no mercado americano, como também foram modificadas, e em parte eliminadas, certas vantagens antes oferecidas à indústria nacional. (19)

Este é o quadro a partir do qual se alcançou, no Convênio

de 1976, em função dos entendimentos prévios Brasil-Estados Unidos, a nova e mais equilibrada reciprocidade de interesses entre produtores e consumidores, consubstanciada no artigo 46.

O artigo 46, em seu parágrafo 1º, reconheceu a necessidade que têm os países em desenvolvimento de ampliar as bases de suas economias, inclusive por meio da industrialização do café e pela exportação do café industrializado. O parágrafo 2º, seguindo o princípio da reciprocidade, prevê que neste esforço de ampliação das bases da economia dos membros produtores, estes evitarão a adoção de medidas governamentais que possam causar a desorganização do setor cafeeiro de outros membros. Dúvidas, diz o parágrafo 3º do artigo 46, sobre a observância das disposições do § 2º, deverão, numa primeira instância, ser objeto de consulta entre os membros interessados, de acordo com o artigo 57 do Convênio de 1976. Na impossibilidade de um entendimento amigável de caráter bilateral, as partes poderão submeter a matéria à consideração do Conselho, nos termos do artigo 58, que disciplina os procedimentos referentes a litígios e reclamações. Conforme se verifica, o parágrafo 3º do artigo 46 subordina eventuais conflitos sobre café industrializado aos mecanismos normais de solução de controvérsias, previstas pelo Convênio de 1976, que serão analisados no próximo capítulo deste trabalho. Até esse ponto, o artigo 46 segue essencialmente as linhas do artigo 53 do texto do Acordo Internacional do Cacau de 1972, que disciplina no âmbito daquele produto primário o equilíbrio de interesses de produtores e consumidores no que diz respeito à industrialização do cacau. (20)

A estas diretrizes se agrega o parágrafo 4º, introduzido pelos Estados Unidos, tendo em vista a sua nova lei de comércio exterior. O parágrafo 4º menciona que as disposições do Convênio não prejudicam o direito de qualquer membro de tomar medidas para prevenir ou remediar a desorganização do seu setor cafeeiro, causada pela importação de café industrializado. Evidentemente, o teste e o exame da compatibilidade de uma eventual ação unilateral deste tipo, baseada no direito interno de um membro, com os compromissos gerais do Direito Internacional Público previstos pelo Convênio de 1976, precisarão ser avaliados caso por caso, nada impedindo, na existência de dúvidas, que também as medidas possibilitadas pelo parágrafo 4º do artigo 46 sejam submetidas aos procedimentos de consultas, litígios e reclamações contemplados no Capítulo IX do atual ordenamento cafeeiro mundial.

(b) *Normas que tratam da promoção do consumo de café e da remoção de obstáculos ao seu consumo*

A promoção do consumo de café, como parte do elenco de meios destinados a assegurar os objetivos da cooperação cafeeira internacional, tem sua origem no Bureau Pan-Americano de Café criado na década de 1930, e no Comitê Mundial de Promoção, instituído no Convênio de curto prazo de 1959, que reunia apenas países produtores. Tal idéia foi aceita e incorporada pelo Convênio de 1962 (artigo 46) e aprimorada no Convênio de 1968, que asseverava em seu artigo 46 que: "O Conselho patrocina a promoção do consumo de café." A promoção, como parte do elenco de meios dos Convênios de 1962 e 1968, almejava evitar o subconsumo, tido como uma das dimensões do problema do equilíbrio a longo prazo de economia mundial do café, numa conjuntura de superprodução. (21)

O artigo 47 do Convênio de 1976 inova e amplia o escopo da promoção, pois esta não se reduz apenas ao patrocínio do Conselho, como nos Convênios anteriores. Nos termos do parágrafo 1º do artigo 47, ela passou a ser um compromisso dos membros de fomentar o consumo do café por todos os meios possíveis. O incentivo ao consumo, nos países importadores, prossegue o parágrafo 1º do artigo 47, será feito por todos os meios apropriados e sem distinção de origem, tipos ou marcas de café, visando alcançar e manter o mais alto grau de qualidade e pureza da bebida.

A equivalência genérica das prestações que sustenta essa obrigação de comportamento é o interesse comum, tanto dos países produtores quanto da indústria cafeeira dos países importadores em estimularem — dado o declínio, sobretudo nos Estados Unidos, do consumo ***per capita*** de xícaras de café — o uso do café, através da promoção. De fato esta, na medida em que for bem sucedida, deve, em condições normais, aumentar as exportações de café dos produtores e o volume de negócios da indústria cafeeira dos países consumidores, constituindo este vínculo de interesses, conforme apontado no capítulo anterior, um exemplo da importância de uma coligação que reúna, além de governos, apoios não-governamentais, para sustentar as normas de mútua colaboração previstas no Convênio de 1976.

Daí aliás o sentido das observações do delegado americano na sessão do Conselho, em que foi discutida a minuta e aprovado o texto do artigo 47: "The United States of America as a consumer wished very much to see this draft approved. It was one of the most attractive features of the new Agreement to the trade in the United States of America. Some regarded it as the only attractive feature. If this article were eliminated or significantly watered down, it would seriously jeopardize the chance of ratification of the Agreement by the United States of America." (22)

A promoção foi amplamente discutida no correr das negociações. O Grupo de Contacto, na XXVIII Sessão do Conselho, recomendou "o fomento do consumo, inclusive no período inicial de vigência do Convênio, em que se reconhece poderão não ser aplicadas as disposições relativas a quotas." A importância do assunto fez com que, nessa mesma sessão, o Conselho criasse um grupo técnico, composto de exportadores (Brasil, Colômbia, México e OAMCAF) e importadores (França, Reino Unido e Estados Unidos), com o objetivo exclusivo de preparar a minuta do texto destinado a instrumentar, no Convênio, a recomendação do Grupo de Contacto. Essa recomendação — e convém insistir, desde logo, neste ponto — consubstancia um dos grandes desafios propostos pela conjuntura à promoção, como parte do elenco de meios do novo Convênio, pois não se trata apenas de reverter a tendência declinante do consumo do café nos Estados Unidos ou de aumentar o consumo geral do café, objetivos válidos da cooperação cafeeira em situações de excesso ou equilíbrio da oferta. Trata-se também de evitar, numa época de alta de preços, provocada pela escassez, a substituição do café por outras bebidas. Nas palavras do delegado norte-americano à XXVIII Sessão do Conselho: "The challenge facing members was to join in the promotion of coffee to ensure that at a time of high prices there would be no permanent loss of consumers to other beverages." (23) Daí o acordo entre produtores e consumidores referentes ao escopo mais abrangente do compromisso dos membros, previsto no artigo 47.

O mecanismo destinado a tornar viável o compromisso dos membros é o ***Fundo de Promoção.*** Tal Fundo, nos termos do artigo 47, será administrado por um Comitê (artigo 47, § 2º), cabendo ao Diretor-Executivo a sua presidência (artigo 47, § 11), o que se justifica tendo em vista a sua já mencionada posição de depositário institucional dos interesses genéricos de cooperação cafeeira e a relevância da promoção na atual conjuntura para a continuidade da importância do café, enquanto produto de base importante no comércio internacional.

O Fundo será financiado, nos anos cafeeiros de 1976/77 e 1977/78, mediante uma contribuição obrigatória paga pelos membros exportadores a partir de 1º de outubro de 1976. Tal contribuição será de 5 centavos de dólar dos Estados Unidos, por saca exportada pelos membros cuja quota anual inicial de exportação, prevista no Anexo 1, seja inferior a 100.000 sacas; 10 centavos de dólar dos Estados Unidos para os membros relacionados no Anexo 1 cuja quota anual inicial de exportação seja de 100.000 sacas ou mais, mas inferior a 400.000 sacas, e de 25 centavos de dólar dos Estados Unidos no caso de todos os demais membros exportadores (artigo 47, § 3º). Conforme se verifica, o financiamento do Fundo obedece ao princípio da especificidade, cujo critério é a participação das diversas categorias de membros produtores no mercado mundial de café. O Fundo, nos termos do artigo 47, pode também receber contribuições voluntárias de outros membros e o Comitê tem poderes para decidir continuar a cobrar a contribuição obrigatória dos membros produtores no terceiro ano cafeeiro e seguintes, se forem necessários recursos adicionais para cumprir os compromissos assumidos nos termos do parágrafo 7º do artigo 47 (artigo 47, §§ 3º e 4º). Tais compromissos podem derivar de entendimentos sobre campanhas de promoção, que se estenderão por mais de um ano dentro do prazo máximo de 5 anos, financiados em até 50% por membros importadores ou por associações comerciais de países membros importadores reconhecidos pelo Comitê (artigo 47, § 7º), conforme também já foi mencionado no capítulo VI, quando se examinou, na parte referente a membros, um possível vínculo de entidades não-governamentais, Estados e a OIC, nas coligações de interesses que sustentam o Convênio de 1976.

"Os recursos do Fundo serão empregados, principalmente, para financiar campanhas de promoção em países membros importadores" (artigo 47, § 5º), cabendo ao Comitê, cuja participação ficará circunscrita aos membros que para ele contribuam financeiramente (artigo 47, § 2º), controlar todos os recursos do Fundo (artigo 47, § 1º). As contribuições obrigatórias dos membros exportadores serão pagas em dólares ao Diretor-Executivo, que as depositará em conta especial (artigo 47, § 9º).

As contas do Fundo de Promoção serão aprovadas pelo Comitê e depois de aprovadas encaminhadas, a título informativo, ao Conselho (artigo 47, § 10). Conforme se verifica, o Comitê deverá ter, em função destes dispositivos, apreciável autonomia de ação, cabendo-lhe estabelecer aos seus próprios estatutos (artigo 47, § 13). (24)

O corolário lógico-sistemático do compromisso dos membros previsto no artigo 47 – de incentivar o consumo nos países importadores, alcançando e mantendo o mais alto grau de qualidade e pureza da bebida – é o artigo 49, que trata das obrigações dos membros quanto a misturas e substitutos. O artigo 49 prevê o compromisso dos membros de não manter "em vigor quaisquer regulamentos que exijam a mistura, o tratamento ou a utilização de outros produtos com o café, para revenda comercial como café" e de que eles "se esforçarão por proibir a venda e a propaganda, sob o nome de café, de produtos que contenham menos do equivalente a noventa por cento de café verde como matéria-prima básica" (artigo 49, § 1º).

O Conselho tem poderes para solicitar a qualquer membro a adoção de medidas necessárias para a observância da disposição do artigo 49, devendo o Diretor-Executivo submeter ao Conselho, periodicamente, um relatório sobre o cumprimento destas disposições referentes a misturas e substitutos (artigo 49, §§ 2º e 3º).

O artigo 49 repete, basicamente, o artigo 52 do Convênio de 1968, que por sua vez é uma versão aperfeiçoada do artigo 55 do Convênio de 1962, todos eles tendo como objetivo evitar que a substituição tecnológica do café por outros produtos – sobretudo artificiais – que a ele se assemelhem, possa vir a frustrar o alcance da promoção do café. Naturalmente, numa conjuntura de escassez de oferta e alta de preços, as disposições do artigo 49 são ainda mais relevantes do que eram nos Convênios anteriores para o correto funcionamento da promoção, como parte das normas técnicas destinadas a tornar possível a manutenção da reciprocidade dos interesses de produtores e consumidores, pois a utilização de misturas e substitutos romperia a equivalência das prestações, inclusive financeiras, destinadas a fomentar o consumo de café. A definição rigorosa de café, estipulada no artigo 3º, evidentemente também atende, na estrutura do Convênio de 1976, às exigências de observância do compromisso dos membros, previsto no artigo 49. (25)

A promoção (artigo 47) estabelece normas positivas de colaboração para aumentar o consumo do café. As normas sobre misturas e substitutos (artigo 49) estipulam proibições visando não frustrar o alcance da promoção. A elas se somam, no elenco de meios destinados a assegurar a boa comercialização internacional do produto, as normas do artigo 48, que tratam da remoção dos obstáculos ao consumo de café. O § 1º do artigo 48, na linha dos Convênios de 1962 e 1968 (artigo 47, § 1º), diz:

"Os Membros reconhecem a importância vital de conseguir-se, o quanto antes, o maior aumento possível do consumo de café, principalmente por meio da eliminação gradual dos obstáculos que podem entravar esse aumento."

O § 2º identifica alguns destes obstáculos, que impedem o aumento do consumo, mencionando, no que diz respeito a regimes de importação aplicáveis ao café, tarifas preferenciais ou de outra natureza, operações de monopólios governamentais e de agências oficiais de compra, regulamentos administrativos e práticas comerciais, além de condições de comercialização interna e disposições legais e administrativas internas que podem prejudicar o consumo. A contrapartida dessa identificação de problemas na área do regime geral de importações é a menção a certos regimes de exportação, no que tange a subsídios diretos ou indiretos e outros regulamentos administrativos e práticas comerciais. Em síntese, o princípio que inspira o § 2º do artigo 48 é o da não-discriminação, do gênero do contido na Parte II do GATT, que é o que trata do assim chamado código substantivo de bom comportamento comercial.

Fixado, no parágrafo 1º, o princípio de promover o café, pela remoção dos obstáculos ao seu consumo, e identificados no parágrafo 2º alguns destes obstáculos, os parágrafos 3º e 4º estabelecem os compromissos dos membros. Basicamente, trata-se de uma obrigação de comportamento, por força da qual, levando em consideração seus interesses mútuos e o princípio de promoção acordado no parágrafo 1º, esforçar-se-ão os membros por proceder à remoção dos obstáculos identificados no parágrafo 2º, buscando os meios necessários para que sejam proporcionalmente reduzidos e, sempre que possível, eliminados ou, alternativamente, para que sejam atenuados os efeitos destes obstáculos. Conforme se verifica, o artigo 48 estabelece um contexto para negociações dentro do qual o jogo da reciprocidade, explicitamente mencionado na expressão "interesses mútuos", deverá operar, para pôr em funcionamento a aplicação das suas normas, enquanto parte do elenco de meios da cooperação cafeeira prevista no Convênio de 1976.

O parágrafo 5º estabelece que os membros comunicarão anualmente ao Conselho todas as medidas adotadas no sentido de dar cumprimento às disposições do artigo 48; o parágrafo 6º atribui ao Diretor-Executivo a incumbência de preparar, periodicamente, estudo sobre obstáculos ao consumo, a ser submetido à apreciação do Conselho e, finalmente, o parágrafo 7º estipula que o Conselho pode formular recomendações aos membros sobre remoção de obstáculos ao consumo, e que estes deverão informar ao Conselho, o mais cedo possível, quais as medidas que adotaram para implementar as recomendações. Os parágrafos 5º, 6º e 7º inovam ao estabelecerem normas mais incisivas do que as dos Convênios anteriores para o acompanhamento e controle, pela OIC, das obrigações de comportamento dos membros, quanto à remoção de obstáculos ao consumo de café. (26)

(c) ***Normas que tratam da política de produção e de estoques***

Os Convênios de 1962 e 1968 tinham como objetivo, numa conjuntura de superprodução, alcançar equilíbrio razoável entre a oferta e a procura de café. A busca deste equilíbrio, naquele contexto, ensejou, além de medidas de curto prazo, baseadas no contingenciamento físico de oferta através de quotas, um elenco de meios visando reduzir e modificar as tendências à superprodução. Daí a existência, tanto no Convênio de 1962, quanto no de 1968, de normas preocupadas em planejar o médio e o longo prazo, através de controles de produção, política de estoques e de diversificação da economia dos países produtores. No Convênio de 1968, que aprofundou as possibilidades destas medidas, o ordenamento cafeeiro mundial previa: (i) no artigo 48, uma política e uma disciplina de produção baseadas em metas individuais aprovadas ou fixadas pela OIC, para cada membro exportador; (ii) no artigo 49, uma política de estoques, destinada a complementar a política de produção, contemplada no artigo 48; e (iii) no artigo 54, um Fundo de Diversificação, concebido para tornar viável os controles de produção e a política de estoques, por meio de recursos e incentivos que permitissem aos membros produtores compatibilizar, de maneira positiva, através da criação de opções de investimentos, as necessidades internas de suas economias com os objetivos a longo prazo de equilíbrio internacional da economia cafeeira. (27)

A conjuntura de equilíbrio e posteriormente de escassez, na qual foi negociado o Convênio de 1976, foi provocada por fatores outros que não resultaram do sucesso na aplicação deste elenco de meios que também, mesmo que tivessem sido postos em prática na sua inteireza, não teriam tido tempo de produzir efeitos, dados os prazos fixados e o ciclo da economia cafeeira. Este contexto explica a mudança, no Convênio de 1976, do elenco de meios concebidos para planejar o desempenho das normas de mútua colaboração, no que diz respeito à política de produção e estoques.

Durante as negociações, o Grupo de Contacto sugeriu que a política de produção, a ser posteriormente regulamentada pelo Conselho, resultasse de estudos técnicos que permitissem aos membros adotar as medidas indispensáveis para ajustar a produção de café a um nível que mantivesse em equilíbrio a oferta e a demanda. Este nível adequado de equilíbrio, nos termos do critério do artigo 48 do Convênio de 1968, reiterado pelo Grupo, seria o que não excedesse o necessário para atender ao consumo interno, às exportações permitidas e aos estoques tidos como necessários pelas demais normas do Convênio. (28) Na sessão do Conselho em que se debateu e se decidiram as normas referentes à política de produção, no Convênio de 1976, o Diretor-Executivo, ao apresentar um texto para discussão, lembrou que as metas de produção, fixadas nos termos do Convênio de 1968, não tinham sido cumpridas. Por essa razão, sugeria que as normas do novo Convênio não exigissem uma política de produção mas concedessem ao Conselho poderes para coordenar a produção, caso esta coordenação se fizesse necessária no correr da vigência do novo Convênio. (29) De fato, na vigência do Convênio de 1968 a experiência com controles de produção não tinha sido bem sucedida e isto se explica não só pela dificuldade de definir, com precisão, num dado momento, o critério do nível futuro adequado ao consumo interno das exportações permitidas e dos estoques necessários, como também porque a base de cálculo das metas de produção, no Convênio de 1968, derivava essencialmente das quotas básicas e, portanto, de uma divisão do mercado, que sempre suscitou conflito e controvérsia entre os produtores. Daí a prudência do Diretor-Executivo no encaminhamento do assunto, prudência que encontrou ressonância entre os negociadores.

O artigo 50 do Convênio de 1976, resultante do entendimento dos problemas acima referidos, estabelece, no seu parágrafo 1º, o compromisso dos membros de se esforçarem por adotar e implementar uma política de produção, que facilitasse a consecução dos objetivos de equilíbrio do Convênio, previstos no artigo 1º, § 1º. Esta obrigação de comportamento, nos termos do parágrafo 2º do artigo 50, poderá conduzir tanto a procedimentos para coordenar as políticas de produção, quanto abranger medidas de diversificação. Estudos técnicos apropriados para a aplicação de uma política global adequada de produção poderão ser financiados por uma contribuição dos membros exportadores, a ser fixada pelo Conselho. Esta contribuição, nos termos do § 3º do artigo 50 não excederá 2 centavos de dólar dos Estados Unidos, por saca de café exportado com destino a membros importadores.

Qual a explicação para o artigo 50, além das dificuldades já examinadas, de estabelecer metas e controles de produção? Evidentemente, a conjuntura de escassez, onde o que estava em jogo, na perspectiva dos consumidores, era a garantia de fornecimento, explica a inexistência de um Fundo de Diversificação, concebido no Convênio de 1968 como um mecanismo para enfrentar sérios problemas de superprodução. Esta mesma conjuntura, que permitiu o mecanismo de introdução, suspensão e reintrodução de quotas e as demais cláusulas econômicas do Capítulo VII, explica também a natureza flexível dos compromissos previstos pelo artigo 50. De fato, um dos propósitos das cláusulas econômicas do Capítulo VII, conforme foi visto, é o de alcançar uma estabilização de preços que gere o incentivo para os produtores tomarem as decisões corretas em matéria de investimento, que assegurem no futuro o equilíbrio, hoje inexistente, entre oferta e procura. Em outras palavras, a estratégia do ordenamento cafeeiro de 1976 é fazer da política de preços, tal como disciplinada pelas cláusulas econômicas do Capítulo VII, o instrumento primeiro da política de investimento e, portanto, da política de produção. (30) Caso essa estratégia venha a exigir reparos, no correr da vigência do Convênio de 1976, o artigo 50 do Capítulo VIII, facultará às partes contratantes buscarem novos mecanismos destinados a assegurar o equilíbrio, através de uma ação direta sobre as políticas de produção. Conforme se verifica, a conjuntura de escassez que ensejou o elenco de meios do Capítulo VII, permitiu que se reduzisse a necessidade de estabelecer, com rigidez, no Capítulo VIII, normas sobre política de produção, que no entanto se fizeram necessárias, apesar das dificuldades de sua aplicação, no contexto de superprodução que assinalou a vida dos Convênios de 1962 e 1968. Nesse sentido, a análise do artigo 50 confirma a relevância do fator tempo na alteração da reciprocidade dos interesses e na conseqüente modificação do elenco de meios que marca as vicissitudes dos modelos jurídicos do Direito Internacional Econômico.

O artigo 51 trata da política de estoques e está ligado, na sistemática do Convênio, tanto às normas do artigo 50, quanto às disposições do Capítulo VII. Estas, conforme foi visto, requerem a verificação do volume anual dos estoques de café em poder dos grandes e médios exportadores, para efeito do cálculo da parcela variável de sua quota anual. Daí o parágrafo 2º do artigo 51, que explicitamente estabelece a conexão com o artigo 35 do Capítulo VII. O parágrafo 3º do artigo 51 estipula, para os membros produtores, a obrigação de assegurar, em seus respectivos países, instalações apropriadas ao armazenamento adequado dos estoques de café. O cumprimento desta obrigação deverá ser estimulado, nos termos da análise já efetuada das disposições do Capítulo VII, pela existência do mecanismo da parcela variável. A possibilidade de ampliar a capacidade de estocagem e, destarte, a garantia de fornecimento por meio do impacto das cláusulas econômicas previstas no Capítulo VII, fez com que a idéia de um estoque internacional de garantia, proposta e discutida no correr das negociações, viesse a ser contemplada como uma hipótese. É o que reza o parágrafo 4º do artigo 51:

"O Conselho realizará um estudo sobre a viabilidade de contribuir para os objetivos deste Convênio por meio de um estoque internacional."

Conforme se verifica, as normas do Capítulo VIII do Convênio de 1976, referentes à política de estoques, assim como as de produção, estipulam basicamente obrigações de comportamento, admitindo o uso futuro de certas medidas e mecanismos, caso o elenco de meios, previstos no Capítulo VII, não venham a induzir e provocar os resultados esperados neste campo. Essa flexibilidade do Capítulo VIII no planejamento do desempenho da cooperação cafeeira internacional resulta das possibilidades abertas por uma conjuntura de escassez, que contrastam com as necessidades de rigidez que caracterizaram a conjuntura de superprodução e, destarte, o elenco de meios dos Convênios de 1962 e 1968.

(d) *Normas que tratam de consultas e cooperação com o comércio, informações, estudos e que criam um Fundo Especial*

As organizações internacionais, como regra geral, têm entre suas atribuições poderes e competências, seja para reunir e difundir informações, seja para suscitar estudos e projetos. A Organização Internacional do Café, desde a sua criação pelo Convênio de 1962, sempre teve, independentemente das mudanças nas normas técnicas, de Convênio para Convênio, e mesmo quando as cláusulas econômicas foram suspensas no Convênio de 1968 Prorrogado, atribuições deste tipo, que derivam da própria natureza dos interesses que levam à institucionalização da cooperação internacional por meio de uma organização internacional. De fato, essa institucionalização exige, operacionalmente, a manutenção de um contexto onde os Estados possam estabelecer, com permanência e regularidade, os fundamentos de um esforço comum, em certas áreas, e isto exige informações e estudos, que permitem desvendar a reciprocidade dos interesses na qual se apóia a cooperação intergovernamental. (31) Tal dimensão, que é comum na vida das organizações internacionais, explica certas linhas de continuidade das normas que agora serão examinadas e que são as que disciplinam os mecanismos de consulta e cooperação com o comércio, o sistema de coleta de informações, o campo dos estudos que a OIC pode promover e, finalmente, as que criam um fundo especial para financiar os custos adicionais das informações e dos estudos necessários para pôr em funcionamento o novo elenco de meios do Convênio de 1976.

Os Convênios de 1962 e 1968 previam, nos seus respectivos artigos 50, consultas e cooperação com o comércio. O Convênio de 1976 também as contempla, no seu artigo 52. O parágrafo 1º do artigo 52, na linha dos Convênios anteriores, estabelece que: "A Organização manterá estreita ligação com as organizações não-governamentais que se ocupam do comércio internacional do café e com peritos em assuntos cafeeiros." Este parágrafo reconhece, em síntese, a importância de atores não-governamentais no processo de transferência internacional de recursos no campo do café, fixando por isso mesmo mecanismos para a Organização obter, por via de contactos e consultas diretas, que não precisam necessariamente transitar pelos órgãos dos Estados, um vínculo de cooperação destinado a harmonizar, no contexto da instituição, por via da informação, o jogo dos interesses cafeeiros mundiais.

O parágrafo 2º do artigo 52 adiciona que: "os membros exercerão as suas atividades abrangidas pelas disposições deste Convênio em harmonia com as práticas comerciais correntes e abster-se-ão de práticas de venda de caráter discriminatório. No exercício destas atividades, esforçar-se-ão por levar em devida conta os interesses legítimos do comércio cafeeiro." Conforme se verifica, o parágrafo 2º, na linha dos artigos 50 dos Convênios de 1962 e 1968, reconhece a importância das práticas comerciais correntes e protege os interesses legítimos do comércio cafeeiro, que compõem parte significativa do elenco de atores não-governamentais que criam e mantêm estas práticas. O parágrafo 2º inova em relação aos Convênios anteriores ao mencionar o compromisso dos membros de se absterem de práticas de venda de caráter discriminatório. Esta inovação resultou de uma proposta da Holanda, na sessão do Conselho em que se debateu e se decidiu o texto final do artigo 52. Esta proposta visava relacionar o artigo 48 com o artigo 52, no sentido de realçar o princípio da não-discriminação, seja no que diz respeito ao regime geral de importações, para efeitos de remoção dos obstáculos ao consumo do café nos países membros consumidores, seja no que diz respeito ao regime geral de exportações, para efeitos das práticas comerciais dos países membros produtores. Um exemplo de prática discriminatória, de acordo com a delegação holandesa, que foi instada a defini-la pelo delegado da Colômbia, seria a exclusão de um grupo de compradores quando café fosse oferecido para venda. (32) Neste sentido, a inovação do parágrafo 2º do artigo 52 visa manter, no que tange ao princípio da não-discriminação, a equivalência das prestações dos membros importadores e exportadores.

O artigo 53 do Convênio trata de informações. O parágrafo 1º repete o § 1º do artigo 55 dos Convênios anteriores, reiterando que a OIC "servirá de centro para a compilação, o intercâmbio e a publicação de:

(a) informações estatísticas relativas à produção, aos preços, às exportações e importações, à distribuição e ao consumo de café no mundo; e
(b) na medida em que julgar conveniente, informações técnicas sobre o cultivo, o tratamento e a utilização do café."

O parágrafo 2º, na mesma linha dos Convênios anteriores, autoriza o Conselho a solicitar dos membros as informações sobre café que considere necessárias às suas atividades, ressalvando que a Organização não publicará informações que permitam identificar atividades de pessoas ou empresas que produzem, industrializem ou comercializem café. Nesse sentido, o parágrafo 2º resguarda interesses de sigilo dos atores não-governamentais que participam da transferência internacional de recursos no campo do café, pois a idéia é de que as informações fornecidas à OIC serão usadas, exclusivamente, para as finalidades especificadas no Convênio ou nos regulamentos dele derivadas. (33)

O parágrafo 3º permite ao Conselho solicitar a um membro que explique as razões da sua eventual não-observância das obrigações de fornecer informações. O parágrafo 3º também faculta ao Conselho prestar assistência técnica a um membro que tiver dificuldades no fornecimento de informações.

O parágrafo 4º, que é novo, reforça os poderes da OIC em matéria de coleta de informações, pois permite ao Diretor-Executivo — salvo decisão contrária e expressa do Conselho — "suspender a distribuição de selos ou outras autorizações equivalentes de exportação, prevista no artigo 43" na hipótese de um membro não cumprir, depois de prévia notificação, as suas obrigações nos termos do artigo 53. (34)

O funcionamento da OIC, como centro de informações, tal como prevê o artigo 53 do atual Convênio e antes previam os artigos 55 dos Convênios anteriores, tem sido fundamental, seja na criação, seja na aplicação das normas de mútua colaboração, nas quais tem se apoiado a cooperação cafeeira mundial. No que diz respeito à criação de normas, basta mencionar que as negociações do Convênio de 1976 se estruturaram em função da possibilidade de testar, através do repertório das informações acumuladas pela OIC, continuamente utilizadas pelo Diretor-Executivo com este objetivo, o sentido e o alcance das diversas propostas dos países. Neste sentido, a racionalidade de atuação dos países e a possibilidade de consenso se viram significativamente ampliadas pelo papel que a OIC desempenhou, ao consolidar através da informação um contexto onde os Estados puderam estabelecer os fundamentos de um esforço comum. No que diz respeito à aplicação das normas,o estudo e a análise do elenco de meios dos Convênios de 1962, 1968 e 1976, efetuados no correr deste trabalho, mostra que são mecanismos de cooperação que têm como requisito básico a informação precisa, sem a qual rompe-se a reciprocidade dos interesses na qual eles se apóiam. Neste sentido, a informação é uma condição operacional do funcionamento dos mecanismos de cooperação e base para a efetividade das normas que os disciplinam.

O artigo 54 atribui ao Conselho, no seu parágrafo 1º, poderes para promover estudos "relativos à economia da produção e da distribuição do café, ao impacto de medidas governamentais nos países produtores e consumidores sobre a produção e o consumo do café, às oportunidades para o aumento do consumo de café, tanto para usos tradicionais como para novos usos, e aos efeitos do funcionamento deste Convênio sobre países produtores e consumidores de café, inclusive no que se refere aos seus termos de troca." O parágrafo 2º faculta à Organização "estudar as possibilidades de estabelecer padrões mínimos de qualidade para o café exportado por membros produtores." O artigo 54 repete essencialmente os artigos 56 dos Convênios de 1962 e 1968 e deriva das mesmas necessidades que fazem dos estudos, assim como das informações, elementos indispensáveis para o sucesso de qualquer institucionalização da cooperação mundial, por meio de uma organização internacional.

Finalmente, cabe examinar o artigo 55, que inova em relação ao Convênios anteriores ao criar, no Convênio de 1976, um ***Fundo Especial***. Este Fundo Especial resultou de uma proposta do Diretor-Executivo, que o considerou indispensável para atender aos custos dos trabalhos ligados à utilização do novo elenco de meios do Convênio de 1976, tais como: introdução do novo sistema de certificados de origem, previsto no artigo 43; verificação de estoques, prevista no parágrafo 2º do artigo 51, e aperfeiçoamento do sistema contemplado no artigo 53, usado para coligir e transmitir dados estatísticos. Os recursos para o Fundo Especial virão de uma contribuição de 2 centavos de dólar dos Estados Unidos para cada saca de café exportada com destino a membros importadores, a ser paga pelos membros exportadores. Evidentemente, a disponibilidade de recursos para financiar as medidas adicionais, necessárias para assegurar o funcionamento das disposições do Convênio de 1976, representa, do ponto de vista institucional, um fortalecimento da Organização e uma ampliação de sua possibilidade de garantir, através de informações adequadas, a efetiva aplicação das normas de mútua colaboração do ordenamento cafeeiro mundial. (35)

(e) ***Normas que tratam da dispensa de obrigações***

A doutrina e a prática do Direito Internacional Público têm dado margem, em diferentes contextos, à afirmação do princípio "conventio omnis intelligitur rebus sic stantibus", em função do qual uma parte contratante de um tratado pode pleitear o não-cumprimento de uma obrigação assumida, em virtude de circunstâncias excepcionais supervenientes. A Convenção de Viena sobre a Lei dos Tratados, nos termos e dentro dos limites estabelecidos pelo seu artigo 62, que visam minimizar eventuais abusos, reconhece o princípio da regra "rebus sic stantibus", integrando-a no *corpus juris* do Direito das Gentes. (36) Dentro do *corpus juris* do Direito das Gentes o Direito Internacional Econômico é um dos ramos que mais necessidade têm de enfrentar este problema, em virtude do impacto, no tempo, da conjuntura, da incerteza e do aleatório na aplicação de suas normas, pois este impacto, conforme apontado no capítulo II, pode alterar significativamente a reciprocidade dos interesses na qual se apóiam os seus modelos jurídicos. É por essa razão que os ordenamentos de Direito Internacional Econômico, via de regra, contêm disposições que, dentro de certos limites, admitem a dispensa de obrigações, em função de circunstâncias excepcionais. Assim, por exemplo, o GATT tem larga experiência de "waivers" concedidos a seus membros, *ex vi* do parágrafo 5º do artigo 25 da Parte III do seu ordenamento. (37) É por essa razão que, dentro da mesma ordem de preocupações, os sucessivos Convênios Internacionais do Café sempre tiveram dispositivos referentes à dispensa de obrigações.

Nos Convênios de 1962 e de 1968 a possibilidade da dispensa de obrigações se via disciplinada nos respectivos capítulos XVIII, artigo 57, que foram utilizados, por exemplo, para autorizar exportações adicionais de membros produtores; para exonerar, dentro de certos prazos, um membro de cumprir obrigações referentes à apresentação de certificados de origem e fornecimento de informações; para permitir a entrada, no território de um membro importador, de café desacompanhado de certificado de origem, durante um período necessário para a promulgação de legislação interna necessária para dar cumprimento a obrigações assumidas pelo Convênio de 1962. (38)

No Convênio de 1976, a disciplina da dispensa de obrigações é regulamentada pelo artigo 56, que é o último artigo do Capítulo VIII. O artigo 56, na linha dos artigos 57 dos Convênios anteriores, estabelece:

"§ 1º – O Conselho pode, por maioria distribuída de dois terços, dispensar um membro de uma obrigação, em virtude de circunstâncias excepcionais ou de emergência, razões de força maior, obrigações constitucionais ou obrigações internacionais decorrentes da Carta das Nações Unidas com respeito a territórios administrados sob o regime de tutela.

"§ 2º – Ao conceder dispensa a um membro, o Conselho indicará explicitamente os termos, as condições e o prazo de duração dessa dispensa.

"§ 3º – O Conselho não considerará pedidos de dispensa de obrigações relativas a quotas, fundamentados na existência, num país membro, em um ou mais anos, de produção exportável superior às exportações permitidas, ou que sejam conseqüência do não-cumprimento, por parte do membro, das disposições dos artigos 50 e 51."

Conforme se verifica, o artigo 56, depois de estabelecer, no parágrafo 1º, as razões que permitem a um membro solicitar ao Conselho a dispensa de obrigações, estipula no parágrafo 2º que esta dispensa deverá ser condicionada a certos requisitos, a serem explicitamente cumpridos pelo membro que a receber. Tais requisitos são os que mantêm a equivalência das prestações e a reciprocidade dos interesses entre as partes contratantes quando da concessão de um "waiver" a um membro.

O parágrafo 3º exclui do âmbito do artigo 56 o pedido de dispensa de obrigações relativas a quotas, quando este se fundamente em produção exportável superior às exportações permitidas de acordo com as normas do Capítulo VII ou que sejam conseqüência do não-cumprimento, por parte de um membro, das disposições referentes à política de produção (artigo 50) ou de estoques (artigo 51). Esta exclusão é compreensível uma vez que os mecanismos concebidos pelo Convênio para equilibrar a oferta e a demanda do café são não só a chave de toda a reciprocidade dos interesses na qual se apóia a cooperação cafeeira mundial — que se veria rompida caso eles não fossem cumpridos, em virtude de circunstâncias provocadas pela ação unilateral dolosa ou culposa de um membro — como também porque estes mecanismos são, conforme já foi visto, suficientemente flexíveis para se ajustarem à evolução geral da conjuntura, além de preverem, no artigo 36, parágrafo 4º, a mecânica que, dentro de certos limites, justifica ajustes de quotas, de um membro, em função da incidência de circunstâncias excepcionais. Em síntese, portanto, o que se pode dizer é que o artigo 56 planeja o limite dos riscos das partes contratantes ao assumirem as obrigações decorrentes do Convênio de 1976, de uma maneira compatível com a equivalência básica das prestações dos membros contidas no modelo jurídico.

Depois desta análise, artigo por artigo, das cláusulas econômicas previstas nos Capítulos VII e VIII do Convênio Internacional do Café, ora encerrada com o exame do artigo 56, que observações devem ser feitas para os propósitos e as inquietações teóricas, de ordem mais geral deste trabalho, ligadas ao papel da reciprocidade dos interesses na criação e aplicação das normas do Direito Internacional Econômico, que se vêem atingidas pelo impacto, no tempo, dos "aléas" da conjuntura?

Uma primeira ordem de ponderações seria no sentido de apontar, em função do que foi visto, o contraste entre as necessidades de rigidez dos mecanismos dos Convênios de 1962 e 1968 — impostos pela conjuntura então vigente de superprodução — e as oportunidades de flexibilidade, admitidas pelas normas do Convênio de 1976. A flexibilidade das normas do novo Convênio, que permite aplicar, para cada conjuntura, o elenco de meios a ela apropriados — por exemplo a introdução de quotas para evitar a deterioração de preços ou a sua suspensão na hipótese inversa — representa sem dúvida um exemplo interessante de planejamento do desempenho. De fato, este ao comportar, no tempo, a auto-regulação da reciprocidade de interesses através da adaptação do ordenamento cafeeiro às vicissitudes da conjuntura, acresce uma dimensão a mais à efetividade das normas do Convênio de 1976, sobretudo porque estas normas, do ponto de vista lógico-sistemático, se integram para alcançar, neste processo, nos limites do previsível, boa parte dos problemas que tradicionalmente vêm afetando a economia cafeeira mundial. Basta, neste plano, lembrar que as séries estatísticas futuras, admitidas para o cálculo das quotas básicas, tendo em vista a acomodação das aspirações dos produtores e o interesse dos consumidores nos estímulos à garantia do fornecimento, estão relacionadas, em função dos anos escolhidos, com propósitos de longo prazo, que visam evitar plantios desordenados e portanto futuros desequilíbrios de superprodução. Evidentemente, o acordo em torno dos novos mecanismos foi possibilitado pelo contexto em que se deram as negociações, que ensejou — no momento da nomogênese jurídica — novas formas consensuais de acomodação dos interesses dos membros. Essas negociações, entretanto, seguramente não teriam sido bem sucedidas se não tivesse havido uma experiência e uma prática anterior das partes contratantes com o elenco mais rígido de meios dos Convênios de 1962 e 1968, cuja aplicação serviu de apoio para a originalidade dos atuais mecanismos. Neste sentido, o Convênio de 1976 apresenta importantes linhas de continuidade com os acordos anteriores de cooperação cafeeira mundial.

Existem, por outro lado, certas cláusulas econômicas que se mantiveram mais ou menos inalteradas de Convênio para Convênio. Isso se deve — e daí uma segunda ordem de ponderações — porque correspondem ou a certas configurações mais permanentes da ordem econômica mundial, e também do comércio de produtos de base, que a ordem cafeeira integra, ou então porque atendem, num plano de maior abstração, às necessidades de cooperação intergovernamental, institucionalizada através de uma organização internacional. Exemplos da continuidade das cláusulas econômicas, do primeiro tipo, são as normas que disciplinam a dispensa de obrigações, as que proíbem misturas e substitutos e as que estimulam o acesso de membros produtores subdesenvolvidos aos mercados dos países membros importadores desenvolvidos, pela remoção dos obstáculos ao consumo de café. Exemplos de continuidade, do segundo tipo, são as normas que dispõem sobre informações e estudos.

Finalmente, existem normas que apesar de se manterem, sob o ponto-de-vista formal, pouco alteradas de Convênio para Convênio, têm, em função da presente conjuntura, nova intencionalidade. Tal é o caso, por exemplo, das que cuidam de promoção, que nos Convênios de 1962 e 1968 visavam reduzir os problemas do desequilíbrio, provocado pela superprodução e que agora, num contexto de escassez, têm também o objetivo de impedir a substituição do café por outras bebidas, numa época de alta de preços. Por outro lado, o aprofundamento do princípio de especificidade, no Convênio de 1976 — por exemplo, nas normas que diferenciam os critérios de distribuição do mercado entre os pequenos e os médios e grandes produtores, ou nas que estipulam os ônus das contribuições destinadas a financiar o Fundo de Promoção — também, deve ser mencionado no contexto destas reflexões de ordem mais geral, posto que tem como objetivo viabilizar, em função das realidades concretas, o vínculo consensual que une as partes contratantes.

Conforme se verifica, a análise mais minuciosa permite discernir, mesmo na tipicidade das cláusulas econômicas, as modalidades mais específicas ou mais genéricas de reciprocidade dos interesses que motivam e sustentam normas positivas de mútua colaboração. Neste sentido, o Convênio de 1976 evidencia a sua pertinência enquanto estudo de caso, para o esclarecimento dos problemas de ordem mais geral propostos nos capítulos iniciais deste trabalho, relacionados com as transformações, ora em curso, do Direito Internacional Público, que também vêm levando, e por isso mesmo exigindo o estudo, dos novos sistemas coletivos de tomada de decisões, como uma das dimensões importantes da vida internacional contemporânea.

Notas ao Capítulo VII

(1) Relatório da Delegação do Brasil à XXVIII Sessão do Conselho Internacional do Café, realizada em Londres de 3 novembro a 3 de dezembro de 1975, in *Diário do Congresso Nacional (Seção I)*, sexta-feira, 20/agosto/1976, p. 7654.

(2) Cf. capítulo II e também, particularmente, IAN R. MAC NEIL, "A Primer of Contract Planning" in loc. cit., pp. 627-703; PROSPER WEIL, "Le Droit International Économique: Mythe ou Realité?" in Societé Française pour le Droit International, *Aspects du Droit International Économique*, cit., pp. 1-34.

(3) O.I.C., *Statement by the Executive Director of the International Coffee Organization, Mr. Alexander F. Beltrão*, 22, December, 1975; O.I.C., *Exportações e Importações de Café – 1968-1973 – Países Importadores Não-Membros*, EB-1336/75, de 8/janeiro/1975, p. 4.

(4) O.I.C., *Relatório do Grupo de Contacto*, ICC-28-14, de 25/novembro/75, pp. 3-4.

(5) O.I.C., *Relatório do Grupo de Contacto*, ICC-28-14, de 25/novembro/75, pp. 8-9; Relatório da Delegação do Brasil à XXVIII Sessão do Conselho Internacional do Café, realizada em Londres de 3/novembro a 3/dezembro de 1975, in *Diário do Congresso Nacional (seção I)*, sexta-feira, 20/agosto/1976, pp. 7654, 7656 e 7657; Address by JULIUS KATZ, Deputy Assistant Secretary of State for Economic and Business Affairs at the 65th Annual Convention of the National Coffee Association, Boca Ratón, Florida, February 3, 1976.

(6) Cf. O.I.C., *Regulamento a aplicar no Ano Civil de 1976 para a Verificação Anual de Estoques de Café existentes nos Países Membros Exportadores*, EB-1416/76, de 8/março/1976; O.I.C., *Relatório do Diretor-Executivo sobre o Programa de Verificação a ser levado a Efeito em 31 de março de 1976*, EB-1422/76, de 30/março/1976; O.I.C., *Implicações Financeiras da Verificação de Estoques a ser Levada a Efeito no Ano Cafeeiro de 1975/76, de Conformidade com o Disposto na Resolução n. 286*, EB-1421/76, de 1º/abril/1976.

(7) O.I.C., *Questões a Considerar*, EB-1265/74, de 30/janeiro/1974, pp. 7-8; OIC,

Negociação de um Novo Convênio Internacional do Café – Propostas e Comentários, Estados Unidos da América, EB-1361/75, de 15/abril/75, p. 3; O.I.C., *Relatório do Grupo de Contacto,* ICC-28-14, de 25/nov/1975, pp. 2 e 9.

(8) Relatório da Delegação do Brasil à XXVIII Sessão do Conselho Internacional do Café, realizada em Londres de 3/novembro a 3 de dezembro de 1975, in *Diário do Congresso Nacional (seção I)* sexta-feira, 20/agosto/1976, pp. 7654, 7656, 7657, 7659.

(9) Relatório da Delegação do Brasil à XXVIII Sessão do Conselho Internacional do Café, realizada em Londres de 3 de novembro a 3 de dezembro de 1975, in *Diário do Congresso Nacional (Seção I)*, sexta-feira, 20/agosto/1976, p. 7659; Address by JULIUS KATZ, Deputy Assistant Secretary of State for Economic and Business Affairs at the 65th Annual Convention of the National Coffee Association, Boca Ratón, Florida, February 3, 1976; EUA, Senate, 94 th Congress, 2nd. Session, *International Coffee Agreement, 1976,* Executive Report n. 94-30, August 1976, p. 4.

(10) O.I.C., *Questões a Considerar,* EB-1265/74, de 30/janeiro/1974, pp. 4 e segs.; O.I.C., *Grupo de Trabalho sobre a Negociação de um Novo Convênio – Temas para Debate,* WP-Agreement n. 21, Rev. 1, de 16/janeiro/1975, pp. 5-6; O.I.C., *Relatório do Grupo de Contacto,* ICC-26-11, de 12/julho/1975, pp. 5-6; O.I.C., *Relatório do Grupo de Contacto,* ICC-28-6, de 12/novembro/1975, pp. 5-7; O.I.C., *Relatório do Grupo de Contacto,* ICC-28-6, Add. 1, de 18/nov./1975, pp. 3-5.

(11) Relatório da Delegação Brasileira à XXVIII Sessão do Conselho Internacional do Café, realizada em Londres, de 3 de novembro a 3 de dezembro de 1975, in *Diário do Congresso Nacional (Seção I),* sexta-feira, 20/agosto/1976, pp. 7654, 7658, 7659; Address by JULIUS KATZ, Deputy Assistant Secretary of State for Economic and Business Affairs, at the 65th Annual Convention of the National Coffee Association, Boca Ratón, Florida, February 3, 1976; O.I.C., *Declaración Formulada el 14 de Mayo de 1976 por el Director Ejecutivo de la Organización Internacional del Café, Señor Alexandre F. Beltrão, en el Cuarto Período de Sesiones de la Conferencia de las Naciones Unidas sobre Comércio y Desarrollo celebrada en Nairobi (Kenia), del 5 al 28 de Mayo de 1976,* ED-790/76, 1/junio/1976; ALEXANDRE F. BELTRÃO, "Statement" na Conferência "The Outlook for Commodities", promovida pelo *Financial Times* e pelo *The Investors Chronicle,* reproduzida in ED-796/76, de 9/julho/1976.

(12) O.I.C., *Negociação de um Novo Convênio Internacional do Café – Propostas e Comentários, Brasil,* EB-1325/74, de 11/dez/1974, pp. 2-3; Relatório da Delegação Brasileira à XXVIII Sessão do Conselho Internacional do Café, realizada em Londres, de 3 de novembro a 3 de dezembro de 1975, in *Diário do Congresso Nacional (Seção I),* sexta-feira, 20/ago/76, p. 7659.

(13) O.I.C., *Relatório do Grupo de Contacto*, ICC-28-14, de 25/novembro/75, p. 11; Relatório da Delegação Brasileira à XXVIII Sessão do Conselho Internacional do Café, realizada em Londres, de 3 de novembro a 3 de dezembro de 1975, in *Diário do Congresso Nacional (Seção I)*, sexta-feira, 20/agosto/1976, p. 7660.

(14) O.I.C., *Relatório do Grupo de Contacto*, ICC-28-14, de 25/novembro/75, p. 10; Relatório da Delegação Brasileira à XXVIII Sessão do Conselho Internacional do Café, realizada em Londres, de 3 de novembro a 3 de dezembro de 1975, in *Diário do Congresso Nacional (Seção I)*, sexta-feira, 20/agosto/1976, p. 7660.

(15) O.I.C., *Relatório do Grupo de Contacto*, ICC-28-14, de 25/novembro/75, pp. 6-7; Relatório da Delegação Brasileira à XXVIII Sessão do Conselho Internacional do Café, realizada em Londres, de 3 de novembro a 3 de dezembro de 1975, in *Diário do Congresso Nacional (Seção I)*, sexta-feira, 20/agosto/1976, p. 7658.

(16) O.I.C., *Relatório do Grupo de Contacto*, ICC-28-14, de 25/novembro/75, p. 12; Relatório da Delegação Brasileira à XVIII Sessão do Conselho Internacional do Café, realizada em Londres, de 3 de novembro a 3 de dezembro de 1975, in *Diário do Congresso Nacional (Seção I)*, sexta-feira, 20/agosto/1976, p. 7661.

(17) WOLFGANG FRIEDMANN, *The Changing Structure of International Law*, cit., pp. 88-95.

(18) Cf. CELSO LAFER, "O Convênio Internacional do Café", in loc. cit., pp. 38-41.

(19) Cf. o capítulo IV e a bibliografia lá mencionada na nota 10. Ver também Relatório da Delegação Brasileira à XXVIII Sessão do Conselho Internacional do Café, realizada em Londres, de 3 de novembro a 3 de dezembro de 1975, in *Diário do Congresso Nacional (Seção I)*, sexta-feira, 20/agosto/1976, p. 7662; O Acordo Brasil-EUA sobre o Solúvel, realizado por troca de notas em 2 de abril de 1971, foi denunciado por nota de 11 de maio de 1973 do Governo brasileiro ao Governo americano, cujo teor foi publicado in *Diário Oficial (Seção I – Parte I)*, sexta-feira, 29/junho/1973, p. 6289.

(20) Sobre o problema do cacau, cf. ONU, *United Nations Cocoa Conference, 1972, Summary of Proceedings*, N. York, TD/Cocoa 3/9, 1973.

(21) Cf. capítulo IV e JOSÉ LUIZ MENDOZA, *Derecho Internacional del Café*, in loc. cit., p.43.

(22) CONSELHO INTERNACIONAL DO CAFÉ, *Twenty-eighth Session – 3 No-*

vember – 3 December 1975 – Summary-Record of the Fifteenth Plenary Session, Monday, 1, December 1975, ICC-28-m-50, de 13/fevereiro/1976, p. 11, cf. igualmente o capítulo IV, nota 21.

(23) O.I.C., *Relatório do Grupo de Contacto*, ICC-28-6, Add. 1, de 18/novembro/1975, p. 6; Relatório da Delegação Brasileira à XXVIII Sessão do Conselho Internacional do Café, realizada em Londres, de 3 de novembro a 3 de dezembro de 1975, in *Diário do Congresso Nacional (Seção I)*, sexta-feira, 20/agosto/1976, p. 7662; CONSELHO INTERNACIONAL DO CAFÉ, *Twenty-eighth Session – 3 November – 3 December 1975 – Summary-Record of the Fifteenth Plenary Session, Monday, 1 December, 1975*, ICC-28-m-50, de 13/fevereiro/1976, p. 11.

(24) As providências iniciais para o funcionamento do Fundo foram tomadas em 1º de outubro de 1976, data do início da entrada em vigor provisória do Convênio de 1976; cf. O.I.C., *Comitê de Promoção*, WP-Promotion n. 1/76, de 1/outubro/1976.

(25) CELSO LAFER, "O Convênio Internacional do Café" in loc., cit., p. 43.

(26) JOSÉ LUIZ MENDOZA, *Derecho Internacional del Café*, cit., pp. 195-197; CELSO LAFER, "O Convênio Internacional do Café" in loc. cit., pp. 43-44; CELSO LAFER, "O GATT, A Cláusula de Nação mais Favorecida e a América Latina" in loc. cit., pp. 41-56; CELSO LAFER, "Coordenação para Ativar Exportações" in loc. cit., pp. 21-23; Relatório da Delegação Brasileira à XXVIII Sessão do Conselho Internacional do Café, realizada em Londres, de 3 de novembro a 3 de dezembro de 1975, in *Diário do Congresso Nacional (Seção I)*, sexta-feira, 20/agosto/1976, pp. 7662; CONSELHO INTERNACIONAL DO CAFÉ, *Twenty-eighth Session – 3 November – 3 December 1975 – Summary Record of the Fifteenth Plenary-Session, Monday 1, December 1975*, ICC-28-m-50, de 13/fevereiro/1976, pp. 12-14.

(27) JOSÉ LUIZ MENDOZA, *Derecho Internacional del Café*, cit., pp. 159-182; CELSO LAFER, "O Convênio Internacional do Café", in loc. cit., pp. 41-43; KENNETH D. FREDERICK, "Production Controls under the International Coffee Agreement" in loc. cit., pp. 255-270.

(28) OIC, *Relatório do Grupo de Contacto*, ICC-28-14, de 25/novembro/75, p. 23.

(29) CONSELHO INTERNACIONAL DO CAFÉ, *Twenty-eighth Session – 3 November – 3 December 1975 – Summary-Record of the Fifteenth Plenary-Session, Monday 1, December 1975*, ICC-28-m-50, de 13/fevereiro/1976, p. 16.

(30) ALEXANDRE F. BELTRÃO, Article for George Gordon Paton: Coffee Annual, de 9/janeiro/76.

(31) Cf. PAUL REUTER, *Institutions Internationales* (4a. ed.), Paris: PUF, 1963, p. 195.

(32) CONSELHO INTERNACIONAL DO CAFÉ, *Twenty-eighth Session – 3 November – 3 December 1975 – Summary-Record of the Fifteenth Plenary Session, Monday 1, December 1975.* ICC-28-m-50, de 13/fevereiro de 1976, pp. 17-18.

(33) Na vigésima-nona sessão do Conselho da OIC, realizada em Londres de 27 de setembro a 2 de outubro de 1976, o problema do sigilo de informações relacionadas com o sistema de certificados de origem (artigo 43) e com o mecanismo de quotas básicas (artigo 30, § 3º e § 4º) suscitou o tema da utilização de informação fornecida pelos membros à OIC apenas para as finalidades expressamente previstas no Convênio ou nos regulamentos destinados a aplicá-lo. Nessa ocasião, tal orientação foi confirmada pela Junta Executiva, que encaminhou projeto de resolução, aprovado pelo Conselho, tratando de informação confidencial e asseverando que os mecanismos do Convênio, uma vez cumpridos, não afetam as práticas usuais de comércio de café entre membros importadores. Cf. OIC, *Projeto de Resolução – Informação Confidencial*, WP-Council n. 31, Rev. 2, de 30/setembro/1976.

(34) Relatório da Delegação Brasileira à XXVIII Sessão do Conselho Internacional do Café, realizada em Londres, de 3 de novembro a 3 de dezembro de 1975, in *Diário do Congresso Nacional (Seção I)*, sexta-feira, 20/agosto/1976, p. 7663.

(35) CONSELHO INTERNACIONAL DO CAFÉ, *Twenty-eighth Session – 3 November – 3 December 1975 – Summary – Record of the Fifteenth Plenary Session, Monday 1, December 1975*, ICC-28-m-50, de 13/fevereiro/1976, pp. 23-29.

(36) Cf. L. OPPENHEIM, *International Law*, vol. I, cit., pp. 938-944; ONU, *Reports of the International Law Commission on the Second Part of its Seventeenth Session – 3-28 January 1966, and on its Eighteenth Session 4 May-19 July 1966*, United Nations, General Assembly Official Records: Twenty-First Session, Supplement n. 9 (A/6309, Rev. 1; 1966), pp. 84-88; ADOLFO MARESCA, *Il Diritto dei Trattati*, Milano: Giuffrè, 1971, pp. 699-714; ERNESTO DE LA GUARDIA e MARCELO DELPECH, *El Derecho de los Tratados y la Convención de Viena de 1969*, cit., pp. 97-106, 461-467.

(37) JOHN H. JACKSON, *World Trade and the Law of GATT*, cit., Cap. 22, pp. 541-552.

(38) JOSÉ LUIZ MENDOZA, *Derecho Internacional del Café*, cit., pp. 107-117.

Capítulo VIII

A ESTRUTURA DO CONVÊNIO DE 1976 E A RECIPROCIDADE DOS INTERESSES – ANÁLISE DOS CAPÍTULOS IX e X

Os Capítulos IX e X são os dois últimos capítulos do Convênio de 1976 e disciplinam, respectivamente, o mecanismo de consultas, litígios e reclamações e as disposições finais, estas últimas em boa parte ligadas às necessidades técnico-formais do processo legislativo internacional. Estes dois capítulos buscam atender à reciprocidade mais ampla de interesses que vem ensejando as transformações do Direito Internacional, pelo desenvolvimento da cooperação entre os Estados. É por essa razão que são menos específicos e circunscritos que os anteriores, nos quais as normas derivam, conforme foi visto, das características da ordem cafeeira mundial. Nesse sentido, são capítulos que, por sua natureza mais genérica, estão menos vinculados ao café e mais próximos de dois campos clássicos da Teoria Geral do Direito Internacional Público: o da solução pacífica de controvérsias e o do Direito dos Tratados.

(A) *O Capítulo IX*

O Capítulo IX tem dois artigos. O 57 trata de consultas e o 58 cuida de litígios e reclamações. Ambos reiteram, basicamente, o texto dos Convênios de 1962 e 1968, que disciplinavam o assunto nos seus respectivos artigos 58 e 59.

(a) *Consultas*

O artigo 57 estabelece, como obrigação de comportamento de todo e qualquer membro, acolher favoravelmente as diligências que possam ser feitas por outro membro sobre toda matéria relacionada com o Convênio, proporcionando oportunidades adequadas para a realização de consultas a ela relativas. No decurso de tais consultas, diz o artigo 57: "a pedido de qualquer das partes, e com o assentimento da outra, o Diretor-Executivo constituirá uma comissão independente, que utilizará seus bons ofícios para conciliar as partes. As despesas com a comissão não serão imputadas à Organização. Se uma das partes não concordar que o Diretor-Executivo constitua a comissão, ou se as consultas não conduzirem a uma solução, a matéria pode ser encaminhada ao Conselho, nos termos do artigo 58. Se as consultas conduzirem a uma solução, será apresentado relatório ao Diretor-Executivo, que o distribuirá a todos os membros."

Uma controvérsia internacional, diz Charles de Visscher, em contraste com as tensões internacionais, que são difusas, tem como característica básica, o desacordo entre Estados sobre um assunto suficientemente circunscrito para dar margem a pretensões claras, suscetíveis de um exame racional. (1) O artigo 57 circunscreve o campo das controvérsias, por ele disciplinadas, que geram a obrigação institucionalizada de consulta a toda matéria relacionada com o Convênio. A consulta pode ser definida, segundo Accioly, "como sendo a troca de opiniões entre dois ou mais governos interessados, direta ou indiretamente, num litígio internacional com vistas à solução pacífica deste." (2) A consulta é um dos instrumentos clássicos do Direito Internacional por meio da qual um Estado transmite a sua pretensão e busca promover, no plano internacional, por meios diplomáticos, os seus interesses. Do ponto de vista do discurso jurídico, a consulta faz parte do gênero das ***"instanze"***, como diria Bobbio, nas quais se incluem as petições. Ela tem como função a de provocar uma deliberação que é do interesse do sujeito ativo que a promove. (3) Juridicamente, o resultado de uma negociação diplomática, por meio de consultas, pode traduzir-se: (i) na renúncia de um Estado à sua pretensão — é o caso da desistência; (ii) na aceitação, por parte do destinatário da consulta, enquanto sujeito passivo da relação, da pretensão do governo que promoveu a consulta — é o caso da aquiescência; e (iii) no acordo por concessões recíprocas dos governos — é o caso da transação. (4)

A consulta, porque é meio diplomático e não jurídico de dirimir uma controvérsia, gera apenas, na sistemática do Convênio de 1976, uma obrigação de comportamento e não uma obrigação de resultado. A sua prestação se esgota na atividade diligente, prevista no artigo 57, que se não for bem sucedida não leva a uma solução que seria, necessariamente, o resultado de um mecanismo jurídico de dirimir controvérsias. É por essa razão que, diante de um possível ***non liquet*** em relação a uma controvérsia, objeto de consultas, o artigo 57 prevê também como forma de encaminhamento do litígio a constituição, pelo Diretor-Executivo, de uma comissão independente, que utilizará os seus bons ofícios para conciliar as partes. Uma comissão desse tipo deverá resultar do pedido de uma das partes, no decorrer das consultas, e do assentimento da outra. Conforme se verifica, nos termos do artigo 57 os bons ofícios precisam ser solicitados e aprovados por ambas as partes interessadas na solução da controvérsia. Bons ofícios constituem a tentativa amistosa de terceiros — no caso a comissão independente designada pelo Diretor-Executivo, enquanto depositário do conjunto dos interesses gerais que induziram à cooperação internacional no plano do café — de levar as partes, que não quiseram ou não conseguiram negociar, bilateral e diretamente, as suas diferenças, a se porem de acordo.

Teoricamente, a doutrina diferencia os bons ofícios da mediação, apontando que nesta modalidade de solucionar controvérsias os terceiros desempenham um papel mais ativo que nos bons ofícios, uma vez que se fazem intermediários oficiais de uma negociação e, por isso mesmo, têm maior ingerência direta no esforço de levar a bom termo o entendimento entre as partes. Na prática, nem sempre é possível distinguir precisamente bons ofícios da mediação. (5) É de supor-se, por essa razão, que uma comissão independente, criada nos termos do artigo 57, poderá ter maior ou menor ingerência na solução da controvérsia dependendo do contexto dentro do qual venha a ser criada.

As consultas e os bons ofícios podem conduzir a uma solução que, apresentada em relatório ao Diretor-Executivo, será por ele distribuído a todos os membros. Se as consultas não conduzirem a uma solução ou se os bons ofícios não puderem ser utilizados por falta de assentimento de uma das partes, ou se malograrem, a matéria objeto da controvérsia poderá ser encaminhada ao Conselho, nos termos do artigo 58, que disciplina, por assim dizer, uma segunda instância de procedimentos destinados a solucionar, na sistemática do Convênio de 1976, os litígios e reclamações dele derivados. Esta segunda instância se caracteriza pela passagem da autotutela diplomática dos interesses, típica do mecanismo das negociações diretas ou indiretas entre as partes, para a heterotutela da OIC, que começa a participar ativamente do processo de solução da controvérsia enquanto instituição interessada e encarregada de assegurar o controle, a continuidade e a aplicação das normas, previstas no modelo jurídico do Convênio de 1976. A posição do Conselho, enquanto único órgão encarregado da heterotutela das normas do Convênio, não distoa, como solução institucional, da experiência dos modelos jurídicos, no campo dos produtos primários, cumprindo, no entanto, registrar que existem opções e combinações diferentes, que aparecem em outros modelos e organizações incumbidos da cooperação econômica e social no plano internacional. (6)

(b) *Litígios e reclamações*

O artigo 58 estabelece em seu parágrafo 1º que: "Todo litígio relativo à interpretação ou aplicação deste Convênio, que não seja resolvido por meio de negociações, será, a pedido de qualquer um dos membros litigantes, submetido à decisão do Conselho." O parágrafo 2º do artigo 58 estabelece que o Conselho, depois de debater o caso e antes de tomar uma decisão quanto a um litígio a ele encaminhado nos termos do parágrafo 1º, pode, pela maioria dos seus membros ou por deliberação de membros que disponham de, pelo menos, um terço do número total de votos, solicitar e obter o parecer de uma comissão consultiva. Tal comissão consultiva, nos termos do parágrafo 3º do artigo 58, será integrada, salvo decisão unânime do Conselho em contrário, por:

"(i) Duas pessoas designadas pelos membros exportadores, uma delas com grande experiência em assuntos do tipo a que se refere o litígio, e a outra com autoridade e experiência jurídica;

"(ii) duas pessoas com idênticas qualificações, designadas pelos membros importadores; e

"(iii) um presidente escolhido, por unanimidade, pelas quatro pessoas designadas segundo os incisos "i" e "ii", ou, em caso de desacordo, pelo Presidente do Conselho"

Podem integrar a comissão consultiva cidadãos de países cujos governos são Partes Contratantes do Convênio, mas as pessoas designadas atuarão a título pessoal, sem receber instruções de nenhum governo (artigo 58, § 3º, "b" e "c"). O parecer fundamentado da comissão consultiva é submetido ao Conselho. Este deverá decidir o litígio depois de ponderadas todas as informações pertinentes dentro de seis meses a contar da data em que o litígio tiver sido submetido à sua apreciação (artigo 58, §§ 4º e 5º). A fixação de um prazo para a decisão do litígio representa uma inovação em relação aos Convênios anteriores, que não contemplavam no seu respectivo artigo 59 dispositivos neste sentido. Essa inovação, que foi fruto de proposta dos Estados Unidos, representa evidente aperfeiçoamento processual do mecanismo de solução de controvérsias do Convênio de 1976. (7)

As despesas da comissão consultiva, ao contrário das da comissão independente prevista no artigo 57, são pagas pela Organização (artigo 58, § 3º "d"). Isso se explica porque a comissão consultiva integra uma das etapas do processo decisório do Conselho em matéria de litígios e reclamações, o que sugere um exame de sua função no mecanismo de solução de controvérsias do Convênio de 1976. A primeira ordem de considerações a serem feitas para o exame dessa função diz respeito ao papel dos conselhos num ordenamento jurídico. Conforme é sabido, nem todas as prescrições de um ordenamento jurídico são comandos. Algumas são conselhos, como é o caso, por exemplo, de pareceres emitidos seja por funcionários, seja por órgãos consultivos colegiados da administração pública, cuja atuação é disciplinada pelo Direito Público Interno de diversos sistemas jurídicos. Estes conselhos podem ter como objetivo uma apreciação técnica que visa esclarecer e preparar as deliberações de órgãos que têm poderes de decisão. Neste caso o conselho, que assume a forma de um parecer, informa. Em outros casos, o conselho, além de informar, tem a função de guiar a conduta de seu destinatário. Nesta hipótese, possui uma *vis directiva,* entendida não como um comando obrigatório, mas sim como algo a ser levado em conta e que não deve ser descartado sem um motivo plausível. A eficácia da *vis directiva* de um conselho, na medida em que ele não é vinculante, deriva, como aponta Bobbio, da sua capacidade de persuadir o seu destinatário, pelos fatos e razões que traz à colação. O conselho, como explica Hobbes, é um preceito cuja razão de obediência não se apóia na vontade de quem aconselha mas deriva da própria substância daquilo que é aconselhado. (8)

As normas referentes à composição da comissão consultiva, que constam do artigo 58, claramente têm como objetivo contribuir para dar ao seu parecer fundamentado uma *vis directiva* . De fato, entre as qualificações exigidas de seus membros estão, de um lado, "grande experiência em assuntos do tipo a que se refere o litígio" e, de outro "autoridade e experiência jurídica". As qualificações do primeiro tipo, que devem ter uma das duas pessoas designadas respectivamente pelos importadores e pelos exportadores, visa assegurar uma adequada apreciação técnica dos fatos, seja do ponto de vista dos produtores, seja do ponto de vista dos consumidores. As qualificações do segundo tipo, que devem possuir as outras duas pessoas também escolhidas respectivamente pelos importadores e exportadores, têm como objetivo conferir um fundamento jurídico às conclusões da comissão consultiva. A soma das qualificações dos membros da comissão consultiva configura-a como uma comissão do tipo das de investigação e conciliação, e daí a oportunidade de uma segunda ordem de considerações.

As Comissões de Investigação e Conciliação remontam à primeira Conferência de Paz de Haia de 1889, e assinalam um grau maior de institucionalização do processo de solução de controvérsias. Essa institucionalização ocorre na medida em que tais Comissões promovem uma despolitização parcial do litígio, que deixa de ser examinado apenas no plano das negociações diretas ou indiretas entre as partes, instrumentadas pelas consultas ou pelos bons ofícios. Elas têm como objetivo atribuir a terceiros, no caso a um órgão colegiado independente, a investigação dos fatos e a busca de soluções. Estas se baseiam no Direito, mas são temperadas por uma perspectiva mais flexível e ampla, que deve levar em conta tanto fatores jurídicos quanto fatores não-jurídicos. Nesse sentido, uma comissão desse tipo não limita suas atividades à rígida subsunção dos fatos às normas, mas busca também incorporar na sua proposta de soluções, a reciprocidade dos interesses em jogo, uma vez que precisa olhar para o futuro para obter, através da persuasão, a adesão dos destinatários do seu parecer. (9)

Essa técnica mais institucionalizada de solucionar controvérsias aparece com muita freqüência nos procedimentos do Direito Internacional Econômico, o que sugere uma terceira ordem de considerações para o adequado esclarecimento das normas do artigo 58 do Convênio de 1976. Conforme já foi apontado no correr deste trabalho, a ordem que o Direito Internacional Econômico se propõe disciplinar é uma ordem assinalada pelas incertezas da conjuntura e do aleatório. Estas incertezas podem alterar, no tempo, a equivalência das prestações e a conseqüente reciprocidade dos interesses que sustenta a eficácia das normas criadas pelas necessidades de cooperação entre os Estados. É por essa razão que, em regra geral, os procedimentos típicos de solução de controvérsias, nas organizações internacionais econômicas, são suficientemente flexíveis para poderem examinar não apenas questões jurídicas mas também questões que envolvem qualificações e apreciações de ordem econômica. (10) Assim, por exemplo, o artigo XXIII do GATT estabelece procedimentos para encaminhar não apenas litígios que derivam de uma conduta ilegal das partes mas também situações inesperadas que rompem o equilíbrio de vantagens e desvantagens que levaram as suas partes contratantes a estabelecer normas de mútua colaboração. É por isso que Hudec denominou o sistema do GATT com os seus "panels", seguido de decisões pelas Partes Contratantes, apoiados nos pareceres dos "panels", de jurisprudência diplomática, pois o espectro de suas preocupações não se limita à distinção entre o "legal" e o "não-legal", mas engloba preocupações substantivas com situações que, pelo seu impacto, podem induzir à ruptura de uma reciprocidade mais ampla de interesses, inerente ao equilíbrio de oportunidades comerciais que fundamenta este modelo jurídico do Direito Internacional Econômico. A flexibilidade deste sistema busca levar em conta a complexidade multifária das possíveis hipóteses que geram estas situações, que não comportam uma tipificação *a priori* precisamente por causa das mudanças provocadas pela conjuntura e pelo aleatório. (11) Aliás, diga-se de passagem, que esta dificuldade de tipificação, que gera a necessidade de flexibilidade, também se verifica no Direito Interno. É por esta razão, por exemplo, que na França alguns estudiosos do Direito Econômico sugeriram a criação de uma magistratura social e econômica, que teria competência para dar pareceres ("avis") quanto à revisão dos quase-contratos das convenções coletivas de trabalho e dos acordos entre empresas. Precisamente porque esta magistratura teria competência para dar pareceres e não sentenças ("arrets") ela teria como função dar conselho às partes, tendo em vista a conclusão de novos contratos, retificadores ou complementares aos contratos originais. (12) Esta digressão exemplificativa, pelo Direito Econômico, interno e internacional, explica portanto o papel da Comissão Consultiva prevista no artigo 58. Ela tem como objetivo apresentar um parecer que, por suas qualidades intrínsecas — fruto provável da qualificação de seus membros e da flexibilidade que tem no exame do assunto — possa persuadir o Conselho, constituindo-se numa ***vis directiva*** para solucionar um litígio no campo da ordem cafeeira mundial, disciplinada pelo Convênio de 1976.

O Conselho, depois de receber o parecer fundamentado da Comissão Consultiva e depois de ponderar todas as informações pertinentes, decide, conforme já foi apontado, o litígio, emitindo seu parecer dentro do prazo de seis meses a contar da data em que o litígio tiver sido submetido à sua apreciação. O parágrafo 9º do artigo 58 faculta a qualquer membro solicitar a opinião prévia da Junta Executiva em qualquer questão que seja objeto de litígio ou reclamação. Neste sentido, o mecanismo de solução de controvérsias do Convênio de 1976 comporta também, além do conselho da Comissão Consultiva, o conselho adicional da Junta Executiva que, sendo um órgão menor que se reúne com mais freqüência, pode eventualmente trazer uma contribuição importante, em função da regularidade e constância com que acompanha os problemas da ordem cafeeira mundial.

O parágrafo 6º do artigo 58 distingue as reclamações das demais controvérsias sobre as quais o Conselho tem jurisdição, considerando as primeiras como as que têm como objeto "a falta de cumprimento, por parte de um membro, das obrigações decorrentes deste Convênio." Tal distinção está ligada às normas dos parágrafos 7º e 8º do artigo 58. O parágrafo 7º estabelece que o Conselho só pode atribuir a um membro a falta de cumprimento de obrigações decorrentes do Convênio por maioria distribuída simples, devendo especificar, na sua conclusão, a natureza da infração. O parágrafo 8º estipula as sanções decorrentes do não-cumprimento das obrigações, que no entanto, para serem aplicadas, requerem uma maioria distribuída de dois terços e não apenas a maioria distribuída simples, que é o suficiente para declarar a existência de infrações. As sanções previstas especificamente no parágrafo 8º são as sanções típicas do Direito Internacional da Cooperação, a saber: a suspensão dos direitos de voto do membro infrator no Conselho e na Junta, até que ele cumpra as suas obrigações, ou ainda a sua exclusão, nos termos do artigo 66, caso o Conselho entenda que as infrações cometidas prejudicam seriamente o funcionamento do Convênio. Conforme se verifica, o entrosamento dos parágrafos 6º, 7º e 8º visa relacionar reclamações com infrações e sanções, como um expe-

persuadir o Conselho, constituindo-se numa *vis directiva* para solucionar um litígio no campo da ordem cafeeira mundial, disciplinada pelo Convênio de 1976.

O Conselho, depois de receber o parecer fundamentado da Comissão Consultiva e depois de ponderar todas as informações pertinentes, decide, conforme já foi apontado, o litígio, emitindo seu parecer dentro do prazo de seis meses a contar da data em que o litígio tiver sido submetido à sua apreciação. O parágrafo 9º do artigo 58 faculta a qualquer membro solicitar a opinião prévia da Junta Executiva em qualquer questão que seja objeto de litígio ou reclamação. Neste sentido, o mecanismo de solução de controvérsias do Convênio de 1976 comporta também, além do conselho da Comissão Consultiva, o conselho adicional da Junta Executiva que, sendo um órgão menor que se reúne com mais freqüência, pode eventualmente trazer uma contribuição importante, em função da regularidade e constância com que acompanha os problemas da ordem cafeeira mundial.

O parágrafo 6º do artigo 58 distingue as reclamações das demais controvérsias sobre as quais o Conselho tem jurisdição, considerando as primeiras como as que têm como objeto "a falta de cumprimento, por parte de um membro, das obrigações decorrentes deste Convênio." Tal distinção está ligada às normas dos parágrafos 7º e 8º do artigo 58. O parágrafo 7º estabelece que o Conselho só pode atribuir a um membro a falta de cumprimento de obrigações decorrentes do Convênio por maioria distribuída simples, devendo especificar, na sua conclusão, a natureza da infração. O parágrafo 8º estipula as sanções decorrentes do não-cumprimento das obrigações, que no entanto, para serem aplicadas, requerem uma maioria distribuída de dois terços e não apenas a maioria distribuída simples, que é o suficiente para declarar a existência de infrações. As sanções previstas especificamente no parágrafo 8º são as sanções típicas do Direito Internacional da Cooperação, a saber: a suspensão dos direitos de voto do membro infrator no Conselho e na Junta, é um órgão político e não-jurídico, ele não precisa partir dos princípios normativos para os fatos, mas pode, seguindo a *vis directiva* dos pareceres que integram seu processo decisório, considerar os fatos e encontrar soluções que sejam uma combinação da interpretação do Direito existente e de criação normativa. "Law making" e "Law finding", nestes casos, constituem uma dimensão do problema da eficácia das decisões de organizações internacionais, em que o que se busca é manter ou reencontrar a reciprocidade do interesse das partes, visando assegurar a continuidade de um modelo jurídico cujas normas requerem a adesão consensual dos seus destinatários.

Em síntese, portanto, e para arrematar estas observações, pode-se dizer que o mecanismo de solução de controvérsias do Convênio de 1976 não se caracteriza por sentenças, cuja eficácia, no Direito Interno, é reforçada pela sanção institucionalizada, adjudicada superpartes por um judiciário que, neste processo, busca assegurar, de acordo com o ordenamento jurídico, uma adequada proporção entre o ilícito e a sua reparação, inclusive através de uma ordem, que deve fazer valer uma igualdade de tratamento. Este mecanismo, dada a distribuição individual do poder entre os Estados e os elementos de incerteza da ordem econômica, não é de fácil institucionalização no plano internacional. Por essa razão, tanto a autotutela diplomática que caracteriza a consulta e os bons ofícios prevista no artigo 57, quanto a heterotutela da Organização, que abrange, *ex-vi* do artigo 58, seja o litígio no sentido mais amplo, seja a reclamação mais estrita, ligada à inobservância de normas, se assinalam todos pelo peso atribuído ao jogo da reciprocidade. Este, fundindo flexivelmente "law making" e "law finding" no processo decisório do Conselho, sustenta a eficácia do mecanismo de solução de controvérsias da ordem cafeeira mundial, disciplinada pelo Convênio de 1976. (13)

(B) *O Capítulo X*

O Capítulo X tem 12 artigos, agrupados sob a rubrica de disposições finais e disciplina basicamente os assuntos que constituem as dimensões técnico-formais do processo legislativo internacional.

(a) *Assinatura, textos autênticos do Convênio e depositário*

O artigo 59 do Convênio de 1976 dispõe sobre o papel da assinatura como uma das fases adotadas, desde o Convênio de 1962 (Convênio de 1962, artigo 62; Convênio de 1968, artigo 60), no processo de elaboração legislativa da ordem cafeeira mundial. Por força do artigo 59, o Convênio ficou aberto na sede nas Nações Unidas, de 31 de janeiro a 31 de julho de 1976, à assinatura das Partes Contratantes do Convênio de 1968, Prorrogado por Protocolo, e dos governos que foram convidados a participar das sessões do Conselho Internacional do Café, convocados com o objetivo de negociar o Convênio Internacional do Café de 1976.

Na processualística dos atos internacionais, a assinatura pode ter vários significados jurídicos, de acordo com a intenção expressa pelas partes, de modo que o primeiro passo para a exegese do artigo 59 é a análise desta intenção. No término da sua Vigésima-Oitava Sessão, o Conselho Internacional do Café adotou, em 3 de dezembro de 1975, a Resolução n. 287, que aprovou o texto do Convênio Internacional do Café de 1976. Nessa mesma resolução, o Conselho solicitou ao Diretor-Executivo que preparasse, em consulta com um grupo de redação, designado pelo Conselho logo após a aprovação dessa Resolução, o texto definitivo do Convênio. Esse texto definitivo, elaborado em consulta com o grupo de redação, integrado por um representante de cada uma das línguas oficiais da Organização, foi, depois de preparado pelo Diretor-Executivo, por ele autenticado e a seguir transmitido ao Secretário-Geral da ONU, para ser submetido aos governos para a assinatura e ratificação, aceitação ou aprovação.

A assinatura pelos governos, contemplada no artigo 59, configura uma das modalidades do instituto da assinatura diferida. No caso, tal modalidade tem como objetivo assinalar, formalmente, o término das negociações, e demonstrar, pela assinatura, dentro dos prazos previstos no artigo 59, a perfeita aceitação recíproca do que foi negociado. A assinatura pelos governos, na sistemática do Convênio de 1976 tem, portanto, a finalidade de tornar o texto assinado insuscetível de modificação, para fixar o conteúdo e a forma do instrumento em relação ao qual os Estados poderão, a seguir, manifestar o seu consentimento em obrigar-se em relação às normas de mútua colaboração por eles negociadas. Existe, na prática internacional, um mínimo de obrigação, proveniente da assinatura num caso como este do Convênio de 1976. Esta se consubstancia na intenção, por parte do governo signatário, de proceder ao exame do texto assinado, com vistas a pôr a convenção em vigor, de acordo com as suas normas constitucionais. O diferimento da assinatura, além de atender às necessidades de fixação do texto acima mencionadas, tem também como objetivo o de dar tempo aos governos para examinarem o instrumento autenticado pelo Diretor-Executivo e verificarem se estarão dispostos a assumir este mínimo de obrigação. A assinatura, portanto, na processualística do Convênio de 1976, significa o término formal das negociações e a fixação definitiva do texto pela aceitação recíproca do que foi negociado, constituindo também, em função disso, um primeiro passo no caminho da manifestação do consentimento dos Estados. (14)

O artigo 71 do Convênio de 1976, na linha das disposições dos artigos 72 do Convênio de 1968 e 74 do Convênio de 1962, estabeleceu que os textos do Convênio em espanhol, francês, inglês e português, são igualmente autênticos. Daí a razão da designação do Grupo de Redação que, conforme foi visto, colaborou com o Diretor Executivo na preparação do texto definitivo. A assinatura, prevista no artigo 59, fixa os textos nas línguas e estabelece, em função do princípio da igualdade das línguas estipulado no artigo 71, a presunção da identidade de significado jurídico das expressões empregadas, em cada uma das línguas, para formular as normas do Convênio de 1976, cuja interpretação se rege por essa presunção. Se, no entanto, ela for, por hipótese, desmentida pelo confronto dos textos, e não puder ser estabelecida pela regra geral de interpretação do artigo 31, ou pelos meios suplementares de interpretação do artigo 32 da Convenção de Viena sobre o Direito dos Tratados — que deve ser seguida, sendo, como é, a principal fonte codificadora das normas costumeiras do Direito das Gentes referentes a este assunto — adotar-se-á, de acordo com o parágrafo 4º do artigo 33 desta mesma Convenção, o sentido que, tendo em conta o objeto e a finalidade do Convênio, melhor concilie os textos. (15)

O artigo 76 também estabelece, na linha dos Convênios anteriores (cf. Convênio de 1962, artigos 63 e 74; Convênio de 1968, artigos 61, 71 e 72), que o Secretário-Geral das Nações Unidas será depositário dos respectivos originais, nas cinco línguas do Convênio de 1976. O instituto do depositário, como é sabido, deriva das necessidades da prática do processo legislativo internacional, sobretudo em matéria de tratados multilaterais. As funções de depositário podem ser assumidas por um Estado, mas com mais freqüência têm sido atribuídas a organizações internacionais, particularmente a ONU. No caso dos sucessivos Convênios do Café, esta designação se explica não só pela prática freqüente, como também pela origem do Convênio de 1962 que, conforme apontado no Capítulo IV, foi negociado sob os auspícios da ONU. O depositário exerce uma gestão relativa aos instrumentos de um tratado e a todos os atos referentes à sua vida jurídica. A Convenção de Viena sobre o Direito dos Tratados regulamentou, nos seus artigos 76, 77, 78, 79 e 80, o papel, as funções e as obrigações do depositário de tratado internacional. É por essa razão que o Convênio de 1976 é menos casuístico que os Convênios anteriores, posto que estes antecedem o término da negociação dessa Convenção, que codificou a prática internacional neste assunto. Daí a conveniência de se apontar quais são as notas básicas do instituto do depositário, tal como ele se configura na Convenção de Viena, para os propósitos de uma análise do Convênio de 1976. De acordo com Maresca são basicamente três as funções do depositário, previstas na Convenção de Viena: (i) funções de custódia e administração jurídico-formal do tratado, entre as quais se incluem a conservação dos textos originais do tratado; a conservação dos instrumentos que estabelecem o vínculo formal de participação dos Estados e o registro do tratado no secretariado da ONU, para dar cumprimento às obrigações previstas no artigo 102 da Carta das Nações Unidas, que vinculam as partes contratantes do Convênio do Café em sua qualidade de membros da ONU; (ii) funções de informar e notificar os Estados, que são partes do tratado ou que podem vir a sê-lo, dos procedimentos diplomático-protocolares, ligados tanto ao seu aperfeiçoamento formal, do ponto de vista de sua entrada em vigor, quanto de outros acontecimentos, que podem vir a afetar a sua vida jurídica, tais como: emendas ou modificações, extensão e suspensão da aplicação do tratado; (iii) finalmente, funções ligadas à própria formação do tratado. Estas se relacionam com o momento em que se estabelece, entre os Estados, o consentimento em vincular-se por um tratado. (16) Nesse sentido, elas integram a processualística da manifestação do consentimento, objeto de outros artigos do Convênio de 1976, que serão a seguir examinados.

(b) *Modalidades de manifestação de consentimento, entrada em vigor e reservas*

O artigo 60 estabelece, no seu parágrafo 1º, que o Convênio Internacional do Café de 1976 "fica sujeito à ratificação, aceitação ou aprovação dos governos signatários, de acordo com os seus respectivos processos constitucionais." O parágrafo 1º do artigo 60 do Convênio de 1976 segue, na sua linha geral, com algumas modificações de redação, o artigo 63 do Convênio de 1962 e o artigo 61 do Convênio de 1968. Essas modificacões de redação visam adaptar a terminologia e a linguagem do Convênio de 1976 à Convenção de Viena sobre o Direito dos Tratados que estabelece, no seu artigo 14, que o consentimento de um Estado em obrigar-se por um tratado pode ser manifestado pela ratificação, aceitação ou aprovação. Na sistemática da Convenção de Viena, o artigo 14 deve ser conjugado com o artigo 27 — que estabelece que uma parte não pode invocar as disposições do seu Direito Interno para justificar o inadimplemento de um tratado — e com o artigo 46. Este enfrenta o problema da inconstitucionalidade formal dos tratados, também chamado das "ratificações imperfeitas", dispondo que o consentimento expresso pelo Estado é válido salvo se houver uma violação manifesta do seu Direito Interno. O artigo 46 define violação manifesta como sendo aquela objetivamente evidente para qualquer Estado que proceda na matéria de conformidade com a prática normal e a boa-fé.

A sistemática da Convenção de Viena tem como objetivo dar solução a um dos problemas clássicos do relacionamento entre o Direito Interno dos Estados, que são partes de um tratado, e o Direito Internacional Público, distinguindo de um lado a formação e a formulação interna da vontade de um Estado, e de outro a expressão exterior, para a comunidade internacional, desta vontade do Estado. A formação e a formulação interna da vontade de um Estado se regem por seu Direito Interno, sem ingerências por parte do Direito das Gentes. É a sua Constituição que vai determinar, em função da distribuição interna de competências se, como é o caso da ratificação, o consentimento definitivo do Estado só se aperfeiçoa quando a competência do Executivo, em matéria de tratados, é complementada pelo controle do Legislativo ou então, alternativamente, de acordo com outras práticas constitucionais, se este consentimento definitivo se aperfeiçoa sem as formalidades de uma ratificação. É para registrar estas outras práticas constitucionais, sem exprimir preferências, que o Direito Internacional Público vem empregando, na sua terminologia, a aceitação e a aprovação, e daí o seu emprego seja na Convenção de Viena, seja no Convênio Internacional do Café de 1976. A distribuição interna de competências, através da qual se exprime e se forma a vontade de um Estado rege-se, portanto, conforme reitera o artigo 60, parágrafo 1º do Convênio de 1976, por seu Direito Constitucional, sem interferência do Direito Internacional Público. Entretanto, depois que se dá a manifestação do consentimento e da vontade do Estado no plano internacional, estas passam a ser disciplinadas pelo Direito Internacional Público, ordenamento que determina a validade e as conseqüências legais deste ato jurídico. Nos termos da Convenção de Viena, o consentimento expresso é válido, ainda que inconstitucional, a não ser que se trate de uma violação manifesta do Direito Interno que, pelo seu caráter evidente, não ameaça o princípio da boa-fé, consagrado pela prática e pela jurisprudência internacionais. Nas palavras da Corte Permanente de Justiça Internacional, no Parecer Consultivo N. 23, de 4 de fevereiro de 1932: "um Estado não pode invocar a sua própria Constituição para subtrair-se às obrigações do Direito Internacional e dos Tratados." (17)

A manifestação expressa do consentimento, no plano internacional, dos signatários do Convênio de 1976, se dá, de acordo com o parágrafo 2º do artigo 61, pelo depósito com o Secretário-Geral da ONU dos instrumentos de ratificação, aceitação ou aprovação. O prazo previsto no parágrafo 2º para este depósito foi 30 de setembro de 1976. Esse prazo, no entanto, nos termos do artigo 60, poderia ser prorrogado pelo Conselho da OIC, o que representou uma inovação em relação aos Convênios de 1962 e 1968, que não previam a hipótese nos seus respectivos artigos 63 e 61. Isso resultou, na fase das negociações, de solicitação de diversos países cujos procedimentos constitucionais internos, para aperfeiçoar o consentimento, poderiam vir a exigir mais tempo. (18) Com base neste dispositivo e tendo em vista as dificuldades de alguns países de depositar os instrumentos na data fixada pelo artigo 60, em virtude da demora das etapas internas da sua formação de vontade, o Conselho, pela sua Resolução n. 289, de 28 de setembro de 1976, prorrogou até 31 de março de 1977 o prazo para o depósito dos instrumentos de ratificação, aceitação ou aprovação.

O artigo 61 estabelece a relação entre o depósito dos instrumentos, previsto no artigo 60, e a entrada em vigor do Convênio de 1976. A entrada em vigor de um tratado é o momento em que este, já objeto de múltiplos procedimentos formativos anteriores, transforma-se em Direito Internacional Positivo, adquirindo plenitude jurídica. Normalmente, na processualística dos tratados multilaterais, este momento, que assinala a validade *ratione temporis* do tratado, se verifica quando ocorre o atendimento de certas condições suspensivas dentro de um determinado termo. Como regra geral, a condição é o depósito por parte de um significativo número de Estados signatários, dos instrumentos de ratificação, aceitação ou aprovação, dentro de um prazo preestabelecido, que define o termo.

O parágrafo 1º do artigo 61 do Convênio de 1976 estabelece, como *condição suspensiva*, o depósito dos instrumentos, previstos no artigo 61, de "pelo menos vinte membros exportadores com, no mínimo, 80 por cento dos votos dos membros exportadores e, pelo menos, dez membros importadores, com no mínimo 80 por cento dos votos dos membros importadores, segundo o fixado no Anexo 2." Quanto ao *termo*, o parágrafo 1º do artigo 61 contempla duas hipóteses. A primeira, que não se materializou, seria a entrada em vigor definitivamente do Convênio de 1976 no dia 1º de outubro de 1976, caso, até essa data, tivesse sido atendida a condição acima mencionada. A segunda seria a qualquer momento em que fosse preenchida a mesma condição suspensiva referente ao depósito dos instrumentos, desde que o Convênio, em 1º de outubro de 1976, se encontrasse provisoriamente em vigor, de acordo com o que estipula o parágrafo 2º do artigo 61 e cumpridas as normas nele previstas.

A Convenção de Viena sobre o Direito dos Tratados, codificando a prática anterior, derivada de certas necessidades da cooperação entre os Estados, estabelece, no seu artigo 25, que um tratado pode ser aplicado provisoriamente, *inter alia*, se o próprio tratado assim dispuser. O Convênio de 1976 assim o dispõe no parágrafo 2º do seu artigo 61, que permite a aplicação provisória, atribuindo "o mesmo efeito de um instrumento de ratificação, aceitação ou aprovação, a notificação feita por um governo signatário ou por qualquer das Partes Contratantes do Convênio Internacional do Café de 1968 Prorrogado por Protocolo, recebido pelo Secretário-Geral das Nações Unidas até 30 de setembro de 1976, de que se compromete a aplicar provisoriamente este Convênio e a procurar obter a sua ratificação, aceitação ou aprovação o mais rapidamente possível, de acordo com os seus respectivos processos constitucionais." Em 30 de setembro de 1976, quarenta países exportadores, com 988 votos, e vinte países importadores, com 985 votos, depositaram seu respectivo instrumento de ratificação, aceitação ou aprovação do Convênio, ou notificaram o Secretário-Geral das Nações Unidas de sua intenção de aplicar o Convênio provisoriamente até depositarem seu respectivo instrumento. Com isto, estes Estados ensejaram, pelo preenchimento das condições previstas no parágrafo 2º do artigo 61, a entrada em vigor, provisoriamente, em 1º de outubro de 1976, do Convênio Internacional do Café. (19)

A aplicação provisória de um tratado, normalmente, se subordina a duas condições resolutivas. A primeira é o término da aplicação provisória, que se converte em definitiva quando, dentro de um novo termo, se preenche a condição suspensiva referente ao depósito dos instrumentos de ratificação, aceitação ou aprovação. A segunda quando se verifica que o tratado não é mais suscetível de entrar em vigor, uma vez que os Estados, pelo não-cumprimento do prazo previsto no termo, demonstram que não pretendem dar seguimento aos procedimentos necessários para alcançar este fim. O parágrafo 2º do artigo 61 estabeleceu a data de 31 de dezembro de 1976 como termo destas condições resolutivas alternativas, facultando, no entanto, ao Conselho a prorrogação deste prazo. O Conselho da OIC, através de sua Resolução n. 290, aprovada em 28 de setembro de 1976, exerceu esta faculdade, prorrogando de 31 de dezembro de 1976 para 30 de setembro de 1977 o prazo fixado no parágrafo 2º do artigo 61. Destarte, a data de 30 de setembro de 1977 passou a ser termo para os fins da transformação ou não, a qualquer momento, da aplicação provisória do Convênio de 1976, na sua entrada em vigor, definitivamente. Na hipótese disto não ocorrer pelo não-atendimento da condição suspensiva prevista no parágrafo primeiro do artigo 60 — depósito, em número suficiente, dos instrumentos de Estados manifestando o seu consentimento definitivo em obrigar-se pelo Convênio — cabe, por analogia, aplicar o parágrafo 3º. Este, em função dos prazos previstos nos parágrafos 1º e 2º, faculta aos governos — que tiverem depositado os seus instrumentos de ratificação, aceitação, aprovação ou adesão, ou que tiverem efetuado as notificações para a aplicação provisória — por acordo mútuo, decidir que entre eles o Convênio continua a vigorar provisoriamente, ou passa a vigorar definitivamente. Validamente prorrogados como foram os prazos, caso o termo inicial da entrada em vigor definitiva do Convênio de 1976 não se materialize, a exegese do parágrafo 3º deverá permitir aos Estados que manifestaram a sua intenção definitiva ou provisória de se vincular às obrigações previstas no Convênio, por mútuo acordo, a aplicação ***inter se*** das normas do ordenamento cafeeiro mundial. (20)

O parágrafo 3º do artigo 61, além da ratificação, aceitação, aprovação e notificação da aplicação provisória, também menciona a adesão, outra modalidade de manifestação de consentimento, distinta da ratificação, aceitação e aprovação, que foram examinadas em função da análise do artigo 60, e da notificação de aplicação provisória, que foi estudada na exegese do artigo 61. A adesão é um procedimento pelo qual um Estado se torna parte contratante de um tratado do qual não foi signatário. Trata-se de uma modalidade de manifestar consentimento em obrigar-se por um tratado que envolve, no seu estudo mais amplo, o problema dos tratados multilaterais abertos ou fechados e do eventual direito, no primeiro caso, de terceiros Estados, que não são signatários de um tratado, em regra geral porque não o negociaram, de a ele aderirem, posto que, na medida em que tratam e regulamentam questões de interesse geral do conjunto da comunidade internacional, deveriam ter e permitir uma participação universal. A Convenção de Viena não conseguiu dar uma solução a este problema, tanto que Reuter entende que não existe um direito subjetivo dos Estados de aderirem a qualquer tratado multilateral geral, mas o seu artigo 15 estabelece, codificando a prática internacional, que o consentimento pode manifestar-se pela adesão, ***inter alia***, quando um tratado assim o dispuser expressamente. O Convênio de 1962 (artigo 65) e o Convênio de 1968 (artigo 63) permitiam adesões, o mesmo ocorrendo com o Convênio de 1976, que disciplina o assunto no artigo 62. O parágrafo 1º do artigo 62 estabelece: "O governo de qualquer Estado membro das Nações Unidas ou de qualquer de suas agências especializadas pode, antes ou depois da entrada em vigor deste Convênio, a ele aderir, nas condições que o Conselho venha a estabelecer." O Convênio de 1976 é, portanto, um tratado aberto, que além do mais estimula adesões, conforme foi visto nas análises efetuadas nos dois capítulos anteriores deste trabalho, onde se verificou a existência de disposições que prevêem ajustes de votos (artigo 13, § 4º) e quotas (artigo 32), se e quando ocorrer adesão de novos membros importadores. Tais disposições têm como objetivo facilitar o processo de adesão de países consumidores sem provocar resistências de membros produtores que atualmente exportam para não-membros. Este objetivo de obter adesões explica porque o artigo 62 é mais simples do que o correspondente artigo 63 do Convênio de 1968. A expressão conclusiva desta modalidade de manifestar o consentimento — estimulada pelo Convênio — se dá, de acordo com o parágrafo 2º do artigo 62, depois de cumpridas as condições estabelecidas pelo Conselho quando do depósito, com o Secretário-Geral da ONU, do instrumento de adesão. (21)

Na vigésima-nona sessão do Conselho da OIC, realizada de 27 de setembro a 2 de outubro de 1976, esta teve que enfrentar um primeiro problema referente a adesões. Tratava-se de encaminhar a participação de algumas Partes-Contratantes do Convênio Internacional do Café de 1968, Prorrogado por Protocolo que, por força do artigo 59 poderiam ter sido signatárias do Convênio de 1976 mas que, no entanto, porque não o assinaram dentro dos prazos estabelecidos, deixaram de sê-lo. Vencido o prazo para assinatura, estas Partes Contratantes do Convênio Internacional do Café de 1968, Prorrogado por Protocolo, as quais tinham participado das negociações e cuja situação estava prevista no Convênio de 1976, indicaram o seu desejo de tornar-se membros do Convênio de 1976, utilizando-se do procedimento da notificação de aplicação provisória. O parágrafo 2º do artigo 61, que disciplina a notificação de aplicação provisória, faculta esta notificação para os governos signatários do Convênio de 1976 e para as Partes Contratantes do Convênio de 1968, Prorrogado por Protocolo, estabelecendo, conforme foi visto, um termo para o depósito dos instrumentos de ratificação, aceitação ou aprovação. O depósito destes instrumentos, no entanto, nos termos do parágrafo 1º do artigo 60, só pode ser feito por governos signatários, o que não era o caso dos Estados que provocaram o problema, uma vez que não tinham assinado o Convênio de 1976 no prazo estabelecido pelo artigo 59. Para enfrentar esta discrepância entre o parágrafo 2º do artigo 61, que permitiria a estes governos adotar o procedimento da notificação de aplicação provisória como caminho para a sua posterior manifestação definitiva de consentimento, e o parágrafo 1º do mesmo artigo, que fala apenas em depósito dos instrumentos de ratificação, aceitação ou aprovação, o Conselho baixou a Resolução n. 291, de

28 de setembro de 1976. A Resolução n. 291, seguindo a sugestão do Secretário-Geral da ONU, na sua qualidade de depositário do Convênio, considerou o depósito do instrumento de adesão, por parte desses governos, como equivalente a um instrumento de ratificação, aceitação ou aprovação, uma vez que o Conselho entendeu que tais governos poderiam aderir nas mesmas condições em que poderiam ter aprovado, ratificado ou aceitado o Convênio de 1976.

Concluídas estas considerações sobre adesão, cabe agora, nesta análise sobre a manifestação do consentimento na sistemática do Convênio de 1976, examinar o problema das reservas. A reserva é uma declaração feita por um Estado, em regra geral no momento de manifestar seu consentimento em obrigar-se por um tratado, visando enunciar sua vontade de excluir, em relação a si, certas disposições do tratado, ou então de não aceitar certas obrigações derivadas do tratado, ou ainda visando precisar o sentido que atribui a certos artigos e disposições. Um tratado pode permitir ou proibir reservas. O Convênio de 1976, no seu artigo 63, estabelece: "Nenhuma das disposições deste Convênio está sujeita a reservas." Este artigo repete o artigo 64 do Convênio de 1968 e 66 do Convênio de 1962, que também proibiam reservas. Essa proibição é perfeitamente compreensível tendo em vista as características examinadas no correr deste trabalho, das normas de mútua colaboração dos sucessivos ordenamentos cafeeiros mundiais, que não atingiriam os seus objetivos se não fossem aplicadas, na sua inteireza, por todas as partes contratantes. (22)

O artigo 64 permite a aplicação do Convênio de 1976 a territórios designados, desde que o governo responsável pelas relações internacionais desse território efetue notificação ao Secretário-Geral da ONU, enquanto depositário do tratado. Tal notificação poderá ser feita pelo governo responsável pelas relações internacionais desse território no momento em que este governo assine o Convênio ou no momento em que deposite o instrumento através do qual manifesta definitivamente o seu consentimento em obrigar-se pelo Convênio, ou em qualquer data posterior ao depósito deste instrumento. O Convênio se aplica ao território designado a partir da data da notificação. O parágrafo 3º do artigo 64 permite, igualmente, que mediante outra notificação do governo responsável pelo território ao Secretário-Geral da ONU, o Convênio deixe de ser aplicado ao território designado. As origens destas disposições já foram analisadas no capítulo VI, quando da discussão sobre membros. Elas remontam ao período em que o colonialismo ainda vicejava e no qual a França, a Inglaterra, Portugal e outros países exerciam administração direta dos negócios cafeeiros de territórios ainda sem governo próprio. Obviamente, e isto desde o Convênio de 1962, a tendência é para a emancipação destes territórios, e é por essa razão que os Convênios de 1962 (artigo 67, § 4º), de 1968 (artigo 65, § 4º), bem como o de 1976 (artigo 64, § 4º) disciplinam a dimensão da sucessão jurídica internacional, que diz respeito à participação na Organização Internacional do Café. (23) De acordo com o parágrafo 4º do artigo 64 do Convênio de 1976, que segue os dispositivos dos Convênios anteriores, 90 dias após a independência, o governo do novo Estado pode, mediante notificação ao Secretário-Geral da ONU, declarar que assume os direitos e obrigações de uma Parte Contratante do Convênio. Este prazo pode ser prorrogado pelo Conselho de acordo com o parágrafo 4º do artigo 64, que neste sentido inova em relação aos Convênios anteriores, que não facultavam uma prorrogação de prazo. A partir da data da notificação, o Estado se torna Parte-Contratante do Convênio de 1976, o que permite dizer que, em matéria de sucessão na qualidade de membro da OIC, a notificação prevista no parágrafo 4º do artigo 64 é outra modalidade de manifestar consentimento em vincular-se às normas do Convênio de 1976, distinta das até agora analisadas no correr deste capítulo.

(c) *Emenda, retirada voluntária e exclusão*

Os tratados multilaterais, depois de entrarem em vigor, têm sua dinâmica. Esta pode exigir, em função da evolução no tempo do jogo da reciprocidade dos interesses de suas partes contratantes, uma emenda do tratado. A emenda de um tratado é uma das dimensões do processo legislativo internacional que o Convênio de 1976 disciplina no seu artigo 69, que segue com ligeiras modificações os correspondentes artigos dos Convênios anteriores (Convênio de 1962, artigo 73; Convênio de 1968, artigo 70).

Diz o parágrafo 1º do artigo 69: "O Conselho pode, por maioria distribuída de dois terços, recomendar às Partes Contratantes uma emenda deste Convênio. A emenda entra em vigor um dia após haver o Secretário-Geral das Nações Unidas recebido notificações de aceitação de Partes Contratantes que representem, pelo menos, 75 por cento dos países exportadores com, no mínimo, 85 por cento dos votos dos Membros exportadores e de Partes Contratantes que representem, pelo menos, 75 por cento dos países importadores com, no mínimo, 80 por cento dos votos dos Membros importadores. O Conselho fixará às Partes Contratantes o prazo para que notifiquem ao Secretário-Geral das Nações Unidas a sua aceitação de emenda. Se, ao expirar o prazo, não tiverem sido registradas as percentagens necessárias para a entrada em vigor da emenda, esta é considerada como retirada." A exigência de maioria de dois terços no Conselho como condição para a recomendação de uma emenda, bem como as percentagens de membros e de votos nas categorias de importadores e exportadores, exigidas como requisitos da aceitação para a entrada em vigor da emenda, obedece à preocupação de assegurar uma ampla participação e um amplo consenso das partes contratantes quanto a qualquer alteração do Convênio por via de uma emenda. Nesse sentido, o Convênio de 1976 segue as linhas gerais de preocupação do processo legislativo internacional, tal como codificado na Convenção de Viena sobre o Direito dos Tratados, ao estabelecer procedimentos para emendas que garantam, pela sua abrangência, um novo e significativo encontro de vontades dos países que, pela sua importância conjunta, determinam o funcionamento da ordem cafeeira mundial. É justamente o peso conjunto das percentagens e votos de membros, necessários para aprovar uma emenda, que explica o parágrafo 2º do artigo 69, que trata da situação das Partes Contratantes que eventualmente não venham a concordar com a emenda. Na mesma linha dos dispositivos dos Convênios de 1962 e 1968, diz o parágrafo 2º que toda Parte Contratante que não tenha feito, dentro do prazo estabelecido pelo Conselho, a notificação da aceitação da emenda, deixa de participar do Convênio a partir da data em que a referida emenda entrar em vigor. O parágrafo 2º configura um direito de recesso de uma parte contratante que não aceitar uma emenda aprovada de acordo com os requisitos do parágrafo 1º. Esse direito se explica tendo em vista seja a necessidade de consenso para a aplicação de normas de mútua colaboração do tipo das que existem no Convênio de 1976, ou existiam nos Convênios anteriores, seja a necessidade da coerência conjunta do ordenamento cafeeiro mundial que impediria, como às vezes é o caso, a simultânea aplicação, dependendo das partes contratantes, do tratado original e do tratado emendado. Neste sentido, a sistemática do Convênio de 1976 visa assegurar, pelo direito de recesso, a inteireza do seu ordenamento, que poderia se ver ameaçada por um eventual conflito de normas entre o tratado original e o tratado emendado, se se configurasse a aplicação da hipótese prevista nos artigos 30, § 4º "b" e 40, § 4º da Convenção de Viena sobre o Direito dos Tratados.

A necessidade de consenso e a reciprocidade dos interesses, enquanto base do Convênio de 1976, explica também, além do direito específico de recesso, previsto no artigo 69, caso haja discordância de uma parte contratante quanto a uma emenda, o direito genérico de recesso contemplado no artigo 65. O artigo 65, na linha do artigo 68 do Convênio de 1962 e do artigo 66 do Convênio de 1968, prevê a retirada voluntária de qualquer parte contratante mediante notificação por escrito ao Secretário-Geral das Nações Unidas. Esta retirada se torna efetiva 90 dias após o recebimento pelo depositário do Convênio da notificação de retirada voluntária dos seus membros.

A retirada voluntária, fruto de declaração da vontade de um membro, constitui, por definição, uma crise do Convênio enquanto tratado, na medida em que este, enquanto ordenamento, deixe de atender ao interesse de pelo menos uma parte contratante. Ela configura um rompimento da ampla reciprocidade que deve sustentar as normas de mútua colaboração do Direito Internacional Econômico e a sua possibilidade configura mais um exemplo do que foi denominado, no correr deste trabalho, de planejamento do risco, ou seja, disposições que visam diminuir, em função de possíveis evoluções da conjuntura, os perigos de uma eventual alteração da equivalência das prestações no que tange à percepção de um ou mais destinatários das normas do Convênio de 1976. Neste sentido, a retirada voluntária é uma cláusula de salvaguarda que garante, pelo seu uso, não só o membro que dela se vale mas também a própria continuidade do consenso das demais partes contratantes, reforçando desta maneira a aplicação das normas de mútua colaboração do ordenamento cafeeiro mundial. (24)

O artigo 66 disciplina outra modalidade de crise de tratados que resulta do comportamento dos Estados enquanto membros do Convênio de 1976. De fato, o artigo 66 disciplina a exclusão, que é admitida quando o Conselho, por maioria distribuída de dois terços, decide que um membro infringiu as obrigações decorrentes do Convênio e que a infração cometida prejudica seriamente o seu funcionamento. Trata-se, no caso do exercício, por parte da OIC, da tutela das normas do Convênio de 1976, que é o que liga, conforme já foi apontado, o artigo 66 com as disposições dos artigos 57 e 58, estudadas na primeira parte deste capítulo. A exclusão é a grande sanção do Direito Internacional da Cooperação e a sistemática de sua aplicação registra, do ponto de vista da Teoria Geral do Direito, o grau de institucionalização do modelo jurídico do Convênio de 1976, posto que esta sistemática evidencia a existência de normas secundárias que visam assegurar a observância e a execução das normas primárias de mútua colaboração, contempladas no ordenamento cafeeiro mundial. (25) A eficácia da exclusão, enquanto sanção, se apóia no jogo da reciprocidade na medida em que, através dela, se exclui um membro dos benefícios da cooperação econômica cafeeira, uma vez que este, pela inobservância das obrigações assumidas, prejudica o funcionamento do Convênio. Daí também, do ponto de vista dos demais membros, a razão da aplicação da sanção, posto que a conduta ilícita de um Estado num caso como este, previsto no artigo 66, configura uma ameaça ao interesse recíproco das partes contratantes na observância das normas de mútua colaboração por eles negociadas e convertidas em Direito Internacional Público Positivo.

O direito de recesso e a exclusão, tal como constam do Convênio de 1976, confirmam a sua configuração como um contrato plurilateral. De fato, como aponta Ascarelli:

"Na Teoria Geral dos Contratos, a impossibilidade da execução de obrigação de uma das partes, ou a inexecução dela, importa na nulidade (por impossibilidade superveniente) ou na resolubilidade do contrato."

"Nos contratos plurilaterais, ao contrário, a impossibilidade ou a resolução concernem somente à adesão da parte a cuja obrigação se referem: o contrato permanece, se seu objetivo continua a ser alcançável." (26)

É esse exatamente o caso do Convênio de 1976, que permanece em vigor para realizar os objetivos comuns da cooperação cafeeira mesmo quando uma das suas partes-contratantes se vale do direito de recesso ou é excluída da Organização. É, portanto, no contexto da dinâmica do contrato plurilateral que se explica, em função do direito de recesso (artigo 69, § 2º e artigo 65) e da exclusão (artigo 66), a necessidade do artigo 67, que trata da liquidação de contas com membros que se retiram ou sejam excluídos. De acordo com o parágrafo 1º, a Organização retém quaisquer importâncias já pagas pelo Membro que se retira ou seja excluído, que fica também obrigado a pagar quaisquer importâncias que deva à Organização na data em que a retirada ou exclusão se tornar efetiva. O parágrafo 1º faculta, no entanto, ao Conselho, órgão ao qual incumbe a liquidação de contas, uma liquidação equitativa de uma Parte Contratante que se retira porque não pode aceitar uma emenda e que, conseqüentemente, se vale do direito específico de recesso disciplinado pelo parágrafo 2º do artigo 69. O parágrafo 1º do artigo 67 segue, essencialmente, os correspondentes artigos dos Convênios anteriores (Convênio de 1962, artigo 70; Convênio de 1968, artigo 68). O parágrafo 2º do artigo 67 aperfeiçoa os correspondentes parágrafos dos artigos dos Convênios anteriores ao asseverar não só que o Membro que deixou de participar do Convênio não terá direito a qualquer parcela resultante de uma eventual liquidação da Organização, mas também que não será responsável pelo pagamento de qualquer parte do déficit que possa existir quando da expiração do Convênio. (27)

(d) *Vigência e termo*

O artigo 68 disciplina a vigência e termo, inovando em relação aos Convênios anteriores (Convênios de 1962, artigo 71; Convênio de 1968, artigo 69), ao fixar, no seu parágrafo 1º, que o Convênio de 1976 permanecerá em vigor por um período de 6 anos e não de 5 anos. O termo do Convênio é 30 de setembro de 1982, a não ser que venha a ser prorrogado de acordo com os procedimentos do parágrafo 3º, ou terminado de acordo com os procedimentos do parágrafo 4º.

Outra inovação do artigo 69, em relação aos correspondentes dos Convênios anteriores, é seu parágrafo 2º. O parágrafo 2º do artigo 69 prevê que, durante o terceiro ano de vigência, vale dizer no ano cafeeiro que terminará em 30 de setembro de 1979, as partes contratantes deverão notificar o depositário do Convênio de sua intenção de nele continuar participando durante os restantes três anos de sua duração. A parte contratante que não fizer a notificação até 30 de setembro de 1979 deixará, em 1º de outubro de 1979, de participar do Convênio. Conforme se verifica, o parágrafo 2º do artigo 69 exige, depois de três anos, um reexame por parte de cada um dos membros da OIC do seu interesse na participação do modelo jurídico do Convênio de 1976, facultando a cada um, caso esse interesse já não exista nessa ocasião, outra hipótese do direito de recesso. Trata-se em síntese de outro exemplo de dispositivo que visa planejar o risco de qualquer Estado, que resulta de sua participação num ordenamento de Direito Internacional Econômico. A origem desse parágrafo foi uma proposta da delegação norte-americana, que alegava dificuldades de ordem interna caso ela não fosse aceita, uma vez que o Congresso naquela país dificilmente aprova legislação específica de apoio, que é de sua competência, como por exemplo controles alfandegários, indispensável para o funcionamento do Convênio por um período superior a três anos. (28)

O parágrafo 3º do artigo 69 estabelece que, a qualquer momento depois de 30 de setembro de 1980, por maioria de 58 por cento dos membros que representem, pelo menos, a maioria distribuída de 70 por cento da totalidade dos votos, pode o Conselho decidir que o Convênio seja renegociado ou que seja prorrogado com ou sem modificações, pelo prazo que determine. O parágrafo 3º do artigo 69, que segue, com modificações de forma os correspondentes parágrafos e artigos dos Convênios anteriores, constitui uma cláusula que permite a revisão do tratado. A revisão, como se sabe, é a operação pela qual se procede a um exame de um tratado com o objetivo de introduzir, no seu texto, as modificações tidas pelas partes contratantes como necessárias, úteis ou desejáveis. Em Direito Internacional Econômico, conforme foi apontado no capítulo II, a cláusula de renegociação periódica dos tratados é freqüente. (29) Trata-se de mais uma das modalidades de planejamento do risco, que visa dar às partes contratantes a oportunidade de reverem, periodicamente, as normas de mútua colaboração que negociaram e aplicaram para aferirem, a partir do termo fixado no tratado, em que medida a evolução da conjuntura confirma ou não, no tempo, a possível equivalência das prestações do modelo jurídico. Nestas ocasiões, regra geral, o tratado é revisto, nele se introduzindo novas normas que, em função da alteração no tempo da ordem econômica disciplinada pelo modelo, deverão melhor atender à reciprocidade dos interesses das partes envolvidas. É isso que explica, conforme se procurou mostrar no correr deste trabalho, a passagem do Convênio de 1962 para o de 1968 e deste para o de 1976. O parágrafo 3º estabelece também o direito de recesso das partes contratantes que não tiverem notificado o Secretário-Geral da ONU de sua aceitação do Convênio renegociado ou prorrogado.

Um tratado pode estatuir o seu término a qualquer momento desde que se cumpram os procedimentos nele previstos. O parágrafo 4º do artigo 68 estabelece que o Conselho pode, a qualquer momento, decidir terminar o Convênio de 1976 pelo voto da maioria distribuída de dois terços dos seus membros. Evidentemente, uma decisão desse tipo, com essa exigência de maioria, revelaria, caso ocorresse, o desaparecimento da reciprocidade de interesses que sustenta um modelo jurídico do Direito Internacional Econômico de Cooperação. Na hipótese de término, o parágrafo 5º do artigo 68 estatui que o Conselho continuará em existência, com os poderes e pelo tempo que for necessário para liquidar a Organização, fechar as suas contas e dispor de seus haveres.

(e) *Disposições suplementares e transitórias*

O artigo 70 disciplina essas disposições, asseverando no seu parágrafo 1º que o Convênio de 1976 é a continuação do Convênio Internacional do Café de 1968, Prorrogado por Protocolo. Este por sua vez é a continuação do Convênio de 1968, que é a continuação do Convênio de 1962 (Convênio Internacional do Café de 1968, Prorrogado por Protocolo, artigo 72; Convênio de 1968, artigo 72). Esta linha de continuidade dos sucessivos Convênios explica o parágrafo 2º, letra "a" do artigo 70, que declara permanecerem em vigor, a menos que modificados por disposições do Convênio de 1976, todos os atos praticados pela Organização ou em seu nome, ou por qualquer de seus órgãos com base no Convênio Internacional do Café de 1968, Prorrogado por Protocolo, que estejam em vigor em 30 de setembro de 1976 e cujos termos não prevejam a expiração nesta data. Esse parágrafo 2º segue disposições do parágrafo 2º do artigo 72 do Convênio de 1968, Prorrogado por Protocolo, e o parágrafo 2º do artigo 72 do Convênio de 1968. Todos têm o mesmo objetivo: registrar, na sucessão dos Convênios, a continuidade, para conferir validade aos atos praticados e às normas promulgadas, impedindo também a *vacatio legis*, em relação a tudo aquilo que não foi explicitamente modificado ou terminado, em virtude do jogo da reciprocidade.

A letra "b" do parágrafo 2º do artigo 70, que segue a correspondente letra "b" do parágrafo 2º do artigo 72 do Convênio de 1968, estabelece que: "Todas as decisões que o Conselho deva tomar, durante o ano cafeeiro de 1975/76, para aplicação no ano cafeeiro de 1976/77, serão tomadas na última sessão ordinária que o Conselho realizar no ano cafeeiro de 1975/76 e aplicadas em base provisória, como se este Convênio já estivesse em vigor." Essa disposição tinha como objetivo preparar, em tempo hábil, a aplicação das normas de mútua colaboração do Convênio de 1976. É com fundamento nela que se regulamentou e se fez, por exemplo, a apuração dos estoques, discutida no capítulo VII deste trabalho.

Terminada, com a exegese das disposições suplementares e transitórias, a análise artigo por artigo dos capítulos IX e X do Convênio de 1976, que observações finais poderiam ser apresentadas, com o intuito de esclarecer a relação entre, de um lado o jogo da reciprocidade, de outro o mecanismo de solução de controvérsias e o processo legislativo internacional, tal como se apresentam no Direito Internacional do Café?

Parece claro, no que diz respeito ao Capítulo IX, que os procedimentos referentes a consultas, litígios e reclamações, previstos no ordenamento cafeeiro de 1976, obedecem às necessidades mais gerais do Direito Internacional Econômico, onde as incertezas que derivam do impacto sobre as normas da conjuntura e do aleatório, somada à distribuição individual do poder entre os Estados — típica do Direito Internacional Público Geral — aconselham mecanismos de solução de controvérsias do tipo das analisadas. Estes — as consultas, os bons ofícios, as comissões consultivas do Conselho e as decisões do mesmo — se caracterizam pela importância atribuída ao jogo da reciprocidade, que, seja na autotutela das partes, seja na heterotutela da Organização, permite considerar os fatos na aplicação das normas, e encontrar soluções que sejam uma combinação de interpretações do Direito existente e da criação normativa. Esta combinação busca atender à dimensão da efetividade que, na ordem do Direito Internacional Objetivo, se caracteriza, como aponta Charles de Visscher, pelo impacto e pelo peso direto, freqüentemente imperioso, do fato sobre a evolução do Direito. (30) Esse peso dificilmente seria captado, na sua inteireza, por um mecanismo exclusivamente jurídico de solucionar controvérsias, pois este consiste na subsunção mais rigorosa dos fatos às normas que pode, dependendo do caso, não manter a equivalência das prestações que sustentam os modelos jurídicos do Direito Internacional Econômico, do qual o café é um exemplo.

No que tange ao Capítulo X do Convênio de 1976, na medida em que este disciplina aspectos técnico-formais do processo legislativo internacional, o jogo da reciprocidade se estabelece através da identidade de prestações — como se viu, por exemplo, na processualística da manifestação do consentimento dos Estados em obrigar-se pelo tratado. Evidentemente, esta identidade de prestações está ligada à antecipação de uma reciprocidade substantiva, (31) que levou através das negociações, examinadas no capítulo V, às normas de mútua colaboração analisadas nos capítulos VI e VII deste trabalho. Estas, conforme foi visto, contêm mecanismos para a auto-regulação da reciprocidade substantiva dos interesses das partes contratantes que visam planejar o desempenho do ordenamento cafeeiro mundial. Evidentemente, sempre existe a possibilidade, sobretudo no campo do Direito Internacional Econômico, de que a auto-regulação da reciprocidade substantiva não se materialize em virtude da evolução da conjuntura e do impacto do fator tempo em relação às normas do Convênio de 1976. É por essa razão que o Capítulo X contém dispositivos típicos do Direito Internacional Econômico, que planejam a minimização do risco para as partes contratantes, na hipótese da conjuntura ter alterado, no correr do tempo, o interesse recíproco na manutenção das normas do Convênio de 1976. Daí os artigos que disciplinam o direito de recesso, a possibilidade de emenda, de término do Convênio e de sua revisão, além da exclusão.

A exclusão é a grande sanção do Direito Internacional de Cooperação e a sua presença no Capítulo X do Convênio de 1976 não só estabelece, do ponto de vista sistemático, a conexão do Capítulo X com o Capítulo IX, que disciplina o mecanismo de solução de controvérsias, como também permite evidenciar, à guisa de conclusão, a relação entre a complexidade do ordenamento cafeeiro mundial e o jogo da reciprocidade. A complexidade de um ordenamento, como aponta Bobbio, se verifica quando este contém, além de normas primárias, normas secundárias que disciplinam a sanção e a produção jurídica. O papel das normas secundárias no caso do Convênio de 1976 é o de enfrentar o problema da inobservância das normas primárias do Direito Internacional do Café, seja através da sanção, que visa conservar as normas de mútua colaboração, seja através das normas de produção jurídica, que contêm mecanismos para a transformação ou extinção consciente e tempestiva das normas primárias. Dispositivos sobre conservação, transformação e extinção do ordenamento, enquanto normas secundárias obedecem, assim com as normas primárias do Convênio de 1976, ao jogo da reciprocidade. De fato, a reciprocidade atua, de um lado pela sanção da exclusão, tendo em vista a conservação dos interesses que levaram às normas de mútua colaboração e, de outro, pela hipótese de transformação do ordenamento, tendo em vista assegurar um equilíbrio dinâmico que corresponda, em função da possível evolução da conjuntura, ao interesse das partes em encontrar uma nova equivalência das prestações. (32) Essa nova equivalência de prestações, dada a interdependência dos Estados e as necessidades que vêm levando às transformações discutidas no correr deste trabalho do Direito Internacional Público é, em regra geral, possível e até mesmo provável. Ela não é, no entanto, necessária. Por essa razão, o Convênio de 1976 admite, na impossibilidade de sua conservação ou transformação, a hipótese de sua extinção.

Notas ao Capítulo VIII

(1) CHARLES DE VISSCHER, *Théories et Realités en Droit International Public* (4ème ed.), cit., pp. 86-105 e 371-372.

(2) HILDEBRANDO ACCIOLY, *Tratado de Direito Internacional Público* vol. III, cit., p. 5.

(3) NORBERTO BOBBIO, *Teoria della Norma Giuridica*, cit., pp. 119-122.

(4) HILDEBRANDO ACCIOLY, *Tratado de Direito Internacional Público*, vol. III, cit., p. 4.

(5) HILDEBRANDO ACCIOLY, *Tratado de Direito Internacional Público*, vol. III, cit., pp. 9-19; L. OPPENHEIM, *International Law*, (edited by H. LAUTERPACHT), vol. II (7a. ed.), London: Longmans, 1952, pp. 9-11.

(6) C. A. COLLIARD, "Le Règlement des Différends dans les Organisations Inter-Gouvernamentales de Caractère Non-Politique" in *Hommage d'Une Genération de Juristes au Président Basdevant*, Paris: Pedone, 1960, pp. 155-182.

(7) CONSELHO INTERNACIONAL DO CAFÉ, *Vigésima-Oitava Sessão – 3 de Novembro – 3 de Dezembro de 1975 – Ata da Décima-Primeira Reunião Plenária, sábado, 29 de novembro de 1975*, ICC-28-m-46, de 3/fevereiro/1976, p. 2; Relatório da Delegação do Brasil à XXVIII Sessão do Conselho Internacional do Café realizada em Londres de 3 de novembro a 3 de dezembro de 1976, in *Diário do Congresso Nacional (seção I)*, sexta-feira, 20/agosto/1976, p. 7663.

(8) NORBERTO BOBBIO, *Teoria della Norma Giuridica*, cit., p. 115-119; NORBERTO BOBBIO, *Studi per una Teoria Generale del Diritto*, Torino: Giappichelli, 1970, pp. 49-78; HOBBES, *Elementi Filosofici sul Cittadino* – edição "a cura di Norberto Bobbio", Torino: Unione Tipografica-Editrice Torinese, 1948, Cap. XIV, § 1º, p. 288.

(9) CHARLES DE VISSCHER, *Theóries et Realités en Droit International Public*, cit., pp. 372-377; HILDEBRANDO ACCIOLY, *Tratado de Direito*

Internacional Público, vol. III, cit., pp. 20-25; L. OPPENHEIM, *International Law* (ed. by H. LAUTERPACHT), vol. II, cit., pp. 12-20; TORNSTEIN ECKHOFF, "The Mediator and the Judge" in VILHELM AUBERT (ED.), *Sociology of Law*, Harmondsworth, Middlesex: Penguin Books, 1969, pp. 171-181.

(10) PAUL REUTER, "Principes de Droit International Public" in loc. cit., p. 635.

(11) ROBERT E. HUDEC, "El Sistema Legal del GATT: Jurisprudencia Diplomática" in loc. cit., pp. 34-66; ROBERT E. HUDEC, *The GATT Legal Sistem and World Trade Diplomacy*, cit.; KENNETH W. DAM, *The GATT: Law and International Economic Organization*, cit., pp. 351-375; JOHN H. JACKSON, *World Trade and the Law of the GATT*, cit., pp. 163-189.

(12) MICHEL VASSEUR, "Un Nouvel Essor du Concept Contractuel – Les Aspects Juridiques de l'Économie Concerteé et Contractuelle" in loc. cit.,

(13) Cf. CHARLES DE VISSCHER, *Théories et Realités en Droit International Public*, cit., pp. 371-423 e passim; PAUL REUTER, "Principes de Droit International Public", in loc. cit., pp. 620-649; NORBERTO BOBBIO, *Teoria della Norma Giuridica*, cit., pp. 177-226; JORGE CASTAÑEDA, *Valor Jurídico de las Resoluciones de las Naciones Unidas*, México: El Colégio de México, 1967, pp. 121-144; B.S. MURTY, "Solución de las Controvérsias" in MAX SORENSEN (ed.), *Manual de Derecho Internacional Público*, México: Fondo de Cultura, 1973, pp. 673-678.

(14) CONSELHO INTERNACIONAL DO CAFÉ, *Vigésima-oitava Sessão – 3 de Novembro – 3 de Dezembro de 1975 – Ata da Décima-Sétima Reunião Plenária*, realizada quarta-feira, 3/dezembro/1975, ICC-28-m-52, de 23/fevereiro/1976, pp. 1-3; PAUL REUTER, *Introduction au Droit des Traités*, Paris: Colin, 1972, p. 68; JOÃO HERMES PEREIRA DE ARAÚJO, *A Processualística dos Atos Internacionais*, Rio: Ministério das Relações Exteriores – Secção de Publicações, 1958, pp. 125-142; JOSÉ SETTE CÂMARA, *The Ratification of International Treaties*, Toronto: The Ontario Publ. Co., 1949, pp. 48-68.

(15) ADOLFO MARESCA, *Il Diritto dei Trattati*, cit., p. 370; G. E. DO NASCIMENTO E SILVA, *Conferência de Viena sobre o Direito dos Tratados*, cit., pp. 55-56, 73-74; ONU, *Reports of the International Law Commission on the Second Part of its Seventeenth Session – 3-28 January 1966 and on its Eighteenth Session – 4 May – 19 July 1966*, cit., pp. 49-56; HERBERT W. BRIGGS, "Unilateral Denunciation of Treaties: The Vienna Convention and the International Court of Justice" in loc. cit., p. 67.

(16) Cf. ONU, *Reports of the International Law Comission on the Second Part*

of its Seventeenth Session – 3-28 January 1966 and on its Eighteenth Session, 4 May-19 July 1966, cit., pp. 96-98, 100; PAUL REUTER, *Introduction au Droit des Traités*, cit., pp. 78-81; ADOLFO MARESCA, *Il Diritto dei Trattati*, cit., pp. 215-223; HANS KELSEN, *The Law of the United Nations*, N. York: Praeger, 1966, pp. 696-705; SHABTAI ROSENNE, "The Depositary of International Treaties" in *American Journal of International Law*, vol. 61 n. 4 (October 1967), pp. 923-945; e "More on the Depositary of International Treaties" in *American Journal of International Law*, vol. 64 n. 5 (October 1970), pp. 838-852; JOÃO GRANDINO RODAS, *A Publicidade dos Tratados Internacionais*, S. Paulo, 1975; ERNESTO DE LA GUARDIA e MARCELO DELPECH, *El Derecho de los Tratados y la Convención de Viena de 1969*, cit., pp. 491-499.

(17) ONU, *Reports of the International Law Comission on the Second Part of its Seventeenth Session – 3-28 January 1966, and, on its Eighteenth Session, 4 May-19 July 1966*, cit., pp. 30-31, 69-72; GERALDO EULÁLIO DO NASCIMENTO E SILVA, *Conferência de Viena sobre o Direito dos Tratados*, cit., pp. 72, 77 e 78; PAUL REUTER, *Introduction au Droit des Traités*, cit., pp. 28-30; VICENTE MAROTTA RANGEL, "Os Conflitos entre Direito Interno e os Tratados Internacionais" in loc. cit., pp. 81-134; HERBERT W. BRIGGS, *The Law of Nations* (2nd. ed.), *Cases, Documents and Notes*, N. York: Appleton-Century-Crofts, 1952, pp. 60-65; HERBERT W. BRIGGS, "Reflections on the Codification of International Law by the International Law Comission and by other Agencies" in *Académie de Droit International – Recueil des Cours, 1969-I*, vol. 126, pp. 244-266; ERNESTO DE LA GUARDIA e MARCELO DELPECH, *El Derecho de los Tratados y la Convención de Viena de 1969*, cit., pp. 157-160, 209-231. As normas constitucionais que regem a conclusão dos tratados, no sistema norte-americano, francês e brasileiro, foram recente e superiormente analisadas por CELSO D. ALBUQUERQUE MELO; cf., deste autor, "Os Tratados na Constituição" in *As Tendências Atuais do Direito Público – Estudos em Homenagem ao Prof. Afonso Arinos*, cit., pp. 119-166.

(18) Cf. Relatório da Delegação do Brasil à XXVIII Sessão do Conselho Internacional do Café, realizada em Londres de 3 de novembro a 3 de dezembro de 1975, in *Diário do Congresso Nacional, (Seção I)*, sexta-feira, 20/agosto/1976, p. 7663.

(19) OIC, *Vigência Provisória do Convênio Internacional do Café de 1976*, ED-819/76, de 1/outubro/1976. No Brasil, o texto do Convênio Internacional do Café de 1976 foi submetido, de conformidade com o disposto no artigo 44, inciso I, da Constituição Federal, ao Congresso Nacional através da *Mensagem do Poder Executivo de n. 149, de 1976*. Tal Mensagem, datada de 7 de junho de 1976, foi acompanhada da Exposição de Motivos do Ministro das Relações

Exteriores ao Presidente da República de 31 de maio de 1976, bem como do Relatório da Delegação do Brasil à XXVIII Sessão do Conselho Internacional do Café realizada em Londres, de 3 de novembro a 3 de dezembro de 1975. Cf. *Diário do Congresso Nacional (Seção I)*, sexta-feira, 20/agosto/1976, pp. 7639-7665. O Congresso Nacional aprovou o texto do Convênio Internacional do Café de 1976 pelo Decreto-Legislativo n. 70, de 14 de setembro de 1976, publicado no *Diário do Congresso Nacional (Seção II)*, de quinta-feira, 15/setembro/1976. O depósito do instrumento brasileiro de ratificação junto ao Secretário-Geral das Nações Unidas se deu em 28 de setembro de 1976. *O Decreto n. 79.186*, de 31/janeiro/1977, promulgou o Convênio Internacional do Café de 1976. O Decreto n. 79.186, bem como o Convênio Internacional do Café de 1976, a ele apenso por cópia, foram publicados no Suplemento do *Diário Oficial (Seção I, Parte I)*, de sexta feira, 4/fevereiro/1977.

(20) Sobre entrada em vigor dos tratados e aplicação provisória, cf. ONU, *Reports of the International Law Comission on the Second Part of its Seventeenth Session, 3-28 January, and on its Eighteenth Session, 4 May-19 July 1966*, cit., pp. 41-42; ADOLFO MARESCA, *Il Diritto dei Trattati*, cit., pp. 229-243; RICHARD D. KEARNEY e ROBERT E. DALTON, "The Treaty on Treaties", in loc. cit., pp. 514-515; ERNESTO DE LA GUARDIA e MARCELO DELPECH, *El Derecho de los Tratados y la Convención de Viena de 1969*, cit., pp. 240-247.

(21) Cf. Relatório da Delegação do Brasil à XXVIII Sessão do Conselho Internacional do Café, realizada em Londres de 3 de novembro a 3 de dezembro de 1975, in *Diário do Congresso Nacional (seção I)*, sexta-feita, 20/agosto/1976, p. 7663; ONU, *Reports of the International Law Comission on the Second Part of its Seventeenth Session, 3-28 January 1966, and on its Eighteenth Session, 4 May-19 July 1966*, cit., pp. 31-33; ADOLFO MARESCA, *Il Diritto dei Trattati*, cit., pp. 195-206; PAUL REUTER, *Introduction au Droit des Traités*, cit., pp. 82-88; ERNESTO DE LA GUARDIA e MARCELO DELPECH, *El Derecho de los Tratados y la Convención de Viena de 1969*, cit.,pp. 34-46, 231-233.

(22) UNION ACADÉMIQUE INTERNATIONAL, *Dictionnaire de la Terminologie du Droit International*, cit., pp. 536-537; CHARLES ROUSSEAU, *Droit International Public, tome 1, Introduction et Sources*, cit., pp. 119-126; ONU, *Reports of the International Law Comission on the Second Part of its Seventeenth Session, 3-28 January 1966 and on its Eighteenth Session, 4 May – 19 July 1966*, cit., pp. 35-41; PAUL REUTER, *Introduction au Droit des Traités*, cit., pp. 88-93; LORD MCNAIR, *The Law of Treaties*, cit., pp. 158-177; ADOLFO MARESCA, *Il Diritto dei Trattati*, cit., pp. 279-305; ERNESTO DE LA GUARDIA e MARCELO DELPECH, *El Derecho de los Tratados y la Convención de Viena de 1969*, cit., pp. 247-274.

(23) Cf. CELSO D. ALBUQUERQUE MELO, *Curso de Direito Internacional Público*, (5a. ed.), 1º vol., R. Janeiro: Freitas Bastos, 1976, pp. 249-260; HERBERT W. BRIGGS, *The Law of Nations – Cases, Documents Notes* (2nd. ed.), cit., pp. 194-238; PETER JAMES NKAMBO MUGERVA, "Sujetos de Derecho Internacional" in Max Sorensen, (ed.) *Manual de Derecho Internacional Público*, cit., pp. 308-310; MANUEL DIEZ DE VELASCO VALLEJO, *Instituciones de Derecho Internacional Público*, tomo 1, cit., pp. 217-218.

(24) Cf. PAUL REUTER, *Introduction au Droit des Traités*, cit., pp. 131-135; ADOLFO MARESCA, *Il Diritto dei Trattati*, cit., pp. 461-478, 581-599, 673-681; ONU, *Reports of the International Law Comission on the Second Part of its Seventeenth Session, 3-28 January 1966 and on its Eighteenth Session, 4 May-19 July 1966*, cit., pp. 61-65, 77-78.

(25) NORBERTO BOBBIO, *Teoria della Norma Giuridica*, cit., pp. 177-226; NORBERTO BOBBIO, *Studi per una Teoria Generale del Diritto*, cit., pp. 175-197.

(26) TULLIO ASCARELLI, "O Contrato Plurilateral" in loc. cit., pp. 288-289.

(27) Relatório da Delegação do Brasil à XXVIII Sessão do Conselho Internacional do Café, realizada em Londres de 3 de novembro a 3 de dezembro de 1975, in *Diário do Congresso Nacional (Seção I)*, sexta-feira, 20/agosto/1976, pp. 7663.

(28) Relatório da Delegação do Brasil à XXVIII Sessão do Conselho Internacional do Café, realizada em Londres de 3 de novembro a 3 de dezembro de 1975, in *Diário do Congresso Nacional (Seção I)*, sexta-feira, 20/agosto/1976, pp. 7663-4.

(29) CHARLES ROUSSEAU, *Droit International Public – tome 1 – Introduction et Sources*, cit., pp. 230-240; ADOLFO MARESCA, *Il Diritto dei Trattati*, cit., pp. 479-485; PAUL REUTER, "Principes de Droit International Public" in loc. cit., pp. 570-574.

(30) CHARLES DE VISSCHER, *Les Effectivités du Droit International Public*, cit., p. 15.

(31) Cf. BRUNNO SIMMA, *Das Reziprozitätselement im Zustandekommen Völkerrechtlicher Verträge*, cit.

(32) NORBERTO BOBBIO, *Studi per una Teoria Generale del Diritto*, cit., pp. 175-197.

Conclusão

No correr deste trabalho, os resultados da investigação foram sendo ***pari passu*** sumariados para serem a seguir retomados e aprofundados no desdobrar da exposição. As conclusões parciais de cada capítulo se entrosam, dessa maneira, com a dos subseqüentes, de forma a compor, segundo se espera, uma constelação de significados, que seria redundante repetir neste final. Por essa razão, o encaminhamento mais apropriado para um fecho parece ser uma tentativa de ir além do que já foi até agora investigado, mediante referência a algumas notas prospectivas que os assuntos analisados ensejam.

A reciprocidade não foi tratada, neste trabalho, como um princípio regulativo, isto é, como condição de possibilidade ***a priori,*** de uma relação internacional justa e bem sucedida. Ela foi vista como um conceito problemático, isto é, como uma fórmula de procura dos sujeitos do Direito Internacional, tendo em vista as suas necessidades de colaboração e a gama de interesses dentro da qual se movimentam. A dimensão do conflito e da cooperação no plano internacional, bem como o papel que nela desempenha o jogo da reciprocidade foram, portanto, examinados numa perspectiva pragmática, em que se deu menos realce à ótica semântica e, destarte, à historicidade do valor. Em outras palavras, a reciprocidade foi analisada como um argumento que se apoia em cálculos de interesses e não como um princípio de justiça. Cumpre, no entanto, registrar que a reciprocidade, como ***topos,*** se reveste, na retórica dos Estados, de atributos de um princípio de justiça. Nesse sentido, uma análise semântica da reciprocidade talvez pudesse mostrar que ela também é uma forma, através da qual o discurso jurídico internacional absorve, ideologicamente, a assimetria na distribuição individual de poder entre os membros da comunidade internacional, tentando asseverar a equivalência das prestações na qual se apoiam as normas de mútua colaboração no plano mundial.

Enquanto fórmula de procura, a reciprocidade ajuda a compreender — independentemente de considerações axiológicas e do tema da justiça internacional, que provavelmente exigiriam outros conceitos para dar conta de um assunto extremamente complexo e dilemático — a dialética do conflito e da cooperação, que caracterizam o sistema internacional e os seus ordenamentos jurídicos. Nesse sentido, e somente nele, o jogo da reciprocidade esclarece concretamente tanto as transformações do Direito Internacional Público Econômico, provocadas pelo fator tempo e pela incidência do conjuntural e do aleatório na economia, quanto o tema da eficácia no Direito das Gentes. A análise dos tipos de conflitos e dos modos de sua superação, que marcaram o Direito Internacional do Café, permite ilustrar esta observação e delinear, à guisa de conclusão, os limites e o alcance da investigação proposta neste livro.

No Convênio Internacional do Café de 1962, a divisão do mercado entre os produtores resultou da prevalência, na fixação das quotas básicas, da tese latino-americana, que visava consagrar a participação histórica dos países no mercado cafeeiro. Tal tese, apesar de consagrada no texto do Convênio, gerou conflitos entre os produtores, e os africanos minaram, com a condescendência dos importadores, a eficácia das normas do ordenamento cafeeiro, por meio do chamado "café turista". A solução encontrada, ainda na vigência do Convênio de 1962, posteriormente consagrada no Convênio Internacional do Café de 1968, veio a ser, de um lado, o mecanismo do ajuste seletivo, que permitiu maior escoamento do café exportado pelos africanos e, de outro, maiores e melhores controles das quotas graças ao fortalecimento da OIC e ao policiamento dos países importadores. A solução encontrada, discutida no Capítulo IV deste livro, apoiava-se na reciprocidade possível dos interesses, pragmaticamente avaliada pelas partes contratantes na ocasião, independentemente de maiores considerações de ordem axiológica. Em outras palavras, a reciprocidade, naquela ocasião, não teve o papel de um princípio de justiça, pois se justiça é igualdade, a igualação das prestações entre os próprios produtores seria difícil de estabelecer com base no emprego pragmático da reciprocidade.

Na renegociação do Convênio de 1962 e no início da vigência do Convênio de 1968, a controvérsia do solúvel, que colocou, de um lado os EUA, e de outro o Brasil, foi o grande conflito que ameaçou a continuidade da cooperação cafeeira. Tal conflito, também relatado no Capítulo IV, e que era típico da agenda Norte/Sul, foi, como o anterior, encaminhado de acordo com a reciprocidade possível dos interesses e não consoante um princípio de justiça, pois esta, enquanto igualdade, ao favorecer uma redistribuição de renda entre os Estados, talvez desse guarida às pretensões brasileiras, apesar do solúvel ter sido também uma estratégia de recuperação de mercado, por parte do Brasil, em relação aos demais produtores menos desenvolvidos.

O término do Convênio de 1968 foi provocado por uma discussão, suscitada pelos produtores, sobre preços, induzida pela alteração da ordem monetária e pela distribuição dos custos do processo inflacionário internacional. A resistência dos consumidores, e particularmente dos EUA, às pretensões dos exportadores, levou ao acordo ***inter se*** dos produtores (o Grupo de Genebra) que, em conjunto tornaram inviável, num dado momento, cláusulas econômicas de mútua colaboração entre os países responsáveis pela ordem cafeeira mundial. O conflito, igualmente típico da agenda Norte/Sul, também não foi encaminhado de acordo com um princípio de justiça. De fato, e como relatado nos Capítulos IV e V, a negociação do Convênio de 1976 se apoiou numa conjuntura inicial de maior equilíbrio entre a oferta e a demanda, e posteriormente numa expectativa de diminuição da oferta em virtude das geadas no Brasil. Esse contexto fortaleceu as condições de negociação dos produtores. A melhoria do *locus standi* dos exportadores tornou mais simétrico o equilíbrio de direitos e deveres das partes contratantes do Convênio de 1976 que, nesse sentido, traduz antes as realidades pragmáticas da conjuntural distribuição individual do poder entre os membros da comunidade internacional, do que a aplicação de um princípio de justiça.

A estrutura de reciprocidade dos interesses que permitiu, no Convênio de 1976, o entrosamento entre normas que estabelecem objetivos e que fixam meios, foi analisada no Título III deste livro. Do ponto-de-vista dos países importadores, enquanto consumidores, os meios estabelecidos para atingir os seus fins são basicamente normas que visam fazer funcionar as regras de mercado. De fato, seja a suspensão de quotas, seja a política de preços por ela almejada, têm como fim, numa conjuntura de escassez, alcançar, por meio do livre jogo do mercado, tanto o fornecimento quanto o investimento adequado para assegurar o abastecimento, ainda que a preços mais elevados. Nesse sentido, os países importadores, ao contrário dos exportadores, consagraram juridicamente as teorias da economia clássica, pois chancelaram a hipótese segundo a qual o mercado, em função da conduta dos consumidores, determinaria o equilíbrio entre a oferta e a demanda. É por essa razão que, à semalhança dos objetivos das normas de certos sistemas jurídicos, que visam coibir a concorrência desleal ou o abuso do poder econômico, a proteção ao consumidor final, no Convênio Internacional do Café de 1976, far-se-ia pela mediação da livre concorrência.

O início da vigência do Convênio de 1976 está indicando que o novo conflito em pauta é a reação do consumidor final nos países desenvolvidos à alta de preços, particularmente nos EUA, onde o preço do café no atacado subiu de 68 "cents" por libra-peso, no verão americano de 1975, para mais de 2 dólares no final de 1976, alcançando, no varejo, o piso de 2 dólares e 50 "cents". (1) Ora, o sistema jurídico interno americano vem reconhecendo a importância política da diferenciação entre produtores e consumidores, e por isso mesmo, vem criando novas formas jurídicas de proteção ao consumidor, que configuram, como aponta Fábio Konder Comparato, um novo e importante capítulo do Direito Econômico. (2) Tal proteção não encontrou guarida no Convênio de 1976, pois os estoques de garantia, por exemplo, que representariam normas técnicas para alcançar o objetivo de proteger o consumidor final, foram aventados mas não chancelados no Convênio de 1976. É por essa razão que os países importadores se defrontam, no momento, com uma situação em que a proteção do consumidor final deverá ser fruto de elementos aleatórios, já que as normas técnicas do Convênio de 1976, que pressupõe o intervencionismo de normas de mútua colaboração, visam garantir apenas a segurança econômica dos países produtores. O novo conflito que se delineia, nesse início de vigência do Convênio de 1976, provavelmente deverá encontrar, para o seu encaminhamento, no curto prazo, mecanismos para compatibilizar o interesse do produtor nos países exportadores com o do consumidor final, pois o governo e a indústria dos países importadores se vêem, atualmente, numa encruzilhada de intermediação, com dificuldades de acionar os mecanismos de promoção que, nas negociações, foram vistos e aceitos como normas técnicas aptas para realizar a convergência dos interesses entre países produtores e a indústria e o comércio dos países importadores.

Se este conflito se tornar agudo e ameaçar a eficácia das normas do Convênio de 1976, muito possivelmente alguma solução será encaminhada com base numa nova reciprocidade pragmática de interesses. Esta terá que enfrentar o problema de que o consumo do café, ao contrário do petróleo, é fruto de hábitos e não de necessidades da civilização contemporânea, o que torna ainda mais complexo resolver o assunto à luz de princípios de justiça, no plano internacional. Entretanto, o repertório de possibilidades entreaberto pelo novo conflito do café talvez permita encaminhar algumas dimensões da agenda Norte/Sul, e dessa maneira contribuir para o tema da justiça internacional. De fato, e como apontado no Capítulo I, as transformações internas dos Estados têm levado a transformações do Direito das Gentes. Entre as novas transformações internas relevantes está a proteção ao consumidor final. Tal projeção, no momento atual, no campo dos produtos primários, exige novas normas de mútua colaboração entre os Estados, diferentes das anteriores, seja em virtude das percepções e hipóteses levantadas pelo Clube de Roma sobre a finitude dos recursos naturais, seja pela mudança dos padrões de propriedade, que com o crepúsculo do colonialismo e com a afirmação da soberania permanente sobre recursos naturais deixaram de pertencer, direta ou indiretamente, de maneira predominante, aos países consumidores. Estas novas normas deverão ter como objetivo diminuir a vulnerabilidade dos países importadores e dos seus consumidores finais ao jogo de mercado, numa conjuntura econômica em que o ciclo dos produtos primários abundantes e baratos parece ter chegado ao fim. Nesse contexto, mecanismos como os dos estoques de garantia, e até mesmo a indexação, se revestem de uma nova intencionalidade e de um novo interesse para os países consumidores. (3) Destarte, é possível que as sensibilidades de interdependência venham a se tornar mais simétricas, com o conseqüente reforço do ***locus standi*** dos países produtores, que poderão vir a negociar de maneira mais igualitária a regulamentação jurídica da transferência internacional de recursos. Conforme se verifica, a pragmática da reciprocidade dos interesses coloca, na conjuntura atual, no horizonte do possível, condições políticas mais adequadas para a efetividade da justiça internacional. Se esta terá vigência, só o futuro dirá, posto que, como observava Modestino: "... omne jus, aut consensus fecit, aut necessitas constituit, aut firmavit consuetudo". (D. 1, 3, 14, 40, Modestinus, Libro I, regularum).

Notas à Conclusão

(1) Cf. Editorial do *Washington Post* de 12/30/76; N. D. SPINOLA, "Acordo do Café pode perder EUA" in *Jornal do Brasil* de 23/02/77, p. 16; "Governo dos EUA reconhece Escassez de Café" in *O Estado de S. Paulo*, de 24/02/77, p. 27.

(2) FÁBIO KONDER COMPARATO, "A Proteção do Consumidor: Importante Capítulo do Direito Econômico" in *Revista de Direito Mercantil*, ano XIII, nova série, ns. 15/16 (1974), pp. 89-105.

(3) HÉLIO JAGUARIBE, "El Equilíbrio Ecológico Mundial y los Países Subdesarrollados" in *Estudios Internacionales*, ano V n. 17 (enero/marçzo 1972), pp. 92-123; ROBERTO DE OLIVEIRA CAMPOS, "Producer Countries in the Next Boom" Speech at the Financial Times Seminar — Royal Lancaster Hotel — July 6th, 1976; M. J. TOUSCOZ, "La Revendication d'Une Limite a la Croissance", in Société Française pour le Droit Internacional: *Pays en Voie de Développement et Transformation du Droit Internacional*, Paris: Pedone, 1974, pp. 58-80.

Bibliografia

ACCIOLY, Hildebrando. Tratado de direito internacional público. 2a. ed. 3v. Rio de Janeiro, s.c.p. 1956-57.

AGUILLAR NAVARRO, Mariano. Ensayo de delimitación del derecho internacional económico. Madrid, Universidad Complutense, 1972.

AL-SANHOURY, A. A. Le standard juridique. *IN:* Recueil d'études sur les sources du droit en l'honneur de François Geny. Tomo 2: Les sources Générales des Sistemes Juridiques Actuels. Paris, Sirey, 1934.

ALEJANDRO, Carlos F. Diaz. Less developed countries and the post 1971 international financial system. Princeton, N. J. Essays in International Finance, n. 108. 1975.

ALLISON, Graham T. Essence of decision: explaining the Cuban missile crisis. Boston, Little, Brown and Co., 1971.

ANZILOTTI, Dionisio. Corso di diritto internazionale. v. 1. (ristampa anastatica). Padova, Cedam, 1964.

APEC. A economia brasileira e suas perspectivas. Ano 14. 1975/76. Rio de Janeiro.

ARAUJO, João Hermes Pereira de. A processualística dos atos internacionais. Rio de Janeiro, Ministério das Relações Exteriores; Secção de Publicações, 1958.

ARÉCHEGA, Eduardo Jimenez de. L'arbitrage entre les états et les societés privées étrangères. *IN:* Mélanges en l'honneur de Gilbert Gidel. Paris, Sirey, 1961.

ARENDT, Hannah. The human condition. New York, Anchor Books, 1959.

ARENDT, Hannah. On revolution. New York, Viking Press, 1965.

ARENDT Hannah. Entre o passado e o futuro. São Paulo, Perspectiva, 1972.

ARISTOTE. Éthique a Nicomaque; introd. notas e índice por J. Tricot. 3a. ed. Paris J. Vrin, 1972.

ARISTOTLE. Nicomachean ethics; trad. de W. D. Ross. *IN:* The works of Aristotle. v. 2. Chicago, Encyclopaedia Britannica, Inc., 1952.

ARMAS, Frida M. Pfirter de. El tratado de Montevideo como "Tratado Marco": justificación de la hipótesis a la luz de la prática de la ALALC. Rosario, 1969.

ARMAS BAREA, Calixto A. Temas de derecho international publico. v. 1 e 2. Rosario, 1970.

ARON, Raymond. Dimensions de la conscience historique. 2a. ed. Paris, Plon, 1962.

ARON, Raymond. Paix et guerre entre les nations. 3a. ed. Paris, Calmann-Levy, 1962.

ASCARELLI, Tullio. Panorama do direito comercial. São Paulo, Saraiva, 1947.

ASCARELLI, Tullio. Saggi di diritto commerciale. Milano, Giuffrè, 1955.

ASCARELLI, Tullio. Problemi giuridici. v. 1. Milano, Giuffrè, 1959.

ASCARELLI, Tullio. Problemas das sociedades anônimas e direito comparado. 2a. ed. São Paulo, Saraiva, 1969.

AUGÉ, Guy. Le contrat et l'évolution du consensualisme chez Grotius. *IN:* Archives de Philosophie du Droit, Sur les Notions du Contrat. Tomo 13. 1968.

BACHA, Edmar Lisboa. A política cafeeira do Brasil: 1952 – 1967. *IN:* Dados, n. 5, p. 144-161. 1968.

BAPTISTA, Luiz Olavo. Contrato de risco. São Paulo, José Bushatsky, 1976.

BARROS, Alberto da Rocha. O poder econômico do Estado contemporâneo e seus reflexos no direito. São Paulo, Revista dos Tribunais, 1953.

BELTRÃO, Alexandre Fontana. Diretor Executivo da OIC. O Convênio Internacional do Café: resumo da palestra proferida no simpósio sobre comercialização do café em São Paulo. 1971.

BELTRÃO, Alexandre Fontana. Cooperação cafeeira na presente década: discurso proferido pelo Diretor Executivo da O.I.C., Sr. Alexandre F. Beltrão, em 01 de fevereiro de 1971, na sessão inaugural da 60a. convenção da National Coffee Association, em Boca Ratón, Flórida. OIC ED/498/71, de 09 de fevereiro de 1971.

BELTRÃO, Alexandre Fontana. A encruzilhada do café: discurso proferido pelo Diretor Executivo da O.I.C., Sr. Alexandre F. Beltrão, em 29 de janeiro de 1973, na convenção da National Coffee Association. ED/631/73, de 01 de fevereiro de 1973.

BELTRÃO, Alexandre Fontana. Tendências de produção mundial de café e possibilidades de coordenação de políticas nacionais: palestra realizada em 29.05.1974, no III Seminário de Comércio do Café de Santos, reproduzida em inglês em ED/710, de 21 de junho de 1974.

BELTRÃO, Alexandre Fontana. Statement by the Executive Director of the International Coffee Organization. Londres, 22 de dezembro de 1975.

BELTRÃO, Alexandre Fontana. Article for George Gordon Patton: coffee annual, de 09 de janeiro de 1976.

BELTRÃO, Alexandre Fontana. Declaración formulada el 14 de mayo de 1976 por el director ejecutivo de la Organización Internacional del Café, Señor Alexandre F. Beltrão, en el cuarto periodo de sesiones de la conferencia de las Naciones Unidas sobre comercio y desarrollo celebrada en Nairobi (Kenia), del 05 al 28 de mayo de 1976. ED-790/76, de 01 de junio de 1976.

BELTRÃO, Alexandre Fontana. Conferência no dia 07 de julho de 1976, na reunião "The outlook for commodities", promovida em Londres pelo Financial Times e The Investor Chronicle, reproduzida em ED-796/76, de 07 de julho de 1976.

BENDIX, Reinhard. Nation-building and citzenship: studies of our changing social order. New York, Wiley, 1964.

BENDIX, Reinhard. Tradition and modernity reconsidered. *IN:* Comparative Studies in Society and History, 9, p. 292-346. 1967.

BERGSTEN, C. Fred. Toward a new international order: selected papers. Lexington, Mass., Lexington Books, 1975.

BERGSTEN, C. Fred. The response to the third world. *IN:* Foreign Policy, 17, p. 3-34. 1974/75.

BERGSTEN, C. Fred, KEOHANE, Robert O. e NYE, Joseph S. International economics and international politics: a framework for analysis. *IN:* International Organization, v. 29, n. 1, p. 3-36. 1975.

BILDER, Richard B. The International Coffee Agreement: a case history in negotiation. *IN:* Law and Contemporary Problems, v. 28, n. 2, p. 328-391. 1963.

BLAU, Peter M. Interaction: social exchange (verbete). *IN:* SILLS, David L., ed. International Encyclopedia of the Social Sciences. v. 7. Mac-Millan, The Free Press, 1968.

BLOCH-LAINÉ. Pour une reforme de l'enterprise. Paris, Seuil, 1963.

BOBBIO, Norberto. Teoria della norma giuridica. Torino, Giappichelli, 1958.

BOBBIO, Norberto. Teoria dell'ordinamento giuridico. Torino, Giappichelli, 1960.

BOBBIO, Norberto. Diritto e stato nel pensiero di Emmanuele Kant. 2a. ed. Torino, Giappichelli, 1969.

BOBBIO, Norberto. Studi per una teoria generale del diritto. Torino, Giappichelli, 1970.

BOBBIO, Norberto. Da Hobbes a Marx: saggi di storia della filosofia. 2a. ed. Napoli, Morano, 1971.

BOBBIO, Norberto. I tre aspetti del problema della giustizia. *IN:* PERELMAN, Chaim. La giustizia; trad. italiana de Liliana Ribet. Torino, Giappichelli, 1959.

BOBBIO, Norberto. L'itinerario di Tullio Ascarelli. *IN:* Studi in memoria di Tullio Ascarelli. v. 1. Milano, Giuffrè, 1969.

BOWETT, D. W. The law of international institutions. 3a. ed. London, Stevens and Sons, 1975.

BRAILLARD, Philipe. Philosophie et relations internationales. Genève, Institut de Hautes Etudes Internationales, 1974.

BRASIL. PRESIDÊNCIA DA REPÚBLICA. Operação Pan-Americana: documentário V. Rio de Janeiro, 1959.

BRASIL. MINISTÉRIO DAS RELAÇÕES EXTERIORES. Gestão do Ministro Lafer na pasta das relações exteriores (de 04 de agosto de 1959 a 31 de janeiro de 1961). Departamento de Imprensa Nacional, 1961.

BRASIL. INSTITUTO BRASILEIRO DO CAFÉ. Anuário estatístico do café: 1971. Rio de Janeiro, 1972.

BRASIL. CONGRESSO NACIONAL. Comissão mista do café: relatório, Brasília, 1970.

BRASIL. Relatório da delegação do Brasil à 28a. sessão do Conselho Internacional do Café, realizada em Londres, de 03 de novembro a 03 de dezembro de 1975. Diário do Congresso Nacional, Seção I, sexta-feira, 20 de agosto de 1976. p. 7639-7664.

BRIGGS, Herbert W. The law of nations: cases, documents and notes. 2a. ed. New York, Appleton-Century Crofts, 1952.

BRIGGS, Herbert W. The international law commission. New York, Cornell University Press, 1965.

BRIGGS, Herbert W. Reservations to the acceptance of the compulsory jurisdiction of the international court of justice. *IN:* Recueil des Cours de l'Académie de Droit International de la Haye, v. 93. Leyden, Sijthoff, 1958-I.

BRIGGS, Herbert W. Codification treaties and provisions on reciprocity non-discrimination or retaliation. *IN:* American Journal of International Law, v. 56, p. 475-482. 1962.

BRIGGS, Herbert W. United States v. Bulgaria: domestic jurisdiction and sovereign determinations of legal irresponsibility. Mélanges Offerts a Henri Rolin. Paris, Pedone, 1964. Separata.

BRIGGS, Herbert W. Reflections on the codification of international law by the International Law Commission and by other agencies. *IN:* Recueil des Cours de l'Académie de Droit International de la Haye, v. 126. Leyden, Sijthoff, 1969 – I.

BRIGGS, Herbert W. Unilateral denunciation of treaties: the Vienna Convention and the international court of justice. *IN:* American Journal of International Law, v. 68, n. 1. p. 51-68. 1974.

BROWN, C. P. Primary Commodity control. London, Oxford University Press, 1975.

BURDEAU, Georges. Droit constitutionnel et institutions politiques, 15a. ed. Paris, Lib. Génerale de Droit et de Jurisprudence, 1972.

CALÓGERAS, J. P. A política exterior do império. v. 1: as origens. Rio de Janeiro, Imprensa Nacional, 1927.

CÂMARA, José Sette. The ratification of international treaties. Toronto, The Ontario Publ., Co. Ltd., 1949.

CAMPOS, Roberto de Oliveira. Producer countries in the next boom: speech at the Financial Times Seminar. July 6th. 1976.

CÂNDIDO, Antonio. O nobre: contribuição para o seu estudo. Sociologia, v. 10, ns. 2-3 São Paulo, 1948. Separata.

CANOVAN, Margaret. The political thought of Hannah Arendt. New York, Harcourt Brace Jovanovich, 1974.

CARNEIRO, Octavio Augusto Dias. Desenvolvimento econômico e o comércio internacional de produtos de base. *IN:* Instituto Brasileiro do Café: curso de economia cafeeira, tomo 2. 1962.

CARNELUTTI, Francisco. Teoria geral do direito; trad. de A. Rodrigues Queiró e Artur Anselmo de Castro. São Paulo, Livraria Acadêmica Saraiva & Cia. Ed., 1942.

CARVALHO FILHO, José Juliano de. Política cafeeira do Brasil: seus instrumentos — 1961-1971. São Paulo, USP/IPE, 1975.

CASTAÑEDA, Jorge. Valor jurídico de las resoluciones de las Naciones Unidas. México, El Colegio de México, 1967.

CASTRO, J. A. de Araújo. O congelamento do poder mundial. *IN:* Revista Brasileira de Estudos Políticos, n. 33, p. 7-30. 1972.

CESARINO JR., A. F. Direito social brasileiro. 4a. ed. 2v. Rio de Janeiro, Freitas Bastos, 1957.

CHAYES, Abram. The Cuban missile crisis: international crisis and the role of law. New York, Oxford University Press, 1974.

CHAYES, Abram, EHRLICH, Thomas e LOWENFELD, Andreas F. International legal process. 2v. Boston, Little Brown, 1969.

CHENOT, Bernard. Organisation économique de l'état. 2a. ed. Paris, Dalloz, 1965.

CLAUDE JR., Inis L. Swords into plowshares: the problems and progress of international organization. 3a. ed. New York, Random House, 1964.

COLLIARD, Claude Albert. Le règlement des différends dans les organisations inter-gouvernamentales de caractère non-politique. *IN:* Hommage d'une Genération de Juristes au Président Basdevant. Paris, Pedone, 1960.

COLLIARD, Claude Albert. Egalité ou specificité des états dans le droit international public actuel. *IN:* Mélanges Offerts a Monsieur le Doyen Louis Trotabas. Paris, Lib. Générale de Droit et de Jurisprudence, 1970.

COLLIARD, Claude Albert. Cadre institutionnel et technique d'élaboration du droit. *IN:*

Societé Français pour le Droit International. Pays en voie de développement et transformation du droit international. Colloque d'Aix-en-Provence. Paris, Pedone, 1974.

COMPARATO, Fábio Konder. O indispensável direito econômico. *IN:* Revista dos Tribunais, v. 353 p. 14-16. 1965.

COMPARATO, Fábio Konder. Obrigações de meios, de resultado e de garantia. *IN:* Revista dos Tribunais, v. 386, ano 56, p. 26-35. 1967.

COMPARATO, Fábio Konder. A proteção do consumidor: importante capítulo do direito econômico. *IN:* Revista de Direito Mercantil, n. 15/16, ano 13, p. 89-105. 1974.

CONFERENCE ON INTERNATIONAL LAW. The concept of jus cogens in international law: papers and proceedings. Genèva, 1967: conference organized by the Carnegie Endowment for International Peace. Langonissi (Grécia), 1966.

CONSTANT, Benjamin. De la liberté des anciens comparée a celle des modernes (1819). *IN:* Cours de politique constitutionelle ou colection des ouvrages publiés sur le gouvernement representatif. 2a. ed. v. 2. Paris, Guillaumin, 1872.

CONSTANTINESCO, Vlad. Compétences et pouvoirs dans les communautés européennes: contribution a l'étude de la nature juridique des communautés. Paris, Lib. Génerale de Droit et de Jurisprudence, 1974.

COOPER, Richard N. Economic interdependence and foreign policy in the seventies. *IN:* World Politics, v. 24, n. 2, p. 159-181. 1972.

COOPER, Richard N. Trade policy is foreign-policy. *IN:* Foreign Policy, n. 9, p. 18-36. 1972-73.

COOPER, Richard N. Prolegomena to the choice of an international monetary system. *IN:* International Organization, v. 29, n. 1. p. 63-97. 1975.

CORBET, Hugh e JACKSON, Robert. In search of a new economic order. London, Croom Helm, 1974.

CORDELL, Arthur J. The brazilian soluble coffee problem: a review. *IN:* The Quarterly Review of Economics Business, v. 9, n. 1, p. 29-38. 1969.

COSTA, Ronaldo. Esforços intergovernamentais de ordenamento do mercado internacional do café. *IN:* Instituto Brasileiro do Café: curso de economia cafeeira. Tomo 2. 1962.

CURZON, Gerard. Conflict in world trade order: the distribution of the gains from trade cooperation. *IN:* Annales d'études internationales. v. 3: Les nouvelles formes de conflits, Genève, Institut Universitaire de Hautes Études Internationales, 1972.

DALLARI, Dalmo de Abreu. O futuro do Estado: dissertação. São Paulo, 1972.

DALLARI, Dalmo de Abreu. Elementos de teoria geral do Estado. São Paulo, Saraiva, 1972.

DAM, Kenneth W. The GATT: law and international economic organizations. Chicago, The University of Chicago Press, 1970.

DAVID, René. Cause et consideration. *IN:* Mélanges Offerts a Jacques Maury. Paris, Pedone, 1960.

DAVID, René. Droit commun et common law. *IN:* Studi in memoria di Tullio Ascarelli. v. 1. Milano, Giuffrè, 1969.

DELAPORTE, Guy. XXVIIIème session du Conseil International du Café: vers un troisième accora international particulièrement sophistiqué. *IN* Marchés Tropicaux et Mediterrannées. 05 de decembre de 1975.

DELFIM NETTO, Antonio. O problema do café no Brasil. São Paulo, Faculdade de Ciências Econômicas e Administrativas da USP, 1966.

DELFIM NETTO, Antonio. Considerações sobre a elasticidade da demanda dos cafés brasileiros. *IN:* Ensaios econômicos: homenagem a Octavio Gouvêa de Bulhões. Rio de Janeiro, APEC, 1972.

DELFIM NETTO, Antonio e PINTO, Carlos Alberto de Andrade. O café do Brasil: 20 anos de substituição no mercado. *IN:* Ensaios sobre café e desenvolvimento econômico. Rio de Janeiro, IBC, 1973.

D ENTRÈVES, Alessandro Passerin. Dante as a political thinker. Oxford, At the Clarendon Press, 1952.

DESPOTOPOULOS, Constantin. La noción de synallagma chez Aristote. *IN:* Archives de Philosophie du Droit, Sur les Notions du Contrat. Tomo 13. 1968.

DEUTSCH, Karl W. Politics and government: how people decide their fate. Boston, Houghton-Mifflin, 1970.

DEUTSCH, Karl W. The probability of international law. *IN:* DEUTSCH, Karl e HOFFMANN, Stanley, ed. The relevance of international law. New York, Anchor Books, 1971.

DEUTSCH, Karl W. On inequality and limited growth: some world political effects. *IN:* International Studies Quarterly, v. 19. n. 4, p. 381-398. 1975.

DEUTSCH, Karl W. e HOFFMANN, Stanley, ed. The relevance of international law. New York, Anchor Books, 1971.

DOCUMENTOS DO 5º SEMINÁRIO DE CAFÉ DE SANTOS, realizado de 04 a 07 de maio de 1976. *Folha de S. Paulo,* de 16 de maio de 1976.

DRAGO, Roland. La ponderátion dans les organisations internationales. IN: Annuaire Français de Droit International. 1956.

DUGUIT, Léon. Traité de droit constitutionnel. 3a. ed. 5v. Paris, Ancienne Librairie Fontemoing & Cie., Ed. 1927.

DUQUE, Hélio. A guerra do café solúvel. Rio de Janeiro, Leitura, 1970.

ECKHOFF, Tornstein. The mediator and the judge. *IN:* VILHEM, Aubert, ed. Sociology of law: selected readings: Harmondsworth, Middlesex, Penguin Books, 1969.

ERNOUT, A. e MEILLET, A. Dictionnaire etymologique de la langue latine. 3a. ed. revista. Paris, Klinksiek, 1951.

ESTADOS UNIDOS. International Coffee Agreement, 1962, hearing before the Committee on Foreign Relations: United States Senate; eighty-eighth Congress, first session on executive H 87th Congress, 2d session, March 12, 1963. Washington, 1963.

ESTADOS UNIDOS. International Coffee Agreement, 1968, hearings before the Committee on Foreign Relations: United States Senate, ninetieth Congress, second session, on executive D 90th Congress, 2d session, June 4, and 12, 1968. Washington, 1968.

ESTADOS UNIDOS. International Coffee Agreement, hearing before the Committee on Ways and Means House of Representatives, ninetieth Congress, second session, on H. R. 18299, July 8, 1968. Washington, 1968.

ESTADOS UNIDOS. 1972 annual report of the President to the Congress on the International Coffee Agreement. Department of State. Washington, 1972.

ESTADOS UNIDOS. International Coffee Agreement, 1968, as extended, message from the President of the United States, transmitting the International Coffee Agreement 1968 as extended, which was adopted by the International Coffee Council in its resolution n. 264 of April 14, 1973. US-Senate 93d Congress Ist session. Washington, 1973.

ESTADOS UNIDOS. The International Coffee Agreement: its impact on Coffee prices, its ability to deal with unforeseen supply and demand conditions, alleged discrimination against U.S. ships in the carriage of coffee, and the soluble coffee controversy: report by the Comptroller General of the United States to the Committee on Finance United State Senate. Washington, July, 1973.

ESTADOS UNIDOS. International Coffee Agreement, 1976; EUA Senate, 94th Congress, 2d session, executive report n. 94-30. Washington August, 1976.

FALK, Richard A. A study of future worlds. New York, Free Press, 1975.

FALK, Richard A. New approaches to the study of international law. *IN:* American Journal of International Law, v. 61, n. 2, p. 477-495. 1967.

FALK, Richard A. The relevance of political context to the nature and functioning of international law: an intermediate view. *IN:* DEUTSCH, Karl e HOFFMANN, Stanley ed. The relevance of international law. New York, Anchor Books, 1971.

FARER, Tom J. The United States and the Third World: a basis for accomodation. *IN:* Foreign Affairs, v. 54, n. 1, p. 79-97. 1975.

FAWCETT, J. E. S. The function of law in international commodity agreements. *IN:* British Yearbook of International Law, 44, p. 157-176. 1970.

FERRAZ JR., Tercio Sampaio. Direito, retórica e comunicação: subsídios para uma pragmática do discurso jurídico. São Paulo, Saraiva, 1973.

FERRAZ JR., Tercio Sampaio. Conceito de sistema no direito: uma investigação histórica a partir da obra jusfilosófica de Emil Lask. São Paulo, Revista dos Tribunais, 1976.

FERRAZ JR., Tercio Sampaio. La noción aristolélica de justicia. Atlântida, v. 7, n. 38. 1969. Separata.

FERRAZ JR., Tercio Sampaio. Curva de demanda, tautologia e lógica da ciência. Ciências Econômicas e Sociais, v. 6, n. 1. 1971. Separata.

FERRAZ JR., Tercio Sampaio. Concepção de sistema jurídico no pensamento de Emil Lask. *IN:* Revista Brasileira de Filosofia, v. 26, fasc. 103, p. 307-324. 1976.

FERREIRA, Aurélio Buarque de Holanda. Novo dicionário da língua portuguesa. Rio de Janeiro, Nova Fronteira, 1975.

FERREIRA FILHO, Manoel Gonçalves. As conclusões da Junta Arbitral. *O Estado de S. Paulo,* de 23 de março de 1969, p. 49.

FISCHER, Bart. S. The International Coffee Agreement: a study in coffee diplomacy. New York, Praeger, 1972.

FLORY, Thiebaut. Le GATT: droit international et commerce mondiale. Paris, Lib. Générale de Droit et de Jurisprudence, 1968.

FLORY, M. M. Inégalité économique et évolution du droit international. *IN:* Societé Française pour le Droit International. Pays en voié de développement et transformation du droit international. Colloque d'Aix-en-Provence. Paris, Pedone, 1974.

FRANCK, Thomas M. Who killed article 2 (4)? or: changing norms governing the use of force by states. *IN:* American Journal of International Law, v. 64, n. 5, p. 809-837. 1970.

FRANCO, Afonso Arinos de Melo. Um estadista da República: Afrânio de Mello Franco e seu tempo. 3v. Rio de Janeiro, José Olympio, 1955.

FRANCO, Afonso Arinos de Melo. Estudos de direito constitucional. Rio de Janeiro, Revista Forense, 1957.

FRANCO, Afonso Arinos de Melo. Evolução da crise brasileira. São Paulo, Nacional, 1965.

FRANCO, Afonso Arinos de Melo. Algumas instituições políticas no Brasil e nos Estados Unidos: um estudo de direito constitucional comparado. Rio de Janeiro, Forense, 1975.

FRANCO, Afonso Arinos de Melo. Direito constitucional: teoria da constituição; as constituições do Brasil. Rio de Janeiro, Forense, 1976.

FRANKLIN, Julien H. Jean Bodin and the sixteenth century revolution in the methodology of law and history. New Yord, Columbia University Press, 1963.

FRAZÃO, Sergio Armando. Coffee conference 1962, summary of proceedings. Speech in the United Nations. New York. E/Conf. 42/8.

FREDERICK, Kenneth D. Production controls under the International Coffee Agreements. *IN:* Journal of Inter-american Studies and World Affairs, v. 12, p. 255-270. 1970.

FREUND, Julien. Droit et politique: essai de définition du droit. *IN:* Archives de Philosophie du Droit, v. 16: Le droit investi par la politique. Paris, Sirey, 1971.

FRIEDMANN, Wolfgang. The changing structure of international law. New York, Columbia University Press, 1964.

FRIEDMANN, Wolfgang. The state and the rule of law in a mixed economy. London, Stevens and Sons, 1971.

FULLER, Lon L. Consideration and form. *IN:* Columbia Law Review, v. 41, p. 799-824. New York, 1941.

GAFFIOT, Felix. Dictionnaire illustré latin-français. Paris, Hachette, 1934.

GALBRAITH, John Kenneth. Economics and the public purpose. Boston, Houghton-Mifflin, 1973.

GARCIA MAYNEZ, Eduardo. Doctrina aristotélica de la justicia: estudio, selección y tradución de textos. México, Universidad Nacional Autónoma de México, 1973.

GARDNER, Richard N. Sterling — dollar diplomacy: the origins and the prospects of our international economic order. 2a. ed. New York, Mc-Graw Hill, 1969.

GOLD, Joseph. The legal structure of the par value system. *IN:* Law and policy in international Business, v. 5, n. 1. p. 155-214. 1973.

GOLDMAN, Berthold. Frontières du droit et lex mercatoria. *IN:* Archives de Philosophie du Droit. Tomo 9: Le droit subjectif en question. Paris, Sirey, 1964.

GOLDSCHMIDT, Victor. Antropologie et politique: les principes du systeme de Rousseau. Paris, Vrin, 1974.

GOMES, Orlando. Transformações gerais do direito das obrigações. São Paulo, Revista dos Tribunais, 1967.

GOSOVIC, Branislav. UNCTAD: conflict and compromise: the third world's quest for an equitable world economic order through the United Nation. Leyden, Sijthoff, 1972.

GOSOVIC, Branislav e RUGGIE, John Gerard. On the creation of a new international economic order: issue linkage and the seventh special session of the UN-General Assembly. *IN:* International Organization, v. 30, n. 2, p. 309-346. 1976.

GOULDNER, Alvin W. Reciprocity and autonomy in functional theory. *IN:* DEMERATH III, N. J. e PELERSON, Richard A. ed. System, change and conflict: a reader on contemporary sociological theory and the debate over functionalism. New York, Free Press, 1967.

GREEN, Maria del Rosario e SEPÚLVEDA AMOR, Bernardo, ed. La ONU: dilema a los 25 años. México, El Colegio de México, 1970.

GROSS, Leo. The peace of Westphalia, 1648-1948. *IN:* American Society of International Law, International law in the twentieth century. New York, Appleton-Century Crofts, 1969.

GROTII, Hugonis. De jure belli ac pacis. Amsterdam, Janssonio-Waesbergios. 1720.

GRUHN, Isebill V. The Lomé convention: inching towards interdependence. *IN:* International Organization, v. 30, n. 2, p. 241-262. 1976.

GUARDIA, Ernesto de la e DELPECH, Marcello. El derecho de los tratados y la convención de Viena de 1969. Buenos Aires, La Ley, 1970.

HAAS, Ernst B. The balance of power: prescription, concept or propaganda. *IN:* ROSENAU James N., ed. International politics and foreign policy: a reader in research and theory. New York, Free Press, 1961.

HAHN, Hugo J. Le controle de l'éxécution des obligations des états dans les organizations internationales économiques. *IN:* Societé Française pour le Droit International, Aspects du droit international économique: élaboration, controle, sanction. Colloque d'Orleans, 25, 26, 27 mai, 1971. Paris, Pedone, 1972.

HAURIOU, André. Le droit administratif de l'aléatoire. *IN:* Mélanges Offerts à Monsieur le Doyen Louis Trotabas. Paris, Lib. Générale de Droit et de Jurisprudence, 1970.

HAYES, J. P. Terms of trade policy for primary commodities; a study directed by J. P. Hayes. London, Commonwealth Secretariat, 1975.

HECK, Philipp. El problema de la creación del derecho; prólogo de José Puig Brutau. Barcelona, Ediciones Ariel S/A, 1961.

HERZ, John H. The rise and demise of the territorial state. *IN:* ROSENAU, James N., ed. International politics and foreign policy: a reader in research and theory. New York, Free Press, 1961.

HILTON, Stanley E. Brazil and the great powers 1930-1939: the politics of trade rivalry. Austin, University of Texas Press, 1975.

HOBBES, Thomas. Elementi filosofici sul cittadino: edição "a cura di Norberto Bobbio". Torino, Unione Tipografica Editrice, Torinese, 1948.

HOFFMANN, Stanley. Organisations internationales et pouvoirs politiques des états. Paris, Colin, 1954.

HOFFMANN, Stanley. Teorias contemporaneas sobre las relaciones internationales. Madrid, Tecnos, 1963.

HOFFMANN, Stanley. The state of war: essays on the theory and practice of international politics. New York, Praeger, 1965.

HOFFMANN, Stanley. International law and controls of force. *IN:* DEUTSCH, Karl e HOFFMANN, Stanley, ed. The relevance of international law. New York, Anchor Books, 1971.

HOLBORN, Hajó. The political collapse of Europe. New York, Knopf, 1951.

HOLBRAAD, Carsten. El papel de las potencias medias en la política internacional. *IN:* Estudios Internacionales, ano 5, n. 17, p. 53-75. 1972.

HONRABIA, Victoria Abellán. El sistema financiero de las Naciones Unidas. Madrid, Tecnos, 1973.

HUDEC, Robert E. The GATT legal system and world trade diplomacy. New York, Praeger, 1975.

HUDEC, Robert E. El sistema legal del GATT: jurisprudencia diplomática. *IN:* Derecho de la Integración, n. 8, p. 34-66. 1971.

HUME, David. Of the balance of power. *IN:* Essays and treatises on several subjects. 2v. Edinburgh, 1825.

HUNTINGTON, Samuel P. Transnational organizations in world politics. *IN:* World Politics, v. 25, n. 3, p. 333-368. 1973.

INSTITUT UNIVERSITAIRE DES HAUTES ÉTUDES INTERNATIONALES. Les resolutions dans la formation du droit international du développement. Colloques des 20 et 21 novembre, 1970. Génève, 1971.

JACKSON, John H. World trade and the law of GATT (a legal analysis of the general agreement on tariffs and trade) Indianapolis, Bobbs-Merril Co., 1969.

JAGUARIBE, Hélio. Desenvolvimento político. São Paulo, Perspectiva, 1975.

JAGUARIBE, Hélio. El equilibrio ecológico mundial y los países subdesarrollados. *IN:* Estudios Internacionales, ano V, n. 17, p. 92-123. 1972.

JOHNSON, Harry G. Economic policies towards less-developed countries. London, Allen and Unwin, 1967.

KAHN, Philippe. Lex mercatoria et pratiques des contrats internationaux: l'experience française. *IN:* Le contrat économique international: stabilité et évolution. Simpósio. Bruxelles, Émile Bruylant, 1975.

KAISER, Karl. Transnational politics: towards a theory of multinational politics. *IN:* International Organization, v. 25, n. 4, p. 790 e seg. 1971.

KALENSKY, P. Les états socialistes et le droit du commerce international. *IN:* Recueil des Cours de l'Académie de Droit International de la Haye. Colloque, 1968: Les accords de commerce international. Leyden, Sijthoff, 1969.

KAPLAN, Morton A. Balance of power, bipolarity and other models of international system. *IN:* ROSENAU, James N. ed. International politics and foreign policy: a reader in research and theory. New York, Free Press, 1961.

KATZ, Julius. Address by Julius L. Katz: deputy assistant secretary of state for economic and business affairs at the 65th annual convention of the National Coffee Association. Boca Ratón, Florida, 1976.

KEARNEY, Richard D. e DALTON, Robert E. The treaty on treaties. *IN:* American Journal of International Law, v. 64, n. 3, p. 495-561. 1970.

KELSEN, Hans. General theory of law and state. New York, Russell and Russell, 1961.

KELSEN, Hans. The law of the United Nations: a critical analysis of its fundamental problems. New York, Praeger, 1966.

KELSEN, Hans. Principles of international law. 2a. ed. revised and edited by Robert W. Tucker. New York, Holt, Rinehart and Wiston Inc., 1967.

KELSEN, Hans. La théorie juridique de la convention. IN: Archives de Philosophie du Droit et de Sociologie Juridique, ano 10, n. 1-4, p. 33-76. 1940.

KEOHANE, Robert O. e NYE JR., Joseph S., *Power and Interdependence – World Politics in Transition*, Boston: Little, Brown and Co., 1977.

KEOHANE, Robert O. e NYE JR., Joseph S. International interdependence and integration. *IN:* GREENSTEIN, Fred I. e POLSBY, Nelson W. (ed.). International Politics, Handbook of political science, v. 8. Mass., Addison-Wesley, Publishing Co. 1975.

KEOHANE, Robert O. e NYE JR., Joseph S. e OOMS, Van Doorn. The multinational firm and international regulation. *IN:* International Organization, v. 29, n. 1, p. 169-209. 1975.

KISSINGER, Henry A. A world restored. New York, Grosset and Dunlap, 1964.

KISSINGER, Henry A. The imperative of growth and cooperation: speech de 28 de maio de 1975 em Paris, França, no Conselho da OECD: USA-Dept. of State, Bureau of Public Affairs, Office of Media Services.

KISSINGER, Henry A. Global consensus and economic development: discurso nas Nações Unidas de 01 de setembro de 1975. EUA, Department of State, Bureau of Public Affairs, Office of Media Services.

KOVAR, Robert. La distinction: "Gestion public - gestion privée" et le regime des conventions en droit international. *IN:* Recueil d'Études en Hommage a Charles Eisenmann. Paris, Cujas, 1975.

KRAMER, Francisco Villagrán. Sistematización de la estructura juridica del Acuerdo de Cartagena. *IN:* Derecho de la Integración, v. 6, n. 12, p. 11-31. 1973.

KRAMNICK, Isaac. Bolingbroke and his circle: the politics of nostalgia in the age of Walpole. Cambridge, Mass., Harvard University Press, 1968.

KRASNER, Stephen D. The politics of coffee: PH. dissertation. Mass., Harvard University, 1971.

KRASNER, Stephen D. Business government relations: the case of the international coffee agreement. *IN:* International Organization, v. 27, n. 4, p. 496-516. 1973.

KRASNER, Stephen D. Oil is the exception. *IN:* Foreign Policy, n. 14, p. 68-84. 1974.

KUBITSCHEK, Juscelino. Porque construí Brasília. Rio de Janeiro, Bloch, 1975.

LAFER, Celso. O sistema político brasileiro: estrutura e processo. São Paulo, Perspectiva, 1975.

LAFER, Celso. A condição de reciprocidade na cláusula facultativa de jurisdição obrigatória da Corte Internacional de Justiça. *IN:* Revista de Direito Público, ano 1, v. 3, p. 195-208. 1968.

LAFER, Celso. Un análisis de la compatibilidad de los artículos 27 y 28 del Pacto Andino con el ordenamiento jurídico de la ALALC (en torno a los proyectos para la reglamentación del capital extranjero y de las empresas multinacionales en la ALALC). *IN:* Derecho de la Integración, n. 6, p. 98-112. 1970.

LAFER, Celso. O GATT, a cláusula de nação mais favorecida e a América Latina. *IN:* Revista de Direito Mercantil, ano 10, n. 3, p. 41-56. 1971.

LAFER, Celso. O Convênio Internacional do Café. *IN:* Revista de Direito Mercantil, ano 12, n. 9, p. 29-58. 1973.

LAFER, Celso. Comércio internacional: fórmulas jurídicas e realidades político-econômicas. *IN:* Revista de Direito Mercantil, ano 13, n. 13, p. 71-85. 1974.

LAFER, Celso. Coordenação para ativar exportações. *IN:* Indústria e Desenvolvimento, n. 8, n. 1, p. 21-23. 1975.

LAFER, Celso. Una redefinición del orden mundial y la alianza latinoamericana: perspectivas y posibilidades. *IN:* Estudios Internacionales, ano 8, n. 31, p. 42-58. 1975.

LAFER, Celso. Ordem, poder e consenso: caminhos da constitucionalização do direito internacional. *IN:* As tendências atuais do direito público: estudos em homenagem ao Prof. Afonso Arinos. Rio de Janeiro, Forense, 1976.

LAFER, Celso e PEÑA, Felix. Argentina e Brasil no sistema de relações internacionais. São Paulo, Duas Cidades, 1973.

LARENTZ, Karl. Base del negocio juridico y cumplimiento de los contratos. Madrid, Ed. Revista de derecho privado, 1956.

LAUTERPACHT, Herch. International law. v. 2: collected papers edited by E. Lauterpacht. Cambridge, Cambridge University Press, 1975.

LEAL, Victor Nunes. A divisão dos poderes no quadro político da burguesia. *IN:* CAVALCANTI, Themistocles et alii. Cinco estudos: a federação: divisão de poderes (2 estudos) os partidos políticos — a intervenção do estado. Rio de Janeiro, Fund. Getúlio Vargas, 1955.

LÉVI-STRAUSS, Claude. Les structures élementaires de la parenté. 2a. ed. Paris, Mouton, 1967.

L'HUILLIER, Jacques. Les organisations internationales de coopération économique et le commerce exterieur des pays en voie de devéloppement. Genève, Institut Universitaire de Hautes Études Internationales, 1969.

LINDBERG, Léon N. Political integration as a multidimensional phenomenon requiring multivariate measurement. *IN:* International Organization, v. 24, p. 649-731. 1970.

LOCKE, John. Of civil government: second treatise. Chicago, Gateway, 1955.

LOEHR, William. Collective goods and international cooperation. *IN:* International Organization, v. 27, n. 3, p. 421-430. 1973.

LOWENFELD, Andreas F. International commodity controls – some lessons from the coffee agreement. *IN:* American Journal of International Law, v. 61, n. 3, p. 785-789. 1967.

MAC NEIL, Ian R. The many futures of contract. *IN:* Southern California Law Review, v. 47, p. 691-816. 1974.

MAC NEIL, Ian R. Restatment (second) of contracts and presentiation. *IN:* Virginia Law Review, v. 60, p. 589-610. 1974.

MAC NEIL, Ian R. A primer of contract planning. *IN:* Southern California Law Review, v. 48, n. 3, p. 627-703. 1975.

MACEDO, Roberto B. M. Introdução à análise da indústria brasileira de café solúvel. São Paulo, Instituto de Pesquisas Econômicas – USP, julho de 1970. (versão preliminar)

MACHADO, José Pedro. Dicionário etimológico da língua portuguesa. 2 v. Lisboa, Confluência, 1959.

MACHIAVELLI, Nicolò. Discorsi sopra la prima deca di Tito Livio. *IN:* Tutte le opere; a cura de Francesco Flora e Carlo Cordiè. v. 1. Itália, Mondadori, 1949.

MAGALHÃES, José Carlos de. Empresa multinacional: descrição analítica de um fenômeno contemporâneo. *IN:* Revista de Direito Mercantil, n. 14, ano 13, p. 61-86. 1974.

MAGALHÃES, José Carlos de. Nacionalidade da pessoa jurídica e a empresa multinacional. *IN:* Revista da Faculdade de Direito da USP, v. 69, fasc. 2, p. 97-124. 1974.

MAJOROS, Ferenc. Le régime de reciprocité de la Convention de Vienne et les reserves dans les Conventions de la Haye. *IN:* Journal du Droit International, v. 101, n. 1, p. 73-109. 1974.

MALMGREN, Harald B. Managing international economic conflicts. *IN:* Annales d'Études Internationales. v. 3: Les nouvelles formes de conflits. Genève, Institut Universitaire de Hautes Études Internationales, 1972.

MALTA, Mauro Moitinho e MILANEZ NETTO, João Francisco A. Os acordos de produtos de base: o Acordo Internacional do Café. *IN:* A Economia Brasileira e suas perspectivas, ano 8. Rio de Janeiro, APEC, 1969.

MANCHESTER, Alan K. British preeminence in Brazil: its rise and decline: a study in European expansion. New York, Octagon Books, Inc., 1964.

MARESCA, Adolfo. Il diritto dei tratatti: la convenzione codificatrice di Vienna del 23 maggio 1969. Milano, Giuffré, 1971.

MAROTTA RANGEL, Vicente. Do conflito entre a carta das Nações Unidas e os demais acordos internacionais. São Paulo, Saraiva, 1954.

MAROTTA RANGEL, Vicente. Questões metodológicas em direito internacional público. *IN:* Revista da Faculdade de Direito da USP, ano 55, p. 272-278. 1960.

MAROTTA RANGEL, Vicente. La procedure de conclusion des accords internationaux au Brésil. *IN:* Revista da Faculdade de Direito da USP, v. 55, p. 253-271. 1960.

MAROTTA RANGEL, Vicente. Le conflit des accords internationaux. *IN:* Revista da Faculdade de Direito da Universidade de São Paulo, ano 68, p. 231-272. 1963.

MAROTTA RANGEL, Vicente. A constituição brasileira e o problema da conclusão dos tratados internacionais. *IN:* Problemas Brasileiros, ano III, n. 31, p. 11-20. 1965.

MAROTTA RANGEL, Vicente. Os conflitos entre direito interno e os tratados internacionais. *IN:* Revista da Faculdade de Direito da Universidade de São Paulo, ano 62, fasc. 2, p. 81-134. 1967.

MAROTTA RANGEL, Vicente. Les problèmes actuels de l'extradition. *IN:* Revue International de Droit Penal, v. 39, ns. 3-4, p. 477-486. 1968.

MARX, Karl. Oeuvres. v. 1: Economie; ed. estabelecida e anotada por Maximilien Rubel. Paris, Pleiade, 1965.

MAUSS, Marcel. The gift: forms and functions of exchange in archaic societies; trad. de Ian Cunnison, introd. de E. E. Evans-Pritchard. London, Cohen & West Ltd., 1954.

MC-DOUGAL, Myres S. e FELICIANO, Florentino P. Law and mininum world public order: the legal regulation of international coercion. N. Haven, Yale University Press, 1961.

MC-INTIRE REPORT. Towards a new international economic order. London, Commonwealth Secretariat, 1975.

MC NAIR, Lord. The law of treaties. Oxford, At the Clarendon Press, 1961.

MEINECKE, Friedrich. Macchiavellism: the doctrine of raison d'état and its place in modern history; trad. de Douglas Scott. London, Routledge and Kegan Paul, 1962.

MELO, Celso D. Albuquerque. Curso de direito internacional público. 5a. ed. 2v. Rio de Janeiro, Freitas Bastos, 1976.

MELO, Celso D. Albuquerque. O direito internacional público em transformação. São Paulo, Resenha Universitária, 1976.

MELO, Celso D. Albuquerque. Os tratados na constituição. *IN:* As tendências atuais do direito público: estudos em homenagem ao Prof. Afonso Arinos. Rio de Janeiro, Forense, 1976.

MENDOZA, José Luis. Derecho internacional del café: el Convenio Internacional del Café de 1962. Guatemala, s.c.p., 1970.

MERILLAT, H. C., ed. Legal advisors and international organizations. New York, Oceana Publications Inc., 1966.

MIAJA DE LA MUELA, Adolfo. Ensayo de delimitación del derecho internacional económico. Valencia, Anales de la Universidad de Valencia, 1971.

MIAJA DE LA MUELA, Adolfo. Derecho internacional privado. 7a. ed. Tomo 1. Madrid, Atlas, 1976.

MINGST, Karen A. Cooperation or illusion: an examination of the Intergovernmental Council of Cooper Exporting Countries. *IN:* International Organization, v. 30, n. 2, p. 263-287. 1976.

MONTESQUIEU, Charles Louis de Secondat. De l'esprit des lois. *IN:* Oeuvres complètes. v. 2. Paris, Pleiade, 1951.

MORGENTHAU, Hans J. Politics among nations: the struggle for power and peace. 4a. ed. New York, Knopf, 1967.

MORGENTHAU, Hans J. International law and international politics: an uneasy partnership: address by Hans J. Morgenthau. *IN:* American Society of International Law: proceedings of the 68th annual meeting. Washington, 1974.

MORRISON, Thomas e PÉREZ, Lorenzo. Export earnings fluctuations and economic developpment: an analysis of compensatory financial schemes. AID-Discussion Paper n. 32, 1975.

MUGERVA, Peter James Nkambo, Sujetos de derecho international. *IN:* SORENSEN, Max, ed. Manual de derecho internacional público. México, Fondo de Cultura, 1973.

MURTY, B. S. Solución de las controvérsias. *IN:* SORENSEN, Max, ed. Manual de derecho internacional público. México, Fondo de Cultura, 1973.

NAÇÕES UNIDAS. United Nations: coffee conference, 1962; summary of proceedings. E/Conf. 42/8.

NAÇÕES UNIDAS. Conferencia de las Naciones Unidas sobre comercio y desarrollo; atas: exposiciones sobre politica. v. 2. Ginebra, 23 de marzo-16 de junio de 1964. E/Conf. 46/141.

NAÇÕES UNIDAS. Reports of the International Law Commission on the second part of its seventeenth session; 3-28 January 1966, and on its eighteenth session 4 May-19 July 1966, United Nations, General Assembly official records; twenty first session, supplement n. 9 (A/6309/Rev. 1, 1966).

NAÇÕES UNIDAS. Tin conference 1970: summary of proceedings. TD/TIN 4/7/Rev. 1. New York, 1970.

NAÇÕES UNIDAS. United Nations cocoa conference, 1972: summary of proceedings. New York, TD/Cocoa 3/9, 1973.

NAÇÕES UNIDAS. Money, finance and developpement: papers on international monetary reform. New York, TD/B/479, 1974.

NEME, Jacques e Colette. Organisations économiques internationales. Paris, PUF, 1972.

NETTL, J. P. The state as a conceptual variable. *IN:* World Politics, 20, p. 559-592. 1968.

NEUMARK, Fritz. Problemas economicos y financieros del estado intervencionista. Madrid, Editorial de Derecho Financiero, 1964.

NEVES, Breno Bello de Almeida. Direito comercial internacional. *IN:* Revista de Ciência Política, v. 7, n. 4, p. 95-115. 1973.

NIBOYET, J. P. La notion de reciprocité dans les traités diplomatiques de droit international privé. *IN:* Recueil des Cours de l'Académie de Droit International de la Haye, v. 52, Leyden, Sijthoff. 1935-II.

NYE JR., Joseph S. Independence and interdependence. *IN:* Foreign Policy, n. 22, p. 130-161. 1976.

OLIVEIRA LIMA. Dom João VI no Brasil: 1808-1821. 2 v. Rio de Janeiro, Jornal do Commercio, 1908.

OLIVEIRA VIANNA, Francisco José de. Problemas de direito sindical. Rio de Janeiro, Max Limonad, (1943).

OLSON, Mancur. Encreasing the incentives for international cooperation. *IN:* International Organization, v. 25, n. 4, p. 866-874. 1971.

OPPENHEIM, Lassa Francis Lawrence. International law: a treatise; edited by H. Lauterpacht. v. 1: peace. 8a. ed. 1955. v. 2: disputes, war and neutrality. 7a. ed. 1952. London, Longmans.

ORGANIZAÇÃO INTERNACIONAL DO CAFÉ. Litígio entre o Brasil e os Estados Unidos da América sobre a interpretação do artigo 44 do Convênio: ata integral; Junta Arbitral. Records/19 e 20, de 28 de fevereiro de 1969.

ORGANIZAÇÃO INTERNACIONAL DO CAFÉ. Informações básicas sobre a Organização Internacional do Café. Londres, março de 1971.

ORGANIZAÇÃO INTERNACIONAL DO CAFÉ. JUNTA EXECUTIVA. Acordo sobre sede entre a Organização Internacional do Café e o governo do Reino Unido da Grã-Bretanha e Irlanda do Norte, reproduzido em EB/731/68, Rev. 1, de 29 de maio de 1969.

ORGANIZAÇÃO INTERNACIONAL DO CAFÉ. JUNTA EXECUTIVA. Grupo de trabalho sobre a negociação de um novo Convênio: questões a considerar. EB/1265/74, de 30 de janeiro de 1974.

ORGANIZAÇÃO INTERNACIONAL DO CAFÉ. JUNTA EXECUTIVA. Texto do relatório apresentado verbalmente pelo presidente do grupo de trabalho sobre a negociação de um novo Convênio. EB/1286/74, de 29 de maio de 1974.

ORGANIZAÇÃO INTERNACIONAL DO CAFÉ. JUNTA EXECUTIVA. Propostas para o 3º Convênio Internacional do Café (apresentadas pela Organização Africana e Malgaxe do Café e pela Organização Interafricana do Café). EB/1309/74, de 18 de setembro de 1974.

ORGANIZAÇÃO INTERNACIONAL DO CAFÉ. JUNTA EXECUTIVA. Resumo das propostas apresentadas para um novo Convênio Internacional do Café. EB/1322/74, de 29 de novembro de 1974 e adendo EB-1322/74, Add. 1, de 30 de dezembro de 1974.

ORGANIZAÇÃO INTERNACIONAL DO CAFÉ. JUNTA EXECUTIVA. Resumo das propostas apresentadas para um novo Convênio Internacional do Café. EB-1322/74, Add. 3, de 20 de fevereiro de 1975.

ORGANIZAÇÃO INTERNACIONAL DO CAFÉ. JUNTA EXECUTIVA. Negociação de um novo Convênio Internacional do Café: propostas e comentários: Brasil. EB-1325/74, de 11 de dezembro de 1974.

ORGANIZAÇÃO INTERNACIONAL DO CAFÉ. JUNTA EXECUTIVA. Negociação de um novo Convênio Internacional do Café: propostas e comentários: Portugal. EB-1331/74, de 23 de dezembro de 1974.

ORGANIZAÇÃO INTERNACIONAL DO CAFÉ. JUNTA EXECUTIVA. Exportações e importações de café - 1968-1973: países importadores não membros. EB/1336/75, de 08 de janeiro de 1975.

ORGANIZAÇÃO INTERNACIONAL DO CAFÉ. JUNTA EXECUTIVA. Negociação de um novo Convênio Internacional do Café: propostas e comentários: França. EB-1340/75, de 20 de janeiro de 1975.

ORGANIZAÇÃO INTERNACIONAL DO CAFÉ. JUNTA EXECUTIVA. Resumo dos debates realizados no grupo de trabalho sobre a negociação de um novo Convênio e em seus subgrupos de 20 a 31 de janeiro de 1975. EB-1348/75, de 05 de fevereiro de 1975.

ORGANIZAÇÃO INTERNACIONAL DO CAFÉ. JUNTA EXECUTIVA. Relatório do grupo de trabalho sobre a negociação de um novo Convênio (reunião de 24 a 28 de fevereiro de 1975). EB-1352/75, Corr., de 19 de março de 1975.

ORGANIZAÇÃO INTERNACIONAL DO CAFÉ. JUNTA EXECUTIVA. Convênio: propostas Brasil/Colômbia. EB-1360/75, de 09 de abril de 1975.

ORGANIZAÇÃO INTERNACIONAL DO CAFÉ. JUNTA EXECUTIVA. Negociação de um novo Convênio Internacional do Café: propostas e comentários: Estados Unidos da América. EB-1361/75, de 15 de abril de 1975.

ORGANIZAÇÃO INTERNACIONAL DO CAFÉ. JUNTA EXECUTIVA. Resumo, apresentado pelo Presidente, das discussões do grupo de trabalho sobre a negociação de um novo convênio durante as reuniões de 17 a 21 de março de 1975. EB-1363/75, de 05 de maio de 1975.

ORGANIZAÇÃO INTERNACIONAL DO CAFÉ. JUNTA EXECUTIVA. Production of coffee in Brazil: the effect of the frost of July 1975 and projections of production. EB-1396/75, de 24 de outubro de 1975.

ORGANIZAÇÃO INTERNACIONAL DO CAFÉ. JUNTA EXECUTIVA. A oferta e a procura de café em 1975/76 e estimativas para o futuro imediato. EB-1402/75, de 31 de outubro de 1975.

ORGANIZAÇÃO INTERNACIONAL DO CAFÉ. JUNTA EXECUTIVA. Dados históricos sobre a produção, estoques, exportações e preços do café. EB-1407/75, de 11 de novembro de 1975.

ORGANIZAÇÃO INTERNACIONAL DO CAFÉ. JUNTA EXECUTIVA. Regulamento a aplicar no ano civil de 1976, para a verificação anual de estoques de café existentes nos países membros exportadores. EB-1416/76, de 08 de março de 1976.

ORGANIZAÇÃO INTERNACIONAL DO CAFÉ. JUNTA EXECUTIVA. Implicações financeiras da verificação de estoques a ser levada a efeito no ano cafeeiro de 1975/76, de conformidade com o disposto na Resolução n. 286. EB-1421/76, de 01 de abril de 1976.

ORGANIZAÇÃO INTERNACIONAL DO CAFÉ. JUNTA EXECUTIVA. Relatório do diretor executivo sobre o programa de verificação a ser levado a efeito em 31 de março de 1976. EB-1422/76, de 30 de março de 1976.

ORGANIZAÇÃO INTERNACIONAL DO CAFÉ. JUNTA EXECUTIVA. Projeto de regulamento da Organização Internacional do Café para a aplicação de um sistema de certificados de origem quando as quotas não estiverem em vigor. EB-1443/76, de 21 de junho de 1976 e EB-1443/76, Rev. 1, Add. 1, de 07 de setembro de 1976.

ORGANIZAÇÃO INTERNACIONAL DO CAFÉ. JUNTA EXECUTIVA. Regulamento da Organização Internacional do Café para a aplicação de um sistema de certificados de origem quando as quotas não estiverem em vigor. EB-1443/76. Rev. 3, de 23 de novembro de 1976.

ORGANIZAÇÃO INTERNACIONAL DO CAFÉ. JUNTA EXECUTIVA. Projeto de regulamento para calcular as quotas básicas, nos termos dos parágrafos 3º e 4º do artigo 30 do Convênio Internacional do Café de 1976, e para o pagamento de contribuições. EB-1444/76, de 24 de junho de 1976.

ORGANIZAÇÃO INTERNACIONAL DO CAFÉ. JUNTA EXECUTIVA. Projeto de resolução (apresentado pela Junta Executiva): adesão de Angola ao protocolo para a continuação em vigor do Convênio Internacional do Café de 1968 prorrogado. EB-1446/76, de 16 de junho de 1976.

ORGANIZAÇÃO INTERNACIONAL DO CAFÉ. DIRETOR EXECUTIVO. Relatório do grupo de trabalho sobre o Convênio e resumo das discussões. ED-594/72, de 11 de julho de 1972.

ORGANIZAÇÃO INTERNACIONAL DO CAFÉ. DIRETOR EXECUTIVO. Emendas facultativas aos certificados de origem a serem usados a partir de 01 de outubro de 1976. ED-811/76, de 02 de setembro de 1976.

ORGANIZAÇÃO INTERNACIONAL DO CAFÉ. DIRETOR EXECUTIVO. Vigência provisória do Convênio Internacional do Café de 1976. ED-819/76, de 01 de outubro de 1976.

ORGANIZAÇÃO INTERNACIONAL DO CAFÉ. CONSELHO INTERNACIONAL DO CAFÉ. History of recent international coffee agreement: their backgrounds, provisions, operations and related developments – 1954-1963. ICC-1-1, de 28 de junho de 1963.

ORGANIZAÇÃO INTERNACIONAL DO CAFÉ. CONSELHO INTERNACIONAL DO CAFÉ. Report by the chairman on the progress made by the working group on the negotiation of a new agreement set up under the provisions of Resolution number 274. ICC-26-1, de 12 de junho de 1975.

ORGANIZAÇÃO INTERNACIONAL DO CAFÉ. CONSELHO INTERNACIONAL DO CAFÉ. Relatório do grupo de contacto. ICC-26-11, de 12 de julho de 1975.

ORGANIZAÇÃO INTERNACIONAL DO CAFÉ. CONSELHO INTERNACIONAL DO CAFÉ. Vigésima-sexta sessão, 24 de junho-13 de julho de 1975: ata da 1a. reunião plenária, realizada terça-feira, 24 de junho de 1975. ICC-26-m-15, de 17 de julho de 1975.

ORGANIZAÇÃO INTERNACIONAL DO CAFÉ. CONSELHO INTERNACIONAL DO CAFÉ. Vigésima-sexta sessão, 24 de junho-13 de julho de 1975: ata da 3a. reunião plenária, realizada no dia 1º de julho de 1975. ICC-m-19, de 24 de julho de 1975.

ORGANIZAÇÃO INTERNACIONAL DO CAFÉ. CONSELHO INTERNACIONAL DO CAFÉ. Vigésima-sexta sessão, 24 de junho-13 de julho de 1975: ata da 4a. reunião plenária, realizada no dia 08 de julho de 1975. ICC-26-m-20, de 30 de julho de 1975.

ORGANIZAÇÃO INTERNACIONAL DO CAFÉ. CONSELHO INTERNACIONAL DO CAFÉ. Vigésima-sexta sessão. 24 de junho-13 de julho de 1975: ata da 5a. reunião plenária, realizada sexta-feira, no dia 11 de julho de 1975. ICC-26-m-21, de 30 de julho de 1975.

ORGANIZAÇÃO INTERNACIONAL DO CAFÉ. CONSELHO INTERNACIONAL DO CAFÉ. Vigésima-sexta sessão, 24 de junho-13 de julho de 1975: ata da 6a. sessão realizada domingo, 13 de julho de 1975. ICC-26-m-22, de 11 de agosto de 1975.

ORGANIZAÇÃO INTERNACIONAL DO CAFÉ. CONSELHO INTERNACIONAL DO CAFÉ. Twenty-seventh session — 18 september 1975: summary record of the second plenary meeting thursday 18 september 1975. ICC-27-m-3 de 08 de outubro de 1975.

ORGANIZAÇÃO INTERNACIONAL DO CAFÉ. CONSELHO INTERNACIONAL DO CAFÉ. List of delegations. ICC-28-4 Rev. 1, de 27 de novembro de 1975.

ORGANIZAÇÃO INTERNACIONAL DO CAFÉ. CONSELHO INTERNACIONAL DO CAFÉ. Relatório do grupo de contacto. ICC-28-6, de 12 de novembro de 1975.

ORGANIZAÇÃO INTERNACIONAL DO CAFÉ. CONSELHO INTERNACIONAL DO CAFÉ. Relatório do grupo de contacto. ICC-28-6, Add. 1, de 18 de novembro de 1975.

ORGANIZAÇÃO INTERNACIONAL DO CAFÉ. CONSELHO INTERNACIONAL DO CAFÉ. Relatório do grupo de contacto. ICC-28-14, de 25 de novembro de 1975.

ORGANIZAÇÃO INTERNACIONAL DO CAFÉ. CONSELHO INTERNACIONAL DO CAFÉ. Vigésima-oitava sessão, 03 de novembro-03 de dezembro de 1975: ata da

1a. reunião plenária realizada a 03 de novembro de 1975. ICC-28-m-36, de 06 de janeiro de 1976.

ORGANIZAÇÃO INTERNACIONAL DO CAFÉ. CONSELHO INTERNACIONAL DO CAFÉ. Vigésima-oitava sessão, 03 de novembro-03 de dezembro de 1975: ata da 2a. reunião plenária, realizada a 07 de novembro de 1975. ICC-28-m-37, de 06 de janeiro de 1976.

ORGANIZAÇÃO INTERNACIONAL DO CAFÉ. CONSELHO INTERNACIONAL DO CAFÉ. Vigésima-oitava sessão, 03 de novembro-03 de dezembro de 1975: ata da 6a. reunião plenária, realizada quarta-feira, 26 de novembro de 1975. ICC-28-m-41, de 19 de janeiro de 1976.

ORGANIZAÇÃO INTERNACIONAL DO CAFÉ. CONSELHO INTERNACIONAL DO CAFÉ. Vigésima-oitava sessão, 03 de novembro-03 de dezembro de 1975: ata da 7a. reunião plenária, realizada quarta-feira, 26 de novembro de 1975. ICC-28-m-42, de 21 de janeiro de 1976.

ORGANIZAÇÃO INTERNACIONAL DO CAFÉ. CONSELHO INTERNACIONAL DO CAFÉ. Vigésima-oitava sessão, 03 de novembro-03 de dezembro de 1975: ata da 11a. reunião plenária, realizado sábado, 29 de novembro de 1975. ICC-28-m-46, de 03 de fevereiro de 1976.

ORGANIZAÇÃO INTERNACIONAL DO CAFÉ. CONSELHO INTERNACIONAL DO CAFÉ. Vigésima-oitava sessão, 03 de novembro-03 de dezembro de 1975: ata da 13a. reunião plenária, realizada domingo, 30 de novembro de 1975. ICC-28-m-48, de 03 de fevereiro de 1976.

ORGANIZAÇÃO INTERNACIONAL DO CAFÉ. CONSELHO INTERNACIONAL DO CAFÉ. Vigésima-oitava sessão, 03 de novembro-03 de dezembro de 1975: ata da 14a. reunião plenária, realizada segunda-feira, dia 01 de dezembro de 1975. ICC-28-m-49, de 27 de janeiro de 1976.

ORGANIZAÇÃO INTERNACIONAL DO CAFÉ. CONSELHO INTERNACIONAL DO CAFÉ. Twenty-eighth session, 03 november-03 december 1975: summary record of the fifteenth plenary meeting, monday 01, december, 1975. ICC-28-m-50, de 13 de fevereiro de 1976.

ORGANIZAÇÃO INTERNACIONAL DO CAFÉ. CONSELHO INTERNACIONAL DO CAFÉ. Vigésima-oitava sessão, 03 de novembro-03 de dezembro de 1975: ata da 17a. reunião plenária, realizada quarta-feira, 03 de dezembro de 1975. ICC-28-m-52, de 23 de fevereiro de 1976.

ORGANIZAÇÃO INTERNACIONAL DO CAFÉ. Grupo de trabalho sobre a negociação de um novo convênio: temas para debate. WP-Agreement n. 21-Rev.1, de 16 de janeiro de 1975.

ORGANIZAÇÃO INTERNACIONAL DO CAFÉ. Valores totais e unitários das exportações e das importações de café de 1962 a 1974. WP-Agreement n. 50, de 27 de fevereiro de 1975.

ORGANIZAÇÃO INTERNACIONAL DO CAFÉ. Relatório do subgrupo técnico de preços indicativos. WP-Agreement n. 68, de 29 de abril de 1975.

ORGANIZAÇÃO INTERNACIONAL DO CAFÉ. Relatório preliminar do subgrupo técnico de controles. WP-Agreement n. 69, de 29 de abril de 1975.

ORGANIZAÇÃO INTERNACIONAL DO CAFÉ. Relatório provisório do subgrupo técnico de estoques. WP-Agreement n. 70, de 30 de abril de 1975.

ORGANIZAÇÃO INTERNACIONAL DO CAFÉ. Preços: informações relacionadas com as propostas feitas pelo Brasil e a Colômbia a respeito de mecanismos de preço de um novo Convênio Internacional do Café. WP-Agreement n. 72, de 16 de maio de 1975.

ORGANIZAÇÃO INTERNACIONAL DO CAFÉ. Rules and resolutions required to implement the provisions of articles in the draft international coffee agreement 1976 (board working paper number 132). WP-Board n. 133, de 10 de setembro de 1975.

ORGANIZAÇÃO INTERNACIONAL DO CAFÉ. Comitê de promoção. WP-Promotion n. 1/76. de 01 de outubro de 1976.

ORGANIZAÇÃO INTERNACIONAL DO CAFÉ. Projeto de resolução: informação confidencial. WP-Council n. 31, Rev. 2, 30 de setembro de 1976.

ORGANSKI, A. F. K. World politics. 2a. ed. New York, Knopf, 1968.

ORREGO Y VICUÑA, Francisco, org. Derecho internacional económico. v. 1: América Latina y la cláusula de la nación más favorecida, V. 2: las nuevas estructuras del comercio internacional. México, Fondo de Cultura Económica, 1974.

ORREGO Y VICUÑA, Francisco, La adaptación de lo pactado a los cambios contextuales que inciden en un proceso de integración. *IN:* Derecho de la Integración, v. 8, n. 20, p. 37-45. 1975.

PAIVA, Ruy Miller, SCHATTAN, Salomão e FREITAS, Claus F. Trench de. Setor agrícola do Brasil: comportamento econômico, problemas e possibilidades. 2a. ed. Rio de Janeiro, Forense-Universitária, Ed. da USP, 1976.

PAOLILLO, Felipe H. Los convenios internacionales sobre el trigo. *IN:* ORREGO y VICUÑA, Francisco, org. Derecho internacional económico. v. 2: las nuevas estructuras del comercio internacional. México, Fondo de Cultura, 1974.

PAOLILLO, Felipe H. e ONS-INDART, Carlos. Estudio de los procedimientos de hecho utilizados para la solución de conflictos en la ALALC. *IN:* Derecho de la Integración, n. 9, p. 19-73. 1971.

PARK, Y. S. The link between special drawing rights and development finance. Princeton, N. J. Princeton University, Essays in International Finance n. 100. 1973.

PARRY, Clive. The sources and evidences of international law. Manchester, Manchester University Press, 1965.

PAZ, Octávio. Claude Levi-Strauss o el nuevo festin de Ésopo. México, J. Mortiz, 1967.

PEDREIRA, José Luiz Bulhões. Empresas multinacionais: texto de uma conferência. *IN:* Derecho de la Integración, v. 6, n. 12, p. 183-186. 1973.

PELAÉZ, Carlos Manuel. O acordo interamericano de café e o café brasileiro durante a II Guerra Mundial. *IN:* Ensaios sobre café e desenvolvimento econômico. Rio de Janeiro, IBC, 1973.

PELAÉZ, Carlos Manuel. Análise econômica do programa brasileiro de sustentação do café — 1906-1945: teoria, política e medição. *IN:* Ensaios sobre café e desenvolvimento econômico. Rio de Janeiro, IBC, 1973.

PEÑA, Felix. El grupo andino: un nuevo enfoque de la participación internacional de países en desarrollo. *IN* ORREGO Y VICUÑA, Francisco, org. Derecho internacional económico. v. 2: las nuevas estructuras del comércio internacional. México, Fondo de Cultura Económica, 1974.

PEÑA, Felix. Tendencias institucionales en las relaciones comerciales internacionales. *IN:* ORREGO Y VICUÑA, Francisco, org. Derecho internacional económico. v. 2: las nuevas estructuras del comercio internacional. México, Fondo de Cultura Económica, 1974.

PEÑARANDA, Antonio. La función de la efectividad en el derecho internacional. Madrid, Instituto Francisco de Vitoria, 1973.

PERELMAN, Chaim. La giustizia; trad. italiana de Liliana Ribet. Torino, Giappichelli, 1959.

PERELMAN, Chaim. Les antinomies en droit: essay de synthèse. *IN:* PERELMAN, Chaim, ed. Les antinomies en droit. Bruxelles, Émile Bruylant, 1965.

PERELMAN, Chaim e OLBRECHTS-TYTECA, L. Traité de l'argumentation: la nouvelle rhétorique. 2a. ed. Bruxelles, Editions de l'Institut de Sociologie, Université Libre de Bruxelles, 1970.

PESCATORE, Pierre. La clause de la nation la plus favorisée dans les conventions multilaterales: rapport provisoire. Genève, Institut de Droit International, 1968.

PESCATORE, Pierre. Derecho de la integración: nuevo fenómeno en las relaciones internacionales. Buenos Aires, BID/INTAL, 1973.

PESCATORE, Pierre. Distribución de competencias y de poderes entre los Estados-Miembros y las comunidades europeas. *IN:* Derecho de la Integración, n. 1, p. 108-153. 1967.

PINTO, Antonio Pereira. Apontamentos para o direito internacional ou collecção completa dos tratados celebrados pelo Brasil com differentes nações estrangeiras. Tomo 1. Rio de Janeiro, F.L. Pinto e Cia., 1864.

POLYBE. Histoire; trad. e anot. por Dennis Roussel. Paris, Gallimard, 1970.

PONTES DE MIRANDA, Francisco Cavalcanti. Comentários à Constituição de 1967. São Paulo, Revista dos Tribunais. 5v. 1967.

POUND, Roscoe. An introduction to the philosophy of law. 7a. ed. N. Haven, Yale University Press, 1965.

PUBLIC LEDGER. Londres, 27 de dezembro de 1975.

QUERMONE, Jean-Louis. Les éffets de la planification au niveau de l'appareil politique et de l'ordonnancement juridique. *IN:* La planification comme processus de décision. Paris, Colin, 1965.

QUINTO SEMINÁRIO DO COMÉRCIO DE CAFÉ DE SANTOS; realizado de 04 a 07 de maio de 1976. *Folha de S. Paulo,* domingo, 16 de maio de 1976.

RANGARAJAN, L. N., *Commodity Conflict – The Political Economy of International Commodity Negotiations,* Ithaca: Cornell University Press, 1978.

REALE, Miguel. Horizontes do direito e da história: estudos da filosofia do direito e da cultura. São Paulo, Saraiva, 1956.

REALE, Miguel. Teoria do direito e do Estado. 2a. ed. revista e aumentada. São Paulo, Martins Editora, 1959.

REALE, Miguel. Filosofia do direito. 4a. ed. São Paulo, Saraiva, 1965.

REALE, Miguel. O direito como experiência: introdução à epistemologia jurídica. São Paulo, Saraiva, 1968.

REQUIÃO, Rubens. Curso de direito comercial. 2a. ed. São Paulo, Saraiva, 1973.

REUTER, Paul. Institutions internationales. 4a. ed. Paris, PUF, 1963.

REUTER, Paul. Introduction au droit des traités. Paris, Colin, 1972.

REUTER, Paul. Principes de droit international public. *IN:* Recueil des Cours de l'Académie de Droit International de la Haye, v. 103. Leyden, Sijthoff, 1961 – II.

RILEY, Patrick, ed. e trad. The political writings of Leibniz. Cambridge, At the University Press, 1972.

RIPERT, Georges. Le régime démocratique et le droit civil moderne. Paris, Lib. Générale de droit et de jurisprudence. 1936.

RIVERO, Jean. Le plan et le droit. *IN:* La planification comme processus de décision. Paris, Colin, 1965.

ROBINSON, Joan. Economic philosophy. Harmondsworth, Middlesex, Penguin Books, 1962.

RODAS, João Grandino. A publicidade dos tratados internacionais. São Paulo, 1975.

RODRIGUES, José Honório. Interesse nacional e política externa. Rio de Janeiro, Civilização Brasileira, 1966.

ROSENAU, James N., ed. Linkage politics. New York, The Free Press, 1969.

ROSENNE, Shabtai. The law and practice of the International Court. 2v. Leyden, Sijthoff, 1965.

ROSENNE, Shabtai. The depositary of international treaties. *IN:* American Journal of International Law, v. 61, n. 4, p. 923-945. 1967.

ROSENNE, Shabtai. More on the depositary of international treaties. *IN:* American Journal of International Law, v. 64, n. 5, p. 838-852. 1970.

ROSS, Alf. The United Nations: peace and progress. New York, Bedminster Press, 1966.

ROSS, Alf. Lógica de las normas. Madrid, Tecnos, 1971.

ROSS, David. Aristotle. London, Methuen, 1974.

ROUSSEAU, Charles. Droit international public. 2a. ed. v. 1: introduction et sources. Paris, Sirey, 1970.

ROUSSEAU, Jean Jacques. Du contrat social: écrits politiques. *IN:* Oeuvres complètes. v. 3. Paris, Pleiade, 1964.

RUGGIERO, Guido de. The history of European liberalism; trad. de R. G. Collingwood. Boston, Beacon Press, 1959.

RUSSETT, Bruce M. e SULLIVAN, John D. Collective goods and international organization. *IN:* International Organization, v. 25, n. 4, p. 845-865. 1971.

RUSSOMANO, Gilda Maciel Corrêa Mayer. A extradição no direito internacional e brasileiro. 2a. ed. Rio de Janeiro, Konfino, 1973.

RUSSOMANO, Rosah. Das normas constitucionais programáticas. *IN:* As tendências atuais do direito público: estudos em homenagem ao Prof. Afonso Arinos. Rio de Janeiro, Forense, 1976.

SALMON, Jean J. A. Les antinomies en droit international public. *IN:* PERELMAN, Chaim, ed. Les antinomies en droit. Bruxelles, Émile Bruylant, 1965.

SALMON, Jean J. A. La régle du droit en droit international public. *IN:* PERELMAN, Chaim, ed. La régle du droit. Bruxelles, Émile Bruylant, 1971.

SAN TIAGO DANTAS, F. C. de. Problemas de direito positivo; estudos e pareceres. Rio de Janeiro, Forense, 1953.

SAVY, Robert. Droit public économique. Paris, Dalloz, 1972.

SCELLE, Georges. Essai sur les sources formelles du droit international. *IN:* Recueil d'Études Sur les Sources du Droit in l'Honneur de François Geny. Tomo 3: Les sources des diverses branches du droit. Paris, Sirey, 1934.

SCHACHTER, Oscar. Just prices in world markets: proposals de lege ferenda. *IN:* American Journal of International Law, v. 69, n. 1, p. 101-109. 1975.

SCHMITT, Karl. La notion de politique — théorie du partisan. Paris, Calmann-Levy, 1972.

SCHUMPTER, Joseph A. History of economic analysis; ed. por Elizabeth Boody Schumpter. London, Allen and Unwin, 1961.

SCHWARZENBERGER, Georg. Foreign investments and international law. New York, Praeger, 1969.

SCHWARZENBERGER, Georg. Economic world order? : a basic problem of international economic law. Manchester, Manchester University Press, 1970.

SCHWARZENBERGER, Georg. International law and order. London, Stevens and Sons, 1971.

SCHWARZENBERGER, Georg. The principles and standards of international economic law. *IN:* Recueil des Cours de l'Académie de Droit International de la Haye, v. 117. Leyden, Sijthoff. 1966-I.

SEPÚLVEDA AMOR, Bernardo. Las Naciones Unidas: el tratado de Rio y la OEA. *IN:* Foro Internacional, v. 7, n. 1-2. p. 68-98. 1966.

SERENI, Angelo Piero. Le organizzazioni internazionali. Milano, Giuffrè, 1959.

SERENI, Angelo Piero. International economic institutions and the municipal law of states. *IN:* Recueil des Cours de l'Académie de Droit International de la Haye, v. 96 Leyden, Sijthoff. 1959-I.

SILARD, Stephen A. Maintenance of value arrangements in international transactions. *IN:* Law and Policy in International Business, v. 5, n. 2, p. 398-439. 1973.

SILVA, Geraldo Eulalio do Nascimento e. Conferência de Viena sobre o direito dos tratados. Ministério das Relações Exteriores, 1971.

SILVA, José Afonso da. Aplicabilidade das normas constitucionais. São Paulo, 1968.

SIMMA, Bruno. Das Reziprozitätselement in der Entstehungen des Völkergewohnheitsrechts. Muenchen/Salzburg, Fink-Verlag, 1970.

SIMMA, Bruno. Das Reziprozitätselement in Zustandekommen völkerrechtlicher Verträge, Berlin, Dunker-Humblot, 1972.

SIOTIS, Jean. Essai sur le sécrétariat international. Gèneve, Droz, 1963.

SMITH, Adam. An inquiry into the nature and causes of the wealth of nations. Chicago, Encyclopaedia Britannica, Inc., 1952.

SOCIETÉ FRANÇAISE POUR LE DROIT INTERNATIONAL. Aspects du droit international économique. Colloque d'Orleans, 25, 26, 27 mai 1971. Paris, Pedone, 1972.

SOCIETÉ FRANCAISE POUR LE DROIT INTERNATIONAL Pays en voie de développment et transformation du droit international. Colloque d'Aix-en-Provence. Paris, Pedone, 1974.

SORENSEN, Max. Les sources du droit international. Copenhagen, Einar Manksgaard, 1946.

SOUZA, Maria do Carmo Campello de. Estado e partidos políticos no Brasil (1930 a 1964). São Paulo, Alfa-Omega, 1976.

SOUZA, Washington Peluso Albino de. Do econômico nas constituições vigentes, 2v. Belo Horizonte, Ed. da Revista Brasileira de Estudos Políticos, 1961.

STEINER, Henry J. e VAGTS, Detlev F. Transnational legal problems: materials and texts. 2a. ed. Mineola. New York, The Foundation Press, Inc., 1976.

STRENGER, Irineu. Autonomia da vontade em direito internacional privado. São Paulo, Revista dos Tribunais, 1968.

STRENGER, Irineu. Teoria geral do direito internacional privado. São Paulo, José Bushatsky, 1973.

STRENGER, Irineu. Controvérsias em torno do pensamento rousseauniano. *IN:* Revista Brasileira de Filosofia, v. 13, n. 49, p. 14-29. 1962.

TELLES JR., Goffredo. O direito quântico: ensaio sobre o fundamento da ordem jurídica. São Paulo, Max Limonad.

TOUSCOZ, M. J. La revendication d'une limite a la croissance. *IN:* Societé Française pour le Droit International. Pays en voie de développement et transformation du droit international. Colloque d'Aix-en-Provence. Paris, Pedone, 1974.

TOWER, Bill. The past revisited: the future explored. Speech na reunião de fevereiro de 1976 do US-Coffee Council. Boca Ratón, Flórida, 1976.

TRIEPEL, Heinrich. Derecho público y política: prólogo, traducción y apéndices por José Luis Carro. Madrid, Ediciones Civitas, 1974.

VASSEUR, Michel. Un nouvel essor du concept contractuel: les aspects juridiques de l'économie concertée et contractuelle. *IN:* Revue Trimestrelle de Droit Civil, v.62, p.5-48. 1964.

VELASCO VALLEJO, Manuel Diez de. Instituciones de derecho internacional público. Tomo I. Madrid Tecnos, 1973.

VENÂNCIO FILHO, Alberto. A intervenção do Estado no domínio econômico: o direito público econômico no Brasil. Rio de Janeiro, Fundação Getúlio Vargas, 1968.

VENÂNCIO FILHO, Alberto. Le droit économique dans un pays sud-américain, le Brésil. Il diritto dell'economia, ano 14, n. 6, 1968. Separata.

VENÂNCIO FILHO, Alberto. Intervenção do Estado e liberdade econômica no direito constitucional brasileiro. *IN*: As tendências atuais do direito público: estudos em homenagem ao Prof. Afonso Arinos. Rio de Janeiro, Forense, 1976.

VERBIT, G. P. Preferences and the public law of international trade: the end of the most favoured national treatment? *IN*: Recueil des Cours de l'Académie de Droit

International de la Haye. Colloque, 1968: les accords de commerce international. Leyden, Sijthoff, 1969.

VERDROSS, Alfred. Derecho internacional público; trad. de Antonio Truyol y Serra. 5a. ed. Madrid, Aguilar, 1974.

VERDROSS, Alfred. Jus dispositivum and jus cogens in international law. *IN*: American Society of International Law. International law in the twentieth century. New York, Appleton-Century-Crofts, 1969.

VERHOEVEN, Joe. Contrats entre états et ressortissants d'autres états. *IN*: Le contrat économique international: stabilité et évolution. Bruxelles, Émile Bruylant, 1975.

VERNON, Raymond, org. The oil crisis in perspective. *IN*: Daedalus, v. 104, n. 4. 1975.

VIACAVA, Carlos. Café: alinhamento dos países produtores. *Jornal do Brasil* de 01 de abril de 1972.

VIACAVA, Carlos. Demanda de café brasileiro pelos EUA. *IN*: Ensaios sobre café e desenvolvimento econômico. Rio de Janeiro, IBC, 1973.

VIDIGAL, Geraldo de Camargo. Objeto do direito econômico. São Paulo, 1976.

TUCKER, Robert W. A new international order? *IN*: Commentary, v. 59, n. 2, p. 38-50. 1975.

TYLER, William G. A política norte-americana e o impasse do café solúvel. *IN*: Revista Civilização Brasileira, Tomo 3, n. 18, p. 87-98. 1968.

UNGER, Roberto Mangabeira. Law in modern society; toward a criticism of social theory. New York, Free Press, 1976.

UNION ACADÉMIQUE INTERNATIONAL. Dictionnaire de la terminologie du droit international. Paris, Sirey, 1960.

UNIVERSITÉ CATHOLIQUE DE LOUVAIN. Bibliothèque de la Faculté de Droit. Le contrat économique international: stabilité et évolution; travaux des VIIes. journées d'études juridiques Jean Dabin publiés sous les auspices du Centre Charles de Visscher pour le droit international. Bruxelles, Émile Bruylant, 1975.

VALLADÃO, Haroldo T. Novas dimensões do direito: justiça social, desenvolvimento, integração. São Paulo, Revista dos Tribunais, 1970.

VALLADÃO, Haroldo T. Direito internacional privado, em base histórica e comparativa, positiva e doutrinária, especialmente dos estados americanos. 4a. ed. Rio de Janeiro, Freitas Bastos, 1974.

VALLADÃO, Haroldo T. Parecer de 14 de março de 1969 na qualidade de Consultor Jurídico do Ministério das Relações Exteriores do Brasil.

VALENTINO SOBRINHO, Raphael. Política e comércio internacional. *IN*: Revista Ciência Política, v. 7, n. 4, p. 53-74. 1973. Rio de Janeiro, Fundação Getúlio Vargas.

VALTICOS, Nicolas. Note sur les méthodes établies par la O.I.T. pour favoriser la mise en oeuvre des recommandations. *IN*: Institut Universitarie de Hautes Études Internationales. Les résolutions dans la formation du droit international du développement. Colloque des 20 et 21 novembre, 1970. Genève, 1971.

VALTICOS, Nicolas e WOLF, Francis. L'Organisation Internationale du Travail et les pays en voie de développement: techniques d'élaboration et mise en oeuvre de normes universelles. *IN:* Societé Française pour le Droit International. Pays en voie de developpement et transformation du droit international. Colloque d'Aix-en-Provence. Paris, Pedone,1974.

VIEHWEG, Theodor. Topica e giurisprudenza; a cura di Giuliano Grifò. Milano, Giuffrè, 1962.

VIEHWEG, Theodor. Sobre el futuro de la filosofia del derecho como investigación fundamental; trad. de Ricardo Azpúrua Ayala. Caracas, Universidad Central de Venezuela, Facultad de Derecho, 1969.

VINCENZI, Marcos Camacho de. Café: antecedentes históricos da Organização Internacional do Café. *IN:* Revista Brasileira de Política Internacional, ano 13, n.s. 51/52, p. 77-86. 1970.

VIRALLY, Michel. Le principe de reciprocité en droit international contemporain. *IN*: Recueil des Cours de l'Académie de Droit International de la Haye, v. 122. Leyden, Sijthoff. 1967-III.

VIRALLY, Michel. Rapport n. 1 rapport introductif. *IN*: Institut Universitaire de Hautes Études Internationales. Les résolutions dans la formation du droit international du developpement. Colloque des 20 et 21 novembre, 1970. Genève. 1971.

VIRALLY, Michel. Rapport n. 2: résolutions et recommandations dans le processus décisionnel de l'Assemblée Générale et du Conseil économique et social, por Michel Virally, com a colaboração de Nguyen Huu Tru, Emile Dunand, José Mico e Tftene Pop. *IN*: Institut Universitaire de Hautes Études Internationales. Les résolutions dans la formation du Droit International du développement. Colloque des 20 et 21 novembre, 1970. Genève, 1971.

VIRALLY, Michel. La notion de fonction dans la théorie de l'organization international. *IN*: Mélanges Offerts a Charles Rousseau. Paris, Pedone, 1974.

VISSCHER, Charles de. Problèmes d'interpretation judiciaire en droit international public. Paris, Pedone, 1963.

VISSCHER, Charles de. Les effectivités du droit international public. Paris, Pedone, 1967.

VISSCHER, Charles de. Théories et realités en droit international public. 4a. ed. Paris, Pedone, 1970.

VLACHOS, Georges C. Essay sur la politique de Hume. Paris, Montchrestien, 1955.

VLACHOS, Georges C. La politique de Montesquieu: notion et méthode. Paris, Montchrestien, 1974.

VIEHWEG, Theodor. Topica e giurisprudenza; a cura di Giuliano Grifò. Milano, Giuffrè, 1962.

VIEHWEG, Theodor. Sobre el futuro de la filosofia del derecho como investigación fundamental; trad. de Ricardo Azpúrua Ayala. Caracas, Universidad Central de Venezuela, Facultad de Derecho, 1969.

VINCENZI, Marcos Camacho de. Café: antecedentes históricos da Organização Internacional do Café. *IN:* Revista Brasileira de Política Internacional, ano 13, n.s. 51/52, p. 77-86. 1970.

VIRALLY, Michel. Le principe de reciprocité en droit international contemporain. *IN*: Recueil des Cours de l'Académie de Droit International de la Haye, v. 122. Leyden, Sijthoff. 1967-III.

VIRALLY, Michel. Rapport n. 1 rapport introductif. *IN*: Institut Universitaire de Hautes Études Internationales. Les résolutions dans la formation du droit international du developpement. Colloque des 20 et 21 novembre, 1970. Genève. 1971.

VIRALLY, Michel. Rapport n. 2: résolutions et recommandations dans le processus décisionnel de l'Assemblée Générale et du Conseil économique et social, por Michel Virally, com a colaboração de Nguyen Huu Tru, Emile Dunand, José Mico e Tftene Pop. *IN*: Institut Universitaire de Hautes Études Internationales. Les résolutions dans la formation du Droit International du développement. Colloque des 20 et 21 novembre, 1970. Genève, 1971.

VIRALLY, Michel. La notion de fonction dans la théorie de l'organization international. *IN*: Mélanges Offerts a Charles Rousseau. Paris, Pedone, 1974.

VISSCHER, Charles de. Problèmes d'interpretation judiciaire en droit international public. Paris, Pedone, 1963.

VISSCHER, Charles de. Les effectivités du droit international public. Paris, Pedone, 1967.

VISSCHER, Charles de. Théories et realités en droit international public. 4a. ed. Paris, Pedone, 1970.

VLACHOS, Georges C. Essay sur la politique de Hume. Paris, Montchrestien, 1955.

VLACHOS, Georges C. La politique de Montesquieu: notion et méthode. Paris, Montchrestien, 1974.

COLEÇÃO ESTUDOS

1. *Introdução à Cibernética*, W. Ross Ashby.
2. *Mimesis*, Erich Auerbach.
3. *A Criação Científica*, Abraham Moles.
4. *Homo ludens*, John Huizinga.
5. *A Lingüística Estrutural*, Giulio Lepschy.
6. *A Estrutura Ausente*, Umberto Eco.
7. *Comportamento*, Donald Broadbent.
8. *Nordeste 1817*, Carlos Guilherme Mota.
9. *Cristãos-Novos da Bahia*, Anita Novinsky.
10. *A Inteligência Humana*, H. J. Butcher.
11. *João Caetano*, Décio de Almeida Prado.
12. *As Grandes Correntes da Mística Judaica*, Gershom G. Scholem.
13. *Vida e Valores do Povo Judeu*, Cecil Roth e outros.
14. *A Lógica da Criação Literária*, Kate Hamburger.
15. *Sociodinâmica da Cultura*, Abraham Moles.
16. *Gramatologia*, Jacques Derrida.
17. *Estampagem e Aprendizagem Inicial*, W. Sluckin.
18. *Estudos Afro-Brasileiros*, Roger Bastide.
19. *Morfologia do Macucanima*, Haroldo de Campos.
20. *A Economia das Trocas Simbólicas*, Pierre Bourdieu.
21. *A Realidade Figurativa*, Pierre Francastel.
22. *Humberto Mauro, Cataguases, Cinearte*, Paulo Emílio Salles Gomes.
23. *História e Historiografia*, Salo W. Baron.
24. *Fernando Pessoa ou o Poetodrama*, José Augusto Seabra.
25. *As Formas do Conteúdo*, Umberto Eco.
26. *Filosofia da Nova Música*, Theodor W. Adorno.
27. *Por uma Arquitetura*, Le Corbusier.
28. *Percepção e Experiência*, M. D. Vernon.
29. *Filosofia do Estilo*, G. G. Granger.
30. *A Tradição do Novo*, Harold Rosenberg.
31. *Introdução à Gramática Gerativa*, Nicolas Ruwet.
32. *Sociologia da Cultura*, Karl Mannheim.
33. *Trasila – Sua Obra e seu Tempo* (2 v.), Aracy Amaral.
34. *O Mito Ariano*, Léon Poliakov.
35. *Lógica do Sentido*, Gilles Deleuze.
36. *Mestres do Teatro I*, John Gassner.
37. *O Regionalismo Gaúcho*, Joseph L. Love.
38. *Sociedade, Mudança e Política*, Hélio Jaguaribe.
39. *Desenvolvimento Político*, Hélio Jaguaribe.
40. *Crises e Alternativas da América Latina*, Hélio Jaguaribe.

41. *De Geração a Geração*, S. N. Eisenstadt.
42. *Política Econômica e Desenvolvimento no Brasil*, Nathanael H. Leff.
43. *Prolegômenos a uma Teoria da Linguagem*, Louis Hjelmslev.
44. *Sentimento e Forma*, Susanne K. Langer.
45. *A Política e o Conhecimento Sociológico*, F. G. Castles.
46. *Semiótica*, Charles S. Peirce.
47. *Ensaios de Sociologia*, Marcel Mauss.
48. *Mestres do Teatro II*, John Gassner.
49. *Uma Poética para António Machado*, Ricardo Gullón.
50. *Burocracia e Sociedade no Brasil Colonial*, Stuart B. Schwartz.
51. *A Visão Existenciadora*, Evaldo Coutinho.
52. *A América Latina e sua Literatura*, UNESCO.
53. *Os Nuer*, E. E. Evans-Pritchard.
54. *Introdução à Textologia*, Roger Laufer.
55. *O Lugar de todos os Lugares*, Evaldo Coutinho.
56. *Sociedade Israelense*, S. N. Eisenstadt.
57. *Das Aracadas ao Bacharelismo*, Alberto Venancio Filho.
58. *Artaud e o Teatro*, Alain Virmaux.
59. *O Espaço da Arquitetura*, Evaldo Coutinho.
60. *Antropologia Aplicada*, Roger Bastide.
61. *História da Loucura*, Michel Foucault.
62. *Improvisação para o Teatro*, Viola Spolin.
63. *De Cristo aos Judeus da Corte*, Léon Poliakov.
64. *De Maomé aos Marranos*, Léon Poliakov.
65. *De Voltaire a Wagner*, Léon Poliakov.
66. *A Europa Suicida*, Léon Poliakov.
67. *O Urbanismo*, Françoise Choay.
68. *Pedagogia Institucional*, A. Vasquez e F. Oury.
69. *Pessoa e Personagem*, Michel Zeraffa.
70. *Convívio Alegórico*, Evaldo Coutinho.
71. *O Convênio do Café*, Celso Lafer.
72. *A Linguagem*, E. Sapir.

Impressão e acabamento
Imprensa Metodista